陈永明数学教学丛书

# 陈永明讲评数学题

主　编　陈永明
副主编　曹永娥　傅　琳
　　　　刘　辰　杨志刚
编　写　上海市西南位育中学
　　　　华东理工大学附中
　　　　上海市梅园中学

——初中习题归类研讨

上海科技教育出版社

图书在版编目(CIP)数据

陈永明讲评数学题.初中习题归类研讨/陈永明主编；曹永娥等副主编.—上海：上海科技教育出版社,2022.1（2022.10重印）

（陈永明数学教学丛书）

ISBN 978-7-5428-7642-3

Ⅰ.①陈… Ⅱ.①陈… ②曹… Ⅲ.①中学数学课—初中—教学参考资料　Ⅳ.①G633.603

中国版本图书馆CIP数据核字(2021)第266553号

责任编辑　郑丽娟
封面设计　符　劼

陈永明数学教学丛书
**陈永明讲评数学题——初中习题归类研讨**
主　编　陈永明
副主编　曹永娥　傅　琳　刘　辰　杨志刚

出版发行　上海科技教育出版社有限公司
　　　　　(上海市闵行区号景路159弄A座8楼　邮政编码201101)
网　　址　www.sste.com　www.ewen.co
经　　销　各地新华书店
印　　刷　启东市人民印刷有限公司
开　　本　787×1092　1/16
印　　张　18.75
版　　次　2022年1月第1版
印　　次　2022年10月第2次印刷
书　　号　ISBN 978-7-5428-7642-3/G·4521
定　　价　68.00元

# 内容提要

本书作者根据张景中院士的"中巧说",即"用一个方法解出一类题目.也就是说,把数学问题分门别类,一类一类地寻求可以机械执行的方法"的思想,曾提出过"将解题经验算法化、显性化"的观点,并提出过"解题模块"和"命题联想系统"的算法化、显性化的两个具体做法.

依据这个指导思想,本书挑选了初中数学的部分内容,精心选择和精心编排例题,并作精心的讲评,力图寻找解题的规律,使之有章可循.

本书凝聚了老中青三代优秀教师的智慧(一位学生也参与了部分工作),特别是"解题模块:条件求值"、"别样观点:应用题教学"、"三角形中的中点问题"、"线段比的转换"、"图形运动中的不变量"、"联想与构造:'以形助数'问题"、"回归本源:求点的坐标"、"数学方法:主元法"、"数学方法:特殊化"、"反应块:拆项添项和割补"等文不落俗套,匠心独具,亮点多多.

本书的对象是初中数学教师,也可供中学生参考.本书选取的题大多属于中等或中等偏上的难度,可供平时教学参考,特别适用于初三复习及高中自主招生考试复习.

# 序

自从笔者和一些优秀的中青年教师合作的《数学习题教学研究》、《陈永明讲评数学题——高中习题归类研讨》出版后,得到了广大读者的好评,在此基础上笔者和一些优秀的中青年教师又写了这本书.算起来是笔者的第 51 本出版物了.

习题教学是数学教学中的重灾区,学生陷入题海,苦不堪言;教师难于应付,身心疲惫,是到了应该想想办法的时候了.造成这种现象的原因是多方面的,但教师还是可以有所作为,并且应该有所作为.

张景中院士十分关注中小学数学,并提出了"教育数学"的思想,他在谈到解题的时候,说过一段精彩的话:"练武功的上乘境界是'无招胜有招'.但武功仍要从一招一式入门.解题也是如此……这种'无招胜有招'的境界,就是'大巧'吧!但是小巧果然不足取,大巧也确实太难,**对于大多数学子,还要重视有章可循的招式**……大巧法无定法,小巧一题一法.**中巧呢,则希望用一个方法解出一类题目.也就是说,把数学问题分门别类,一类一类地寻求可以机械执行的方法,即算法.**"

笔者把它称为"**中巧说**".笔者读了这番话之后,想法很多.

笔者自忖,自己不过是中等资质的人,因此学习时需要总结类型.笔者从教 50 年,在进行教学时,也喜欢总结规律.那些大数学家,可能特别聪明,不要记忆,不要总结,仅凭灵感,就可以有所发现、有所创造.现在看来并不是如此.原来像张景中这样的院士——一流数学家学习解题时也是整理类型,寻找通法的,这样才能在较高的起点上研究创新.从这个意义上说,通法、类型(模式)和创新是不矛盾的.

张院士的这番话,不但指出了要总结类型,而且要"寻求可以机械执行的方法,即算法".这是数学教学的一个全新的观点,对改进数学教学意义重大.请注意,这里用了"算法"一词.

算法的特征是什么?笔者理解,或许一是,"什么情况"下该用某种方法——**识别**;二是当识别结果是"yes"时,解决问题的**步骤**是怎样的.不少教师也总结规律,但往往达不到这样的深度.

在《数学习题教学研究》那本书里,提出了把解题经验**算法化**、**显性化**的观点,提出了**"解题模块"**和**命题联想系统**两个算法化、显性化的具体做法.前者是针对"某一类型"的题,寻找它的解题程序.但中学阶段的数学题不完全都有"套路",譬如平面几何题,这时

1

候,"中巧"可能体现在:你看到题目条件(或定理、法则)时,能够联想到它可以推出哪些新的命题;看到题目的结论时,联想到哪些命题可以推出它——即命题联想系统.

本书实际上是《数学习题教学研究》的具体化.把初中数学题中某些类型、某些经验,尽量做些规律性,甚至程序化的归纳和点拨,特别是**解题模块、命题联想系统(等价命题系统、上游命题系统和下游命题系统)、基本图形**的研究等,是本书主要的特色.

有同志担心,这样教法,会不会把学生教呆了.有这个担心是很自然的.

首先,笔者认为,"中巧说"只是丰富多彩的数学解题教学中的一个流派,特别适合"大多数学子",对于资优生,不能照搬.

其次,张景中院士也主张中巧向大巧过渡.笔者主张寻找解题规律,但不要把规律教死,正像有的专家说的:要有套路,又要突破套路.对此我们也有一些思考.

第一,我们强调师生共同总结,而不是教师将套路灌输给学生.师生共同总结,不但能够让学生掌握某类数学题的解法或思路,而且可以大大提高学生归纳总结的能力.上海老一辈的数学教育家赵宪初先生说过"**要先举三反一,才能举一反三**".因此,本书各节的编写,总是先出现一组例题,然后归纳规律(举三反一),最后再出现一些变式例题和练习(举一反三).

第二,笔者在《数学习题教学研究》中,提出分析解题思路时要"有序分析",提出了"思考时通法优先,落笔时优法优先",还提出了"先估后算""寻找巧法"等策略.再加上其他的一些行之有效的措施,如一题多解、变式训练、渗透数学思想方法、开放题、课题学习,等等,中巧是可以向大巧过渡的.

本书没有面面俱到,只是选取了部分专题进行了探讨.本书选取的题大多属于中等或中等偏上的难度,特别适合初三复习及高中自主招生考试复习使用.

本书除了解题之外,还重视评议.评议采取多种形式.

带总结性的评议我们标为"小结";小一点的点拨标为"讲评".这些评议,包括解题模块、命题联想系统的总结,解题思路的点拨,关键点的指出,教学建议,等等.有些小经验我们用箭头在文旁指出.个别文章,还加了"主编的话".

学习者的疑惑、错解的剖析,以及拓展,我们用"◆"标注.

习题背景的分析,我们用"链接"标注.

"评"是比"解"本身难得多的工作,特别是关于解题模块和联想系统的总结,由于水平的关系,可能做得还不够.

笔者年事已高,虽然本书定名为《陈永明讲评数学题》,其实本人主要负责策划、审稿和统稿,各篇基本上由上海市西南位育中学、华东理工大学附中、上海市梅园中学等校的中青年教师执笔,最后由上海市西南位育中学副校长、特级教师邵翼如先生审读了全部书稿.执笔者都是十分认真的,许多稿子都经过了5、6遍的修改,有的甚至10遍,才得以定稿,总共历时一年多.编写过程中,几位副主编做了大量的工作,还得到了上海市西南位育中学张建中校长、华东理工大学附中童立贤校长、上海市梅园中学陶恩德校长、毛颖校长的大力支持.在此,对我的合作者,表示感谢.

陈永明

2013年3月于上海

时年七十又二

# 目录

## 一、代数
1. 联想和"组块":由 $a+b, a-b, ab$ 等引出的 …………… 1
2. 因式分解 …………… 7
3. 解题模块:条件求值 …………… 13
4. 别样观点:应用题教学 …………… 20
5. 分式方程 …………… 26
6. 无理方程 …………… 35
7. 韦达定理 …………… 44
8. 二元二次方程组 …………… 49
9. 一次函数解析式的确定 …………… 57
10. 二次函数解析式的确定 …………… 61
11. 二次函数的值域和最值 …………… 67
12. 数形结合:二次函数的系数与图像关系 …………… 75
13. 分段函数 …………… 80
14. 数学方法:待定系数法 …………… 86

## 二、几何 …………… 90
1. 上游命题系统:怎样证明两直线垂直 …………… 90
2. 上游命题系统:怎样证明两直线平行 …………… 98
3. 线段和差倍分的证明 …………… 103
4. 解题模块:解直角三角形及其推广 …………… 111
5. 三角形中的中点问题 …………… 120
6. 梯形常用处理方法 …………… 126
7. 基本图形:"A 型"和"X 型"相似三角形 …………… 134
8. 基本图形:"错 A 型"和"错 X 型"相似三角形 …………… 141
9. 基本图形:一线三等角 …………… 146
10. 分类讨论:等腰三角形 …………… 152

11. 分类讨论：相似三角形 …………………………………… 163
12. 线段比的转换 ……………………………………………… 173
13. 分类讨论：圆 ……………………………………………… 178
14. 直线与圆相切问题的几种类型 …………………………… 184
15. 面积问题 …………………………………………………… 192
16. 怎样把分散的线段集中 …………………………………… 201
17. 简单的几何最值问题 ……………………………………… 207
18. 图形运动中的不变量 ……………………………………… 216

## 三、综合 …………………………………………………………… 224

1. 回归本源：求点的坐标 …………………………………… 224
2. 函数背景下的等腰三角形问题 …………………………… 233
3. 函数背景下的四边形问题 ………………………………… 242
4. 非因果关系的联想："以形助数"问题 …………………… 250
5. 数学方法：特殊化 ………………………………………… 255
6. 数学方法：主元法 ………………………………………… 264
7. 反应块：拆项添项法和割补法 …………………………… 270
8. 数学方法：整体思维 ……………………………………… 277
9. 探索题解法研究 …………………………………………… 285

# 一、代　数

## 1. 联想和"组块"：由 $a+b$, $a-b$, $ab$ 等引出的[①]

$a+b$、$a-b$、$(a+b)^2=a^2+b^2+2ab$ 等是初中代数中最基础的内容，殊不知它们背后还有很多性质．本文有四部分．第一部分是从 $a+b$、$a-b$ 引起的联想，第二、三部分是由平方和公式引出的性质（笔者将那些引出的性质称为"**下游命题**"），第四部分是由 $a+\dfrac{1}{a}$ 引出的应用．

**例1** 有两个数，它们的和等于 100，差等于 40，求这两个数．

**解** 设两个数为 $a$、$b$ $(a>b)$，

则 $\begin{cases} a+b=100, \\ a-b=40, \end{cases}$ 解得 $\begin{cases} a=70, \\ b=30. \end{cases}$

**例2** 已知 $a<b<0$，$a^2+b^2=4ab$，求 $\dfrac{a+b}{a-b}$ 的值．

**分析** 待求式中有 $a+b$、$a-b$，如果设 $a+b=x$，$a-b=y$，那么 $a$、$b$ 可用它们的和 $x$ 与差 $y$ 表示，即 $a=\dfrac{x+y}{2}$，$b=\dfrac{x-y}{2}$，以此作为换元的式子，将已知条件转换为关于 $x$、$y$ 的式子（"和差变换"）．

**解** 设 $a+b=x$，$a-b=y$，那么 $a=\dfrac{x+y}{2}$，$b=\dfrac{x-y}{2}$，

代入条件 $a^2+b^2=4ab$，得

$$\left(\dfrac{x+y}{2}\right)^2+\left(\dfrac{x-y}{2}\right)^2=4\left(\dfrac{x+y}{2}\right)\left(\dfrac{x-y}{2}\right),$$
$$2x^2+2y^2=4(x^2-y^2),$$
$$x^2=3y^2,$$

---

[①] 本文执笔：陈永明、梁珍（上海市梅园中学）

$$\left(\frac{x}{y}\right)^2 = 3,$$

$$\frac{x}{y} = \pm\sqrt{3} \quad (\text{负的舍去}),$$

即

$$\frac{a+b}{a-b} = \sqrt{3}.$$

∵ $x = a+b < 0$,
$y = a-b < 0$.

> **讲评** 1. **数 $a$、$b$ 与它们的和与差之间有密切关系**:已知 $a$、$b$,当然可以求出它们的和与差;反过来,已知两数的和 $a+b$ 与差 $a-b$,也马上可得这两个数:$a = \frac{(a+b)+(a-b)}{2}, b = \frac{(a+b)-(a-b)}{2}$. 也可以说,$a$、$b$、$a+b$、$a-b$ 这一组式子构成了一组"**组块**",即它们中知二可求得其余的式子. 除了
>
> $$a = \frac{(a+b)+(a-b)}{2}, \text{即 } 2a = (a+b)+(a-b),$$
>
> $$b = \frac{(a+b)-(a-b)}{2}, \text{即 } 2b = (a+b)-(a-b)$$
>
> 外,还可以得到
>
> $$a = (a+b) - b = (a-b) + b,$$
> $$b = (a+b) - a = a - (a-b)$$
>
> 等一系列式子,将来在高中的"三角比"与"三角函数"的学习中颇有价值.
>
> 2. 令 $a+b=u, a-b=v$,那么 $a$、$b$ 可用它们的和 $u$ 与差 $v$ 表示,即 $a = \frac{u+v}{2}, b = \frac{u-v}{2}$. 含 $a$、$b$ 的式子可转换为含 $u$、$v$ 的式子,这样的变换称为"**和差变换**". 在题目的条件和结论里出现 $a$、$b$ 的和差,而这个式子本身的演算比较困难,可试试和差变换,变成含 $u$、$v$ 的式子,再进行演算.

**例3** 已知 $a$、$b$ 是方程 $x^2 + 2x - 2 = 0$ 的两个根,求 $a^3 + b^3$ 的值.

**解** 根据根与系数关系得 $a+b = -2, ab = -2$,
于是 $a^3 + b^3 = (a+b)(a^2 - ab + b^2) = (a+b)(a^2 + 2ab + b^2 - 3ab)$
$= (a+b)[(a+b)^2 - 3ab] = -2[(-2)^2 - 3\times(-2)]$
$= -20.$

> **链接** 除了教科书上说到的三个乘法公式外,还有
> $$a^3 + b^3 = (a+b)(a^2 - ab + b^2),$$
> $$a^3 - b^3 = (a-b)(a^2 + ab + b^2),$$
> $$(a+b)^3 = a^3 + 3a^2b + 3ab^2 + b^3,$$
> $$(a-b)^3 = a^3 - 3a^2b + 3ab^2 - b^3.$$

**例4** 已知 $a$、$b(a \neq b)$ 满足 $a^2+2a=2$, $b^2+2b=2$, 求 $\dfrac{a}{a+2b}+\dfrac{b}{b+2a}$ 的值.

**解** 把 $a$、$b$ 看作同一方程 $x^2+2x-2=0$ 的两个根, 根据根与系数关系得 $a+b=-2$, $ab=-2$,

尽管不是多项式,但还是对称式.

于是 $\dfrac{a}{a+2b}+\dfrac{b}{b+2a}=\dfrac{a(b+2a)+b(a+2b)}{(a+2b)(b+2a)}$

$=\dfrac{2a^2+2ab+2b^2}{2a^2+5ab+2b^2}$

$=\dfrac{2(a^2+b^2)+2ab}{2(a^2+b^2)+5ab}$

$=\dfrac{2(a+b)^2-2ab}{2(a+b)^2+ab}$

$=2$.

**例5** 因式分解: $x^4+(x+y)^4+y^4$.

**分析** 这是个二元对称式,直接分解有点难度,可以试用基本对称式 $x+y$、$xy$ 表示, 即令 $u=x+y$, $v=xy$, 然后再分解.

**解** $\because\ x^4+y^4=(x+y)^4-4x^3y-6x^2y^2-4xy^3$

$=(x+y)^4-4xy(x+y)^2+2x^2y^2$,

$\therefore$ 原式 $=(x+y)^4-4xy(x+y)^2+2x^2y^2+(x+y)^4$

$=2(x+y)^4-4xy(x+y)^2+2x^2y^2$

$=2[(x+y)^4-2xy(x+y)^2+(xy)^2]$

$=2[(x+y)^2-xy]^2$

$=2(x^2+y^2+xy)^2$.

**例6** 解方程组: $\begin{cases} 2x^2+2y^2+3x+3y=1, & \text{①} \\ x^2y^2+xy-2=0. & \text{②} \end{cases}$

**分析** ②式容易想到转化为关于 $xy$ 的方程,①式里出现的是 $x+y$、$x^2+y^2$,也容易想到转化为关于 $x+y$、$xy$ 的方程.

**解** 令 $x+y=u$, $xy=v$, 原方程化为:

$\begin{cases} 2u^2-4v+3u=1, & \text{③} \\ v^2+v-2=0, & \text{④} \end{cases}$

解④得 $v=-2$ 或 $v=1$,

将 $v=-2$ 代入③,所得方程无实数解,故舍去.

将 $v=1$ 代入③,得 $2u^2-4+3u=1$,

解得 $u=1$ 或 $u=-\dfrac{5}{2}$,

即有方程组

$\begin{cases} x+y=1, \\ xy=1 \end{cases}$ ⑤ 或 $\begin{cases} x+y=-\dfrac{5}{2}, \\ xy=1. \end{cases}$ ⑥

易知⑤无实数解,解⑥得

$$\begin{cases} x=-2, \\ y=-\dfrac{1}{2} \end{cases} \text{或} \begin{cases} x=-\dfrac{1}{2}, \\ y=-2. \end{cases}$$

**讲评** 令 $u=a+b, v=ab$,那么关于 $a$、$b$ 的对称(多项)式,可以转化为关于 $u$、$v$ 的表达式,这个变换叫"和积变换",它的作用有:

1. 跳过求原始数据 $a$、$b$,求出 $a$、$b$ 的对称(多项)式的值. 如

$$a^2+b^2=(a+b)^2-2ab,$$

$$a^3+b^3=(a+b)(a^2-ab+b^2)=(a+b)[(a+b)^2-2ab],$$

$$a^4+b^4=(a+b)^4-4ab(a+b)^2+2a^2b^2,$$

$$\frac{1}{a}+\frac{1}{b}=\frac{a+b}{ab}.$$

2. 有时对于关于 $a$、$b$ 的式子,难以完成某种要求(如例 5 的分解因式,例 6 的解方程),可以试试进行和积变换,将原式**变为关于 $u$、$v$ 的表达式,再进行演算**.

**例7** 已知 $a$、$b$ 为正数,$a^2+b^2=13, a-b=1$.

(1) 求 $ab$;

(2) 求作以 $a$、$b$ 为根的二次方程.

**解** (1) ∵ $a^2+b^2=(a-b)^2+2ab$,

∴ $13=1+2ab, ab=6$;

(2) ∵ $(a+b)^2=(a-b)^2+4ab$,

∴ $(a+b)^2=1^2+4\times6=25, a+b=\pm5$(负的舍去).

由 $a+b=5, ab=6$,得以 $a$、$b$ 为根的二次方程可以是 $x^2-5x+6=0$(答案不唯一).

**讲评** 不仅已知 $a+b$、$ab$,可以求出二元对称(多项)式的值,其实式子 $a$、$b$、$a+b$、$a-b$、$ab$、$a^2+b^2$、…组成了一组"组块",知道其中的 2 个,通常就可以求出其余的几个. 下面是有关的公式,实际上都是**平方和(差)公式的"下游命题"**,不必刻意记忆,但可以在通过运算的基础上形成较深刻的印象.

$a^2+b^2=(a-b)^2+2ab$,  (通过 $a-b$、$ab$ 求 $a^2+b^2$)

$a^2+b^2=\dfrac{1}{2}[(a+b)^2+(a-b)^2]$,  (通过 $a+b$、$a-b$ 求 $a^2+b^2$)

$ab=\dfrac{1}{4}[(a+b)^2-(a-b)^2]$,  (通过 $a+b$、$a-b$ 求 $ab$)

$ab=\dfrac{1}{2}[(a+b)^2-(a^2+b^2)]$,  (通过 $a+b$、$a^2+b^2$ 求 $ab$)

$ab=\dfrac{1}{2}[(a^2+b^2)-(a-b)^2]$,  (通过 $a-b$、$a^2+b^2$ 求 $ab$)

$(a+b)^2=(a-b)^2+4ab,$ （通过 $a-b$、$ab$ 求 $a+b$）
$(a-b)^2=(a+b)^2-4ab.$ （通过 $a+b$、$ab$ 求 $a-b$）

**例8** 已知 $a^2-3a+1=0$，求 $a^4+\dfrac{1}{a^4}$ 的值.

**解** 由 $a^2-3a+1=0$，得 $a+\dfrac{1}{a}=3$，

> 这个方程的系数是"对称"的，与例9相同.

所以
$$a^2+\dfrac{1}{a^2}=\left(a+\dfrac{1}{a}\right)^2-2=7,$$
$$a^4+\dfrac{1}{a^4}=\left(a^2+\dfrac{1}{a^2}\right)^2-2$$
$$=49-2$$
$$=47.$$

**例9** 解方程：$x^4+7x^3+14x^2+7x+1=0$.

**解** 显然 $x=0$ 不是方程的根，两边同除以 $x^2$，得

$$x^2+7x+14+\dfrac{7}{x}+\dfrac{1}{x^2}=0,$$
$$\left[x^2+\left(\dfrac{1}{x}\right)^2\right]+7\left(x+\dfrac{1}{x}\right)+14=0.$$

令 $x+\dfrac{1}{x}=y$，

则 $$x^2+\left(\dfrac{1}{x}\right)^2=y^2-2,$$

原方程化为 $$y^2+7y+12=0,$$
$$(y+3)(y+4)=0,$$

∴ $y=-3$ 或 $y=-4$.

当 $x+\dfrac{1}{x}=-3$ 时，
$$x^2+3x+1=0, x=\dfrac{-3\pm\sqrt{5}}{2};$$

当 $x+\dfrac{1}{x}=-4$ 时，
$$x^2+4x+1=0, x=\dfrac{-4\pm 2\sqrt{3}}{2}=-2\pm\sqrt{3}.$$

**讲评** 1. $a$、$a+\dfrac{1}{a}$、$\left(a+\dfrac{1}{a}\right)^2$、$a-\dfrac{1}{a}$、$\left(a-\dfrac{1}{a}\right)^2$、$a^2+\dfrac{1}{a^2}$ 这些式子形成一组"组块"，已知其一，其他都可求. 其中最基本的是
$$\left(a+\dfrac{1}{a}\right)^2=a^2+\dfrac{1}{a^2}+2,$$

$$\left(a-\frac{1}{a}\right)^2 = a^2 + \frac{1}{a^2} - 2.$$

特别是已知 $a+\frac{1}{a}$ 的值,可以求出 $a^2+\frac{1}{a^2}$、$a^3+\frac{1}{a^3}$、$a^4+\frac{1}{a^4}$ 等,是经常运用的.

2. **变换 $u=x+\frac{1}{x}$ 有重要价值.** 一元方程 $x^4+7x^3+14x^2+7x+1=0$ 称为倒数方程,其首尾对称的两项系数都相等. 对于倒数方程,就可以实施变换 $u=x+\frac{1}{x}$.

1. $a$、$b$、$a+b$、$a-b$ 这一组式子中,知二可求得其余的式子. 特别地,有时可以运用"和差变换": $a+b=u, a-b=v$.

2. $a$、$b$、$a+b$、$a-b$、$ab$、$a^2+b^2$、$\cdots$ 这一组式子中,知二可求出其余的式子. 特别地,有时可以运用"和积变换": $a+b=u, ab=v$.

3. $a$、$a+\frac{1}{a}$、$\left(a+\frac{1}{a}\right)^2$、$a-\frac{1}{a}$、$\left(a-\frac{1}{a}\right)^2$、$a^2+\frac{1}{a^2}$、$\cdots$ 这一组式子中,知其一其他都可求. 特别地,是变换 $u=x+\frac{1}{x}$ 有重要价值.

········ 练　习 ········

1. 两数 $a$、$b$ 的和为 9,积为 14,求 $a^2+b^2-3ab$ 的值.

2. $a$、$b$ 是方程 $x^2+x-6=0$ 的两个根,求 $a^4+b^4+a^2+b^2$ 的值.

3. 已知 $a-b=3, a^2+b^2=17$,求 $ab$ 的值.

4. 已知 $a+b=5, ab=4$,求 $a-b$ 的值.

5. 已知 $a^2+\frac{1}{a^2}=6$,求 $a-\frac{1}{a}$ 的值.

6. 已知抛物线 $C_1$ 的函数解析式为 $y=ax^2+bx-3a(a\neq 0, b<0)$,若抛物线 $C_1$ 经过点 $(0,-3)$,方程 $ax^2+bx-3a=0$ 的两根为 $x_1$、$x_2$,且 $|x_1-x_2|=4$,求抛物线 $C_1$ 的顶点坐标.

········ 答　案 ········

**1.** 11　**2.** 110　**3.** 4　**4.** 3 或 $-3$　**5.** 2 或 $-2$　**6.** $(1, -4)$

## 2. 因式分解

因式分解是把一个多项式化成几个整式乘积的形式,因式分解与整式乘法是相反方向的变形.因式分解的结果一定是几个因式乘积形式,但是因式分解较整式乘法难,主要是难在没有固定的方法,需要我们合理选择分解的方法.

**例 1** 分解因式:$12x^3y^2-6x^2y^3+3xy$.

**解** $12x^3y^2-6x^2y^3+3xy$
$=3xy(4x^2y-2xy^2+1)$.

这里的"1"不能漏了.

**例 2** 分解因式:$2x(a-2)+6y(2-a)$.

**解** $2x(a-2)+6y(2-a)$
$=2x(a-2)-6y(a-2)$
$=2(a-2)(x-3y)$.

注意$(a-2)$和$(2-a)$之间的关系:$(2-a)=-(a-2)$,又把$(a-2)$作为一个整体,也可以考虑提取.

**讲评** 这是因式分解的第一种方法:**提取公因式法**.关于提取公因式法要注意以下几点:

(1) 提取时,系数取各项系数的最大公约数,相同字母的幂,取其次数最低次幂;
(2) 不仅是系数、相同字母的幂可以提取,相同的式子也可以提取;
(3) 对于一个待分解的式子,首先要考虑的是提取公因式法.

**例 3** 分解下列各式:

(1) $-1+4x^2$;  (2) $(3x-1)^2-(x+2)^2$.

**解** (1) $-1+4x^2$
$=4x^2-1$
$=(2x+1)(2x-1)$;

注意:1 可以看作 $1^2$.

(2) $(3x-1)^2-(x+2)^2$
$=(3x-1+x+2)(3x-1-x-2)$
$=(4x+1)(2x-3)$.

**例 4** 分解下列因式:

(1) $\frac{1}{4}x+x^3-x^2$;  (2) $-9x^2y+y^3$.

---

① 本文执笔:颜国军(武汉市常青第一学校)

陈永明 讲评数学题

**分析** 观察多项式(1)(2)中都有公因式可以提出,所以可以先提取公因式,然后再根据结构选择公式进行分解.

**解** (1) $\dfrac{1}{4}x+x^3-x^2$

$=x\left(\dfrac{1}{4}+x^2-x\right)$

$=x\left(\dfrac{1}{2}-x\right)^2$;

(2) $-9x^2y+y^3$

$=-y(9x^2-y^2)$

$=-y(3x-y)(3x+y)$.

> **讲评** 这是因式分解的第二种方法:**运用公式法**,运用这个方法以下几点要注意:
> 
> 1. 注意公式的结构.
> 
> 平方差公式:$a^2-b^2=(a+b)(a-b)$.它的左边是两项,并且是符号相反的两个平方数(式),右边是这两数的和与差的乘积.
> 
> 完全平方公式:$a^2\pm 2ab+b^2=(a\pm b)^2$.它的左边是三项,其中两项是平方数(式),还有一项是"交叉项"$2ab$,右边是这两数(式)和(或差)的平方.
> 
> 2. 因为学生之前先学了多项式乘法,当时已经得到了这三个乘法公式.要让学生知道,运用公式法因式分解只是将原来的公式反过来用.因此要时时提醒学生:我们现在要做什么事?

**例5** 分解因式:

(1) $x^2+4x+3$; (2) $x^4-3x^3-28x^2$; (3) $3a^2-5ab-8b^2$.

**分析** 三个多项式的结构都是三项,但是都不能直接用完全平方公式,因此可以尝试用十字相乘法分解.

**解** (1) $x^2+4x+3=(x+1)(x+3)$;

$$\begin{array}{c} 1 \quad\diagdown\quad 1 \\ 1 \quad\diagup\quad 3 \\ \hline 3+1=4 \end{array}$$

(2) $x^4-3x^3-28x^2=x^2(x^2-3x-28)=x^2(x-7)(x+4)$;

$$\begin{array}{c} 1 \quad\diagdown\quad -7 \\ 1 \quad\diagup\quad 4 \\ \hline 4-7=-3 \end{array}$$

(3) $3a^2-5ab-8b^2=(3a-8b)(a+b)$.

$$\begin{array}{c} 3 \quad\diagdown\quad -8b \\ 1 \quad\diagup\quad b \\ \hline 3b+(-8b)=-5b \end{array}$$

**讲评** 这是因式分解的第三种方法:**十字相乘法**.对此应注意:

(1) 十字相乘法用于二次三项式的因式分解.

(2) 二次三项式未必都能分解成两个一次因式的积,实际上这涉及该二次三项式相应的二次方程有没有实数根的问题(学了一元二次方程之后,会知道当且仅当判别式 $\Delta \geqslant 0$ 时,才有两实数根).

(3) 十字相乘法的步骤是:

① 将二次项分解为两个一次式的积,取其系数,列成 $2\times 2$ 方阵的第 1 列.

② 将常数项分解为两个数的积,列成 $2\times 2$ 方阵的第 2 列.

③ 将 $2\times 2$ 方阵两对角线上数分别相乘,并求出这两个积的和.

④ 如果这个和正巧等于原二次三项式的一次项的系数,那么从 $2\times 2$ 方阵的第 1 行和第 2 行,就可以写出分解成的两个一次因式.

如果这个和不等于原二次三项式的一次项的系数,那么需要调整第①步和第②步的数据.

**例6** 分解因式:

(1) $a^2-ab+ac-bc$; (2) $x^2-4y^2-z^2+4yz$; (3) $(a^2+b^2)xy+ab(x^2+y^2)$.

**分析** 上面的多项式都超过三项,很显然不适合公式法分解,观察各项的因式也没有公因式可以提取,这样的多项式的分解可以考虑分组分解.

**解** (1) 方法一:

$a^2-ab+ac-bc$
$=(a^2-ab)+(ac-bc)$
$=a(a-b)+c(a-b)$
$=(a-b)(a+c)$;

方法二:

$a^2-ab+ac-bc$
$=(a^2+ac)-(ab+bc)$
$=a(a+c)-b(a+c)$
$=(a-b)(a+c)$;

(2) $x^2-4y^2-z^2+4yz$
$=x^2-(4y^2+z^2-4yz)$
$=x^2-(2y-z)^2$
$=(x+2y-z)(x-2y+z)$;

(3) 方法一:

$(a^2+b^2)xy+ab(x^2+y^2)$
$=a^2xy+b^2xy+abx^2+aby^2$
$=(a^2xy+abx^2)+(aby^2+b^2xy)$
$=ax(ay+bx)+by(ay+bx)$

$= (ay+bx)(ax+by)$；

方法二：

$(a^2+b^2)xy + ab(x^2+y^2)$
$= a^2xy + b^2xy + abx^2 + aby^2$
$= (a^2xy + aby^2) + (abx^2 + b^2xy)$
$= ay(ax+by) + bx(ax+by)$
$= (ax+by)(ay+bx)$.

> **讲评** 这是分解因式的第四种方法：**分组分解法**.
> 1. 分组分解法通常适用于四项以上的多项式.
> 2. 分组分解法的步骤和原则.
> 步骤：分两步. 第一步是分组之后，各组先行分解（组内分解）；第二步是两组继续分解（组间分解）.
> 原则：不能光看各组能不能分解（组内分解），还要兼顾之后能不能继续分解（组间分解）. 因此在分组时就要有"远见"，分组分解的关键就是"**瞻前顾后**".
> 3. 对于四项式分组不外两种分法："2－2 分组"及"1－3 分组"."1－3 分组"时，组内分解一般会用到两数和（差）的平方公式，"2－2 分组"的情况比较复杂. 因此首先考虑可不可以"1－3 分组"，在"1－3 分组"无效的情况下，再考虑"2－2 分组".
> 4. 对于"1－3 分组"，一般总用平方差公式进行组间分解.
> 对于"2－2 分组"，组内分解有两种可能：提取公因式或利用平方差公式；组间分解一般就是提取公因式.

**例7** 分解因式：

(1) $a^2 - b^2 + 2a - 6b - 8$；(2) $x^4 + 4$；(3) $x^3 - 9x + 8$.

**解** (1) $a^2 - b^2 + 2a - 6b - 8$
$= (a^2 + 2a + 1) - (b^2 + 6b + 9)$
$= (a+1)^2 - (b+3)^2$
$= (a+1+b+3)(a+1-b-3)$
$= (a+b+4)(a-b-2)$；

> 从式子的形式和结构看以上几种方法都不适用，如果把 $-8$ 拆成 $1-9$，再分组问题就迎刃而解了.

(2) $x^4 + 4$
$= x^4 + 4x^2 + 4 - 4x^2$
$= (x^2+2)^2 - 4x^2$
$= (x^2 + 2 + 2x)(x^2 + 2 - 2x)$；

> 联想完全平方形式 $a^2 \pm 2ab + b^2 = (a \pm b)^2$，所以选择添加一项构造完全平方公式再进行分解.

(3) $x^3 - 9x + 8$.

方法一：

原式 $= 9x^3 - 8x^3 - 9x + 8$
$= (9x^3 - 9x) + (-8x^3 + 8)$
$= 9x(x+1)(x-1) - 8(x-1)(x^2+x+1)$

> 将三次项 $x^3$ 拆成 $9x^3 - 8x^3$.

> 这里利用了 $x^3 - y^3 = (x-y)(x^2 + xy + y^2)$（下同）.

$$= (x-1)(x^2+x-8).$$

**方法二：**
原式 $= x^3 - 9x + 8$
　　　$= x^3 - x^2 + x^2 - 9x + 8$ ◀── 添加两项 $-x^2 + x^2$.
　　　$= x^2(x-1) + (x-8)(x-1)$
　　　$= (x-1)(x^2+x-8).$

**方法三：**
原式 $= x^3 - 9x + 9 - 1$ ◀── 将 8 拆成 9−1.
　　　$= (x^3 - 1) + (-9x + 9)$
　　　$= (x-1)(x^2+x+1) - 9(x-1)$
　　　$= (x-1)(x^2+x-8).$

> **讲评**　这是分解因式的第五种方法：**拆项（添项）法**.
> 　　在多项式乘法运算时，整理、化简常将几个同类项合并为一项，或将两个仅符号相反的同类项相互抵消为零．在对某些多项式分解因式时，需要恢复那些被合并或相互抵消的项，即把多项式中的某一项拆成两项或多项，或者在多项式中添上两个仅符合相反的项，前者称为拆项，后者称为添项．拆项、添项的目的是使多项式能用分组分解法进行因式分解．

**例8**　分解因式：
(1) $(a^2+3a-2)(a^2+3a+4) - 16$；(2) $(a+1)(a+3)(a+5)(a+7) + 15$.

**解**　设 $a^2 + 3a - 2 = m$，则
原式 $= m(m+6) - 16$
　　　$= m^2 + 6m - 16$
　　　$= (m+8)(m-2)$
　　　$= (a^2+3a-2+8)(a^2+3a-2-2)$
　　　$= (a^2+3a+6)(a^2+3a-4)$
　　　$= (a^2+3a+6)(a+4)(a-1).$

注：此题还可以设 $a^2 + 3a = m$ 或 $a^2 + 3a + 4 = m$ 等其他形式.

(2) $(a+1)(a+3)(a+5)(a+7) + 15$.

　　　$= [(a+1)(a+7)][(a+3)(a+5)] + 15$ ◀── 对于四个因式中常数项呈 1、3、5、7 的情形，常常可试试将首尾两因式相乘，中间两因式相乘．这种方法被称为"均值法".
　　　$= (a^2+8a+7)(a^2+8a+15) + 15.$

设 $m = \dfrac{1}{2}[(a^2+8a+7) + (a^2+8a+15)] = a^2 + 8a + 11,$

原式 $= (m-4)(m+4) + 15 = m^2 - 16 + 15 = m^2 - 1 = (m+1)(m-1)$
　　　$= (a^2+8a+12)(a^2+8a+10) = (a+2)(a+6)(a^2+8a+10).$

> **讲评** 这是分解因式的第六种方法：**换元法**.
> 换元法分解因式的基本思路就是将多项式中的某一部分用新的变量替换，从而使较复杂的数学问题简单化.

1. 分解因式的方法，在初中阶段主要有：提取公因式法，运用公式法，十字相乘法，分组分解法，拆项（添项）法，换元法.

2. 就现行教材要求来说，因式分解并不很难，但是学生的错误往往还是不少. 因此注意细节是有价值的：

第一，对于初学的学生，一定要让他们弄清楚因式分解和整式乘法是相反的运算.

第二，不管什么题目，首先考虑的总是能不能提取公因式，然后选择公式或十字相乘法，最后选择分组分解.

第三，在提取公因式时，如果某项整个被提取，注意，这项变成1了，而不是没有了.

第四，注意1的多变性，1可以看做 $1^2$.

第五，分解要彻底.

第六，以后在学方程时会用到因式分解，譬如会遇到 $(x-1)(x-3)=0$ 这样的方程，要学生弄清楚整式 $(x-1)(x-3)$ 和方程 $(x-1)(x-3)=0$ 的区别.

········ 练　习 ········

分解下列因式：

1. $x(x-y)-y(y-x)$.
2. $3x^3-12x^2y+12xy^2$.
3. $9x^4-35x^2-4$.
4. $x^2-2xy+y^2-z^2$.
5. $1-a^2-b^2+a^2b^2$.
6. $(x^2-5x+8)(x^2-5x+2)+8$.
7. $4a^2-9b^2+12a+6b+8$.

········ 答　案 ········

**1.** $(x+y)(x-y)$　**2.** $3x(x-2y)^2$　**3.** $(9x^2+1)(x+2)(x-2)$　**4.** $(x-y+z)(x-y-z)$　**5.** $(1-a)(1+a)(1-b)(1+b)$　**6.** $(x-1)(x-2)(x-3)(x-4)$　**7.** $(2a+3b+2)(2a-3b+4)$

# 3. 解题模块:条件求值[①]

**主编的话:**

本文有三个地方值得注意.一是**给出了条件求值题的解题模块**,使解这类题时基本上有章可循,并且,不仅给出了解题的思考步骤,而且指出了这些步骤背后的思想方法,譬如突出了条件求值题本质上是定值问题.

二是一题多解的同时,对多种解法进行了评价,突出通法,这或许就是孙维刚老师主张的**"一题多解,多解归一"**.

三是对例8,笔者模拟了原始的解题思维过程.代数运算中常常会巧妙地代来代去的,最后竟得到答案了.怎么会得到答案的?有时自己也不知道.笔者指出,应该让学生清楚地知道,所做的每一步为了什么?可以得到什么?

"已知 $x=1, y=2$,求代数式 $x^2+y$ 的值",这是普通求代数式的值的题目.而"已知 $x+y=1$,求 $x^3+y^3+3xy$ 的值",则称为**条件求值题**.其中 $x$、$y$ 的值并不明确,只是告诉了它们满足的一个条件:$x+y=1$.为了方便,我们把"$x+y=1$"这样的式子叫**条件式**,把"$x^3+y^3+3xy$"这样的式子叫**目标式**.

**例1** 已知 $x^2+y^2-4x+4=0$,求 $xy+2x-y-2$ 的值.

**解** ∵ $x^2+y^2-4x+4=0$,

$(x-2)^2+y^2=0$,

∴ $x=2, y=0$.

代入目标式得 $xy+2x-y-2=2$.

**例2** 已知 $x+y=1$,求 $x^3+y^3+3xy$ 的值.

**解 方法一:**

∵ $x+y=1$,

∴ $y=1-x$,代入目标式,得

$x^3+y^3+3xy = x^3+(1-x)^3+3x(1-x)$

$\qquad\qquad\qquad = 1.$ ← 为什么 $x$ 没有了?

**方法二:**

原式 $=(x+y)(x^2-xy+y^2)+3xy$

$\quad = x^2-xy+y^2+3xy$

$\quad = (x+y)^2=1.$ ← $x+y$ 用 1 代.

---

[①] 本文执笔:陈永明

陈永明 讲评数学题

**链接** 本题方法二是中途将 $x+y$ 代换掉的,那么能不能将目标式转化为只含 $x+y$ 的式子,到最后再将其中的 $x+y$ 换为 1 呢?

不能.高等代数中的多项式理论告诉我们:设 $u=x+y,v=xy$,则二次对称多项式 $P(x,y)$ 可用 $u,v$ 表示,所以一般情况下,二次对称多项式 $P(x,y)$ 是不能光用 $u=x+y$ 表示出来的.

**例 3** 当 $x+y=1$ 时,$x^3+y^3+3xy=$ _____.

**分析** 本题可以按例 2 的方法做,但因为是填空题,不需要解题过程,所以,可用特殊值法,取 $x=0,y=1$(满足条件),此时 $x^3+y^3+3xy=1$,于是本题答案为 1.

**讲评** 1. **条件求值题,本质上说是定值问题**.如例 2 或 3,不管 $x$、$y$ 是怎样的数,只要满足 $x+y=1$,目标式 $x^3+y^3+3xy$ 总是一个常数.因此在例 2 的方法一中,用 $y=1-x$,代入目标式后,按理应该变为含 $x$ 的式子,但最后 $x$ 消失了,成为一个常数.认识到这一点,对解这类题至少有以下三点帮助:

第一,如果题目是填空题,就可以用特殊值法得出答案;

第二,可以用特殊值法估计题目是否有错.用两组特殊值代入,如果结果不一样,题目肯定有错;但结果如果一致,不能得出对错的结论;

第三,用特殊值代入后,得到一个值,这样就把条件求值题转化为普通代数式的证明题了,如本题,取 $x=0,y=1$(满足条件),此时 $x^3+y^3+3xy=1$,于是,接下去就是证明一个普通求值题:"当 $x+y=1$ 时,求证 $x^3+y^3+3xy=1$",目标变得明确.

2. **条件求值题的解题模块**是:

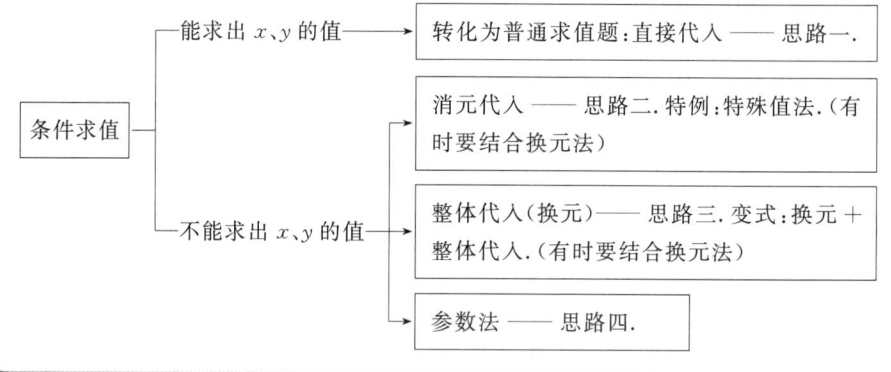

**例 4** 设 $abc=1$,求 $\dfrac{a}{ab+a+1}+\dfrac{b}{bc+b+1}+\dfrac{c}{ca+c+1}$ 的值.

**解** 方法一:∵ $\dfrac{a}{ab+a+1}=\dfrac{a}{ab+a+abc}$ ← 运用了 $1=abc$.

$=\dfrac{1}{bc+b+1}$,

$$\frac{c}{ca+c+1} = \frac{c \cdot b}{(ca+c+1) \cdot b}$$
$$= \frac{bc}{bca+bc+b}$$
$$= \frac{bc}{bc+b+1},$$

← 运用了 $abc=1$.

∴ 原式 $= \dfrac{1}{bc+b+1} + \dfrac{b}{bc+b+1} + \dfrac{bc}{bc+b+1}$

$= \dfrac{bc+b+1}{bc+b+1}$

$= 1.$

方法二：从 $abc=1$，得 $a=\dfrac{1}{bc}$，代入所求式子，则

原式 $= \dfrac{\frac{1}{bc}}{\frac{1}{c}+\frac{1}{bc}+1} + \dfrac{b}{bc+b+1} + \dfrac{c}{\frac{1}{b}+c+1}$

$= \dfrac{1}{bc+b+1} + \dfrac{b}{bc+b+1} + \dfrac{bc}{bc+b+1}$

$= \dfrac{bc+b+1}{bc+b+1}$

$= 1.$

**例5** 若 $xyz \neq 0$，$x+y+z \neq 0$，且 $\dfrac{y+z}{x} = \dfrac{z+x}{y} = \dfrac{x+y}{z}$，求 $\dfrac{(y+z)(z+x)(x+y)}{xyz}$ 的值.

**解** 方法一：设 $\dfrac{y+z}{x} = \dfrac{z+x}{y} = \dfrac{x+y}{z} = k$，

∴ $y+z=kx$， ①

$z+x=ky$， ②

$x+y=kz$， ③

①+②+③ 得 $2(x+y+z)=k(x+y+z)$，

∵ $x+y+z \neq 0$，

∴ $k=2$.

于是 $y+z=2x, z+x=2y, x+y=2z$，（*）

代入所求式子，得

$$\frac{(y+z)(z+x)(x+y)}{xyz} = 8.$$

方法二：由 $\dfrac{y+z}{x} = \dfrac{z+x}{y} = \dfrac{x+y}{z}$，

得 $\dfrac{y+z}{x}+1 = \dfrac{z+x}{y}+1 = \dfrac{x+y}{z}+1$，

← 这是此解法的关键，但这种解法可能不易想到.

可得 $\dfrac{1}{x} = \dfrac{1}{y} = \dfrac{1}{z}$，

于是 $x=y=z$,
$$\frac{(y+z)(z+x)(x+y)}{xyz}=8.$$

**方法三**:从(*)式,可得
$$\begin{cases} y=x, \\ z=x, \end{cases}$$
代入目标式,得
$$\frac{(y+z)(z+x)(x+y)}{xyz}=8.$$

> **讲评** 例 4 的方法一看来很巧妙,一会儿 $abc=1$,一会儿 $1=abc$,例 5 的方法一、二也都很巧妙.优秀的学生会因此对数学产生兴趣,但中差等的学生可能会弄得云里雾里.
>
> 其实,例 4 的方法一本质上是消 $a$,所以如方法二那样用消元代入法即可.
>
> 例 5 的方法一,得到 $y+z=2x, z+x=2y, x+y=2z$ (*)式,其实只是将条件式化简而已.后面所做的才是解条件求值题.(*)式是三个方程,三个未知数,但因为它们是不独立的(第三个式子可通过第一、二个式子得到),于是可剔除一个,譬如剔除第三式.留下的 $y+z=2x, z+x=2y$ 是三元的两个方程,于是可用一个元,譬如用 $x$ 来表示 $y, z$.不难得到 $y=x, z=x$,接下去就是代入消元法了.所以,方法三是通法.
>
> 首先要落实通法,那些巧妙的解法,可以视学生情况决定是否要教,而且即使教,也要让学生理解本质.

**例 6** 已知 $\dfrac{1}{x}-\dfrac{1}{y}=2$,求分式 $\dfrac{x-2xy-y}{2x+3xy-2y}$ 的值.

**解** 方法一:由 $\dfrac{1}{x}-\dfrac{1}{y}=2$,可知 $x\neq 0, y\neq 0$.将目标式的分子分母同除以 $xy$,得

$$\frac{x-2xy-y}{2x+3xy-2y}=\frac{\dfrac{1}{y}-2-\dfrac{1}{x}}{\dfrac{2}{y}+3-\dfrac{2}{x}}=\frac{-2-\left(\dfrac{1}{x}-\dfrac{1}{y}\right)}{3-2\left(\dfrac{1}{x}-\dfrac{1}{y}\right)}=4.$$

方法二:由 $\dfrac{1}{x}-\dfrac{1}{y}=2$,得 $y-x=2xy$,

所以
$$\frac{x-2xy-y}{2x+3xy-2y}=\frac{(x-y)-2xy}{2(x-y)+3xy}=\frac{-2xy-2xy}{2(-2xy)+3xy}=\frac{-4xy}{-xy}=4.$$

**例 7** 已知 $a<b<0, a^2+b^2=4ab$,求 $\dfrac{a+b}{a-b}$ 的值.

**分析** 由条件,可以解出用 $b$ 表示 $a$ 的式子,但这个式子带根号,代入目标式就显得复杂了.注意到目标式里有两数和与差,于是想到"和差代换"(参见文"联想和'组块':从

$a+b$、$a-b$、$ab$ 等引起的").

**解** 设 $m=a+b, n=a-b$,则

$$a=\frac{m+n}{2}, b=\frac{m-n}{2}.$$

代入条件 $a^2+b^2=4ab$,得

$$m^2=3n^2,$$

$$\frac{m}{n}=\pm\sqrt{3}(负的舍去),$$

代入目标式有

$$\frac{a+b}{a-b}=\frac{m}{n}=\sqrt{3}.$$

> **讲评** 例6方法一是整体代入法.方法二的本质是**换元后再利用消元代入法**,即"**换元 代入消元**",这是方法一的变式.此时,目标式可看作由 $y-x$ 和 $xy$ 构成的,经过变形后,已知条件也是由 $y-x$ 和 $xy$ 的构成的.而如果把 $y-x$ 设为 $u$,$xy$ 设为 $v$,那么条件是 $\frac{1}{x}-\frac{1}{y}=\frac{y-x}{xy}=\frac{u}{v}=2$,目标式是 $\frac{x-2xy-y}{2x+3xy-2y}=\frac{-u-2v}{-2u+3v}$.从条件 $u$ 和 $v$ 的关系中解出 $u$,即 $u=2v$,代入到所求的式子,即得结果.
> 
> 例7使用的也是"**换元 代入消元**"(设 $m=a+b, n=a-b$,最后以 $m=\sqrt{3}n$ 代入),也可以看作"**换元 整体代入**"$\left(最后以 \frac{m}{n}=\sqrt{3} 代入\right)$.

**例8** 已知 $\sqrt{x}(\sqrt{x}+\sqrt{y})=3\sqrt{y}\left(\frac{2}{3}\sqrt{x}+4\sqrt{y}\right)(xy\neq 0)$,求 $\frac{x-5y+\sqrt{xy}}{x+y+\sqrt{xy}}$ 的值.

**分析** ◆首先,消元和整体代入似乎都有困难,暂不考虑.

◆接着,不妨先将条件化简.由已知得 $\sqrt{xy}=x-12y$.由于目标式里有 $\sqrt{xy}$,代入目标式或许可以得到些什么.代入得

$$\frac{x-5y+\sqrt{xy}}{x+y+\sqrt{xy}}=\frac{2x-17y}{2x-11y}.$$

"求"和"化简"不同,本题是"求",默认了目标是应等于某个数值(而不是一个含 $x$、$y$ 的式子).这里没有得到一个数值.碰壁了!

◆是不是题目有问题?
由于条件求值题本质上是定值问题,于是取两组满足条件的 $x$、$y$ 值试试.
取 $x=1$,得 $\sqrt{y}=1-12y$,

$$1-25y+144y^2=0,$$

解得 $y_1=\frac{1}{9}$(舍去),$y_2=\frac{1}{16}$.

将 $x=1$、$y=\frac{1}{16}$ 代入目标式,得

$$\frac{2x-17y}{2x-11y}=\frac{5}{7}.$$

另试 $x=4$,这时,有 $\sqrt{4y}=4-12y$,

解得 $y_1=\frac{1}{4}$,$y_2=\frac{4}{9}$(舍去).

将 $x=4$,$y=\frac{1}{4}$ 代入目标式,得

$$\frac{2x-17y}{2x-11y}=\frac{5}{7}.$$

> 条件求值题本质上是定值问题,据此可以探求目标式的值,同时可将题转化为证明题,本题就转化为证明 $\frac{x-5y+\sqrt{xy}}{x+y+\sqrt{xy}}=\frac{5}{7}$.

满足条件的两组数值代入都得到 $\frac{5}{7}$,它有可能是定值,看来题目不一定错!

既然题可能是正确的,回到消元法的轨道上来,再想.

◆利用**条件结论的差异分析法**,看看条件和结论之间的差异.条件是根式,目标式是分式,两者有差异,于是想到将条件式的根式转化为有理式.

**解** 方法一:由 $\sqrt{xy}=x-12y$,

两边平方得 $xy=x^2-24xy+144y^2$,

$$x^2-25xy+144y^2=0,$$
$$(x-16y)(x+9y)=0,$$

∴ $x=16y$ 或 $x=-9y$(因为 $x>0$,$y>0$,舍去).

代入目标式,消 $x$,得

$$\frac{2x-17y}{2x-11y}=\frac{32y-17y}{32y-11y}=\frac{5}{7}.$$

除此以外,还可以有下面的比较巧妙的方法二,不过方法一更具一般性.

方法二:

∵ $\sqrt{xy}=x-12y$,

∴ $(\sqrt{x}-4\sqrt{y})(\sqrt{x}+3\sqrt{y})=0$.

由已知 $x>0$,$y>0$,

∴ $x=16y$,

∴ $\frac{2x-17y}{2x-11y}=\frac{32y-17y}{32y-11y}=\frac{5}{7}.$

> **讲评** 将 $\sqrt{xy}=x-12y$ 代入目标式,尚属于瞎碰瞎凑阶段.后来的验证题目有没有错,到利用条件结论的差异分析法,最后还是利用消元代入法,揭示这段思维过程是有益的.

········ 练 习 ········

1. 已知 $a+b=2$,求 $a^3+b^3+6ab$ 的值.

2. 已知 $5x^2-4xy+y^2-2x+1=0$，求 $(x-y)^{2013}$ 的值.

3. 已知 $x=\dfrac{4ab}{a+b}$，求 $\dfrac{x+2a}{x-2a}+\dfrac{x+2b}{x-2b}$ 的值.

4. 已知 $\dfrac{1}{x}-\dfrac{1}{y}=3$，求 $\dfrac{2x+3xy-2y}{x-2xy-y}$ 的值.

5. 设 $a+b+c=0$，$abc>0$，则 $\dfrac{b+c}{|a|}+\dfrac{a+c}{|b|}+\dfrac{a+b}{|c|}$ 的值是（　　）.

（A）$-3$　　　（B）$1$　　　（C）$3$ 或 $-1$　　　（D）$-3$ 或 $-1$

6. 已知 $x^2+xy+y=14$，$y^2+xy+x=28$，求 $x+y$ 的值.

7. $\dfrac{ab}{a+b}=\dfrac{1}{3}$，$\dfrac{bc}{b+c}=\dfrac{1}{4}$，$\dfrac{ca}{c+a}=\dfrac{1}{5}$，求 $\dfrac{abc}{ab+bc+ca}$ 的值.

8. 已知 $a^2+b^2+4a+2b+5=0$，求 $\dfrac{\sqrt{1-b}}{\sqrt{1-a}}$ 的值.

**答　案**

**1.** 8　**2.** $-1$　**3.** 2　**4.** $\dfrac{3}{5}$　**5.** B　**6.** 6 或 $-7$．提示：利用和差代换　**7.** $\dfrac{1}{6}$　**8.** $\dfrac{\sqrt{6}}{3}$

## 4. 别样观点:应用题教学[①]

**主编的话:**

本文没有对应用题作仔细的讨论.但作者提出了自己的见解,值得读者参考.

一是把一次方程应用题概括为两类;

二是解应用题的关键,是整理数据,并特别推荐利用线段图和表格整理数据.这样有助于迅速准确地找到等量关系.

三是不要把所谓的行程问题、工程问题等的意义僵化了,不要光看形式,要看数学模型的实质.

一次方程应用题(包括可化为一次方程的分式方程)通常分成行程问题、工程问题等.其实这种分类方法都是从表面现象分的,从数学角度看,可分成两类:只涉及比较数量大小的应用题和涉及了"三要素"的应用题.

**例1** 六年级一、二班各有 44 人,两个班都有一些同学参加课外天文小组.一班参加的人数恰好是二班没有参加的人数的 $\frac{1}{3}$,二班参加的人数恰好是一班没有参加的人数的 $\frac{1}{4}$.问:两个班没有参加天文小组的各有多少人?

**分析** 列出线段图:

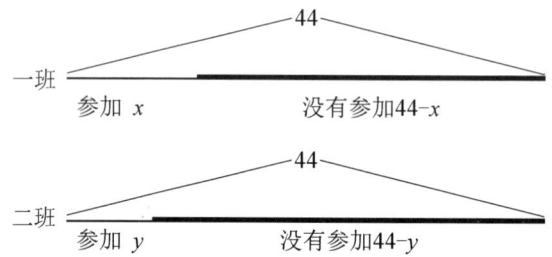

**解** 设一班参加天文小组的人数为 $x$ 人,二班参加天文小组的人数为 $y$ 人.根据题意,有

$$\begin{cases} x=\frac{1}{3}(44-y), \\ y=\frac{1}{4}(44-x), \end{cases} \text{解得} \begin{cases} x=12, \\ y=8. \end{cases}$$

---

① 本文执笔:陈永明,王岚(武汉市常青第一学校)

一、代数

**例2** 兄弟俩今年的年龄之和是 30 岁,当哥哥像弟弟现在这样大时,弟弟的年龄恰好是哥哥的一半,问:哥哥今年几岁?

**分析**

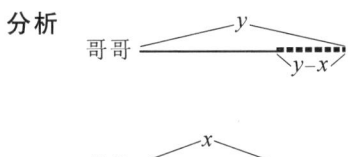

画线段图,哥哥线段长(年龄)为 $y$ 岁,弟弟为 $x$ 岁.哥哥像弟弟现在这样大时,即退回 $(y-x)$ 年,是 $x$ 岁.那时弟弟也退回 $(y-x)$,是 $[x-(y-x)]$ 岁.

**解** 由题意,当哥哥像弟弟现在这样大时,弟弟的年龄恰好是哥哥的一半,得
$$x=2[x-(y-x)],$$
再由条件,有
$$x+y=30,$$
解得
$$x=12, y=18.$$

> **讲评** 这是一次方程的**第一类应用题**,其特征是**只涉及比较数量大小**.这类应用题的分析方法可用**线段图**.

**例3** 某展馆成人票、学生票分别为 60 元和 30 元.一天,该馆卖出成人票和学生票共 3 万张,收入 150 万元,问:当天这两种票各售出多少张?

**分析** 先整理数据(包括设未知数).可以用列表法.第一步,列出表格的框架;第二步,将已知数填进去(表中有阴影的数据);第三步,再在空格中选择合适的设为未知数,并将其他空格用含未知数的式子表示出来.

先填已知数 | 后填未知数

|      | 单价(元) | 张数(万张) | 总价(万元) |
|------|---------|-----------|-----------|
| 成人票 | 60      | $x$       | $60x$     |
| 学生票 | 30      | $y$       | $30y$     |
| 合计  |         | 3         | 150       |

这样,数据整理已经完成,接下去是第四步,再找等量关系,一般说,题目中尚未用到的关系,可以用来列方程;或者从表格看,在这个表里,横向是第一、二列的数据之积等于第三列,纵向是第一、二行的和等于第三行.显然有:$\begin{cases} x+y=3, \\ 60x+30y=150. \end{cases}$ (*)

解得 $\begin{cases} x=2, \\ y=1. \end{cases}$

◆请利用类似于(*)式的方程组,编涉及内容不同的应用题.譬如,改编成"鸡兔共笼"问题(鸡兔共笼,头共有 100 只,脚共有 260 只,问鸡、兔各多少只?);车子装配问题(有轮子 130 只,共装配成自行车和三轮车共 50 辆,问自行车、三轮车各装了几辆?),这

**陈永明** 讲评数学题

样的训练很有价值.

> **讲评** 1. 这是**第二类应用题**.其特征是含有**三要素**:每份数、份数、总数,三要素的关系是:每份数×份数＝总数.这里的每份数、份数、总数在各种具体问题中有不同的含义.如:
>
> | | 每份数 | 份 数 | 总 数 |
> |---|---|---|---|
> | 商品问题 | 单价(元/件) | 件数 | 总价(元) |
> | 生产问题 | 单位时间的产量(件/天) | 时间(天) | 总产量(件) |
> | 行程问题 | 速度(米/分) | 时间(分) | 路程(米) |
> | 工程问题 | 工作效率(整个工程的几分之几/时) | 时间(时) | 工作量(整个工程的几分之几) |
>
> 这类应用题除了三要素外,常常涉及多个对象(情况),如本题中的学生和老师,有些问题中的原计划和实际情况……本题是典型的"**三要素两对象**"应用题.推荐用**列表法**整理数据.在列表时,不必列得很复杂,只要抓住三要素即可.
>
> 2. 有些参考书强调首先直接找等量关系.其实,在题里,等量关系往往用自然语言表达的读来疙瘩,譬如例1的等量关系是:"一班参加的人数恰好是二班没有参加的人数的 $\frac{1}{3}$ ;二班参加的人数恰好是一班没有参加的人数的 $\frac{1}{4}$",其中有一、二班的差别,又有参加和不参加的差别,会把学生弄得头昏脑胀的.
>
> 笔者强调先整理数据,在整理数据的同时设未知数,等数据整理完毕,线段图画好了,或者表格填满了,方程(等量关系)常常就不难列出.一般说,题目中尚未用到的关系,都可以用来列方程.

**例 4** 一项工程,18 天可以完成它的 $\frac{1}{3}$,按这样的效率工作 4 天后,改进了工作方法,效率提高了 $\frac{1}{5}$,问:需要多少天可以完成整个工程的一半?

**分析** 18 天可以完成整个工程的 $\frac{1}{3}$,那么一天可以完成整个工程的 $\frac{1}{3}÷18$,改进工作方法后,一天可完成整个工程的 $\left(\frac{1}{3}÷18\right)×\left(1+\frac{1}{5}\right)$.

表格不要弄得太复杂,譬如"几天完成"就不必填了,坚持三列(三要素),行数可根据情况而定.

| | 工作效率(一天完成整个工程的几分之几) | 时间(天) | 工作量(整个工程的几分之几) |
|---|---|---|---|
| 前阶段 | $\frac{1}{3}÷18$ | 4 | $\left(\frac{1}{3}÷18\right)×4$ |
| 后阶段 | $\left(\frac{1}{3}÷18\right)×\left(1+\frac{1}{5}\right)$ | $x-4$ | $\left(\frac{1}{3}÷18\right)×\left(1+\frac{1}{5}\right)×(x-4)$ |
| | | $x$ | $\frac{1}{2}$ |

一、代数

**解** 设 $x$ 天可完成整个工程的一半. 可列出方程:
$$\left(\frac{1}{3} \div 18\right) \times 4 + \left(\frac{1}{3} \div 18\right) \times \left(1 + \frac{1}{5}\right) \times (x - 4) = \frac{1}{2}.$$

解略.

> **讲评** 工程问题有自己的特殊性,一是每份数——工作效率的意义是每天(小时)做了整个工程的几分之几,是个没有单位的"**不名数**";相应地,工作量也是不名数,并且默认整个工程的工作量是 1.
>
> 另外要注意,如完成整个工程的时间是 $a$,那么工作效率是 $\frac{1}{a}$. 如果甲的工作效率是 $\frac{1}{a}$,乙的工作效率是 $\frac{1}{b}$,那么两人合作的工作效率是 $\frac{1}{a} + \frac{1}{b}$.

**例 5** 有浓度为 20% 的盐水若干,加水多少,可以稀释成 40 千克浓度为 8% 的盐水?

**分析**

|  | 盐水(溶液,千克) | 浓度 | 盐(溶质,克) |
|---|---|---|---|
| 原有盐水 | $40 - x$ | 20% | $20\% \times (40 - x)$ |
| 水 | $x$ | 0% | 0 |
| 稀释后的盐水 | 40 | 8% | $8\% \times 40$ |

**解** 设加水 $x$ 千克,可列出方程
$$20\% \times (40 - x) = 8\% \times 40.$$

解略.

> **讲评** 浓度问题,以及涉及分数的问题,也有其特殊性. 主要在于行程问题等问题中,"份数"的提法合乎常理,一般是大于 1 的数. 但是在涉及分数的问题、浓度问题中,这个"份数",是二分之一份,50% 份,……,往往是小于 1 的数. 这时"份数"实际上是整体的"几分之几". 也就是说,实际上是把"份数"的意义扩大了. 于是原先的"每份数×份数=总数",变成了"整体×几分之几=部分".
>
> |  | 整体 | 几分之几 | 部分 |
> |---|---|---|---|
> | 浓度问题 | 溶液 | 浓度 | 溶质 |

**例 6** (1) 甲 5 小时走的路程和乙 8 小时走的路程相等,现在甲、乙两人都从 A 地出发,乙先走 2 小时后甲才走,问:再过几小时,甲能追到乙?

(2) 甲、乙两人织毛线,甲 5 小时织的数量和乙 8 小时织的数量相等,现在乙织了 2 小时后甲才开始织,问:再过几小时,甲、乙所织的数量相等?

**解** (1)

| | 速度 | 时间(时) | 路程 |
|---|---|---|---|
| 甲 | $x$ | $t$ | $tx$ |
| 乙 | $\dfrac{5x}{8}$ | $t+2$ | $\dfrac{5x(t+2)}{8}$ |

也可设甲速为 1,则乙速为 $\dfrac{5}{8}$.

有 $tx=\dfrac{5x(t+2)}{8}$,

解得 $t=\dfrac{10}{3}$(时).

(2)

| | 速度(每小时织毛线?斤) | 时间(时) | "路程"(共织?斤) |
|---|---|---|---|
| 甲 | $x$ | $t$ | $tx$ |
| 乙 | $\dfrac{5x}{8}$ | $t+2$ | $\dfrac{5x(t+2)}{8}$ |

有 $tx=\dfrac{5x(t+2)}{8}$,

解得 $t=\dfrac{10}{3}$(时).

**讲评** 学生在解第(2)小题时,往往在"追及问题"还是"工程问题"之间犹豫.形式上没有速度、时间、路程,但实质上它是行程问题中的追及问题.

**例7** 妈妈买布,所带的钱刚好可买甲种布 2 米或者乙种布 3 米,她决定两种布买同样多的米数,问:最多各能买几米?

**分析**

| | 每米花了总钱数的几分之几 | 数量(米) | 钱 |
|---|---|---|---|
| 甲 | $\dfrac{1}{2}$ | $x$ | $\dfrac{x}{2}$ |
| 乙 | $\dfrac{1}{3}$ | $x$ | $\dfrac{x}{3}$ |

**解** 甲种布每米需要花总钱数的 $\dfrac{1}{2}$,乙种布每米需要花总钱数的 $\dfrac{1}{3}$,

设各买 $x$ 米,则 $\dfrac{x}{2}+\dfrac{x}{3}=1$.

解得 $x=\dfrac{6}{5}$.

**讲评** 不要以为,工程问题一定要出现"完成工程的几分之一"等语言,行程问题一定要有人行走或车子行驶.这是表面现象.此题恰恰也属于所谓的工程问题.

**小结**

1. 初中阶段列一次方程(可以是二元的,也可以是可化为一次方程的分式方程)大致有两类:

第一类是其特征是只涉及比较数量大小.

第二类是所谓的"三要素"问题,具体的表现形式会有行程问题、工程问题等,其本质是涉及三个量:每份数、份数和总数.它们之间有"**每份数　份数　总数**"的关系.在浓度等问题中可以认为是:整体、几分之几、部分,它们之间有"**整体　几分之几　部分**"的关系.

2. 首要问题是整理数据.第一类问题整理数据,可用线段图.第二类问题可用表格法.列表时坚持三列(三要素),不要太复杂.

3. 抽象性是数学的特征,不同内容的题,列出的方程,即建立的数学模型实质可能是相同的.我们讲行程问题、工程问题等名称的时候,千万不要把它们仅局限于行程和工程.展示多种外在形式,但列出的方程是相同的题组更有重要意义.

········ 练　　习 ········

1. 两个仓库里各有棉花若干吨.如果从甲仓库里搬出 15 吨到乙仓库,那么两个仓库里的棉花数量相等了;如果从乙仓库里搬出 20 吨到甲仓库,那么甲仓库的棉花数量比乙仓库多出的数量恰巧等于乙仓库原有的棉花数量.问:甲、乙仓库原先各有棉花多少吨?

2. 甲、乙两人分别从相距 84 千米的两地同时出发,相向而行.甲步行每小时走 6 千米,乙骑车每小时行 15 千米,问:两人几小时后相遇?

3. 某商品打折出售.如果按原定价的七五折出售,将赔 25 元;如果按定价的九折出售,还可以赚 20 元.该商品原定价多少元?成本多少元?

4. 一批零件,如果由甲先做 5 天后,乙加入合做,那么再做 8 天正好完成;如果由乙先做 5 天后,甲加入合做,那么再做 9 天正好完成.如果已知甲比乙每天多做 20 个零件,那么甲、乙两人每天各做多少个零件?

5. 甲、乙两种硫酸溶液,如果从甲溶液中取 250 克,从乙溶液中取 750 克,那么得到的混合溶液浓度为 50%;如果从甲溶液中取 750 克,从乙溶液中取 250 克,那么得到的混合溶液浓度为 70%.求甲、乙两种硫酸溶液的浓度.

6. 用方程组 $\begin{cases} x+y=3, \\ 60x+30y=150 \end{cases}$ 编制 3 道不同内容的应用题.

········ 答　案 ········

1. 100 吨,70 吨　2. 4 小时　3. 300 元,250 元　4. 60 个,40 个　5. 80%,40%　6. 略

## 5. 分式方程[①]

分式方程这部分重点有两个:一是解法,主要是运用"化归的数学思想"将它化为整式方程,基本方法是去分母.去分母虽然可以将分式方程转化为整式方程,但是可能该整式方程的次数很高,难以解出,因此还有"换元法"和其他一些技巧.二是对增根的认识和处理.

**例 1** 解分式方程:(1) $\dfrac{1}{x^2+1}-1=0$;

(2) $\dfrac{3x}{x^2-4}=\dfrac{6}{4-x^2}$;

(3) $\dfrac{4x}{x^2-4}=1+\dfrac{2}{2-x}+\dfrac{2}{x+2}$.

**解** (1) 方程两边同乘以 $x^2+1$,得 $1-(x^2+1)=0$,

整理,得 $x^2=0$,

$x_1=x_2=0$.

经检验,原方程的根是 $x_1=x_2=0$;  ← 注意,重根!

(2) 原方程整理,得

$$\dfrac{x}{x^2-4}=\dfrac{-2}{x^2-4},$$

方程两边同乘以 $x^2-4$,得

$$x=-2.$$

经检验,$x=-2$ 是增根,舍去.

所以,原方程无解;

(3) 方程两边同乘以 $(x+2)(x-2)$,得

$$4x=x^2-4-2(x+2)+2(x-2),$$

整理,得 $x^2-4x-12=0$,

解得 $x_1=6, x_2=-2$.

经检验,$x_1=6$ 是原方程的根,$x_2=-2$ 是增根.

所以,原方程的根是 $x=6$.

**讲评** 解分式方程的**基本方法**是:**把分式方程转化为整式方程**.后面将要提到的换元法等等,实际上最后都离不开去分母.

去分母法的步骤:

---

[①] 本文执笔:秦丹(上海市梅园中学)

(1) 去分母,即在方程的两边乘以最简公分母,把原方程转化为整式方程;
(2) 解这个整式方程;
(3) 验根并作答:把整式方程的根代入最简公分母,使最简公分母不等于零的值是原方程的根;使最简公分母等于零的值是原方程的增根.

**例2** 解分式方程:$\dfrac{2x-1}{x}-\dfrac{3x}{2x-1}=2$.

> 左边两个分式有什么特征?

**解** 方法一:去分母法(略).

方法二:换元法:

设 $\dfrac{2x-1}{x}=y$,

则 $\dfrac{x}{2x-1}=\dfrac{1}{y}$,

原方程可化为 $y-\dfrac{3}{y}=2$,（*）

> 注意:关于 $y$ 的方程(*)也是分式方程,还得用去分母法解,最后还是要检验.

此时利用方法一把换元后的方程去分母,得
$y^2-2y-3=0$,

解得 $y_1=-1,y_2=3$,

经检验:$y_1$、$y_2$ 都是方程(*)的根,

当 $y_1=-1$ 时,得方程 $\dfrac{2x-1}{x}=-1$,（**）

解得 $x=\dfrac{1}{3}$.

> 关于 $x$ 的方程(**)(***)也是分式方程,还得用去分母法解,最后还是要检验.

当 $y_1=3$ 时,得方程 $\dfrac{2x-1}{x}=3$,（***）

解得 $x=-1$.

经检验,$x=\dfrac{1}{3}$,$x=-1$ 都是原方程的根,

所以原方程的根是 $x_1=\dfrac{1}{3}$,$x_2=-1$.

**例3** 解分式方程:$\dfrac{2x^2-2}{x-1}+\dfrac{6x-6}{x^2-1}=7$.

**分析** 若直接去分母,分式方程转化为一元四次的高次方程,不易求解.观察发现含有未知数的两个分式除数字系数外互为倒数,可采用换元法.

**解** 设 $y=\dfrac{x^2-1}{x-1}$,则原方程可化为 $2y+\dfrac{6}{y}=7$,

去分母,得 $2y^2-7y+6=0$,

解得 $y_1=\dfrac{3}{2}$,$y_2=2$.

当 $y=\dfrac{3}{2}$ 时,$\dfrac{x^2-1}{x-1}=\dfrac{3}{2}$,即 $2x^2-3x+1=0$,

解得 $x_1 = \frac{1}{2}, x_2 = 1$；

当 $y = 2$ 时，$\frac{x^2-1}{x-1} = 2$，即 $x^2 - 2x + 1 = 0$，

解得 $x_3 = x_4 = 1$.

经检验，$x_1 = \frac{1}{2}$ 是原方程的根，$x_2 = x_3 = x_4 = 1$ 为增根舍去.

所以原方程的根是 $x = \frac{1}{2}$.

**例 4** 解分式方程：$\left(x - \frac{1}{x}\right)^2 - \left(x - \frac{1}{x}\right) - 12 = 0$.

**解** 设 $x - \frac{1}{x} = y$，则原方程可化为 $y^2 - y - 12 = 0$，

解得 $y_1 = 4, y_2 = -3$.

当 $y = 4$ 时，$x - \frac{1}{x} = 4$，即 $x^2 - 4x - 1 = 0$，

解得 $x_1 = 2 + \sqrt{5}, x_2 = 2 - \sqrt{5}$；

当 $y = -3$ 时，$x - \frac{1}{x} = -3$，即 $x^2 + 3x - 1 = 0$，

解得 $x_3 = \frac{-3 + \sqrt{13}}{2}, x_4 = \frac{-3 - \sqrt{13}}{2}$；

经检验，$x_1 = 2 + \sqrt{5}, x_2 = 2 - \sqrt{5}, x_3 = \frac{-3 + \sqrt{13}}{2}, x_4 = \frac{-3 - \sqrt{13}}{2}$ 均为原方程的根.

所以原方程的根是 $x_1 = 2 + \sqrt{5}, x_2 = 2 - \sqrt{5}, x_3 = \frac{-3 + \sqrt{13}}{2}, x_4 = \frac{-3 - \sqrt{13}}{2}$.

**例 5** 解分式方程：$\frac{2x}{3} = \frac{x^2}{12} + \frac{3}{x^2} + \frac{4}{x}$.

**解** 方程两边同时乘以 12，得 $8x = x^2 + \frac{36}{x^2} + \frac{48}{x}$，

移项，得 $x^2 + \frac{36}{x^2} + \frac{48}{x} - 8x = 0$，

即 $x^2 + \left(\frac{6}{x}\right)^2 - 8\left(x - \frac{6}{x}\right) = 0$

设 $x - \frac{6}{x} = y$，则 $\left(x - \frac{6}{x}\right)^2 = y^2$，即 $x^2 + \frac{36}{x^2} = y^2 + 12$，

所以原方程可转化为 $y^2 - 8y + 12 = 0$，

解得 $y_1 = 2, y_2 = 6$.

当 $y = 2$ 时，$x - \frac{6}{x} = 2$，即 $x^2 - 2x - 6 = 0$，

解得 $x_1 = 1 + \sqrt{7}, x_2 = 1 - \sqrt{7}$.

当 $y = 6$ 时，$x - \frac{6}{x} = 6$，即 $x^2 - 6x - 6 = 0$，

解得 $x_3=3+\sqrt{15}, x_3=3-\sqrt{15}$.

经检验 $x_1=1+\sqrt{7}, x_2=1-\sqrt{7}, x_3=3+\sqrt{15}, x_4=3-\sqrt{15}$ 都是原方程的根,

所以原方程的根是 $x_1=1+\sqrt{7}, x_2=1-\sqrt{7}, x_3=3+\sqrt{15}, x_4=3-\sqrt{15}$.

> **讲评** 这是解分式方程的第二种方法——换元法. 换元法通常用于用去分母法无法解决或难以解决的时候(去分母得到的整式方程是高次方程),也常用于去分母法虽可以解决,但过程比较繁琐的情形.
>
> **用换元法解分式方程的一般步骤:**
>
> (1) 观察、分析方程的特点,寻求换元和简捷途径,设辅助未知数,并用含辅助未知数的代数式去表示方程中另外的代数式;
>
> (2) 解所得到的关于辅助未知数的新方程,求出辅助未知数的值;
>
> (3) 把辅助未知数的值代入原设中,求出原方程未知数的值;
>
> (4) 检验并做答.
>
> 无论用什么方法解分式方程,验根都是必不可少的重要步骤.
>
> **小经验:**
>
> ① 当两个分式互为倒数时,可以令其中的一个为 $y$. 这种情况叫**"倒数型"**.
>
> ② 当具有 $x^2+\dfrac{1}{x^2}$、$x+\dfrac{1}{x}$ 或 $x-\dfrac{1}{x}$ 等因式时,也可通过适当变形进行换元. 这种情况叫做**"平方型"**.

**例 6** 解分式方程: $\dfrac{x+9}{x}+\dfrac{16x}{x+9}=8$.

**解** 方法一:去分母,略.

方法二:换元法,略.

方法三:因为 $\dfrac{x+9}{x}+\dfrac{16x}{x+9}=8$,

又 $\dfrac{x+9}{x} \cdot \dfrac{16x}{x+9}=16$,

所以 $\dfrac{x+9}{x}$ 与 $\dfrac{16x}{x+9}$ 是方程 $z^2-8z+16=0$ 的两根,

解得 $z_1=z_2=4$.

所以 $\dfrac{x+9}{x}=4$ 或 $\dfrac{16x}{x+9}=4$,

所以 $x=3$.

小经验:这种方法,利用韦达定理构造了新方程.

**例 7** 解分式方程: $\dfrac{6x-1}{3x+2}=\dfrac{4x-7}{2x-5}$.

**解** 方法一:去分母法,略.

方法二:因为 $\dfrac{6x-1}{3x+2}=\dfrac{2(3x+2)-5}{3x+2}=2-\dfrac{5}{3x+2}$,

> 利用短除法,可以将假分式转化为整式+真分式

$$\frac{4x-7}{2x-5}=\frac{2(2x-5)+3}{2x-5}=2+\frac{3}{2x-5},$$

所以 $2-\dfrac{5}{3x+2}=2+\dfrac{3}{2x-5}$,

即 $-\dfrac{5}{3x+2}=\dfrac{3}{2x-5}$,

解得 $x=1$.

经检验 $x=1$ 是原方程的根;

所以原方程的根为 $x=1$.

> **链接** 把一个"假分式"化为一个"整式"和"真分式"之和,被称为"部分分式"的理论,在高中阶段函数的变换和大学阶段积分里都有用处.

**例8** 解分式方程: $\dfrac{1}{x+2}-\dfrac{1}{x+4}=\dfrac{1}{x-6}-\dfrac{1}{x-4}$.

**解** 左右两边分别通分,得 $\dfrac{2}{(x+2)(x+4)}=\dfrac{2}{(x-6)(x-4)}$,

即 $\dfrac{1}{(x+2)(x+4)}=\dfrac{1}{(x-6)(x-4)}$.

去分母,得 $(x-6)(x-4)=(x+2)(x+4)$,

解得 $x=1$.

经检验,$x=1$ 是原方程的根,

所以原方程的根是 $x=1$.

> **讲评** 解分式方程的第三个方法——特殊方程的处理.
> (1) 利用韦达定理构造新方程.
> (2) 把一个"假分式"化为一个"整式"和"真分式"之和.
> (3) 形如 $\dfrac{1}{x+2}-\dfrac{1}{x+4}=\dfrac{1}{x-6}-\dfrac{1}{x-4}$ 的分式方程,可先左右分别通分.

**例9** 解关于 $x$ 的方程: $\dfrac{x}{-x+a}+\dfrac{a+x}{a}=\dfrac{5}{2}$.

**解** 显然 $a\neq 0$,去分母,得 $2ax+2(a+x)(a-x)=5a(a-x)$,

整理,得 $2x^2-7ax+3a^2=0$,

解得 $x_1=3a, x_2=\dfrac{a}{2}$.

经检验,因为 $a\neq 0$,

所以原方程的根为 $x_1=3a, x_2=\dfrac{a}{2}$.

**例 10** 已知用去分母法解关于 $x$ 的分式方程 $\dfrac{2}{x+2} - \dfrac{1}{x-2} = \dfrac{k}{4-x^2}$ 会产生增根,求 $k$ 的值.

**分析** 会产生增根的含义是:去分母转化所得的整式方程的根中,使得公分母为 0 的未知数的值.根据增根的含义可知,分式方程的增根必然使得公分母为零(反之未必),而本题使分母为零的未知数的值只有两种可能:$x = \pm 2$,于是我们可以倒过来将 $x = \pm 2$ 代入去分母转化所得的整式方程,从而得到 $k$ 的值.

**解** 整理,得 $\dfrac{2}{x+2} - \dfrac{1}{x-2} = \dfrac{-k}{x^2-4}$,

去分母整理,得 $x = 6 - k$. (*)

把 $x = 2$ 代入方程(*),得 $k = 4$.

把 $x = -2$ 代入方程(*),得 $k = 8$.

所以当 $k = 4$ 或 $k = 8$ 时,去分母解关于 $x$ 的分式方程会产生增根.

**例 11** 已知关于 $x$ 的分式方程 $\dfrac{k}{x-2} - \dfrac{4}{x^2-2x} = \dfrac{3}{x}$ 无解,求 $k$ 的值.

**分析** 关于 $x$ 的分式方程无解的含义是:一、通过"去分母"将这个分式方程转化为整式方程,可能整式方程无解.这时通常研究该整式方程什么时候无解.二、可能整式方程的解都是增根.这时通常先找出使原分式方程分母为零的数值,倒过来代入所得的整式方程进行研究.

**解** 去分母整理,得 $(k-3)x + 2 = 0$, (*)

(1) 当 $k = 3$ 时,方程(*)无解.此时原分式方程必无解.

(2) 原分式方程分母为 0 的情况是 $x = 0$ 或 2.

① 把 $x = 2$ 代入方程(*),得 $k = 2$,

当 $k = 2$ 时,原方程化为 $\dfrac{2}{x-2} - \dfrac{4}{x^2-2x} = \dfrac{3}{x}$, (**)

去分母得 $2x - 4 = 3x - 6$,

解得 $x = 2$,

经检验,$x = 2$ 是分式方程(**)的增根.

所以,(**)方程无解.

所以,当 $k = 2$ 时原分式方程无解.

② 把 $x = 0$ 代入方程(*)得 $(k-3)0 + 2 = 0$,关于 $k$ 的方程 $(k-3)0 + 2 = 0$ 无解.

综上所述,当 $k = 3$ 或 $k = 2$ 时,原分式方程无解.

> 需要将 $k = 2$ 代入原分式方程,通过解方程检验此时方程是否含有 2 以外的解.因为我们确定的 $k$ 值需要使原方程无解.
> 如果此时方程另有其他解,$k = 2$ 就不符合要求.

> 意味着没有这样的 $k$,使原方程有增根 0.

**例 12** 已知关于 $x$ 的方程 $\dfrac{a}{x^2-4} + \dfrac{1}{x+2} = \dfrac{2}{2-x}$ 的根是负数,求 $a$ 的取值范围.

**分析** 分式方程的根是负数,意味着去分母转化所得的整式方程的根也是负数,且不是增根.

**解** 整理,得 $\dfrac{a}{x^2-4} + \dfrac{1}{x+2} = \dfrac{-2}{x-2}$,

去分母整理,得 $x = \dfrac{-a-2}{3}$.

∵ $x < 0$ 且 $x \neq -2$,

∴ $\begin{cases} \dfrac{-a-2}{3} < 0, \\ \dfrac{-a-2}{3} \neq -2, \end{cases}$

所以,$a$ 的取值范围是 $a > -2$ 且 $a \neq 4$.

**例 13** 已知关于 $x$ 的分式方程 $\dfrac{2k}{x-1} - \dfrac{x}{x(x-1)} = \dfrac{kx+1}{x}$ 只有一个解,求 $k$ 的值.

**分析** 分式方程只有一个根,意味着去分母转化所得的整式方程(假定不超过二次)的根有三种可能:①只有一个根,且不是分式方程的增根;②有重根,且不是分式方程的增根;③有两个根,但其中一个是分式方程的增根.

**解** 去分母整理,得 $kx^2 - 3kx + 2x - 1 = 0$. （*）

(1) 当 $k = 0$ 时,方程（*）解为 $x = \dfrac{1}{2}$. 经检验,不是原方程的增根.

(2) 当 $k \neq 0$ 时,

原分式方程分母为 0 时,$x = 0$ 或 1.

把 $x = 0$ 代入方程（*）,不适合方程（*）,即方程（*）不可能有解 $x = 0$.

把 $x = 1$ 代入方程（*）,得 $k = \dfrac{1}{2}$. 此时,方程（*）即为 $x^2 + x - 2 = 0$,这是个二次方程,有两个根 $x_1 = 1, x_2 = -2$. $x = 1$ 是增根,$x_2 = -2$ 是原分式方程的根.

所以,当 $k = \dfrac{1}{2}$ 或 $k = 0$ 时,原方程只有一个根.

**例 14** $m$ 是什么数值时,分式方程 $\dfrac{3}{x} + \dfrac{6}{x-1} - \dfrac{x+m}{x(x-1)} = 0$ 有实数根?

**解** 去分母,得 $3(x-1) + 6x - (x+m) = 0$,

即 $8x = m + 3$,所以 $x = \dfrac{m+3}{8}$.

由题意得 $\dfrac{m+3}{8} \neq 0$ 且 $\dfrac{m+3}{8} \neq 1$,    ← 需要同时满足,因而用"且".

所以,$m \neq -3$ 且 $m \neq 5$.

所以,当 $m \neq -3$ 且 $m \neq 5$ 时,分式方程有实根.

---

**讲评** 1. 增根问题:

分式方程转化为整式方程,由于未知数范围的扩大,可能产生增根,因此验根是必要的. 验根和增根的处理方法:

第一种是基本方法,将所得的整式方程的根代入原分式方程检验.

第二种方法,在确保运算正确的前提下,将所得的整式方程的根代入原分式方程的各个分母. 若为 0,则为增根.

第三种方法,将使原分式方程的分母为 0 的数值,代入所得的整式方程,如果适合这个整式方程,那么该数值是所得的整式方程的根,且是原分式方程的增根.这个方法在处理含参数的分式方程时颇有益.

2. 含参数的分式方程问题:

本文的例9~14,都是讨论含参数的分式方程问题,有两类:一类是解含参数的分式方程;另一类是告知含参数的分式方程根的情况(有一个根、无解、有正根、会产生增根等),求参数.

对于前一类,如同数字系数的分式方程一样解,但有时要讨论.

对于后一类,由于要将分式方程转化为整式方程,其中有可能产生增根,因而,解题时一定要把告知的条件透彻领会.另外研究时常常使用上面说的第三种方法,将可能成为增根的数值(即使分母为0的数值)倒代入所得的整式方程,这方面的思维要求甚高,一定要理清思路.

## 练 习

1. 解下列方程:

(1) $\dfrac{2x-1}{(x-1)(x-2)} = \dfrac{x-5}{(x-2)(x-3)}$;

(2) $\dfrac{x}{2x^2-11x-21} = \dfrac{x+7}{x^2-12x+35}$;

(3) $\dfrac{2}{y^2-4} = \dfrac{1}{y+2} - 1$;

(4) $\dfrac{15}{x^2-4} + \dfrac{2}{2-x} = 1$.

2. 解下列方程:

(1) $\dfrac{2x-5}{x^2-3x+2} + \dfrac{4}{x^2-4} = \dfrac{1}{x-2}$;

(2) $\dfrac{x-4}{x^2+x-2} = \dfrac{1}{x-1} + \dfrac{x-6}{x^2-4}$;

(3) $\dfrac{1}{x+7} = \dfrac{x+1}{(2x-1)(x+7)} + \dfrac{1}{2x^2-3x+1}$;

(4) $\dfrac{x-1}{x+1} + \dfrac{2x}{x-1} - \dfrac{4x}{x^2-1} = 0$.

3. 用换元法解下列方程:

(1) $x^2 + \dfrac{4}{x^2} = 4$;

(2) $\dfrac{x^2-5x}{x+1} + \dfrac{24(x+1)}{x(x-5)} + 14 = 0$;

(3) $\dfrac{2(x^2+1)}{x+1} + \dfrac{6(x+1)}{x^2+1} = 7$;

(4) $\dfrac{x^4+2x^2+1}{x^2} + \dfrac{x^2+1}{x} = 2$.

4. (1) 若 $x=1$ 是方程 $\dfrac{x}{x+a} + \dfrac{1}{x-a} = 4$ 的解,试求 $a$ 的值;

(2) 当 $k$ 为何值时,方程 $\dfrac{x}{x-2} + \dfrac{2x}{x+2} = \dfrac{x+k}{x^2-4} - 1$ 有增根?

5. 解下列关于 $x$ 的方程:

(1) $\dfrac{3}{x^2-2x-3} = 2x^2 - 4x - 1$;

(2) $\dfrac{3x}{x-a} + \dfrac{6x^2}{a^2-x^2} = \dfrac{a-x}{x+a}$;

(3) $x^2 + \dfrac{1}{x^2} - 3x - \dfrac{3}{x} = 2$.

6. 已知方程 $\dfrac{x+7}{x-1} + \dfrac{1}{x} - \dfrac{4x+k}{x^2-x} = 0$ 只有一个实数根,试求 $k$ 的值.

## 答 案

**1.** (1) $x=-1$  (2) $x_1=-1, x_2=-21$  (3) $y_1=0, y_2=1$  (4) $x_1=3, x_2=-5$  **2.** (1) $x_1=-1+\sqrt{13}, x_2=-1-\sqrt{13}$  (2) $x=3$  (3) $x_1=5, x_2=-1$  (4) $x=\dfrac{1}{3}$  **3.** (1) $x_1=\sqrt{2}, x_2=-\sqrt{2}$  (2) $x_1=1, x_2=2, x_3=-3, x_4=-4$  (3) $x_1=1+\sqrt{2}, x_2=1-\sqrt{2}, x_3=\dfrac{3+\sqrt{17}}{4}, x_4=\dfrac{3-\sqrt{17}}{4}$  (4) $x=-1$  **4.** (1) $a=\dfrac{\sqrt{2}}{2}$ 或 $-\dfrac{\sqrt{2}}{2}$  (2) $k=6$ 或 $18$  **5.** (1) $x_1=0, x_2=2, x_3=\dfrac{2+3\sqrt{2}}{2}, x_4=\dfrac{2-3\sqrt{2}}{2}$  (2) $x=-\dfrac{1}{2}a$  (3) $x_1=2+\sqrt{3}, x_2=2-\sqrt{3}$  **6.** $k=-5、-1、4$

# 6. 无理方程

无理方程(初中阶段只研究二次根式)这部分的重点有三个:一是无理方程的概念;二是解法,主要是运用"化归的数学思想"将它化为有理方程,基本方法是"两边平方",这一步不是同解变换,所以必须验根.有时还用"换元法"和其他一些技巧;三是对无理方程的根与增根的认识和处理.

**例1** 下列关于 $x$ 的方程中:① $-\dfrac{3}{2}\sqrt{x^3}=\dfrac{4}{9}$,② $(\sqrt{x^2-3})^2-625=0$,③ $-3\sqrt{\dfrac{1}{a}x^2}=7$,④ $\dfrac{x^2-4a\sqrt{x^2}}{a}=1$,属于无理方程的是 _____.

**解** 属于无理方程的是①②④.

◆第②和第④小题有同学可能觉得化简后不是无理方程,这里要注意的是:判断一个方程是否是无理方程,不能先进行化简,因为化简前后不一定是同解方程.

> **讲评** 判断一个方程是否是无理方程,只看形式上是否同时符合无理方程定义中的两个条件:①含根式;②被开方数中含有未知数.

**例2** 下列无理方程中,有实数解的是 _____.

① $\sqrt{2x+12}=-1$;
② $\sqrt{2-x}=-x$;
③ $\sqrt{2-x}+\sqrt{x-2}=1$;
④ $\sqrt{2-x}+\sqrt{x-2}=0$;
⑤ $(y+5)^2+\sqrt{2x-5}=0$;
⑥ $\sqrt{2-x}+\sqrt{x-3}=1$.

**解** 第①小题,方程左边大于等于0,而右边小于0,所以无解.

第②小题,两边平方可求得方程的根为 $x=-2$.

第③小题,解无理方程是在实数范围内进行,故要使二次根式有意义,须 $2-x\geqslant 0$ 且 $x-2\geqslant 0$,$x$ 只能等于2,因而方程左边等于0,而右边等于1,两边不等.所以无解.

第④小题,同第③小题,要使根式有意义,$x$ 只能等于2,而当 $x=2$ 时,方程左右两边相等,因而方程有解 $x=2$.

第⑤小题,根据实数的非负性,可求得 $\begin{cases} x=\dfrac{5}{2}, \\ y=-5. \end{cases}$

---

① 本文执笔:曹永娥(上海市西南位育中学)

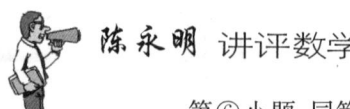

第⑥小题,同第③小题,要使二次根式有意义,有 $2-x \geq 0$ 且 $x-3 \geq 0$,即 $x \leq 2$ 且 $x \geq 3$,

∴ 无解.

所以,有实数解的是②④⑤.

> **讲评** 如果可以直接判断一个无理方程无解,就不需要进入具体解方程的程序,这个很重要.判断一个无理方程无解的方法主要是借助两个实数的非负性,即(二次)根式的被开方数非负(**内非负**),如⑥;二次根式的值非负(**外非负**),如①.③用到了内非负,但也用到了别的原则.

**例3** 解下列关于 $x$ 的无理方程:

(1) $\sqrt{x+2} = -x$;

(2) $\sqrt{x-2} \cdot \sqrt{x-1} = 0$.

**解** (1) 两边平方,整理得 $x^2 - x - 2 = 0$,

解得 $x_1 = 2, x_2 = -1$.

经检验,$x_1 = 2$ 是原方程的增根,舍去.　　← $x = 2$ 时,等式不成立.

所以,原方程的根是 $x = -1$;

(2) 两边平方,整理得 $(x-1)(x-2) = 0$,

$x - 2 = 0$ 或 $x - 1 = 0$,

解得 $x_1 = 2, x_2 = 1$.

经检验,$x_2 = 1$ 是原方程的增根,舍去.　　← $x = 1$ 时,根式 $\sqrt{x-2}$ 不成立.

所以,原方程的根是 $x = 2$.

> **讲评** (1) **解无理方程的基本思想和步骤**:
>
> 解无理方程的基本思想是把无理方程转化为有理方程.解无理方程最基本的方法是"两边平方"法.后面将要提到的换元法、观察法等,实际上最后都离不开"两边平方".
>
> **"两边平方"法**一般步骤:
>
> ① 两边平方,把原方程化为有理方程;
>
> ② 解这个有理方程;
>
> ③ 验根并作答:将解得的根代入原无理方程检验.
>
> (2) **验根问题**:
>
> 无理方程的验根和分式方程不同.验根时不但要将它代入根式内,检验被开方式是否非负;还要代入整个方程,检验它是否适合等式.例如此例的第(1)小题,$x = 2$ 代入根式是有意义的,但代入方程,两边不相等,所以还是增根.
>
> (3) **分式方程和无理方程的异同**:

# 一、代数

|  | 意义 | 基本解法 | 增根 | 验根方法 |
|---|---|---|---|---|
| 分式方程 | 含有分式,且分母里含有未知数的有理方程 | 去分母,转化为整式方程 | 可能有增根 | 确保运算正确的前提下,只要代入公分母,检验它是否等于0,等于0的是增根. |
| 无理方程 | 方程含有根式,且根号里含有未知数的方程 | 两边平方,转化为有理方程 | 可能有增根 | 不但要代入根号内,检验是否非负,使被开方式是负数的是增根,而且要代入原无理方程两边,两边不相等的也是增根. |

**例4** 解下列关于 $x$ 的无理方程:

(1) $5-\sqrt{4x-3}=x$;

(2) $\sqrt{2x-4}-\sqrt{x+5}=1$;

(3) $\sqrt{3x+4}-\sqrt{2x-5}=\sqrt{x-3}$.

**解** (1) 移项,得 $5-x=\sqrt{4x-3}$,

两边平方,整理得 $x^2-14x+28=0$, (*)

解得 $x_1=7+\sqrt{21}$, $x_2=7-\sqrt{21}$.

经检验, $x_1=7+\sqrt{21}$ 是原方程的增根,舍去.

所以,原方程的根是 $x=7-\sqrt{21}$.

这个根如果代入原方程检验,运算比较复杂,怎么办?

**链接** 本题所求得(*)方程的根,数字比较复杂,若代入根式和等式检验都比较复杂.因为本题只含有一个根式,如果能充分运用"二次根式的双非负性",即 $\begin{cases} 5-x \geq 0, \\ 4x-3 \geq 0, \end{cases}$ 容易获得等式与根式成立时 $x$ 的取值范围是 $\frac{3}{4} \leq x \leq 5$,解方程 $x^2-14x+28=0$ 计算不出差错的话,在 $x$ 的取值范围内的根就是原方程的根,可以省略代入根式和等式检验.

原因在于对于 $\sqrt{f(x)}=a$ 这样特殊的无理方程,当 $a \geq 0$ 时,等价于 $f(x) \geq 0$ 且 $f(x)=a^2$,因而在使得等式和根式都有意义的前提下,对无理方程进行的"两边平方",是同解变换.如本题,所求得的(*)方程的根,只要在 $\frac{3}{4} \leq x \leq 5$ 范围内就是原无理方程的解,不在这一范围内的就是增根.由于初中的学生在学习解无理方程时,还没有学习二次不等式和分式不等式,因而对于无理方程只能要求他们先两边平方,求解再代入验根.

(2) 移项,得 $\sqrt{2x-4}=1+\sqrt{x+5}$,

两边平方,整理得 $x-10=2\sqrt{x+5}$,

再两边平方,整理得 $x^2-24x+80=0$,

解得 $x_1=20, x_2=4$.

经检验,$x_2=4$ 是原方程的增根,舍去.

所以,原方程的根是 $x=20$.

说明:两个被开方数含有未知数根式,一般通过移项,一边放一个解起来简便.

(3) 移项,得 $\sqrt{3x+4}=\sqrt{2x-5}+\sqrt{x-3}$,

两边平方,整理得 $\sqrt{2x-5}\cdot\sqrt{x-3}=6$,

再两边平方,整理得 $2x^2-11x-21=0$,

解得 $x_1=7, x_2=-\dfrac{3}{2}$.

经检验,$x_2=-\dfrac{3}{2}$ 是原方程的增根,舍去.

所以,原方程的根是 $x=7$.

说明:这类三个被开方数含有未知数的无理方程,一般通过移项,使原方程化为一边含两个根号,另一边含一个根号即可两边平方.但本题有个特点:各个被开方数中的一次项 $3x$、$2x$、$x$ 有关系 $x+2x=3x$,所以将 $\sqrt{2x-5}$ 从方程左边移到右边,解起来比较简便.

**讲评** 解无理方程的基本方法是把方程两边同时平方,转化成有理方程,再求解.但对于略微复杂的无理方程需要先观察特征,根据方程的特征,适当整理后再两边平方.应注意合理搭配,以使平方后尽量简单.

**例 5** 解方程:$3x^2+15x+2\sqrt{x^2+5x+1}=2$.

**解** 设 $\sqrt{x^2+5x+1}=y$,则原方程可变成 $3y^2+2y-5=0$,

合理设元,化为关于 $y$ 的有理方程,达到有理化的目的.

∴ $(3y+5)(y-1)=0$,

$y_1=-\dfrac{5}{3}, y_2=1$.

(1) 当 $y_1=-\dfrac{5}{3}$ 时,$\sqrt{x^2+5x+1}=-\dfrac{5}{3}$,所以无解.

等号左边非负数,右边负数,因而无解.

(2) 当 $y_2=1$ 时,$\sqrt{x^2+5x+1}=1$,

∴ $x^2+5x=0$,

∴ $x_1=0, x_2=-5$.

经检验,$x_1=0, x_2=-5$ 都是原方程的根,

所以原方程的根为 $x_1=0, x_2=-5$.

这是关于 $x$ 的无理方程,还得用"两边平方"法解它,最后还是要检验.

**讲评** 这是解无理方程的第二种解法——**换元法**.

用换元法解无理方程的一般步骤:

(1) 观察、分析方程的特点,寻求换元简捷途径,设辅助未知数,并用含辅助未知数的代数式去表示方程中另外的代数式;

（2）解所得到的关于辅助未知数的新方程，求出辅助未知数的值；

（3）把辅助未知数的值代入原设中，求出原方程未知数的值；

（4）检验并作答.

换元法通常用于用"两边平方"法无法解决或难以解决的时候（得到的有理方程是高次方程），也常用于"两边平方"法虽可以解决，但比较繁琐的情形.

无论用什么方法解无理方程，验根都是必不可少的重要步骤.

**例6** 解方程：$\sqrt{\dfrac{x+2}{x-1}}+\sqrt{\dfrac{x-1}{x+2}}=\dfrac{5}{2}$.

**分析** 观察方程左边两项 $\sqrt{\dfrac{x-1}{x+2}}$、$\sqrt{\dfrac{x+2}{x-1}}$，它们互为倒数，捕捉这一信息，便迅速作出换元的决策.

**解** 设 $\sqrt{\dfrac{x-1}{x+2}}=y$，那么 $\sqrt{\dfrac{x+2}{x-1}}=\dfrac{1}{y}$，于是原方程变形为 $y+\dfrac{1}{y}=\dfrac{5}{2}$. （*）

**注意**：关于 $y$ 的方程是分式方程，得用去分母法解它，最后要检验.

∴ $2y^2-5y+2=0$,

∴ $y_1=\dfrac{1}{2}, y_2=2$.

经检验，$y_1=\dfrac{1}{2}, y_2=2$ 是（*）方程的解.

（1）当 $y=\dfrac{1}{2}$ 时，$\dfrac{x-1}{x+2}=\dfrac{1}{4}$,

∴ $4x-4=x+2$,

∴ $3x=6$，∴ $x=2$；

（2）当 $y=2$ 时，$\dfrac{x-1}{x+2}=4$,

∴ $4x+8=x-1$,

∴ $3x=-9$，∴ $x=-3$.

经检验，$x_1=2, x_2=-3$ 都是原方程的根，

所以原方程的根为 $x_1=2, x_2=-3$.

**讲评** 当两个根式互为倒数时，可以令其中的一个为 $y$，这种情况叫"**倒数型**".

**例7** 解方程：$x+\dfrac{x}{\sqrt{x^2-1}}=2\sqrt{2}$.

**解** 令 $y=\dfrac{x}{\sqrt{x^2-1}}$，则 $y^2=\dfrac{x^2}{x^2-1}$,

∴ $x^2+y^2=x^2+\dfrac{x^2}{x^2-1}=\dfrac{x^4}{x^2-1}=x^2y^2$, ①

原方程可以化为 $x+y=2\sqrt{2}$, ②
将②式两边平方,得 $x^2+2xy+y^2=8$, ③
将①代入③得 $x^2y^2+2xy-8=0$,
即 $(xy+4)(xy-2)=0$,
∴ $xy=-4$ 或 $xy=2$.

(1) 当 $xy=-4$ 时,$xy=\dfrac{x^2}{\sqrt{x^2-1}}=-4$,无解;

(2) 当 $xy=2$ 时,$xy=\dfrac{x^2}{\sqrt{x^2-1}}=2$, ∴ $x=\sqrt{2}$.

经检验,$x=\sqrt{2}$ 是原方程的根.

> **讲评** 两边平方直接求解比较复杂,而换元之后不能将方程代换为关于 $y$ 方程时,可以"**部分换元**".

**例8** 解方程:$4x^2+2x\sqrt{3x^2+x}+x-9=0$.

**解** $2x\sqrt{3x^2+x}$ 可以看作 $2\cdot x\cdot \sqrt{3x^2+x}$,启发我们尝试配方:
原方程可以整理为 $(3x^2+x)+2\cdot x\cdot \sqrt{3x^2+x}+x^2=9$,
即 $(\sqrt{3x^2+x}+x)^2=9$, ← 完全平方公式.
∴ $\sqrt{3x^2+x}+x=3$ 或 $\sqrt{3x^2+x}+x=-3$.

(1) 当 $\sqrt{3x^2+x}+x=3$ 时,解得 $x_1=-\dfrac{9}{2}$,$x_2=1$;

(2) 当 $\sqrt{3x^2+x}+x=-3$ 时,解得 $x_1=\dfrac{5+\sqrt{97}}{4}$,$x_2=\dfrac{5-\sqrt{97}}{4}$.

经检验,$x_1=-\dfrac{9}{2}$,$x_2=1$ 是原方程的根.

◆本题可以同例7,用"部分换元"法,也可根据方程特征,直接"因式分解".两者本质都是整体思想.

**例.9** 已知关于 $x$ 的方程 $\sqrt{a-2x}+a+x=3$ 有一个根是 $x=1$,求 $a$ 的值,并解这个方程.

**解** 把 $x=1$ 代入原方程得 $\sqrt{a-2}+a+1=3$, (*)

整理得 $\sqrt{a-2}=2-a$,
两边平方得 $a-2=4-4a+a^2$,
整理得 $(a-2)(a-3)=0$,解得 $a=2$ 或 $a=3$.
经检验,$a=2$ 是(*)方程的解.
所以当 $a=2$ 时,原方程有一个根是 $x=1$.
当 $a=2$,原方程为 $\sqrt{2-2x}+2+x=3$,

> 把 $x=1$ 代入原方程,化关于 $a$ 的方程(*)是无理方程,注意检验.

整理得 $\sqrt{2-2x}=1-x$,

两边平方得 $2-2x=1-2x+x^2$,$1=x^2$,

解得 $x=1$ 或 $x=-1$.

经检验,$x_1=1$,$x_2=-1$ 都是原方程的解.

◆ 本题已知无理方程根,求无理方程的字母系数,要注意的是所建立的关于字母系数 $a$ 的方程也是无理方程,也需验根.

**例 10** (1) 若方程 $\sqrt{x-2}+k=0$ 有实数根,求 $k$ 的取值范围;

(2) 若方程 $1+\sqrt{x-2}+k=0$ 没有实数根,求 $k$ 的取值范围.

**分析** 形如 $\sqrt{f(x)}=m(m\geqslant 0,f(x)$ 是关于 $x$ 的一次多项式) 的方程,等价于 $f(x)=m^2\geqslant 0$,这是关于 $x$ 的一元一次方程,它必有解且这个解一定符合 $\begin{cases}\sqrt{f(x)}\geqslant 0,\\ f(x)\geqslant 0\end{cases}$ 的双重要求. 因而要使方程 $\sqrt{f(x)}=m(f(x)$ 是关于 $x$ 的一次多项式) 有实数根,只需考虑 $m\geqslant 0$,而要使方程 $\sqrt{f(x)}=m$ 没有实数根,只需考虑 $m<0$.

**解** (1) 移项,得 $\sqrt{x-2}=-k$,由 $-k\geqslant 0$,得 $k\leqslant 0$,

所以,当 $k\leqslant 0$ 时原方程有实数根.

(2) 移项,得 $\sqrt{x-2}=-1-k$,由 $-1-k<0$,得 $k>-1$,

所以,当 $k>-1$ 时原方程没有实数根.

**例 11** 关于 $x$ 的方程 $x^2+2x+2\sqrt{x^2+2x+2p}-p^2=0$,其中 $p$ 是实数. 若方程没有实数根,求 $p$ 的取值范围.

**分析** 换元,令 $\sqrt{x^2+2x+2p}=y$,把 $\sqrt{x^2+2x+2p}$ 根号下的数看成整体,再求 $p$ 的取值范围.

**解** 令 $y=\sqrt{x^2+2x+2p}$,则原方程化为 $y^2+2y-(p^2+2p)=0$.

所以,$(y-p)(y+p+2)=0$,

即 $y_1=p$,$y_2=-2-p$.

若原方程没有实数根,只需 $\begin{cases}p<0,\\ -2-p<0,\end{cases}$

解这个不等式组,得 $-2<p<0$.

> 本题是换元法解无理方程的应用,注意这个方程无解的条件是解决本题的关键.

**讲评** 这几个例子是含参数的无理方程,一般都是给出方程的某种特性,例如有实数根、没有实数根等,倒过来求参数的值. 解题时要仔细思考,特别是有关无理方程有没有实数根、有没有增根等问题,对此我们强调一下,无理方程没有实数根有这样的几种情况:

(1) 化成的有理方程无解;

(2) 化成的有理方程有解,但解都是无理方程的增根,即使得原无理方程中的根式无意义或等式不成立.

1. 解无理方程,一般方法是通过两边平方,把无理方程转化为有理方程来解.

2. 对于某些特殊的无理方程,可以采用换元法(如倒数型),以及部分换元,使之化为较简单的无理方程(甚至有理方程),从而求出方程的解.换元时,需要根据方程特征合理设元.有时韦达定理也很有用.

3. 解无理方程必须验根.先把求得的有理方程的根代入方程所含根式,若根式无意义,则为增根;若有意义,则再代入等式,等式不成立,也是增根;等式成立,为原方程的根.

4. 求含有字母系数的无理方程中的字母取值范围,关键是理解无理方程的根与增根的意义.

········ 练 习 ········

1. $\sqrt{x^2}=1$ _____(填"是"或"不是")无理方程.

2.(1) 方程 $\sqrt{x-3}=2$ 的根是_____；

(2) 方程 $\sqrt{2x^2-1}=-x$ 的根是_____；

(3) 方程 $\sqrt{(x-3)^2}=0$ 的根是_____；

(4) 方程 $\sqrt{x-3}=3-x$ 的根是_____.

3. 方程 $\sqrt{x-3}+\sqrt{5-2x}+1=0$ 的根是_____.

4. 若 $\sqrt{2-x}+|y+3|=0$,则 $xy=$ _____.

5. 已知方程 $2x^2+x+\sqrt{2x^2+x+1}=5$,设 $t=\sqrt{2x^2+x+1}$,则原方程可化为关于 $t$ 的一元二次方程为_____.

6. 无理方程 $\sqrt{x^2+6}-a=x$ 的根为 $x=\sqrt{3}$,则 $a$ 的值为_____.

7. 解方程 $4\sqrt{\dfrac{x}{x+9}}+\sqrt{1+\dfrac{9}{x}}-4=0$ 时,可设 $\sqrt{\dfrac{x}{x+9}}=y$,那么原方程可化为关于 $y$ 的整式方程为_____.

8. 若关于 $x$ 的方程 $\sqrt{2-x}-3+a=0$ 有实数根,则 $a$ 的取值范围是_____.

9. 若关于 $x$ 的方程 $\sqrt{3-x}=2+m$ 无实数根,则 $m$ 的取值范围是_____.

10. 若关于 $x$ 的方程 $\sqrt{x-a}=x$ 有两个不相等正数解,则 $a$ 的取值范围是_____.

11. 满足等式 $\sqrt{2x-3}=(x^2-5)\sqrt{2x-3}$ 的 $x$ 的值有( )个.

(A) 1      (B) 2      (C) 3      (D) 4

12. 下列方程中,有实数解的是( ).

(A) $\sqrt{x-5}\cdot\sqrt{4-x}=0$      (B) $\sqrt{2x+3}=-x$

(C) $\sqrt{x-1}+x+2=0$      (D) $\sqrt{2x-8}+\sqrt{x+3}=0$

13. 解方程:$\sqrt{5x-4}+x-2=0$.
14. 解方程:$\sqrt{2x+1}-\sqrt{x+2}=2\sqrt{3}$.

## 答　案

1. 是　2.（1）$x=7$　（2）$x=-1$　（3）$x=3$　（4）$x=3$　3. 无解　4. $-6$　5. $t^2+t-6=0$　6. $3-\sqrt{3}$　7. $4y^2-4y+1=0$　8. $a\leqslant 3$　9. $m<-2$　10. $0<a<\dfrac{1}{4}$　11. B　12. B　13. $x=1$　14. $x=73$

## 7. 韦达定理[①]

对于实系数一元二次方程 $ax^2+bx+c=0$(其中 $a$、$b$、$c$ 为实数,且 $a\neq 0$),若设方程的两根为 $x_1$、$x_2$,则必有 $x_1+x_2=-\dfrac{b}{a}$,$x_1 \cdot x_2=\dfrac{c}{a}$。这两个式子反映了实系数一元二次方程的两根之和、两根之积与系数 $a$、$b$、$c$ 之间的关系,通常称之为**韦达定理**。韦达定理常常起到了简化运算的作用。

在初中阶段,我们要求实系数一元二次方程有两实根,即 $\Delta \geqslant 0$。这是常常容易忽略的问题,必须引起重视!

**例1** 已知方程 $x^2-5x-3=0$ 的两根分别为 $\alpha$、$\beta$,试求下列各式的值:(1) $\alpha^2+\beta^2$;(2) $(\alpha-3)\cdot(\beta-3)$;(3) $\alpha^3+\beta^3$。

**解** 由韦达定理得 $\alpha+\beta=5$,$\alpha \cdot \beta=-3$。

(1) $\alpha^2+\beta^2=(\alpha+\beta)^2-2\alpha\beta=5^2-2\times(-3)=31$;

(2) $(\alpha-3)\cdot(\beta-3)=\alpha\beta-3(\alpha+\beta)+9=-3-3\times 5+9=-9$;

(3) $\alpha^3+\beta^3=(\alpha+\beta)\cdot[(\alpha+\beta)^2-3\alpha\beta]=5\times[5^2-3\times(-3)]=170$。

> **链接** 一个多元多项式中,如果任意交换两个元的位置,多项式不变,这样的多项式叫做对称多项式。
>
> 二元多项式的基本对称式是 $x+y$、$xy$,任何二元对称多项式都可用 $x+y$、$xy$ 表示。

**讲评** 1. 韦达定理的第一种应用是求两根的某些对称式的值。其理论依据就是"二元对称多项式都可用 $x+y$、$xy$ 表示"。本题如果采用先求根再代入的方法来求值,势必会面临大量的计算,容易产生不必要的计算错误。可见利用韦达定理求两根的对称式的值比较简便。

2. 利用韦达定理求值,可以跳过求原始数据 $\alpha$、$\beta$,从"组块" $\alpha+\beta$、$\alpha\beta$ 出发,直接求得相关代数式的值,从而有下列的"组块公式":

$$\alpha^2+\beta^2=(\alpha+\beta)^2-2\alpha\beta,$$

$$\dfrac{1}{\alpha}+\dfrac{1}{\beta}=\dfrac{\alpha+\beta}{\alpha\beta},$$

---

[①] 本文执笔:杨志刚(华东理工大学附中)

$$\alpha^3+\beta^3=(\alpha+\beta)\cdot[(\alpha+\beta)^2-3\alpha\beta],$$
$$|\alpha-\beta|=\sqrt{(\alpha+\beta)^2-4\alpha\beta},$$
$$(\alpha+m)\cdot(\beta+m)=\alpha\beta+m(\alpha+\beta)+m^2.$$

"组块"思想可以说是一种整体思想.

**例2** 已知两数和是 10,积是 23,求这两数.

**解** 设两数分别为 $x$、$y$,

由题意,得 $x+y=10, xy=23$,

显然,$x$、$y$ 是方程 $m^2-10m+23=0$ 的两根,

由方程解得 $m=5\pm\sqrt{2}$,

所以,两数分别为 $5+\sqrt{2}$ 和 $5-\sqrt{2}$.

**例3** 已知关于 $x$ 的方程 $x^2-px+q=0$ 的两实数根是 $\alpha$、$\beta$,求作一个以 $\alpha^2$、$\beta^2$ 为根的一元二次方程.

**解** 由韦达定理得 $\alpha+\beta=p, \alpha\beta=q$,

所以,$\alpha^2+\beta^2=(\alpha+\beta)^2-2\alpha\beta=p^2-2q, \alpha^2\beta^2=q^2$,

所以,所求方程为 $x^2-(p^2-2q)x+q^2=0$.

**例4** 已知 $a$、$b$、$k$ 为实数,且满足条件:$a=4\sqrt{2}-b, k^2=ab-8$,求证:$a=b$.

**分析** 条件 $a=4\sqrt{2}-b, k^2=ab-8$,可转化为 $a+b=4\sqrt{2}, ab=k^2+8$,这就提示我们可用韦达定理的逆定理试着解题.

**解** 由已知得 $a+b=4\sqrt{2}, ab=k^2+8$.

根据韦达定理的逆定理,可知 $a$、$b$ 即为关于 $x$ 的一元二次方程 $x^2-4\sqrt{2}x+k^2+8=0$ 的两个实数根. 于是有
$$\Delta=(-4\sqrt{2})^2-4(k^2+8)=-4k^2\geqslant 0,$$
因为 $k^2\geqslant 0$,所以 $-4k^2\leqslant 0$,

于是 $-4k^2=0$,

$k=0$,从而 $\Delta=0$.

由"不等导出相等"是一种独特的解题技巧.

所以,方程 $x^2-4\sqrt{2}x+k^2+8=0$ 有两个相等的实数根,即有 $a=b$.

**讲评** 已知两数 $\alpha$、$\beta$,或已知两数的和与积 $\alpha+\beta$、$\alpha\beta$,作与 $\alpha$、$\beta$ 相关的一元二次方程,是韦达定理及其逆定理的第二种应用.

作出方程之后,还可以利用方程的其他性质,如求根公式、判别式,来解或证明问题. 因此,一看见 $\alpha+\beta$、$\alpha\beta$,就应该想到利用韦达定理的逆定理.

**例5** 关于 $x$ 的方程 $x^2-2x+m=0$ 的一个根为 $1-\sqrt{2}$,求方程的另一根及 $m$ 的值.

**解** 可设方程的两个根分别为 $x_1$、$x_2$，
由韦达定理得 $\quad x_1+x_2=2$，
即 $\quad 1-\sqrt{2}+x_2=2$，
$\quad x_2=1+\sqrt{2}$，
$\quad m=x_1 \cdot x_2=(1-\sqrt{2})(1+\sqrt{2})=-1$.

> **讲评** 已知一元二次方程的一个根，一般有两种方法处理：一是利用根的意义，对于本题来说，就是把 $1-\sqrt{2}$ 代入方程，求出 $m$ 的值，再解方程，往往计算量较大. 二是利用韦达定理来解决问题.

**例6** 已知关于 $y$ 的方程 $4y^2-(m-2)y+m-5=0$.

(1) $m$ 为何值时，方程的一个根为零？

(2) $m$ 为何值时，方程的两个根互为相反数？

(3) $m$ 为何值时，方程的两个根互为倒数？

**解** (1) ∵ 方程有一个根为零，　　　　　　　　本题将根代入方程也很简单.

∴ $y_1 \cdot y_2=0$，即 $\dfrac{m-5}{4}=0$，解得 $m=5$.

(2) ∵ 方程的两个根互为相反数，

∴ $y_1+y_2=0$，即 $\dfrac{m-2}{4}=0$，解得 $m=2$.

(3) ∵ 方程的两个根互为倒数，

∴ $y_1 \cdot y_2=1$，即 $\dfrac{m-5}{4}=1$，解得 $m=9$.

但把 $m=9$ 代入 $\Delta=(m-2)^2-4\times 4(m-5)$ 中，得 $\Delta<0$，所以不存在 $m$，使得方程的两个根互为倒数.

> **讲评** 本题的 3 个小题是利用韦达定理研究方程的某些特殊情况. 对于实系数一元二次方程 $ax^2+bx+c=0$ 来说，
>
> 若一个根为 0，则 $c=x_1 \cdot 0=0$（反映在图像上，二次函数 $y=ax^2+bx+c$ 的图像过原点）；
>
> 若两个根互为相反数，则 $x_1+x_2=-\dfrac{b}{a}=0$，$b=0$（反映在图像上，二次函数 $y=ax^2+bx+c$ 的图像和 $x$ 轴有两个交点，且关于 $y$ 轴对称）；
>
> 若两个根互为倒数，则 $x_1 \cdot x_2=\dfrac{c}{a}=1$，即 $a=c$.

**例7** 已知 $x_1$、$x_2$ 是关于 $x$ 的方程 $4x^2+4(m-1)x+m^2=0$ 的两个非零实数根，问：$x_1$ 与 $x_2$ 能否同号？若能同号，求出相应的 $m$ 的取值范围；若不能同号，请说明理由.

**解** ∵ 关于 $x$ 的一元二次方程 $4x^2+4(m-1)x+m^2=0$ 有两个实数根,

∴ $\Delta=[4(m-1)]^2-4\times 4m^2=-32m+16\geqslant 0$,

∴ $m\leqslant \dfrac{1}{2}$.

又 $x_1$、$x_2$ 是方程 $4x^2+4(m-1)x+m^2=0$ 的两个实数根,

∴ $x_1+x_2=-(m-1), x_1 \cdot x_2=\dfrac{1}{4}m^2$.

假设 $x_1$、$x_2$ 同号,则有两种可能:

(1) 若 $x_1$、$x_2$ 均大于零,则

$$\begin{cases} x_1+x_2>0, \\ x_1 \cdot x_2>0, \end{cases}$$

即 $\begin{cases} -(m-1)>0, \\ \dfrac{1}{4}m^2>0, \end{cases}$

解得 $m<1$ 且 $m\neq 0$.

所以,当 $m\leqslant \dfrac{1}{2}$ 且 $m\neq 0$ 时,方程的两根均大于零.

(2) 若 $x_1$、$x_2$ 均小于零,则

$$\begin{cases} x_1+x_2<0, \\ x_1 \cdot x_2>0, \end{cases}$$

即 $\begin{cases} -(m-1)<0, \\ \dfrac{1}{4}m^2>0, \end{cases}$

解得 $m>1$.

而 $m\leqslant \dfrac{1}{2}$ 时方程才有实数根,故此种情况不可能.

综上所述,当 $m\leqslant \dfrac{1}{2}$ 且 $m\neq 0$ 时,方程的两个非零实数根同号.

> 对于存在性问题,通常是先假设存在,然后推导其值,若能求出,则说明存在(严格说还要经过检验),否则即不存在.

---

**讲评** 1. 韦达定理的**第三种应用是已知含参数一元二次方程根的状况,求出参数的值或范围**. 例5、例6是求参数的值,例7是求参数的范围.

具体做法是:

第一步,根据已知的根的状况,用韦达定理以及根的意义、判别式等,列出参数应满足的式子. 此时,应注意命题转换的等价性,同时千万不能忽略一元二次方程实数根存在的条件,即 $\Delta\geqslant 0$.

第二步,解这些式子,求出参数值或范围.

2. 实系数一元二次方程 $ax^2+bx+c=0$(其中 $a$、$b$、$c$ 为实数,且 $a\neq 0$)有实根,那么,

(1) 两个根同正,则 $\Delta\geqslant 0, x_1x_2=\dfrac{c}{a}>0, x_1+x_2=-\dfrac{b}{a}>0$,即 $\Delta\geqslant 0, a$、$c$ 同号,$a$、$b$ 异号(反映在图像上,二次函数 $y=ax^2+bx+c$ 的图像和 $x$ 轴有两个交点,且都在原点右侧);

(2) 两个根同负,则 $\Delta \geqslant 0, x_1 x_2 = \frac{c}{a} > 0, x_1 + x_2 = -\frac{b}{a} < 0$,即 $\Delta \geqslant 0, a、c$ 同号,$a、b$ 同号(反映在图像上,二次函数 $y = ax^2 + bx + c$ 的图像和 $x$ 轴有两个交点,且都在原点左侧);

(3) 两个根一正一负,正根绝对值大,则 $\Delta > 0, x_1 x_2 = \frac{c}{a} < 0, x_1 + x_2 = -\frac{b}{a} > 0$,即 $\Delta > 0, a、c$ 异号,$a、b$ 异号(反映在图像上,二次函数 $y = ax^2 + bx + c$ 的图像和 $x$ 轴有两个交点,且在原点两侧);

(4) 两个根一正一负,负根绝对值大,则 $\Delta > 0, x_1 x_2 = \frac{c}{a} < 0, x_1 + x_2 = -\frac{b}{a} < 0$,即 $\Delta > 0, a、c$ 异号,$a、b$ 同号(反映在图像上,二次函数 $y = ax^2 + bx + c$ 的图像和 $x$ 轴有两个交点,且在原点两侧).

········ 练　习 ········

1. 已知方程 $2x^2 - 6x + 3 = 0$ 的两根分别为 $\alpha、\beta$,试求下列各式的值:(1) $\alpha^2 \beta + \alpha \beta^2$;(2) $\frac{1}{\alpha^2} + \frac{1}{\beta^2}$;(3) $|\alpha - \beta|$.

2. 已知实数 $a、b$ 满足条件:$a^2 + 4a - 2 = 0, b^2 + 4b - 2 = 0$,求代数式 $\frac{a}{b} + \frac{b}{a}$ 的值.

3. 已知关于 $x$ 的方程 $x^2 - (k+1)x + \frac{1}{4}k^2 + 1 = 0$ 的两根分别是一个矩形的长与宽.

(1) 当 $k$ 取何值时,方程存在两个正实数根?

(2) 当矩形的对角线长是 $\sqrt{5}$ 时,求 $k$ 的值.

4. 设关于 $x$ 的方程 $x^2 + mx + n = 0$(其中 $m、n$ 为实数)的两个实数根为 $\alpha、\beta$.

(1) 试写出一个以 $\alpha^3、\beta^3$ 为根的一元二次方程;

(2) 若以 $\alpha^3、\beta^3$ 为根的一元二次方程仍为 $x^2 + mx + n = 0$(其中 $m、n$ 为实数).求所有这样的一元二次方程.

········ 答　案 ········

**1.** (1) $\frac{9}{2}$　(2) $\frac{8}{3}$　(3) $\sqrt{3}$　**2.** 当 $a = b$ 时,$\frac{a}{b} + \frac{b}{a} = 2$;当 $a \neq b$ 时,$\frac{a}{b} + \frac{b}{a} = -10$　**3.** (1) $k \geqslant \frac{3}{2}$　(2) $k = 2$　**4.** (1) $x^2 + m(m^2 - 3n)x + n^3 = 0$　(2) $x^2 = 0, x^2 - x = 0, x^2 + x = 0, x^2 - 2x + 1 = 0, x^2 + 2x + 1 = 0, x^2 - 1 = 0$

## 8. 二元二次方程组[①]

二元二次方程组这部分重点是解法,主要是运用"化归思想"达到"消元"和"降次"的目的.除此之外,还有其他一些灵活的解法,本文做了一些介绍.

**例1** 解方程组:$\begin{cases} 8xy+y^2+15=0, \\ 2x-y=5. \end{cases}$

**解** $\begin{cases} 8xy+y^2+15=0, & ① \\ 2x-y=5, & ② \end{cases}$

由②得 $y=2x-5$,　③

把③代入①并整理,得

$$x^2-3x+2=0,$$

解得

$$x_1=1, x_2=2.$$

把 $x_1=1$ 代入②,得 $y=-3$;
把 $x_2=2$ 代入②,得 $y=-1$.
所以,原方程组的解为

$$\begin{cases} x_1=1, \\ y_1=-3, \end{cases} \begin{cases} x_2=2, \\ y_2=-1. \end{cases}$$

**链接**　为什么得到 $x_1=1, x_2=2$ 之后,把它们代入②,而不是代入①?

一般都解释为:②是一次方程,①是二次方程,代入②比较简单.也有教师解释为:代入二次的①,可能会产生增根.那么为什么可能产生增根呢?

为此我们看更简单的一个方程组:$\begin{cases} y=x^2, \\ y=x. \end{cases}$ 从图解法角度看,如图 1-8-1,就是求直线 $y=x$ 和抛物线 $y=x^2$ 的交点的坐标.消 $x$ 后,可解得 $y_1=1, y_2=0$.若将它代入二次方程 $y=x^2$,这实际上是求直线 $y=1$ 和抛物线 $y=x^2$ 的交点,得两个交点 $(1,1)$ 和 $(-1,1)$.其中 $(-1,1)$ 不是直线 $y=x$ 和抛物线 $y=x^2$ 的交点,因此不是原方程组的解.

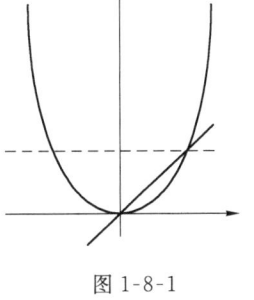

图 1-8-1

---

[①] 本文执笔:曹永娥(上海市西南位育中学)

**讲评** 这是由一个二次方程和一个一次方程构成的二元二次方程组,简称"**二一型**"方程组.解这类方程的通法是代入法.代入法的目的是消元,即使二元方程变成一元方程.

代入法是解"二一型"方程组的一般方法,具体步骤是:

(1) 把二元一次方程中的一个未知数用另一个未知数的代数式表示;

(2) 把这个代数式代入二元二次方程,得到一个一元二次方程;

(3) 解这个一元二次方程,求得一个未知数的值;

(4) 把所求得的这个未知数的值代入二元一次方程,求得另一个未知数的值;如果代入二元二次方程求另一个未知数,可能会出现"增解"的问题;

(5) 所得的"一个未知数的值"和相应的"另一个未知数的值"分别组合在一起,就是原方程组的解.

**例 2** 解方程组: $\begin{cases} 2x-y=6, & ① \\ x^2-5xy+6y^2=0. & ② \end{cases}$

**解** 方法一:用代入法.(略)

方法二:

由②得 $(x-2y)(x-3y)=0$, ← 用十字相乘法进行因式分解.

∴ $x-2y=0$ 或 $x-3y=0$.

∴ 原方程可以化为 $\begin{cases} 2x-y=6, \\ x-2y=0 \end{cases}$ 或 $\begin{cases} 2x-y=6, \\ x-3y=0. \end{cases}$ ← 转化为两个两元一次方程组求解.

∴ 原方程的解是 $\begin{cases} x_1=4, \\ y_1=2, \end{cases} \begin{cases} x_2=\dfrac{18}{5}, \\ y_2=\dfrac{6}{5}. \end{cases}$

**讲评** 方法二是**分解因式法**,通过因式分解,将二次方程转化为两个一次方程,然后将整个方程组转化为两个二元一次方程组,其目的是降次.

**例 3** 解方程组: $\begin{cases} x+y=2, & ① \\ xy=-15. & ② \end{cases}$

**解** 方法一:用代入法.(略)

方法二:由韦达定理,把 $x$、$y$ 看成是方程 $z^2-2z-15=0$ 的两根,

∴ $z_1=-3, z_2=5$.

∴ 原方程的解是 $\begin{cases} x_1=-3, \\ y_1=5, \end{cases} \begin{cases} x_2=5, \\ y_2=-3. \end{cases}$

← 利用韦达定理构造方程时,未知数要换成异于 $x$、$y$ 的字母,如 $z$.

**讲评** "二一型"的二元二次方程组中形如 $\begin{cases} x+y=a, \\ xy=b \end{cases}$ 的,我们可以称它为"和积型",可以用代入法求解,也可以逆用韦达定理,把 $x$、$y$ 看作是某个一元二次方程的两个根,如 $z^2-az+b=0$,解这个方程,就得到 $x$、$y$ 的值.注意原方程有两个对称解,不要漏解.

**例 4** 解方程组:$\begin{cases} x^2+y^2=10, & ① \\ x+y=2. & ② \end{cases}$

对换 $x$、$y$,方程组不变,称为对称方程.

**解** 方法一:用代入法.(略)

方法二:将②式两边平方得 $(x+y)^2=4$, ③

③-①得 $x \cdot y = -3$, ④

由②和④知,$x$、$y$ 是方程 $z^2-2z-3=0$ 的两根,

构造两数积,方程转化为"和积型".

∴ $z_1=-1, z_2=3$.

∴ 原方程的解是 $\begin{cases} x_1=3, \\ y_1=-1, \end{cases} \begin{cases} x_2=-1, \\ y_2=3. \end{cases}$

方法三:②式两边平方减去①,得 $2x \cdot y = -6$, ⑤

①-⑤得 $(x-y)^2=16$, ⑥

⑥式两边开方得 $x-y=\pm 4$,

获得两数差,转化为两个两元一次方程组.

∴ 原方程可化为 $\begin{cases} x+y=2, \\ x-y=4 \end{cases}$ 或 $\begin{cases} x+y=2, \\ x-y=-4, \end{cases}$

∴ 原方程的解是 $\begin{cases} x_1=3, \\ y_1=-1, \end{cases} \begin{cases} x_2=-1, \\ y_2=3. \end{cases}$

**讲评** "二一型"方程组中一些特殊的对称型方程组,通过完全平方公式配方可以转化为"和积型"进而求解.同时此法可推广到"二二型"的.如下面的例 5.

**例 5** 解方程组:$\begin{cases} x^2+y^2=52, & ① \\ xy+x+y=34. & ② \end{cases}$

容易联想到完全平方公式.

**分析** 此方程是对称方程,因为 $x^2+y^2=(x+y)^2-2xy$,所以方程①可化为 $(x+y)^2-2xy=52$,考虑换元.

**解** 由①得 $(x+y)^2-2xy=52$,

设 $x+y=u, xy=v$,则原方程组可以化为:$\begin{cases} u^2-2v=52, \\ v+u=34, \end{cases}$

解这个方程组得 $\begin{cases} u_1=10, \\ v_1=24, \end{cases} \begin{cases} u_2=-12, \\ v_2=46, \end{cases}$

51

即 $\begin{cases} x+y=10, \\ xy=24 \end{cases}$ 或 $\begin{cases} x+y=-12, \\ xy=46, \end{cases}$

解 $\begin{cases} x+y=10, \\ xy=24 \end{cases}$ 得 $\begin{cases} x_1=4, \\ y_1=6, \end{cases} \begin{cases} x_2=6, \\ y_2=4. \end{cases}$

解 $\begin{cases} x+y=-12, \\ xy=46 \end{cases}$ 无解.

所以,原方程组的解为 $\begin{cases} x_1=4, \\ y_1=6, \end{cases} \begin{cases} x_2=6, \\ y_2=4. \end{cases}$

**例6** 解下列方程组:

(1) $\begin{cases} x^2+y^2=20, \\ x^2-5xy+6y^2=0; \end{cases}$  (2) $\begin{cases} x^2+2xy+y^2=25, \\ x^2-xy-2y^2=0. \end{cases}$

**解** (1) $\begin{cases} x^2+y^2=20, & ① \\ x^2-5xy+6y^2=0, & ② \end{cases}$ ← 方程②能分解.

由②得 $(x-2y)(x-3y)=0$,

∴ $x-2y=0$ 或 $x-3y=0$,

∴ 原方程组可化为 $\begin{cases} x^2+y^2=20, \\ x-2y=0 \end{cases}$ 或 $\begin{cases} x^2+y^2=20, \\ x-3y=0, \end{cases}$

∴ 原方程组的解为 $\begin{cases} x_1=4, \\ y_1=2, \end{cases} \begin{cases} x_2=-4, \\ y_2=-2, \end{cases} \begin{cases} x_3=3\sqrt{2}, \\ y_3=\sqrt{2}, \end{cases} \begin{cases} x_4=-3\sqrt{2}, \\ y_4=-\sqrt{2}. \end{cases}$

(2) $\begin{cases} x^2+2xy+y^2=25, & ③ \\ x^2-xy-2y^2=0, & ④ \end{cases}$ ← 两个方程都可以分解.

由③得 $(x+y)^2=25$,

∴ $x+y=5$,⑤ 或 $x+y=-5$,⑥

由④得 $(x-2y)(x+y)=0$,

∴ $x-2y=0$,⑦ 或 $x+y=0$,⑧

∴ 原方程组可化为

$\begin{cases} x+y=5, \\ x-2y=0, \end{cases} \begin{cases} x+y=-5, \\ x-2y=0, \end{cases}$

$\begin{cases} x+y=5, \\ x+y=0, \end{cases} \begin{cases} x+y=-5, \\ x+y=0, \end{cases}$

∴ 原方程组的解为 $\begin{cases} x_1=\dfrac{10}{3}, \\ y_1=\dfrac{5}{3}, \end{cases} \begin{cases} x_2=-\dfrac{10}{3}, \\ y_2=-\dfrac{5}{3}. \end{cases}$

**要注意**:⑤⑥是③变出的,⑦⑧是④变出的,原方程组 $\begin{cases} ③ \\ ④ \end{cases}$ 应该变成 $\begin{cases} ⑤ \\ ⑦ \end{cases},\begin{cases} ⑤ \\ ⑧ \end{cases},\begin{cases} ⑥ \\ ⑦ \end{cases},\begin{cases} ⑥ \\ ⑧ \end{cases}$,千万不能混乱,更不能变成 $\begin{cases} ⑤ \\ ⑥ \end{cases},\begin{cases} ⑦ \\ ⑧ \end{cases}$.

**讲评** 这两个小题,都是"二二型"的方程组,即由两个二元二次方程组成的方程组. 一般说,解这类方程组的关键是设法将方程组化为"二一型",甚至"一一型". 观察第(1)小题,方程②可以通过因式分解转化为两个二元一次方程. 而第(2)小题,两个都可分解成两个二元一次方程,因而既可以转化成两个"二一型"的方程组,也可以转化为四个"一一型"二元一次方程组求解.

**例7** 解方程组 $\begin{cases} 2x^2+5y^2-4x+y=6, & ① \\ x^2+2y^2-2x+y=3. & ② \end{cases}$ ◀── 两个方程都不易分解,但含 $x$ 项的系数成比例.

**分析** 观察比较两个方程,含 $x$ 项的系数成比例,考虑消去含 $x$ 的项,直接化为关于 $y$ 的一元方程.

**解** ①-②×2,得 $y^2-y=0$,

解得 $y_1=0, y_2=1$.

把 $y_1=0$ 代入②, $x^2-2x-3=0$,

解得 $x_1=-1, x_2=3$.

把 $y_2=1$ 代入②, $x^2-2x=0$,

解得 $x_3=0, x_4=2$.

∴ 原方程组的解为 $\begin{cases} x_1=-1, \\ y_1=0, \end{cases} \begin{cases} x_2=3, \\ y_2=0, \end{cases} \begin{cases} x_3=0, \\ y_3=1, \end{cases} \begin{cases} x_4=2, \\ y_4=1. \end{cases}$

**例8** $\begin{cases} 2x^2-4xy-8y^2+3x-y+8=0, & ① \\ 3x^2-6xy-12y^2+4x-2y+13=0. & ② \end{cases}$ ◀── 两个方程都不易分解,但二次项系数成比例.

**分析** 观察比较两个方程都是含有 6 项的二元二次方程,且"二次项系数成比例",可以通过加减消去二次项,达到获得一次方程的目的.

**解** ①×3: $6x^2-12xy-24y^2+9x-3y+24=0$, ③

②×2: $6x^2-12xy-24y^2+8x-4y+26=0$, ④

③-④得 $x+y=2$, ⑤

把⑤代入①整理,得 $x^2-14x+13=0$,

解得 $x_1=1, x_2=13$.

把 $x_1=1, x_2=13$ 分别代入⑤,

得 $y_1=1, y_2=-11$.

所以,原方程组的解为 $\begin{cases} x_1=1, \\ y_1=1, \end{cases} \begin{cases} x_2=13, \\ y_2=-11. \end{cases}$

**讲评** 一些特殊的"二二型"方程组,虽然不能通过因式分解转化为"二一型"或"一一型",但根据它的系数或次数特点仍可以求解.如例8,通过加减消去二次项,获得一个一次方程;如例7,通过加减直接消去一个未知数,化成一元方程;如例5,用换元法降次或降幂,但决非只有这三种.一个方程的个性特征是由系数和一个字母的次数决定的,当方程不能分解时,要着力寻找两个方程的共性特征.因而观察和总结模块,仍是灵活解题的关键.

**例9** 已知关于 $x$、$y$ 的方程组：$\begin{cases} y^2=2x, \\ y=kx+1. \end{cases}$

(1) 若方程组有两组相等的实数解，求 $k$ 的取值范围；

(2) 若有两组不同实数解分别为 $\begin{cases} x=x_1 \\ y=y_1 \end{cases}$，$\begin{cases} x=x_2 \\ y=y_2 \end{cases}$，求满足 $x_1+x_1x_2+x_2=1$ 的 $k$ 的值.

**分析** 本例的方程组是由一个二元一次方程和一个二元二次方程组成的二元二次方程组，它的解有四种情况：代入消元得到的方程，若是一元一次方程，那么只有一个解，对应的方程组也只有一个解；若是一元二次方程，它的解有三种情况，即没有实数解、有两个相同的解和有两个不相同的解，对应的方程组的解也是三种情况. 因而第(1)小题，要使原方程组有两组相同的实数解，首先代入消元，转化成一元二次方程使判别式等于0，再求 $k$ 的取值范围. 第(2)小题根据题目特征，选用韦达定理.

**解** (1) $\begin{cases} y^2=2x, & ① \\ y=kx+1, & ② \end{cases}$

把②代入①，得 $k^2x^2+(2k-2)x+1=0$，

当 $k\neq 0$ 时，$\Delta=(2k-2)^2-4k^2=0$，解得 $k=\dfrac{1}{2}$.

所以，当 $k=\dfrac{1}{2}$ 原方程有两组相等的实数解.

(2) 当 $k\neq 0, \Delta>0$ 时，

$$x_1+x_2=\dfrac{2-2k}{k^2}, x_1x_2=\dfrac{1}{k^2},$$

∵ $x_1+x_1x_2+x_2=1$，

∴ $\dfrac{2-2k}{k^2}+\dfrac{1}{k^2}=1$，

整理，得 $k^2+2k-3=0$，

解得 $k_1=1, k_2=-3$.

当 $k_1=1$ 时，$\Delta<0$；$k_1=-3$ 时，$\Delta>0$. 所以，$k=-3$.

**讲评** 二元二次方程组通过消元可以转化为一元二次方程，因而有关字母系数取值和取值范围的讨论，常常借助一元二次方程根的判别式和韦达定理.

一、解二元二次方程组的基本思想：

解二元二次方程组的基本思想是转化，这种转化包含"**降次**"和"**消元**"，将二次转化为一次为降次，将二元转化为一元是消元.

二、解二元二次方程组的方法：

1. **"二一型"都可以用代入法求解，特殊解法有：**

(1) **因式分解法**. 通过因式分解，将二次方程转化为两个一次方程，然后将整个方程组转化为两个二元一次方程组. 其目的是降次，前提是二次方程可以分解.

（2）**利用韦达定理**．前提是形如 $\begin{cases} x+y=a, \\ xy=b \end{cases}$ 的"和积型"或可以化为"和积型"的对称方程组．特点是可逆用韦达定理，构造一元二次方程求解．

解"二一型"方程组的方法可汇总如下：

| | 前　提 | 目　的 | 转化得到 | 数学思想 |
|---|---|---|---|---|
| 代入法 | 通法（只要是"二一型"，都可） | 消元 | 一元二次方程，解得其中一个未知数的两个值．代入一次方程后得到相应的另一个未知数的值． | 化归 |
| 因式分解法 | 二次方程可分解 | 降次 | 两个二元一次方程组 | 化归 |
| 利用韦达定理 | "和积型" | 构造一元二次方程 | 一元二次方程，解得两个根分别是两个未知数的值． | 构造 |
| 换元法 | 譬如对称方程组 | 譬如设 $u=s+y, v=xy$，使方程组转化为"和积型" | 如左栏换元后得到"和积型"方程组，再利用韦达定理解"和积型"方程组 | 换元 |

2．"二二型"方程组，没有通法，一般解法是通过因式分解转化为"二一型"解决，前提是两个方程中至少有一个可以因式分解．

**特殊解法**有：

（1）**加减法**．消去二次项或直接消去一个元．

（2）**换元法**．观察和归纳模块是解题关键．

解"二二型"方程组的方法可汇总如下：

| | 前　提 | 目　的 | 转化得到 | 数学思想 |
|---|---|---|---|---|
| 因式分解法 | 至少一个二次方程可分解 | 降次 | 两个"二一型"，或四个"一一型"方程组 | 化归 |
| 加减法 | 可消元的 | 消元 | 一个一元方程 | 化归 |
| 加减法 | 可消二次项的 | 降次 | "二一型"方程组 | 化归 |
| 换元法 | 同"二一型" | | | |

3．有关字母系数取值范围的讨论，常常借助一元二次方程根的判别式和韦达定理．

······ 练　习 ······

1．下列方程组中，① $\begin{cases} xy=6, \\ x+y=5; \end{cases}$ ② $\begin{cases} x^2+y^2=1, \\ \dfrac{1}{x}=6; \end{cases}$ ③ $\begin{cases} x^2+2xy+y^2=9, \\ xy=3; \end{cases}$ ④ $\begin{cases} vu=6, \\ v^2+v=3, \end{cases}$

属于二元二次方程组的是_____．

55

2. 将二元二次方程 $x^2-3xy-4y^2=0$ 化成两个二元一次方程,他们分别是_____.

3. 方程组 $\begin{cases}(x-1)^2+(y-1)^2=0,\\xy=1\end{cases}$ 的解为_____.

4. 方程组 $\begin{cases}x^2-3xy-10y^2=0,\\(x+y)^2-(x+y)-6=0\end{cases}$ 可化为四个二元一次方程组:_____.

5. 方程组 $\begin{cases}x^2+y^2=-1,\\2x+y=1\end{cases}$ _____实数解(填"有"或"没有").

6. 若方程组 $\begin{cases}x^2-2y=1,\\ax-y=4\end{cases}$ 有相同的两组实数解,则 $a$ 的值为_____.

7. 方程组 $\begin{cases}|x|=1,\\x^2+2y^2=5\end{cases}$ 的解为_____.

8. 若 $\begin{cases}x=1,\\y=4\end{cases}$ 是方程组 $\begin{cases}x+y=a,\\xy=b\end{cases}$ 的一组解,那么另一组解是_____.

9. 解方程组:(1) $\begin{cases}3x^2-xy=0,\\y-3x=7;\end{cases}$ (2) $\begin{cases}x^2-y^2-x-y=0,\\4x^2-y^2+2y-1=0.\end{cases}$

10. 已知关于 $x$、$y$ 的方程组 $\begin{cases}x^2+2y=9,\\ax+y=4.\end{cases}$

(1) 证明:无论 $a$ 取何值,方程组必有两组不相等的解;

(2) 设 $\begin{cases}x=x_1,\\y=y_1\end{cases}$, $\begin{cases}x=x_2,\\y=y_2\end{cases}$ 是方程组的两组不同的解且 $y_1+\dfrac{1}{x_1}+\dfrac{1}{x_2}+y_2=-4$,求 $a$ 的值.

**答 案**

**1.** ①③④  **2.** $x-4y=0$ 和 $x+y=0$  **3.** $\begin{cases}x=1,\\y=1\end{cases}$

**4.** $\begin{cases}x-5y=0,\\x+y=3\end{cases}$, $\begin{cases}x-5y=0,\\x+y=-2\end{cases}$, $\begin{cases}x+2y=0,\\x+y=3\end{cases}$, $\begin{cases}x+2y=0,\\x+y=-2\end{cases}$

**5.** 没有  **6.** $\pm\sqrt{7}$  **7.** $\begin{cases}x_1=1,\\y_1=\sqrt{2}\end{cases}$, $\begin{cases}x_2=1,\\y_2=-\sqrt{2}\end{cases}$, $\begin{cases}x_3=-1,\\y_3=\sqrt{2}\end{cases}$, $\begin{cases}x_4=-1,\\y_4=-\sqrt{2}\end{cases}$  **8.** $\begin{cases}x=4,\\y=1\end{cases}$  **9.** (1) $\begin{cases}x=0,\\y=7\end{cases}$  (2) $\begin{cases}x_1=1,\\y_1=-1\end{cases}$, $\begin{cases}x_2=-\dfrac{1}{3},\\y_2=\dfrac{1}{3}\end{cases}$, $\begin{cases}x_3=\dfrac{2}{3},\\y_3=-\dfrac{1}{3}\end{cases}$, $\begin{cases}x_4=-2,\\y_4=-3\end{cases}$  **10.** (1) 略

(2) $a_1=2, a_2=-3$

# 9. 一次函数解析式的确定

数学里常常从两个方面研究函数:已知解析式,研究它的性质;反过来,有时是已知它的某些性质,确定这个解析式.一次函数解析式是 $y=kx+b$,所谓"一次函数解析式的确定"是指已知该函数的某些性质(常常是几何特征),确定这个函数的解析式.**本质上说,一个函数式是系数决定的(系数不同,就得到不同的函数),所以,确定一次函数解析式,就是确定 $k$、$b$ 两个系数的值.**

**例 1** 若一次函数图像过点 $A(-1,2)$、$B(2,5)$,求该函数解析式.

**解** 设函数解析式为 $y=kx+b$,将 $A$、$B$ 的坐标代入该式,可得:

$$\begin{cases} -k+b=2, \\ 2k+b=5, \end{cases}$$

$\therefore \begin{cases} k=1, \\ b=3, \end{cases}$

> 这是待定系数法,属于间接的方法.待定系数法本质仍是方程思想,即把系数 $k$、$b$ 当作未知数来解.

$\therefore$ 函数解析式为 $y=x+3$.

**例 2** 若一次函数图像过点 $A(-1,2)$,且平行于直线 $y=3x+1$,求该函数解析式.

**分析** 由前题经验,可以将点 $A$ 的坐标代入函数式,但是我们要求的是 $k$、$b$ 两个数,只有一个式子是不够的.仔细一看,由于两直线平行,它们的斜率相等,因此由 $y=3x+1$ 可直接确定斜率 $k$ 为 3.

**解** 设函数解析式为 $y=kx+b$,由于该直线平行于直线 $y=3x+1$,所以 $k=3$,于是,该函数可设为 $y=3x+b$,

> 这样求 $k$ 的方法,是直接法.

将点 $A$ 的坐标代入,可得 $-3+b=2$, $\therefore b=5$.

$\therefore$ 函数解析式为 $y=3x+5$.

---

**讲评** 一次函数解析式的确定其实就是确定斜率 $k$ 和截距 $b$ 的值,一般需要两个独立条件即可通过直接法或者间接法(待定系数法等)来求解.确定一次函数解析式的解题模块如下:

```
        直接法、间接法(待定系数法)
                ↓ 方法
两个独立条件 ——→ 求一次函数解析式
                ↑ 类别
已知两点或已知一点和直线的走向
```

---

① 本文执笔:奚彬(上海市西南位育中学)

利用这个解题模块解题时,**第一步是判断条件是否恰当**(足够,不多余,更不矛盾).总的说,要确定两个未知系数,需要两个独立的条件.什么样条件可以确定一次函数解析式? 这个问题其实和几何中直线位置的确定是一致的,无非是两种情况:已知两点;已知一点和该直线的走向.

**第二步是求系数 $k$ 和 $b$**. 确定系数的方法有两种:直接法和间接法.间接法主要是待定系数法,直接法除了利用直线平行的条件外,类似的条件还有已知截距($b$ 直接可知)、利用两直线垂直、对称等.

**例3** 若直线 $y=kx+2$ 与 $x$ 轴、$y$ 轴交于 $A$、$B$ 两点,且 $\triangle ABO$ 的面积为 4,求直线的解析式.

**分析** 已知 $b$,求 $k$,则通过面积这一独立条件即可求.但是点 $A$ 的位置有两种可能.

**解** ∵ 直线 $y=kx+2$ 与 $x$、$y$ 轴交于 $A$、$B$ 两点,

∴ $A\left(-\dfrac{2}{k},0\right),B(0,2)$,

∴ $OA=\left|-\dfrac{2}{k}\right|=\dfrac{2}{|k|},OB=2$.　　←　注意符号.

如图 1-9-1, ∵ $S_{\triangle ABO}=4$,

∴ $\dfrac{1}{2}\times\dfrac{2}{|k|}\times 2=4$, ∴ $k=\pm\dfrac{1}{2}$.

∴ 直线解析式为 $y=\dfrac{1}{2}x+2$ 或 $y=-\dfrac{1}{2}x+2$.

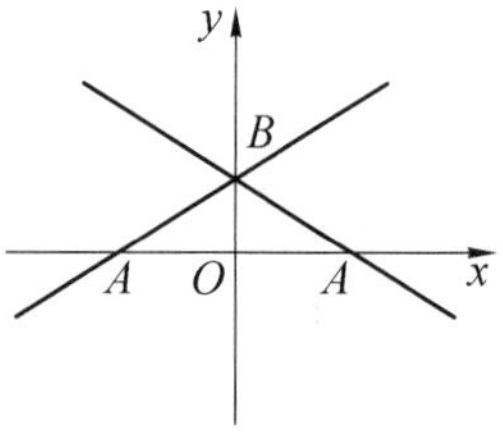

图 1-9-1

**例4** 若直线 $y=kx+b$ 是由直线 $y=2x-2$ 平移得到,与 $x$、$y$ 轴交于 $A$、$B$ 两点,且 $\triangle ABO$ 的面积为 4,求直线解析式.

**解** 因为直线 $y=kx+b$ 是由直线 $y=2x-2$ 平移得到,所以 $k=2$.

∵ 直线 $y=2x+b$ 与 $x$、$y$ 轴交于 $A$、$B$ 两点,

∴ $A\left(-\dfrac{b}{2},0\right),B(0,b)$,

∴ $OA=\left|-\dfrac{b}{2}\right|=\dfrac{|b|}{2},OB=|b|$.

如图 1-9-2, ∵ $S_{\triangle ABO}=4$,　　注意:本题也有两种可能.

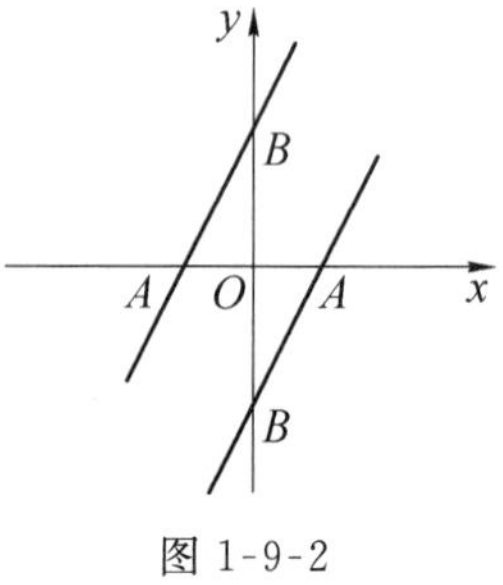

图 1-9-2

∴ $\dfrac{1}{2}\times\dfrac{|b|}{2}\times|b|=4$,

∴ $b=\pm 4$,

∴ 直线解析式为 $y=2x+4$ 或 $y=2x-4$.

不要认为"已知过某某点"的条件才能利用待定系数法,这里面积等于 4,而面积式子中含了未知系数 $b$,这就是关于 $b$ 的方程.

**例5** 如图 1-9-3,在直角坐标系内,一次函数 $y=kx+b(k<0,b<0)$ 的图像分别与 $x$ 轴、$y$ 轴和直线 $x=4$ 相交于 $A$、$B$、$C$ 三点.若点 $A$ 坐标为 $(-2,0)$,直线 $x=4$ 与 $x$ 轴交于点 $D$,四边形 $OBCD$($O$ 是坐标原点)的面积是 8.

(1) 求这个一次函数解析式;

(2) 若过点 $B$ 的直线 $l$ 将 $\triangle ADC$ 的面积分成了 $1:3$ 的两部分,求直线 $l$ 的解析式;

(3) 若平行于 $AC$ 的直线 $l'$ 分别交 $x$、$y$ 轴于 $P$、$Q$ 两点,且四边形 $A$、$C$、$P$、$Q$ 围成的四边形是平行四边形,求 $l'$ 的解析式.

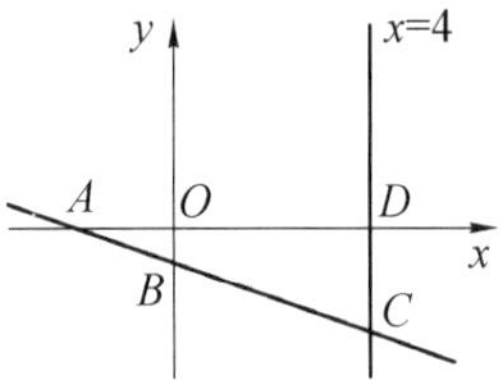

图 1-9-3

**分析** 第(1)小题,可利用两个独立条件:点 $A$ 坐标为 $(-2,0)$,四边形 $OBCD$ 的面积是 8,列关于 $k$、$b$ 的方程组. 第(2)小题,还是利用两个独立条件:过点 $B$(可直接得到 $b=-1$),$l$ 将 $\triangle ADC$ 的面积分成了 $1:3$ 的两部分,可用来列方程从而求出 $k$. 注意分类讨论. 第(3)小题,两个独立条件是平行于 $AC$ 的直线 $l'$ 可得 $k=-\dfrac{1}{2}$,四边形 $ACQP$ 是平行四边形,可得 $AC=PQ$,利用该结论可列方程.

**解** (1) 由题意得 $B(0,b)$、$C(4,4k+b)$,

∴ $OB=-b$,$CD=-(4k+b)$.

又∵ $S_{\text{直角梯形}OBCD}=8$,$OD=4$,

∴ $\dfrac{1}{2}(-b-4k-b)\times 4=8$.    ①

∵ $A(-2,0)$,代入函数式 $y=kx+b$,

∴ $-2k+b=0$,即 $b=2k$.    ②

② 代入①得 $\dfrac{1}{2}(-2k-4k-2k)\times 4=8$,∴ $k=-\dfrac{1}{2}$,

∴ $b=2k=-1$,

∴ 该直线解析式为 $y=-\dfrac{1}{2}x-1$.

(2) 设直线 $l: y=ax-1$,

$S_{\triangle ADC}=\dfrac{1}{2}\times 3\times 6=9$. 如图 1-9-4.

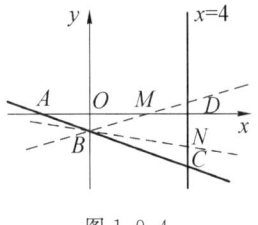

图 1-9-4

① 若 $l$ 交线段 $AD$ 于点 $M$,则 $M\left(\dfrac{1}{a},0\right)$,

∴ $AM=\dfrac{1}{a}+2$,

∵ $S_{\triangle AMB}=\dfrac{1}{4}S_{\triangle ADC}=\dfrac{9}{4}$ 且 $OB=1$,

∴ $\dfrac{1}{2}\cdot\left(\dfrac{1}{a}+2\right)\cdot 1=\dfrac{9}{4}$,∴ $a=\dfrac{2}{5}$.

② 若 $l$ 交线段 $CD$ 于点 $N$,则 $N(4,4a-1)$,

∴ $CN=4a-1+3=4a+2$.

∵ $S_{\triangle BNC}=\dfrac{1}{4}S_{\triangle ADC}=\dfrac{9}{4}$ 且 $OD=4$,

∴ $\dfrac{1}{2}\cdot(4a+2)\cdot 4=\dfrac{9}{4}$,∴ $a=-\dfrac{7}{32}$,

∴ $l$ 的解析式为 $y=\dfrac{2}{5}x-1$ 或 $y=-\dfrac{7}{32}x-1$.

(3) 如图 1-9-5，设直线 $l'$ 的解析式为 $y=-\dfrac{1}{2}x+m$，

∴ $P(2m,0)$，$Q(0,m)$.

∵ 四边形 ACPQ 是平行四边形，

∴ $AC=PQ$.

∵ $A(-2,0)$，$C(4,-3)$，

∴ $\sqrt{36+9}=\sqrt{4m^2+m^2}$，∴ $m=\pm 3$.

∴ 直线 $l'$ 解析式为 $y=-\dfrac{1}{2}x+3$ 或 $y=-\dfrac{1}{2}x-3$.

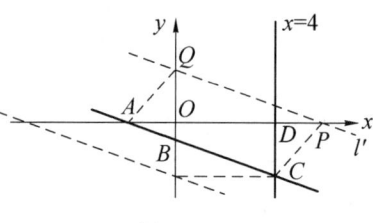

图 1-9-5

········ 练　习 ········

1. 已知直线 $y=kx+b$ 与直线 $y=-2x$ 平行，且在 $y$ 轴上的截距为 2，则直线的解析式为_____．

2. 已知直线 $y=kx-4$ 与两坐标轴所围成的三角形面积等于 4，则直线解析式为_____．

3. 若直线 $y=x+4$ 分别交 $x$、$y$ 轴于 $A$、$B$ 两点，若直线 $l$ 过点 $B$ 且将 $\triangle AOB$ 面积等分，则直线 $l$ 解析式为_____．

4. 如图 1-9-6，在直角坐标系中，直线 $AB\perp BC$，垂足为 $B(0,2)$，$D$ 是线段 $AB$ 的中点，且 $OD=2$．求：

(1) 求点 $D$ 的坐标；

(2) 经过 $B$、$C$ 两点的直线解析式．

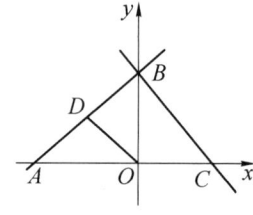

图 1-9-6

5. 如图 1-9-7，直线 $PA$ 是一次函数 $y=x+n(n>0)$ 的图像，直线 $PB$ 是一次函数 $y=-2x+m(m>0)$ 的图像．

(1) 用 $m$、$n$ 表示出点 $P$ 坐标；

(2) 若点 $Q$ 是 $PA$ 与 $y$ 轴交点，且四边形 $PQOB$ 的面积是 $\dfrac{5}{6}$，$AB=2$，试求点 $P$ 的坐标，并写出直线 $PA$ 与 $PB$ 的解析式．

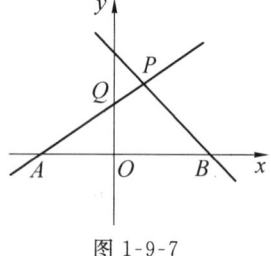

图 1-9-7

········ 答　案 ········

**1.** $y=-2x+2$　**2.** $y=2x-4$ 或 $y=-2x-4$　**3.** $y=2x+4$　**4.** (1) $D(-\sqrt{3},1)$　(2) $y=-\sqrt{3}x+2$　**5.** (1) $P\left(\dfrac{m-n}{3},\dfrac{m+2n}{3}\right)$　(2) $PA: y=x+1$，$PB: y=-2x+2$

一、代数

##  10. 二次函数解析式的确定[①]

二次函数解析式是 $y=ax^2+bx+c$(也可以是其他形式如 $y=a(x-h)^2+k$ 等),所谓"二次函数解析式的确定"是指已知该函数的某些性质(常常是几何特征),确定这个函数的解析式. 与一次函数一样,二次函数本质上是由系数决定的(系数不同,就得到不同的函数),所以,确定二次函数解析式,就是确定 $a$、$b$、$c$(或者确定 $a$、$h$、$k$)三个系数的值,因此一定要有三个独立的条件.

**例1** 已知二次函数的图像经过点$(-1,-6)$、$(1,-2)$ 和 $(2,3)$,求这个二次函数的解析式.

**分析** 已知图像上任意三点的坐标,可选用**一般式**,从而得到关于 $a$、$b$、$c$ 的方程组,求出 $a$、$b$、$c$ 的值,即可得到二次函数的解析式.

**解** 设二次函数的解析式为 $y=ax^2+bx+c$,

将点$(-1,-6)$、$(1,-2)$ 和 $(2,3)$ 的坐标分别代入,

得 $\begin{cases}a-b+c=-6,\\a+b+c=-2,\\4a+2b+c=3,\end{cases}$ 解得 $\begin{cases}a=1,\\b=2,\\c=-5.\end{cases}$

∴ 所求的二次函数的解析式为 $y=x^2+2x-5$.

> **讲评** 确定二次函数的三个系数,常常使用待定系数法. 由于**二次函数解析式有多种形式**,因此选择哪种形式,对解题至关重要.
> 这是**第一种情形**,当给出的条件是已知图像上三点坐标时,设为一般式比较合适.

**例2** 已知抛物线的顶点为$(-1,-3)$,与 $y$ 轴的交点为$(0,-5)$,求此抛物线的解析式.

**解** ∵ 抛物线的顶点为$(-1,-3)$,

∴ 设其解析式为 $y=a(x+1)^2-3$,

将点$(0,-5)$的坐标代入,

得 $-5=a-3$,

∴ $a=-2$,

∴ 所求抛物线的解析式为 $y=-2(x+1)^2-3$.

> 粗看起来,只给出两个点坐标,似乎条件不够. 其实其中一个点是顶点,它直接告诉我们两个参数 $h$、$k$. 可谓"以一当二"!

---

① 本文执笔:史益萍(华东理工大学附中)

即 $y = -2x^2 - 4x - 5$.

**例3** 已知二次函数当 $x=4$ 时有最小值 $-3$,且它的图像与 $x$ 轴两交点间的距离为 $6$,求这个二次函数的解析式.

**解** ∵ 二次函数当 $x=4$ 时有最小值 $-3$, ∴ 顶点坐标为 $(4,-3)$,对称轴为直线 $x=4$,抛物线开口向上.故可设函数解析式为 $y=a(x-4)^2-3$.

由于图像与 $x$ 轴两交点间的距离为 $6$,根据图像的对称性就可以得到图像与 $x$ 轴两交点的坐标是 $(1,0)$ 和 $(7,0)$.

将点 $(1,0)$ 的坐标代入得
$0=a(1-4)^2-3$,
解得 $a=\dfrac{1}{3}$.
∴ $y=\dfrac{1}{3}(x-4)^2-3$,
即 $y=\dfrac{1}{3}x^2-\dfrac{8}{3}x+\dfrac{7}{3}$.

> 已知顶点坐标之后,只需一个条件就可以求出二次函数解析式,这里却有两个条件:抛物线经过点 $(1,0)$ 和 $(7,0)$.这怎么解释呢?原来,看来这是两个条件,但是它们是不独立的,即如果知道了其中一个条件,可以推出另一个条件成立.所以给出几个条件不能光看表面现象.

**讲评** 这是第二种情形:当已知抛物线顶点坐标或对称轴,或能够先求出抛物线顶点时,设顶点式解题十分简洁.顶点式是 $y=a(x-h)^2+k(a\neq 0)$,其中 $(h,k)$ 是抛物线的顶点.因为现在已经给出了顶点坐标,所以只有一个未知的系数 $a$ 了.于是只要再有一个条件就够了.

此类问题,常和对称轴、最大值或最小值结合起来.

**例4** 已知抛物线与 $x$ 轴交于 $A(-1,0)$、$B(1,0)$ 两点,且经过点 $M(0,1)$,求此抛物线的解析式.

**解** ∵ 点 $A(-1,0)$、$B(1,0)$ 是抛物线与 $x$ 轴的两个交点,
∴ 设抛物线的解析式为 $y=a(x+1)(x-1)$,
将点 $M(0,1)$ 的坐标代入,得 $1=-a$,
∴ $a=-1$,
∴ 所求抛物线的解析式为 $y=-(x+1)(x-1)$,
即 $y=-x^2+1$.

**例5** 二次函数的图像与 $x$ 轴两交点之间的距离是 $2$,且过 $(2,1)$、$(-1,-8)$ 两点,求此二次函数的解析式.

**解** 设图像与横轴交点中左边的横坐标为 $x_0$,则右边交点的横坐标为 $x_0+2$,这时可设二次函数解析式为 $y=a(x-x_0)[x-(x_0+2)]$.

又由已知得
$$\begin{cases} 1=a(2-x_0)[2-(x_0+2)], \\ -8=a(-1-x_0)[-1-(x_0+2)], \end{cases}$$

解得

$$\begin{cases} a=-1, \\ x_0=1 \end{cases} \text{或} \begin{cases} a=-\dfrac{9}{5}, \\ x_0=\dfrac{1}{3}, \end{cases}$$

即二次函数为
$$y=-(x-1)(x-3)=-x^2+4x-3$$
或
$$y=-\frac{9}{5}\left(x-\frac{1}{3}\right)\left(x-\frac{7}{3}\right)=-\frac{9}{5}x^2+\frac{24}{5}x-\frac{7}{5},$$

∴ 所求二次函数解析式为
$$y=-x^2+4x-3 \text{ 或 } y=-\frac{9}{5}x^2+\frac{24}{5}x-\frac{7}{5}.$$

**讲评** 这是第三种情形:给出抛物线与横轴两个交点的坐标时,二次函数的解析式设成 $y=a(x-x_1)(x-x_2)$ 的形式(又称**交点式或两根式**)求比较合适.

由于给出的条件的不同,二次函数宜采用不同的表达式.

1. 当已知图像上三点,设 $y=ax^2+bx+c$(一般式)比较合适;

2. 当已知抛物线顶点坐标或对称轴,或能够先求出抛物线顶点时,设 $y=a(x-h)^2+k$(顶点式)比较合适;

3. 当给出抛物线与横轴两个交点的坐标,设 $y=a(x-x_1)(x-x_2)$(两根式)比较合适.

**例6** 已知二次函数 $y=3x^2-6x+5$,求满足下列条件的二次函数的解析式:

(1) 与二次函数 $y=3x^2-6x+5$ 的图像关于 $x$ 轴对称;

(2) 与二次函数 $y=3x^2-6x+5$ 的图像关于 $y$ 轴对称; 要不要找三个独立的条件?

(3) 与二次函数 $y=3x^2-6x+5$ 的图像关于经过其顶点且平行于 $x$ 轴的直线对称.

**分析** 各小题里都涉及两条抛物线.其中一条是已知的,另一条和它有对称关系.于是,对每个小题来说,不需要另起炉灶找三个独立的条件了,而只需利用已知抛物线和对称性即可.

**解** $y=3x^2-6x+5$ 可转化为 $y=3(x-1)^2+2$,据对称式可知

(1) 与二次函数 $y=3x^2-6x+5$ 的图像关于 $x$ 轴对称的图像的解析式为 $y=-3(x-1)^2-2$,即 $y=-3x^2+6x-5$.

(2) 与二次函数 $y=3x^2-6x+5$ 的图像关于 $y$ 轴对称的图像的解析式为 $y=3(x+1)^2+2$,即 $y=3x^2+6x+5$.

(3) 与二次函数 $y=3x^2-6x+5$ 的图像关于经过其顶点且平行于 $x$ 轴的直线对称的图像的解析式为 $y=-3(x-1)^2+2$,即 $y=-3x^2+6x+1$.

**讲评** 利用二次函数图像的对称关系,确定解析式.

第一步,确认已知一个二次函数的解析式,所求的二次函数的图像与已知函数的图像具有对称性.

第二步,把原函数的解析式化成顶点式 $y=a(x-h)^2+k$ 的形式.

第三步,根据下列两抛物线对称规律,求出所求的二次函数的三个参数 $a$、$h$、$k$(还是找三个条件).

(1) 关于 $x$ 轴对称的两个抛物线的顶点关于 $x$ 轴对称,两个图像的形状大小不变,只是开口方向相反,即 $a$ 互为相反数,$h$ 不变,$k$ 互为相反数.

(2) 关于 $y$ 轴对称的两个抛物线的顶点关于 $y$ 轴对称,两个图像的形状大小不变,即 $a$ 相同,$k$ 不变,$h$ 互为相反数.

(3) 关于经过其顶点且平行于 $x$ 轴的直线对称的两个函数的抛物线的顶点坐标不变,即 $h$、$k$ 不变;开口方向相反,即 $a$ 互为相反数.

第四步,写出所求二次函数的顶点式,并转换为一般式.

**例7** 已知二次函数的图像经过点 $A(3,-2)$ 和 $B(1,0)$,且对称轴是直线 $x=3$. 求这个二次函数的解析式.

**解** 方法一:设其解析式为 $y=a(x-3)^2+k$,

> 已知对称轴是直线 $x=3$,因对称轴经过顶点,所以这是与顶点有关的问题,设为顶点式比较合适.

将点 $A(3,-2)$、$B(1,0)$ 的坐标代入得

$$\begin{cases} a(3-3)^2+k=-2, \\ a(1-3)^2+k=0, \end{cases}$$

解得 $\begin{cases} k=-2, \\ a=\dfrac{1}{2}, \end{cases}$

所以二次函数的解析式是 $y=\dfrac{1}{2}(x-3)^2-2$,

即 $y=\dfrac{1}{2}x^2-3x+\dfrac{5}{2}$.

方法二:设其解析式为 $y=a(x-3)^2-2$,

> 由对称轴是直线 $x=3$,且点 $A$ 的横坐标是 3,知点 $A(3,-2)$ 是抛物线的顶点.这样只需求一个系数 $a$ 了.

将点 $B(1,0)$ 的坐标代入得

$y=a(x-3)^2-2$,

解得 $a=\dfrac{1}{2}$,

所以二次函数的解析式是 $y=\dfrac{1}{2}(x-3)^2-2$,

即 $y=\dfrac{1}{2}x^2-3x+\dfrac{5}{2}$.

方法三:设二次函数的解析式为 $y=ax^2+bx+c$,

由对称轴是直线 $x=3$,可得关于 $a$、$b$ 的一个方程,再将 $A(3,-2)$,$B(1,0)$ 分别代入得

$$\begin{cases} -\dfrac{b}{2a}=3, \\ a+b+c=0, \\ 9a+3b+c=-2, \end{cases}$$

解得 $\begin{cases} a=\dfrac{1}{2}, \\ b=-3, \\ c=\dfrac{5}{2}, \end{cases}$

得 $y=\dfrac{1}{2}x^2-3x+\dfrac{5}{2}.$

**方法四**：设二次函数的解析式为 $y=a(x-1)(x-5).$

再将点 $(3,-2)$ 的坐标代入得 $a(3-1)(3-5)=-2,$

解得 $a=\dfrac{1}{2},$

于是有 $y=\dfrac{1}{2}(x-1)(x-5),$

整理得 $y=\dfrac{1}{2}x^2-3x+\dfrac{5}{2}.$

> 由点 $B(1,0)$ 的纵坐标是 $0$ 知，它是抛物线与 $x$ 轴的交点，若能求出抛物线与 $x$ 轴的另一个交点，即点 $B$ 关于对称轴 $x=3$ 的对称点，则可设解析式为交点式.

**方法五**：设二次函数的解析式为 $y=ax^2+bx+c,$

再将点 $(5,0)$、$(3,-2)$、$B(1,0)$ 的坐标分别代入得 $\begin{cases} a\cdot 5^2+b\cdot 5+c=0, \\ a\cdot 3^2+b\cdot 3+c=-2, \\ a\cdot 1^2+b\cdot 3+c=0, \end{cases}$

> 同方法四得到 $B'(5,0)$，就具备了图像过三个定点，可设其解析式为一般式.

解得 $\begin{cases} a=\dfrac{1}{2}, \\ b=-3, \\ c=\dfrac{5}{2}, \end{cases}$

得 $y=\dfrac{1}{2}x^2-3x+\dfrac{5}{2}.$

**讲评** 例 7 各解法中以方法二最佳．它体现在对点 $A(3,-2)$ 是所求抛物线的顶点这一隐含条件挖掘得好，因此只需求一个系数 $a$，问题简化了．

········ **练　习** ········

1. 已知一个二次函数图像经过 $(-1,10)$、$(2,7)$ 和 $(1,4)$ 三点，求这个函数的解析式．
2. 已知抛物线 $y=ax^2+bx+c$ 的顶点是 $A(1,-4)$ 且经过点 $(3,0)$，求其解析式．

3. 已知抛物线 $y=-2x^2+8x-9$ 的顶点为 $A$，若二次函数 $y=ax^2+bx+c$ 的图像经过 $A$ 点，且与 $x$ 轴交于 $B(0,0)$、$C(3,0)$ 两点，试求这个二次函数的解析式.

4. 已知抛物线 $ax^2+bx+c$ 与 $x$ 轴交于 $A$、$B$ 两点，它们的横坐标为 $-1$ 和 $3$，与 $y$ 轴的交点 $C$ 的纵坐标为 $3$，求这条抛物线的解析式.

5. 已知抛物线对称轴 $x=2$，抛物线与 $x$ 轴两交点间距离为 $2$，过点 $C(4,3)$，求抛物线的解析式.

**答　案**

1. $y=2x^2-3x+5$　　2. $y=x^2-2x-3$　　3. $y=\dfrac{1}{2}x^2-\dfrac{3}{2}x$

4. $y=-x^2+2x+3$　　5. $y=x^2-4x+3$

## 11. 二次函数的值域和最值

在实际问题中,常常需要研究函数的值域,而在初中阶段,好多实际问题涉及二次函数,由此,二次函数的值域的求法就更显其意义了. 根据二次函数的不同形式,可以有多种求值域的方式.

**例1** 求下列二次函数的值域.

(1) $y=\dfrac{1}{4}(x+5)^2-1$;

(2) $y=-\dfrac{1}{4}x^2-2x-3$;

(3) $y=\dfrac{1}{2}(x-2)(x-1)$.

**解** (1) ∵ $(x+5)^2 \geqslant 0$,

∴ $\dfrac{1}{4}(x+5)^2-1 \geqslant -1$,

∴ 值域为 $y \geqslant -1$.

> 利用非负数的特性,从而再利用不等式性质,找出整个式子的范围.

(2) $y=-\dfrac{1}{4}x^2-2x-3$

$=-\dfrac{1}{4}(x^2+8x)-3$

$=-\dfrac{1}{4}(x+4)^2+4-3$

$=-\dfrac{1}{4}(x+4)^2+1$.

> 思考:此解法是利用函数图像的特性.如果利用非负数特性和不等式性质该怎么解?

该二次函数的图像是以 $(-4,1)$ 为顶点的抛物线,且开口向下,所以该函数值域为 $y \leqslant 1$.

(3) 函数 $y=\dfrac{1}{2}(x-2)(x-1)$ 与 $x$ 轴的交点为 $(2,0)$、$(1,0)$,

由二次函数的对称性得对称轴为直线 $x=\dfrac{3}{2}$,

> 二次函数如果用交点式(或称两根式)表示的,不一定要配方才能找到顶点.

∴ 由开口向上得函数有最小值,

$y=\dfrac{1}{2}\left(\dfrac{3}{2}-2\right)\left(\dfrac{3}{2}-1\right)=\dfrac{1}{2}\times\left(-\dfrac{1}{2}\right)\times\dfrac{1}{2}=-\dfrac{1}{8}$,

∴ 值域为 $y \geqslant -\dfrac{1}{8}$.

---

① 本文执笔:单萍(上海市西南位育中学)

**讲评** 求二次函数值域的**第一种情形**：给出的二次函数的自变量 $x$ 为一切实数．

1. 二次函数的图像是抛物线，由于自变量 $x$ 为一切实数，所以该抛物线向左右两端延伸．其值域都呈一边为无限的不等式：$y \leqslant a$ 或 $y \geqslant a$．此时，求值域的关键是看抛物线的开口，以及顶点（纵）坐标．

2. 具体求法：

第一步，通过配方，将二次函数转化成顶点式 $y = a(x-h)^2 + k$；

第二步，求出值域．

方法一，通过平方数 $(x-h)^2$ 非负的特性和不等式性质．此时要注意 $a$ 的正负，不等号应取相应的方向．

方法二，根据其图像的特点：$a>0$，开口向上时，值域为 $y \geqslant k$；$a<0$，开口向下，$y \leqslant k$．

**例2** 求下列二次函数的值域：

(1) $y = -\dfrac{1}{4}(x-1)^2 \ (x \geqslant 3)$；

(2) $y = x^2 - 2x - 3 \ (0 < x \leqslant 4)$；

(3) $y = \dfrac{1}{2}x^2 - 2x \ (-2 < x < -1)$．

**注意**：本题的自变量 $x$ 的范围有限制．

**解** (1) 函数 $y = -\dfrac{1}{4}(x-1)^2$ 的图像如图 1-11-1 所示，而且当 $x = 3$ 时，$y = -1$，

∴ 当 $x \geqslant 3$ 时，$y \leqslant -1$．

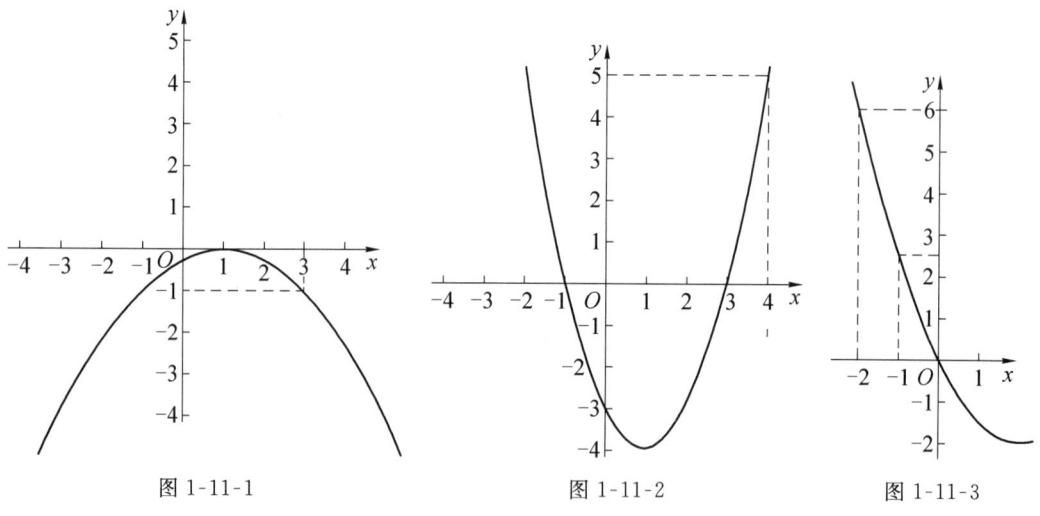

图 1-11-1　　　　　图 1-11-2　　　　　图 1-11-3

(2) 函数 $y = x^2 - 2x - 3 = (x-1)^2 - 4$ 的图像如图 1-11-2 所示，而且当 $x = 0$ 时，$y = -3$；当 $x = 4$ 时，$y = 5$．

∴ 当 $0 < x \leqslant 4$ 时，$-4 \leqslant y \leqslant 5$．

(3) 函数 $y = \dfrac{1}{2}x^2 - 2x$ 的图像如图 1-11-3 所示，而且当 $x = -1$ 时，$y = 2.5$；当 $x = $

―2时,$y=6$,

∴ 当$-2<x<-1$时,$2.5<y<6$.

> **讲评** 求二次函数值域的**第二种情形**:给出的二次函数的自变量$x$不是一切实数,即是$x<m$或$x>m$或$m<x<n$(其中的"<"">"可换成"≤""≥").
>
> 1. 此时的二次函数的图像是抛物线的一段,此时,求值域的关键除了抛物线的开口,以及顶点(纵)坐标外,还和定义域的端点函数值有关.观察的重点是:对应的这段抛物线是不是包含顶点?
>
> 2. 具体求法:
>
> 第一步,通过配方,将二次函数转化成顶点式$y=a(x-h)^2+k$,求出顶点坐标(备用);
>
> 第二步,求出定义域端点的函数值(备用);
>
> 第三步,分两种情形:
>
> 第一种情形:对应的这段抛物线不包含顶点,即顶点的横坐标$h$在定义域之外(如第(3)小题),这时函数图像对应的一段曲线为单调递增(或递减)的.那么该函数值域与顶点无关,可由定义域端点的函数值确定.
>
> 第二种情形:对应的这段抛物线包含顶点,即顶点的横坐标$h$在定义域的范围内(如第2小题),那么函数值域既和端点函数值有关,也和顶点函数值有关.具体的视图像的不同状况而定.
>
> 本方法对于图像要求较高,需要非常了解二次函数的图形的特点和性质,并且正确画出草图.

**链接** 二次函数的定义域不是一切实数时,其图像即为抛物线的一部分,有时是包括顶点在内的一段,有时则是单调递增或单调递减的一段,这与顶点的横坐标$h$是否在定义域范围内有关,如果由此来判断,作图的过程可以忽略.方法如下:

已知二次函数$y=f(x)=a(x-h)^2+k(a\neq 0)$ $(m<x<n)$.

当$a>0$时,

① 若$m<h<n$,则$k\leq y<\max\{f(m),f(n)\}$;

② 若$h<m$,则$f(m)<y<f(n)$;

③ 若$h>n$,则$f(n)<y<f(m)$.

当$a<0$时,

① 若$m<h<n$,则$\min\{f(m),f(n)\}<y\leq k$;

② 若$h<m$,则$f(n)<y<f(m)$;

③ 若$h>n$,则$f(m)<y<f(n)$.

说明:

若定义域的端点处取得等号,则值域中出现相对应的函数值处也对应为可取等号.

对初中学生还是以结合图像,直观地研究二次函数值域为好,不要求全体学生掌握以上方法.

**例3** 求函数最值:

(1) $y=-\dfrac{1}{4}x^2-2x-3$;

(2) $y=-\dfrac{1}{4}x^2-2x-3$ ($x\geqslant 1$);

(3) $y=-\dfrac{1}{4}x^2-2x-3$ ($-5\leqslant x\leqslant 5$).

**解** (1) $y=-\dfrac{1}{4}(x+4)^2+1$,开口向下,

∴ $y\leqslant 1$,

即函数的最大值为 1,此时 $x=-4$.

(2) $y=-\dfrac{1}{4}(x+4)^2+1$,开口向下,对称轴为直线 $x=-4$,

∵ $1>-4$,且当 $x=1$ 时,$y=-5\dfrac{1}{4}$,

∴ $y\leqslant -5\dfrac{1}{4}$,

即函数最大值为 $-5\dfrac{1}{4}$(此时 $x=1$). ◀ 对应于所给范围($x\geqslant 1$)的一段曲线不包含顶点($-4,1$),最大值在左端点处取得.

(3) 方法一:$y=-\dfrac{1}{4}(x+4)^2+1$,开口向下,对称轴为直线 $x=-4$,

∵ $-5<-4<5$,且当 $x=5$ 时,$y=-19\dfrac{1}{4}$,

∴ $-19\dfrac{1}{4}\leqslant y\leqslant 1$, ◀ 对应于所给范围($-5\leqslant x\leqslant 5$)的一段曲线包含了顶点($-4,1$),最小值在右端点处取得,最大值在顶点处取得.

即函数最小值是 $-19\dfrac{1}{4}$(此时 $x=5$),最大值是 1(此时 $x=-4$).

方法二:计算端点和顶点的函数值:

$$f(-5)=\dfrac{3}{4},\ f(-4)=1,\ f(5)=-19\dfrac{1}{4},$$

比较它们的大小,有 $f(5)<f(-5)<f(-4)$,

所以,函数最小值是 $-19\dfrac{1}{4}$(此时 $x=5$),最大值是 1(此时 $x=-4$).

**讲评** 1. 在实际问题中常常会出现函数的**最值问题**,它和函数值域有关.二次函数的最值有两种求法:

**方法一**:可通过类似于求值域的方法求得.

第一种情形:当自变量是一切实数时,最值只与顶点函数值有关.

当 $a>0$,开口向上时,值域是 $y\geqslant k$,函数的最小值是 $k$;当 $a<0$,开口向下时,值域是 $y\leqslant k$,函数的最大值是 $k$.

第二种情形:当自变量不是一切实数时,又可分两种情形.

(1) 定义域不包含顶点的横坐标 $h$,则值域只与定义域端点函数值有关,由此可

求得函数的最小值和最大值.

(2) 定义域包含顶点的横坐标 $h$,则值域不但与顶点函数值有关,还会与端点函数值有关,由此可求得函数的最小值和最大值.

**方法二:通过比较若干点相应的函数值求最值.**

第一步,求出定义域端点的函数值,和抛物线顶点的函数值,

第二步,比较以上三个值的大小,最大者即为函数的最大值,最小者即为函数的最小值.

这个做法不计较抛物线的单调性、开口方向和顶点坐标,显得直截了当.

2. 函数的值域和最值的区别和联系:

函数的值域和最值,都是针对二次函数 $y=ax^2+bx+c$ 的 $y$ 的数值而言的;值域是一个实数区间,常用一个不等式表示出来,而最值是一个实数值;最值和值域的端点有关.

**3. 对于最值需要说清三点:**

(1) 自变量取什么数值时达到最值?

(2) 函数有最大值,还是最小值?

(3) 最大(小)值是几?

**例4** 某商店经营一种水产品,成本为每千克 40 元的水产品,据市场分析,若按每千克 50 元销售,一个月能售出 500 千克;销售价每涨 1 元,月销售量就减少 10 千克.针对这种水产品的销售情况,求销售单价定为多少元时,获得的利润最多,最多为多少?

**解** 设涨 $x$ 元($x$ 为自然数),所获利润为 $y$ 元,
$$y=(500-10x)(10+x)=-10(x-50)(x+10),$$
对称轴为 $x=20$,则利润最多为 9000 元,此时销售单价为 70 元.

答:当销售单价为 70 元时,获利最多为 9000 元.

**例5** 如果有长为 24 米的篱笆,一面利用墙(墙最长度 $a$ 为 10 米)围成中间有一道篱笆的长方形花圃,如图 1-11-4.设花圃的宽 $AB$ 为 $x$ 米,面积为 $S$ 平方米.

(1) 求 $S$ 与 $x$ 的函数关系式及定义域;

(2) 如果要围成面积为 45 平方米的花圃,$AB$ 的长是多少?

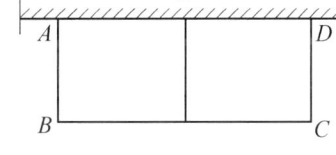

图 1-11-4

(3) 能围成面积比 45 平方米更大的花圃吗?如果能,请求出最大面积,并求 $x$;如果不能,请说明理由.

**解** (1) $AB=x$,则 $BC=24-3x$,
$$S=x(24-3x)=-3x^2+24x,$$
∵ $\begin{cases} x>0, \\ 0<24-3x\leqslant 10, \end{cases}$

∴ $\dfrac{14}{3}\leqslant x<8$,

∴ $S$ 与 $x$ 的函数关系式为 $S=-3x^2+24x\left(\dfrac{14}{3}\leqslant x<8\right)$.

(2) 由题意得 $45=-3x^2+24x$,

$x^2-8x+15=0$,

$(x-5)(x-3)=0$,

$x_1=5, x_2=3$.

∵ $\dfrac{14}{3}\leqslant x<8$,

∴ $x=5$.

> 对于函数型的实际问题,定义域绝对不能忽视.

答:当 $AB=5$ 米时,花圃的面积为 45 平方米.

(3) $S=x(24-3x)=-3x^2+24x$.

对称轴为直线 $x=4$, ∵ $4<\dfrac{14}{3}$, ∴ 定义域在对称轴的右侧,且开口向下.

∴ $S_{\max}=\dfrac{14}{3}\left(24-\dfrac{14}{3}\times 3\right)=\dfrac{140}{3}>\dfrac{135}{3}=45$.

答:能够围成比 45 平方米更大的花圃,且 $x=\dfrac{14}{3}$.

**例 6** 如图 1-11-5,已知抛物线 $y=-\dfrac{\sqrt{3}}{3}x^2+\dfrac{2\sqrt{3}}{3}x+\dfrac{8\sqrt{3}}{3}$,抛物线的顶点为 $D$,过 $O$ 作射线 $OM\parallel AD$. 过顶点 $D$ 平行于 $x$ 轴的直线交射线 $OM$ 于点 $C$,点 $B$ 在 $x$ 轴正半轴上,联结 $BC$. 若 $OC=OB$,动点 $P$ 和动点 $Q$ 分别从点 $O$ 和点 $B$ 同时出发,分别以每秒 1 个长度单位和 2 个长度单位的速度沿 $OC$ 和 $BO$ 运动,当其中一个点停止运动时另一个点也随之停止运动. 设它们的运动时间为 $t(s)$,联结 $PQ$,当 $t$ 为何值时,四边形 $BCPQ$ 的面积最小?并求出最小值及此时 $PQ$ 的长.

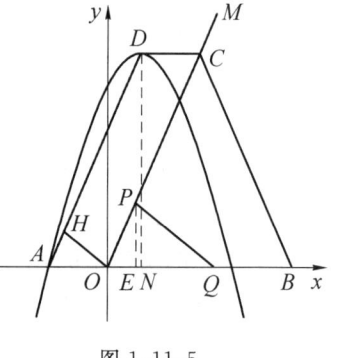

图 1-11-5

**解** 过点 $D$ 作 $DN\perp OB$ 于点 $N$,过点 $P$ 作 $PE\perp OQ$ 于点 $E$.

∵ $D$ 为抛物线的顶点,

∴ $D(1,3\sqrt{3})$,则 $DN=3\sqrt{3}, AN=3$,

∴ $AD=\sqrt{3^2+(3\sqrt{3})^2}=6=2AN$,

∴ $\angle DAO=60°$.

∵ $OM\parallel AD$,

∴ $\angle COB=60°$.

∵ $OC=OB$,

∴ $\triangle OCB$ 是等边三角形,

则 $OB=OC=AD=6, OP=t, BQ=2t$, ∴ $OQ=6-2t(0<t<3), PE=\dfrac{\sqrt{3}}{2}t$,

∴ $S_{BCPQ}=\dfrac{1}{2}\times 6\times 3\sqrt{3}-\dfrac{1}{2}\times(6-2t)\times\dfrac{\sqrt{3}}{2}t=\dfrac{\sqrt{3}}{2}\left(t-\dfrac{3}{2}\right)^2+\dfrac{63}{8}\sqrt{3}$.

当 $t=\dfrac{3}{2}$ 时,$S_{\text{四边形}BCPQ}$ 的面积最小值为 $\dfrac{63}{8}\sqrt{3}$.

∴ 此时 $OQ=3$,$OP=\dfrac{3}{2}$,$OE=\dfrac{3}{4}$, ∴ $QE=3-\dfrac{3}{4}=\dfrac{9}{4}$,$PE=\dfrac{3\sqrt{3}}{4}$,

∴ $PQ=\sqrt{PE^2+QE^2}=\sqrt{\left(\dfrac{3\sqrt{3}}{4}\right)^2+\left(\dfrac{9}{4}\right)^2}=\dfrac{3\sqrt{3}}{2}$.

**讲评** 二次函数最值相关的实际问题的解法步骤一般是:
(1) 选择合适的量设为自变量,列出二次函数式,和定义域.
(2) 求出该二次函数的最值.
(3) 作答.
其中,特别要关注该函数的定义域.

## 练 习

1. 求以下函数的值域:

(1) $y=-\dfrac{1}{3}(2x-5)^2-1$;

(2) $y=-x^2-2x+10$;

(3) $y=\dfrac{1}{4}(2x-3)(x-1)$.

2. 求以下函数的值域:

(1) $y=2(4-x)^2-3\ (1<x\leqslant 2)$;

(2) $y=2x^2-\dfrac{2}{3}x+1\ (x>4)$;

(3) $y=-\dfrac{x}{2}(3x-2)\ (-1<x<5)$.

3. 某商品的进价为每件 40 元.当售价为每件 60 元时,每星期可卖出 300 件,现需降价处理,且经市场调查:每降价 1 元,每星期可多卖出 20 件.在确保盈利的前提下,解答下列问题:

(1) 若设每件降价 $x$ 元、每星期售出商品的利润为 $y$ 元,请写出 $y$ 与 $x$ 的函数关系式,并求出自变量 $x$ 的取值范围;

(2) 当降价多少元时,每星期的利润最大?最大利润是多少?

4. 如图 1-11-6 所示,某校计划将一块形状为锐角 $\triangle ABC$ 的空地进行生态环境改造.已知 $\triangle ABC$ 的边 $BC$ 长 120 米,高 $AD$ 长 80 米.学校计划将它分割成 $\triangle AHG$、$\triangle BHE$、$\triangle GFC$ 和矩形 $EFGH$ 四部分.其中矩形 $EFGH$ 的一边 $EF$ 在边 $BC$ 上.其余两个顶点 $H$,$G$ 分别在边 $AB$、$AC$ 上.现计划在 $\triangle AHG$ 上种草,每平方米投资 6 元;在 $\triangle BHE$、$\triangle FCG$ 上都种花,每平方

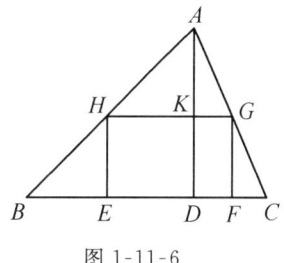

图 1-11-6

米投资10元;在矩形EFGH上兴建爱心鱼池,每平方米投资4元.

(1) 当FG长为多少米时,种草的面积与种花的面积相等?

(2) 当矩形EFGH的边FG为多少米时,△ABC空地改造总投资最小?最小值为多少?

5. 如图1-11-7,已知正比例函数$y=\frac{1}{2}x$和反比例函数$y=\frac{2}{x}$,且$P(-1,-2)$为双曲线上的一点,Q为坐标平面上一动点,PA垂直于x轴,QB垂直于y轴,垂足分别是A、B.当点Q在第一象限中的双曲线上运动时,作以OP、OQ为邻边的平行四边形OPCQ,求▱OPCQ周长的最小值.

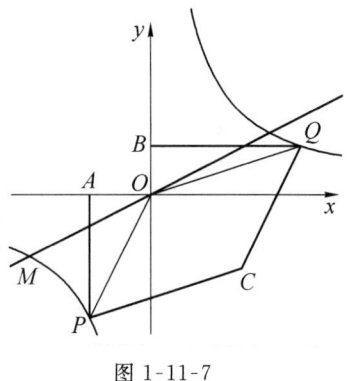

图1-11-7

### 答 案

**1.** (1) $y \leqslant -1$  (2) $y \leqslant 11$  (3) $y \geqslant -\frac{1}{32}$  **2.** (1) $5 \leqslant y < 15$  (2) $y > \frac{91}{3}$  (3) $-\frac{65}{2} < y < \frac{1}{6}$  **3.** (1) $y = -20x^2 + 100x + 6000 (0 \leqslant x \leqslant 20)$  (2) 当降价2.5元时,每星期的利润最大,最大利润是6125元  **4.** (1) 当FG的长为40米时,种草的面积和种花的面积相等  (2) 当矩形EFGH的边FG长为20米时,空地改造的总投资最小,最小值为26400元  **5.** $2\sqrt{5}+4$

## 12. 数形结合:二次函数的系数与图像关系

数形结合是数学学科中重要的指导思想,正如数学家华罗庚先生所言:"数与形,本是相倚依,数缺形时少直觉,形少数时难入微.切莫忘,几何代数统一体,永远联系,切莫分离!"

二次函数 $y=ax^2+bx+c(a\neq 0)$ 的系数与图像间紧密相关、体现出数学数形统一的知识本质.这类问题往往是已知图像的某些特征,要求有关系数(以及由这些系数组成的某个式子)的值或符号.

**例 1** 已知抛物线 $y=ax^2+bx+c$ 图像如图 1-12-1 所示,对称轴为直线 $x=-1$,请完成以下填空.

(1) $a$ _____ $0$;
(2) $b$ _____ $0$;
(3) $c$ _____ $0$, $abc$ _____ $0$;
(4) $b^2-4ac$ _____ $0$;
(5) $2a-b$ _____ $0$;
(6) $a+b+c$ _____ $0$;
(7) $a-b+c$ _____ $0$;
(8) $4a-2b+c$ _____ $0$.

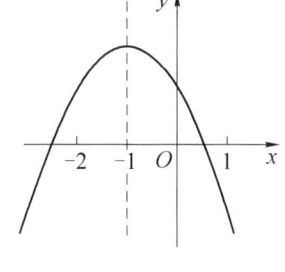

图 1-12-1

**分析** 由抛物线图像确定系数及相关代数式的符号问题,通常可以从以下几方面进行观察分析:(1)开口方向;(2)对称轴;(3)与坐标轴的交点.

**解**

(1) $a<0$,开口向下;

(2) $b<0$,对称轴为 $x=-\dfrac{b}{2a}<0$,即 $\dfrac{b}{a}>0$,即 $a$、$b$ 同号;

(3) $c>0$,$abc>0$;

(4) $b^2-4ac>0$,与 $x$ 轴有两个交点;

(5) $2a-b=0$,对称轴为 $x=-\dfrac{b}{2a}=-1$,即 $2a=b$;

(6) $a+b+c<0$,当 $x=1$ 时,$y=a+b+c$. 即看 $f(1)$;

(7) $a-b+c>0$,当 $x=-1$ 时,$y=a-b+c$. 即看 $f(-1)$;

(8) $4a-2b+c>0$,当 $x=-2$ 时,$y=4a-2b+c$. 即看 $f(-2)$.

---

① 本文执笔:刘辰(上海市西南位育中学)

**讲评** 抛物线图像与系数间的密切关系,可以简述为如下方面.

(1) **开口方向看 $a$**:当开口向上时,$a>0$;当开口向下时,$a<0$.并且开口越小,$|a|$越大.

(2) **对称轴看 $a$、$b$**:口诀化为"左同右异",即当对称轴在 $y$ 轴左侧时,$a$、$b$ 同号;当对称轴在 $y$ 轴右侧时,$a$、$b$ 异号;当对称轴是 $y$ 轴时,$b=0$.

(3) **图像与 $y$ 轴的交点看 $c$**:当图像与 $y$ 轴正半轴相交时,$c>0$;当图像与 $y$ 轴负半轴相交时,$c<0$;当图像恰好经过坐标原点,$c=0$.

(4) **图像与 $x$ 轴交点看 $b^2-4ac$**:当图像与 $x$ 轴有两个交点时,$b^2-4ac>0$,此时两个交点坐标为 $\left(\dfrac{-b+\sqrt{b^2-4ac}}{2a},0\right)$ 和 $\left(\dfrac{-b-\sqrt{b^2-4ac}}{2a},0\right)$;当图像与 $x$ 轴有一个交点时,$b^2-4ac=0$,此时交点坐标为 $\left(-\dfrac{b}{2a},0\right)$;当图像与 $x$ 轴无交点时,$b^2-4ac<0$.

(5) **最高最低点看 $a$ 和顶点 $\left(-\dfrac{b}{2a},\dfrac{4ac-b^2}{4a}\right)$**:

图像有最高点时,$a<0$,当 $x=-\dfrac{b}{2a}$ 时,函数取得最大值 $\dfrac{4ac-b^2}{4a}$;

图像有最低点时,$a>0$,当 $x=-\dfrac{b}{2a}$ 时,函数取得最小值 $\dfrac{4ac-b^2}{4a}$.

(6) **$f(1)$ 的意义**:$f(1)=a+b+c$,即看图像上横坐标为 1 的点所对应纵坐标的值.

**$f(-1)$ 的意义**:$f(-1)=a-b+c$,即看图像上横坐标为 $-1$ 的点所对应纵坐标的值.

**例2** 已知抛物线 $y=x^2-2kx+k^2+k-1$,根据以下条件求 $k$:

(1) 对称轴过点 $(-1,3)$;

(2) 最低点在 $x$ 轴上;

(3) 图像位于 $x$ 轴上方.

**解** (1) 对称轴为直线 $x=-1$,

即 $-\dfrac{b}{2a}=-\dfrac{-2k}{2}=k=-1$.

**注意** 因为对称轴经过的点 $(-1,3)$,不代表抛物线一定经过 $(-1,3)$,所以该题不能将 $x=-1,y=3$ 代入解析式求 $k$.

(2) 二次项系数为 1,说明该抛物线开口向上,所以最低点在 $x$ 轴上,意味着顶点在 $x$ 轴上,即抛物线与 $x$ 轴只有一个交点,

则 $\Delta=0$,即 $4k^2-4(k^2+k-1)=0$,即 $k-1=0$,∴ $k=1$.

**延伸** 若抛物线的顶点落在 $y$ 轴上,则意味着该抛物线的对称轴为 $y$ 轴,即二次函数解析式中的一次项系数 $b=0$.

(3) 抛物线开口向上已知,同时要求满足图像位于 $x$ 轴上方,图像与 $x$ 轴无交点,于

是得 $\Delta<0$,
$\Delta=4k^2-4(k^2+k-1)<0$,
即 $k-1>0$, ∴ $k>1$.

**讲评** 本小题可作如下归纳:
抛物线在 $x$ 轴上方:$a>0,\Delta<0$;抛物线在 $x$ 轴下方:$a<0,\Delta<0$.

**例3** 如图 1-12-2,抛物线 $y=ax^2+bx+c$ 与 $x$ 轴的交点为 $A$、$B$,与 $y$ 轴的交点为 $E$,在 Rt$\triangle ABE$ 中,$\angle AEB=90°,AE=BE$,请完成以下填空.

(1) $b=$ _____;
(2) $ac=$ _____.

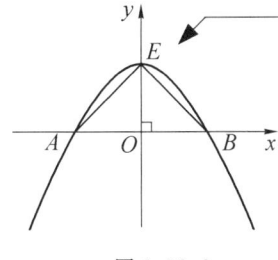

图 1-12-2

注意:已知条件中没有说 $E$ 是顶点.

**分析** 综合应用几何图形的性质特征,利用抛物线的对称性,确定函数系数.

**解** (1) 由 $AE=BE$,$EO\perp AB$,得 $AO=BO$,即 $x_A=-x_B$.

因为 $y_A=y_B=0$,所以点 $A$ 与点 $B$ 关于对称轴对称,其对称轴为直线 $x=\dfrac{x_A+x_B}{2}=0$,即该抛物线对称轴为 $y$ 轴,所以对称轴为直线 $x=-\dfrac{b}{2a}=0$,得 $b=0$.

(2) 由 $b=0$ 可知 $y=ax^2+c$,得 $E(0,c),c>0$.
由直角三角形斜边中线定理可得 $EO=AO=BO=c$,
得 $A(-c,0),B(c,0)$,将点 $A$、$B$ 中任选一点坐标代入解析式,
得 $ac^2+c=0$. ∵ $c\neq 0$, ∴ $ac+1=0$,
得 $ac=-1$.

**讲评** 在本题的求解过程中,借助几何图形性质定理,发现该抛物线有三点 $E(0,c)$、$A(-c,0)$、$B(c,0)$,都可用一个参数 $c$ 表示.巧取点 $A$、$B$ 坐标确定函数式,避免了繁琐的计算.

**例4** 如图 1-12-3 所示,已知抛物线 $y=ax^2+bx+c$ 的图像,其顶点坐标为(2,3),不解方程试判断 $ax^2+bx+c-3=0$ 根的情况.

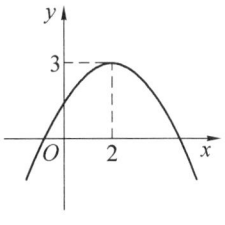

图 1-12-3

**分析** 综合应用函数与方程间的内在特征,将二次函数转化为关于 $x$ 的一元二次方程.再借助数形结合的数学思想,解决问题.

**解** 当 $y=0$ 时,$y=ax^2+bx+c-3$ 转化为方程 $ax^2+bx+c-3=0$.

研究方程 $ax^2+bx+c-3=0$ 根的情况即研究抛物线 $y=ax^2+bx+c-3$ 与 $x$ 轴交点的情况,$y=ax^2+bx+c-3$ 的图像是由已知图像 $y=ax^2+bx+c$ 向下平移 3 个单位得到.由于原抛物线顶点坐标为 $(2,3)$,向下平移 3 个单位后得 $(2,0)$,新顶点恰好落在 $x$ 轴上,即新图像与 $x$ 轴只要一个交点,$\Delta=0$,故该方程有两个相等实根.

**讲评** 从解析式 $y=ax^2+bx+c$ 到 $y=ax^2+bx+c-3$,发现每取一个 $x$ 的值,其对应的 $y$ 值都相应减少 3,即意味着图像存在如上所述的平移关系. $y=ax^2+bx+c-3$ 的图像是由已知图像 $y=ax^2+bx+c$ 向下平移 3 个单位得到.

知识梳理表一:

| 二次函数 | 开口方向 | 对称轴 | 顶点坐标 | 顶点位置 | 函数变化情况 |
|---|---|---|---|---|---|
| $y=ax^2$ | $a>0$ 开口向上 | 直线 $x=0$ 即 $y$ 轴 | $(0,0)$ | $a>0$,最低点, | $a>0$,对称轴左侧下降右侧上升; |
| $y=ax^2+k$ | | | $(0,k)$ | | |
| $y=a(x+m)^2$ | | 直线 $x=-m$ | $(-m,0)$ | | |
| $y=a(x+m)^2+k$ | | 直线 $x=-m$ | $(-m,k)$ | | |
| $y=ax^2+bx+c$ $y=a\left(x+\dfrac{b}{2a}\right)^2+\dfrac{4ac-b^2}{4a}$ | $a<0$ 开口向下 | 直线 $x=-\dfrac{b}{2a}$ | $\left(\dfrac{b}{2a},\dfrac{4ac-b^2}{4a}\right)$ | $a<0$,最高点. | $a<0$,对称轴左侧上升右侧下降. |

知识梳理表二:

| 二次函数 | $y=a(x+m)^2+k$ $\xrightleftharpoons[\text{配方}]{\text{展开}}$ | $y=ax^2+bx+c$ |
|---|---|---|
| 顶点 | $(-m,k)$ | $\left(-\dfrac{b}{2a},\dfrac{4ac-b^2}{4a}\right)$ |
| 顶点在 $x$ 轴上 | $k=0$ | $b^2-4ac=0$ |
| 顶点在 $y$ 轴上 | $m=0$ | $b=0$ |
| 在 $y$ 轴上截距 | $am^2+k$ | $c$ |
| 向左平移 2 个单位,向下平移 3 个单位 | $y=a(x+2+m)^2+k-3$ | $y=a(x+2)^2+b(x+2)+c-3$ |

· · · · · · 练 习 · · · · · ·

1. 已知抛物线 $y=ax^2+bx+c$ 图像如图 1-12-4 所示,对称轴为直线 $x=1$,图像与 $x$、$y$ 轴分别交于点 $B$、$M$.请完成以下填空.

(1) $a$ _____ 0;

(2) $b$ _____ 0;

(3) $c$ _____ 0;

(4) $b^2-4ac$ _____ 0;

(5) $2a+b$ _____ 0;

(6) $a+b+c$ _____ 0;

(7) $a-b+c$ _____ 0;

(8) $4a+2b+c$ _____ 0;

(9) $4a-2b+c$ _____ 0;

(10) $(a+c)^2$ _____ $b^2$;

(11) 若 $OB=OM$,则 $ac+b=$ _____.

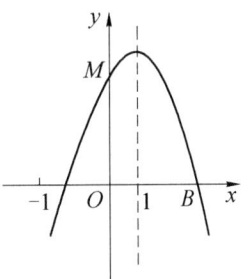

图 1-12-4

2. 二次函数 $y=ax^2+bx+c$ 的图像如图 1-12-5 所示,对称轴为直线 $x=2$,若与 $x$ 轴交点为 $A(6,0)$,则由图像可知,当 $y>0$ 时,试求自变量 $x$ 的取值范围.

3. 二次函数 $y=ax^2+bx+c$ 和 $y=ax+c(a\neq 0)$ 的图像可能是( ).

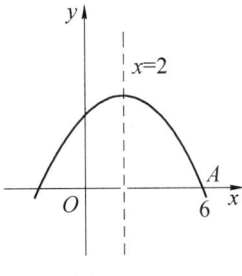

图 1-12-5

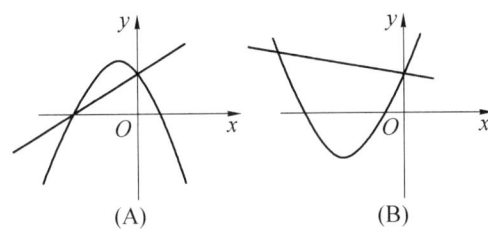

(A)　　　(B)　　　(C)　　　(D)

图 1-12-6

**答　案**

**1.** (1) <　(2) >　(3) >　(4) >　(5) =
(6) >　(7) <　(8) >　(9) <　(10) <　(11) 1
**2.** $-2<x<6$　**3.** C

## 13. 分段函数

在定义域的不同范围里,对应的函数表达式不相同,这就是**分段函数**. 分段函数实际上是超出教材要求的内容,但是由于中考的缘故,需要加以补充. 分段函数的问题,常常分一个分段函数和两个分段函数的问题. 分段函数要研究的主要是两个方面:给出分段函数式,要求画出图像;给出图像写出函数解析式,求函数值,以及获取其他信息.

**例1** 小明早晨从家骑车到学校,先上坡后下坡,若 $x$ 代表所花的时间(分),$y$ 代表行走的路程(百米),则函数表达式为 $y=\begin{cases} 2x, & 0 \leq x \leq 18, \\ 5x-54, & 18 < x \leq 30. \end{cases}$ 请根据函数表达式画出相应的函数图像. 且求第 10 分钟时和第 20 分钟时,小明分别走了多少路程?

**分析** 此函数表达式为一个分段函数,分成两段,并且都是一次函数,根据每一段函数的定义域所相对应的函数解析式画出图像.

**解** 先把整个函数的定义域分成两部分:$[0,18]$ 和 $(18,30]$.

然后在每一段上画函数图像:先在第一段,即 $[0,18]$ 上画直线 $y=2x$(或者画直线 $y=2x$,然后擦去 $0 \leq x \leq 18$ 之外的部分).

在第二段,即 $(18,30]$ 上画直线 $y=5x-54$(或者画直线 $y=5x-54$,然后擦去 $18 < x \leq 30$ 之外的部分). 得图 1-13-1.

由于 $x=10$,落在第一段区域 $[0,18]$ 内,因此利用第一段区域对应的函数式 $y=2x$ 计算其函数值,即
$$y=2 \cdot 10=20(百米).$$

$x=20$,落在第二段区域 $(18,30]$ 内,利用第二段区域对应的函数式 $y=5x-54$ 计算其函数值,即
$$y=5 \cdot 20-54=46(百米).$$

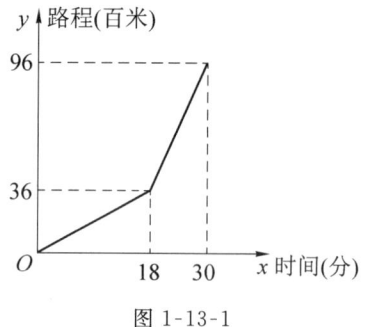

图 1-13-1

**例2** 在全国抗击"非典"期间,某医药研究所刻苦攻关,终于研制出一种治疗非典型肺炎的抗生素. 每毫升血液中含药量 $y$(微克)随时间 $x$(时)的变化如图 1-13-2 所示,当按规定剂量服药后.

求(1) $y$ 与 $x$ 之间的函数关系式;

(2) 当 $x=1$,$x=12$ 时,每毫升血液中含药量;

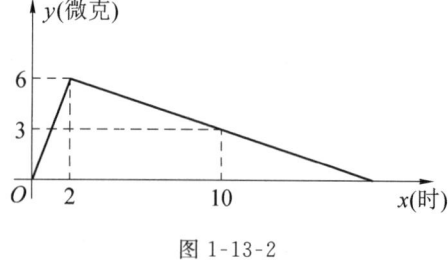

图 1-13-2

---

① 本文执笔:丁国萍(上海市西南位育中学)

(3) 当 $y=4$ 时,对应的时间是什么时刻?

(4) 描述该药使用后的变化情况.

**分析** 从图像可以看出图像是一个分段的函数,分两段,每段都是直线,转折点在 $(2,6)$. 当 $0 \leqslant x \leqslant 2$ 时,函数为正比例函数,只需代入一个点 $(2,6)$ 即可,当 $x \geqslant 2$ 时,函数为一次函数,代入两个点 $(2,6)$、$(10,3)$ 即可.

**解** (1) 设 $x \leqslant 2$ 时,函数解析式为 $y=kx$,

将 $(2,6)$ 代入得 $k=3$.

∴ $0 \leqslant x \leqslant 2$ 时,函数解析式为 $y=3x(0 \leqslant x \leqslant 2)$.

设 $x>2$ 时,函数解析式为 $y=k_1 x+b_1$,

将 $(2,6)$、$(10,3)$ 代入得

$$k_1=-\frac{3}{8}, b_1=6\frac{3}{4}$$

关注转折点!

∴ $x>2$ 时,函数解析式为 $y=-\frac{3}{8}x+6\frac{3}{4}(2<x \leqslant 18)$,

最后得函数式为 $y=\begin{cases} 3x, & 0 \leqslant x \leqslant 2, \\ -\frac{3}{8}x+6\frac{3}{4}, & 2<x \leqslant 18. \end{cases}$

(2) 当 $x=1$ 时,代入 $y=3x$,得 $y=3$;

当 $x=12$ 时,代入 $y=-\frac{3}{8}x+6\frac{3}{4}$,得 $y=\frac{9}{4}$.

求分段函数的函数值,必须弄清,自变量在哪一段里.

(3) 当 $y=4$ 时,得 $x_1=\frac{4}{3}, x_2=\frac{22}{3}$.

(4) 使用该药后,在前两小时里,血液中的含药量均匀迅速上升,在 2 小时时达到峰值 6 微克,之后慢慢均匀下降到

$$y=-\frac{3}{8}x+6\frac{3}{4}=0,$$

解得 $x=18$,

即 18 小时后含药量降为 0.

**讲评** 1. 例1例2属于**单个函数(虽然分成两段)的情形**,例1是给出分段函数式,要求画图像等,例2是给出分段函数图像,求函数式、函数值、并描述变化状况(主要是何时升? 何时降? 何时达到最高点? 何时达到最低点?)的问题.

2. 对于给出函数式,求画图像等的问题,分段函数的图像分段画;分段函数的函数值分段求(找到相应的一段函数式,代入求).

3. 对于给出分段函数的图像,求函数式,并获取信息等的问题,如果分段函数的图像每一段都是直线,那么求该分段函数解析式的步骤是:

第一步:通过转折点得出每一段函数相应的自变量的取值区域,

第二步:通常可利用每一段图像上的两个点,利用待定系数法确定每一段图像的解析式(但如果该段图像不是直线,则应该考虑其他办法);

第三步:综合各段的解析式,将其整合成分段函数的解析式.

从图像中获取信息的方法：

**第一**要观察图像中横纵坐标所代表的含义．

**第二**观察图像中的图像的起点，终点，转折点，分析每段图像的增减性（左下到右上的为增，此时 $k>0$，反之为减．特别是平行横轴的部分的特殊意义——在自变量的相应区间里，函数值不变，此时 $k=0$）．根据起终点、转折点和增减性，就可以描述该分段函数的变化状况，回答升、降、最大、最小等问题．

**例3** 用 $S_1$、$S_2$ 分别表示乌龟（实线）和兔子（虚线）所行的路程，$t$ 为时间．从图1-13-3 你能获取哪些具体信息？下面哪个图形与"龟兔赛跑"的故事情节相吻合？

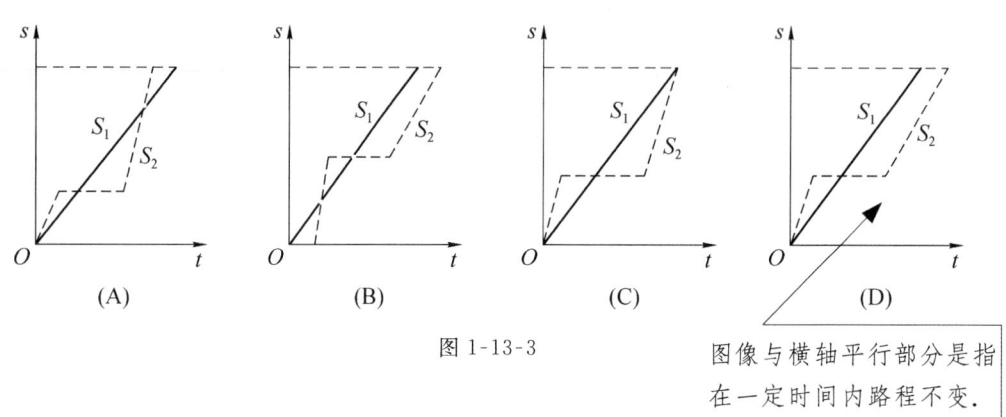

图 1-13-3

图像与横轴平行部分是指在一定时间内路程不变．

**解** 观察图像，$x$ 轴、$y$ 轴分别代表时间和路程．

图像 A，龟行动图线是直线，起点是原点，说明它是均匀前进的．兔子是三段直线构成的折线，第一段说明兔子在匀速的前进，并且速度比乌龟快，第二段时间变化而路程没有增加，说明兔子在睡觉，第三段说明兔子醒过来加快速度前进，速度比第一段的速度快．两线的终点不一致，纵坐标相同，即走的路程相同，实线的对应的 $t$ 大，说明乌龟花了更多的时间到达终点．不符合乌龟和兔子赛跑故事．

图像 B，由于起点不一致，也不符合乌龟和兔子赛跑故事．

图像 C，由于终点一致，说明龟兔同时到达，也不符合乌龟和兔子赛跑故事．

图像 D，起点一致，说明乌龟和兔子都是同时出发，终点不一致，它们的纵坐标相同，即走的路程相同，虚线的对应的 $t$ 大，说明兔子花了更多的时间到达终点，乌龟取得了胜利，因此选 D．

图像交点部分是指乌龟和兔子相遇的点．

**例4** 承上题，(1)观察图像 1-13-4，请描述龟兔行动的变化状况．

(2) 请分别求出乌龟和兔子的路程 $y$ 关于时间 $x$ 的函数解析式．

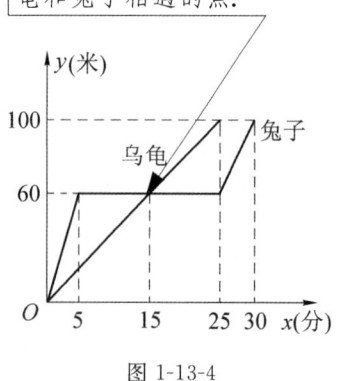

图 1-13-4

(3) 什么时候龟兔相遇?

**解** (1) 从图中可以看出兔子和乌龟同时出发,兔子以 12 米/分的速度前进,乌龟以 4 米/分的速度一直匀速的运动,兔子在出发 5 分钟后开始睡觉,15 分钟时乌龟和兔子相遇,而兔子在睡了 20 分钟后醒来,发现乌龟已经在它前面,兔子以 8 米/分的速度追赶乌龟,最后兔子还是比乌龟晚 5 分钟到达.

(2) 乌龟:$y=4x$;

兔子:$y=\begin{cases}12x, & 0\leqslant x<5, \\ 60, & 5\leqslant x<25, \\ 8x-140, & 25\leqslant x\leqslant 30.\end{cases}$

(3) 从图像看,相交处应在兔子图像的中段,所以应用兔子图像的中段的解析式 $y=60$ 和乌龟的运动解析式联立:

$$\begin{cases}y=4x, \\ y=60,\end{cases}$$

解得 $x=15$,所以 15 分钟后龟兔相遇.

> **讲评** 这两题是在同一坐标系里研究**两个分段函数的情形**.除了前面所讲到的关注每个图像的起点、终点、转折点,关注每个图像的升、降、最大、最小外,还要关注两函数图像的交点和在每段范围里两图像的上下位置关系.在交汇处,两函数值相等,在某段里,图像在上面的,函数值大于在下面的.

**例 5** 如图 1-13-5①,在矩形 $ABCD$ 中,$AB=6$cm,动点 $P$ 从 $B$ 出发,沿路径 $B\to C\to D\to A$ 移动.先以 2cm/s 的速度由 $B\to C\to D$ 移动,接着自 $D\to A$ 的移动速度变为 1cm/s,设相应的 $\triangle ABP$ 的面积为 $S$,$S$ 关于时间 $t$(单位:秒)的部分函数图像如图 1-13-5②所示.

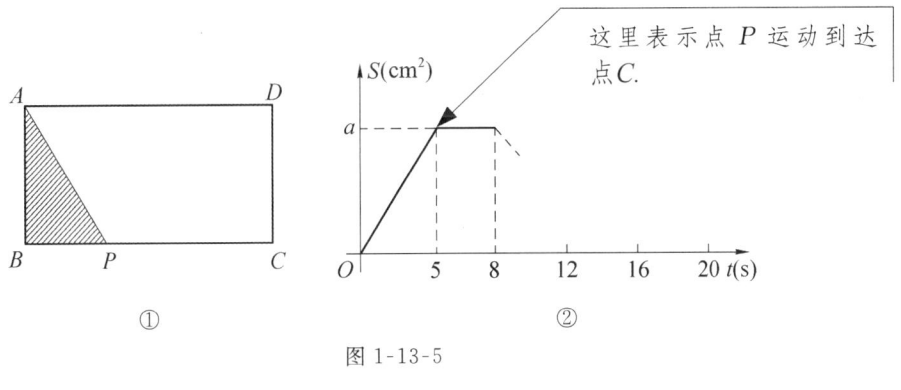

图 1-13-5

请回答问题:

(1) $BC$ 的长是_____;

(2) $a$ 的值是_____;

(3) 补全 $P$ 自 $D\to A$ 时,相应的 $S$ 关于时间 $t$ 的函数图像;

(4) 写出 3 段的相应函数关系式.

**分析** 这不是单纯从分段函数图像获取信息的问题,也不是单纯的从实际问题构造函数的问题.本题的点 $P$ 运动过程告诉了我们一些信息,不完整的函数图像也提供了一些信息,需要两者结合起来分析.

图①分析出点 $P$ 从 $B \to C$ 的过程中三角形的面积在逐渐增大,当 $P$ 到点 $C$ 时,面积最大,当 $P$ 从 $C \to D$ 时,面积保持不变,始终是长方形面积的一边,当 $P$ 从 $D \to A$ 时,面积逐渐减少.

**解** (1) 图②可以看出,5 秒后面积达到最大,即 $P$ 从 $B$ 到花了 5 秒,由于速度是 2cm/s,所以 $BC=10$.

(2) 由于最大值为 $a$,此时点 $P$ 运动到点 $C$ 处.于是 $S_{\triangle ABC}=a$,因为 $AB=6, BC=10$,所以 $a=30$.

(3) 当 $P$ 点从 $D \to A$ 时,$DP=t-8, AP=18-t$,

$$S_{\triangle ABP} = \frac{1}{2}AB \cdot AP = \frac{1}{2} \times 6(18-t),$$

得 $S=-3t+54$.

(4) $S=\begin{cases} 6t, & 0<t\leq 5, \\ 30, & 5<t\leq 8, \\ -3x+54, & 8<t\leq 18. \end{cases}$

·········· 练 习 ··········

1. 图 1-13-6 为某油箱中存油 $Q$(升)与放油时间 $t$(分)的函数图像,试根据图像回答下列问题:

(1) 放油前,油箱中存油_____升;

(2) 放油 20 分钟后,油箱中剩油_____升;

(3) 那 10 分钟后,油箱中剩油_____升.

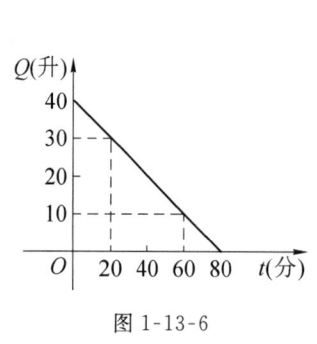

图 1-13-6

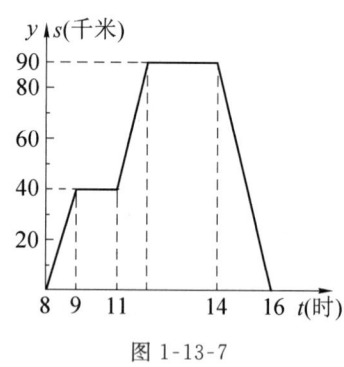

图 1-13-7

2. 图 1-13-7 表示某学校秋游活动时,学生乘坐旅游车所行走的路程与时间的关系的示意图,请根据示意图回答下列问题:

(1) 学生何时下车参观第一风景区?

(2) 11:00时,该车离开学校有多远?

(3) 学生何时返回学校?返回学校时车的平均速度是多少?

3. 2008年5月,第六届长江三峡国际龙舟拉力赛揭开帷幕.上午9时参赛龙舟同时出发.其中甲、乙两队在比赛时,路程y(千米)与时间x(时)的函数关系如图1-13-8所示.甲队在上午11时30分到达终点.

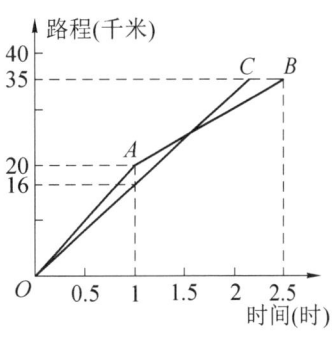

图1-13-8

(1) _____先到达终点,时间相差_____小时;

(2) 比赛中_____的速度始终保持不变,为_____千米/时;

(3) 比赛行程总长为_____千米;1小时后两者距离_____千米;

(4) 求出甲乙两队的函数解析式.

## 答 案

1. (1) 40 (2) 30 (3) 35  2. (1) 9时 (2) 40千米 (3) 14时返回,速度45千米/时

3. (1) 乙队 $\frac{5}{16}$ (2) 乙队 16 (3) 35 4 (4) 甲队:
$y=\begin{cases}20x, & 0\leqslant x\leqslant 1,\\ 10x+10, & 1<x\leqslant 2.5;\end{cases}$ 乙队:$y=16x,0\leqslant x\leqslant\frac{35}{16}$

## 14. 数学方法：待定系数法[①]

关于待定系数法，学生大多能记住一设、二代、三解、四回代……这样的步骤，对原理等认识其实比较模糊．本文谈了待定系数法的应用，也讨论了原理．

**例1** 已知反比例函数的图像经过点$(2,3)$，求该函数解析式；

**解** 设反比例函数是$y=\dfrac{k}{x}$，由双曲线$y=\dfrac{k}{x}$经过点$(2,3)$，得

$$\dfrac{k}{2}=3,$$

> 已知函数式，求$x$等于某数时的函数值，是很容易的．这里遇到的问题是相反的：知道了$x$等于某数时的函数值，求函数式．
>
> **猜猜**：假如这个函数是$y=\dfrac{2}{x}$行吗？不对！$y=\dfrac{3}{x}$呢？也不对……
>
> **想一想**：当初学习方程时是不是也遇到过这样的情况？那时我们把未知的数设为一个字母，让它参与运算．现在我们可以设比例系数为$k$（未知的），即设函数式为$y=\dfrac{k}{x}$．因此，**待定系数法的本质是方程思想**．

解得$k=6$，

则反比例函数解析式为$y=\dfrac{6}{x}$．

**例2** 试求一个关于$x$的二次函数，使得当$x$分别取值$0$、$1$、$-1$时，这个二次函数的值分别为$1$、$0$、$6$，求该函数式．

**解** 设所求二次函数为$y=ax^2+bx+c$（其中$a$、$b$、$c$为非零常数），

由已知得$\begin{cases}c=1,\\a+b+c=0,\\a-b+c=6,\end{cases}$

解得$\begin{cases}a=2,\\b=-3,\\c=1,\end{cases}$

则所求二次函数为$y=2x^2-3x+1$．

**例3** 已知二次函数$y=x^2+bx+c$的图像对称轴为直线$x=1$，且抛物线经过点$(2,3)$，求该抛物线的解析式．

---

[①] 本文执笔：杨莹玮（上海市西南位育中学）

**解** 可设抛物线解析式为 $y=(x-1)^2+k$,

由题意得 $(2-1)^2+k=3$,解得 $k=2$.

则抛物线解析式为 $y=(x-1)^2+2$.

> 由于已知条件中给定抛物线的对称轴,所以改设二次函数的顶点式更加合适.

**例 4** 若 $x^2-5x+3=(x-2)^2+m(x-2)+n$,求 $m$、$n$ 的值.

**分析** 已知等式是关于 $x$ 的恒等式,即对于任意实数 $x$,等式成立.由于其中有两个待定系数,所以需要取两个 $x$ 的值,得到关于 $m$、$n$ 的两个方程,为减少计算量,可以选取合适的 $x$ 的值代入,比如取 $x=2,x=0$.

**解** 当 $x=2$ 时,得 $n=-3$;

当 $x=0$ 时,得 $4-2m+n=3$,即 $4-2m-3=3$,解得 $m=-1$.

**例 5** 分解因式:$a^2(b+c)+b^2(c+a)+c^2(a+b)-(a^3+b^3+c^3)-2abc$.

**分析** 该整式是对称式,即把代数式中任意两个字母对换后,代数式保持不变.

**解** 当 $a=b+c$ 时,

原式 $=(b+c)^3+b^2(2c+b)+c^2(2b+c)-[(b+c)^3+b^3+c^3]-2(b+c)bc$

$=(b+c)^3+2b^2c+b^3+2bc^2+c^3-(b+c)^3-b^3-c^3-2b^2c-2bc^2$

$=0$,

所以原式有因式 $b+c-a$.

由对称式特点可得,原式还有因式 $c+a-b$、$a+b-c$.

于是可设 $a^2(b+c)+b^2(c+a)+c^2(a+b)-(a^3+b^3+c^3)-2abc$

$=k(a+b-c)(b+c-a)(c+a-b)$.

> 原式是 3 次的,$(b+c-a)(c+a-b)(a+b-c)$ 已经是 3 次了,因此分解式不可能再含有字母的因式,但是可能含有常数因子,于是有了这里的 $k$.

其中 $k$ 为待定常数,由于上式为恒等式,可令 $a=b=0,c=1$,得 $k=1$,

原式 $=(a+b-c)(b+c-a)(c+a-b)$.

---

**讲评** 1. 求待定系数的方法——以函数意义为基础的方法.

给出一个等式 $g(a,x)=f(a,x)$,其两端可看作两个不同的(含参数 $a$)函数,既然两个函数相等,当然 $x$ 等于某数(譬如为 1)时的函数值也应该相等.于是将 $x$ 数值代入两端,得到的结果也应该是相等的,即 $g(a,1)=f(a,1)$.于是可以求出参数 $a$ 的值.参见例 4、例 5.

在初中阶段,较多的是给出的等式是 $y=f(a,x)$ 的形式(左端是一个 $y$),并给出它的图像经过点 $(x_0,y_0)$,于是将 $x_0$ 代入右端,$y_0$ 代入左端,形式虽不同,其本质是同样的.参见例 1、例 2、例 3.

方法的要领是代入.

具体操作方法有四步:

(1) 一设:设函数式(含字母系数).这一步十分关键,待定系数法只能用于函数

形式确定(譬如是一次函数、二次函数、反比例函数等)的情况.

（2）二代：将已知的或选择合适的数对$(x_0,y_0)$代入上述式子.上述式子中未知数$x$、$y$消失，只剩字母系数了.

（3）三解：求出字母系数.

（4）四回代：将求出的字母系数回代到原式，则函数确定(只有数字系数了).

2.待定系数法的本质是方程思想，即把原先不清楚的字母系数当作未知数求解.

**例 4**（另解）若$x^2-5x+3=(x-2)^2+m(x-2)+n$，求$m$、$n$的值.

**解** 由已知得$x^2-5x+3=x^2+(m-4)x+(4-2m+n)$，比较各项系数，得

则 $\begin{cases} m-4=-5, \\ 4-2m+n=3, \end{cases}$

解得 $\begin{cases} m=-1, \\ n=-3. \end{cases}$

← 由于已知恒等式是关于字母$x$的恒等式，所以对于等式右边关于字母$x$进行合并同类项.

**例 6** 已知$a^3-a^2-16a+m$有因式$(a-4)$，求$m$的值.

**解** 设经过因式分解后得等式$a^3-a^2-16a+m=(a-4)(a^2+ka+n)$，则$a^3-a^2-16a+m=a^3+(k-4)a^2+(n-4k)a-4n$.

比较各项系数,

可得 $\begin{cases} k-4=-1, \\ n-4k=-16, \\ -4n=m, \end{cases}$ 解得 $\begin{cases} k=3, \\ n=-4, \\ m=16. \end{cases}$

**例 7** 若$\dfrac{2x-3}{x^2+x}=\dfrac{A}{x+1}+\dfrac{B}{x}$是恒等式，求常数$A$、$B$的值.

**解** 由已知得$\dfrac{2x-3}{x^2+x}=\dfrac{Ax+Bx+B}{x^2+x}$，即$\dfrac{2x-3}{x^2+x}=\dfrac{(A+B)x+B}{x^2+x}$，

则 $\begin{cases} A+B=2, \\ B=-3, \end{cases}$ 解得 $\begin{cases} A=5, \\ B=-3. \end{cases}$

**链接** 用这个方法可以将一个分式拆成两个分式的和差，这个理论叫做"**部分分式**"，在微积分中颇有用.

**例 8** 若对于$k$的任何值$k^2a+2(k-1)b+(2-k-k^2)c=1$恒成立，求$a$、$b$、$c$的值.

**解** 由已知得$(a-c)k^2+(2b-c)k+(-2b+2c)=1$.

← 把已知等式看成关于$k$的恒等式(以$k$为主元)，并且关于$k$合并同类项，从而由系数相等列出方程组，解出待定系数.

则 $\begin{cases} a-c=0, \\ 2b-c=0, \\ -2b+2c=1, \end{cases}$

解得 $\begin{cases} a=1, \\ b=\dfrac{1}{2}, \\ c=1. \end{cases}$

**例9** 若函数 $y=(2-k)x+3k$ 图像无论 $k$ 取何值经过一个定点,求该定点坐标.

**解** 由已知得 $y=(-x+3)k+2x$,

则 $\begin{cases} -x+3=0, \\ y=2x, \end{cases}$

解得 $\begin{cases} x=3, \\ y=6, \end{cases}$

则定点的坐标为 $(3,6)$.

> 可以把函数解析式看成关于 $k$ 的恒等式:$0 \times k+y=(-x+3)k+2x$,把 $x$、$y$ 看成待定系数,由恒等理论求出 $x$、$y$ 的值,即得到所求定点的横、纵坐标.

---

**讲评** 求待定系数的方法二——以多项式理论为基础的方法.

如果两个多项式相等,即

$a_n x^n + a_{n-1} x^{n-1} + \cdots + a_1 x + a_0 = b_n x^n + b_{n-1} x^{n-1} + \cdots + b_1 x + b_0$,

则 $a_n=b_n, a_{n-1}=b_{n-1}, \cdots, a_1=b_1, a_0=b_0$.

方法的要领是比较系数.

具体操作的步骤为:

(1) 根据题意得到两个多项式相等(其中含有参数,如 $a$);

(2) 将两多项式各自降幂排列;

(3) 对应项的系数相等,由此得到一组只含参数的等式;

(4) 解这组等式,求得参数的值;

(5) 根据题意作答.

---

·········  练  习  ·········

1. 已知关于 $x$、$y$ 的二次整式 $x^2-2xy+my^2+3x-5y+2$ 可以分解为两个一次因式的乘积,求 $m$ 的值.

2. 分解因式:$(x-y)^3+(y-z)^3+(z-x)^3$.

3. 当 $a$ 取何值时,关于 $x$ 方程 $\dfrac{x-1}{x-2}+\dfrac{2-x}{x+1}=\dfrac{2x+a}{x^2-x-2}$ 的解是负数?

·········  答  案  ·········

**1.** $m=-3$   **2.** 原式 $=3(x-y)(y-z)(z-x)$   **3.** $a<-5$ 且 $a \neq -7$

# 二、几 何

## 1. 上游命题系统：怎样证明两直线垂直[①]

**主编的话：**

怎样证明两直线垂直，就是要找到能够推出两直线垂直的定理，笔者把它们叫做证明两直线垂直的"**上游命题**"．要让学生建立一个证明两直线垂直的"**上游命题库**"．每学一条能够证明两直线垂直的新的定理，就要学生将这个定理补充到这个"库"里去，这样，这个库渐渐得以充实．而且在证明关于两线垂直的某题时，有时不要急于着手证明，可以让学生先回忆"证明两直线垂直有多少种方法？"然后挑出适当的定理和方法进行证明．不但证明垂直如此，证明平行、两线段相等、两角相等、…都应该指导学生逐步建立相应的上游命题库．

证明两条直线垂直的方法并不丰富，但是方法的研究分散在初中三年的学习中，所以学生遇到此类问题常觉得无从下手，本文将这些方法进行了梳理．

 **例1** 如图 2-1-1，已知梯形 $ABCD$ 中，$AD//BC$，$AB=AD$，$\angle BAD$ 的平分线 $AE$ 交 $BC$ 于点 $E$，联结 $DE$．

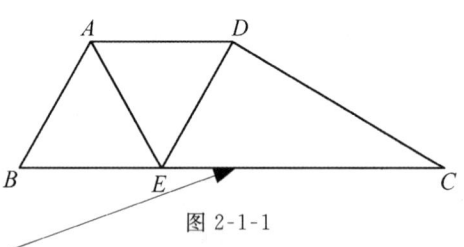

$AD//BC$，$AE$ 平分 $\angle BAD$，"角平分线＋平行"，这是个基本图形，必定存在等腰三角形（$\triangle ABE$），从而证得平行四边形．

图 2-1-1

---

[①] 本文执笔：梁珍（上海市梅园中学）

(1) 证明:四边形 $ABED$ 是菱形;

(2) $\angle ABC=60°$, $EC=2BE$, 求证: $ED\perp DC$.

**分析** (1) 由平行线与角平分线同时存在易证 $AB=BE$, 再结合 $AB=AD$, 可推出 $AD=BE$, 又因为 $AD/\!/BE$, 所以可得平行四边形, 进一步得到菱形.

(2) 分析已知条件只能提供一个特殊角和一组边的 2 倍关系, 如何利用这些条件来证明垂直呢?

**证明** (1) 略.

(2) 方法一:

在菱形 $ABED$ 中, $DE=BE$,

又 $\because EC=2BE$, $\therefore EC=2DE$.

$\because AB/\!/DE$, $\angle B=60°$, $\therefore \angle 2=\angle B=60°$.

如图 2-1-2, 取线段 $EC$ 中点 $H$, 联结 $DH$.

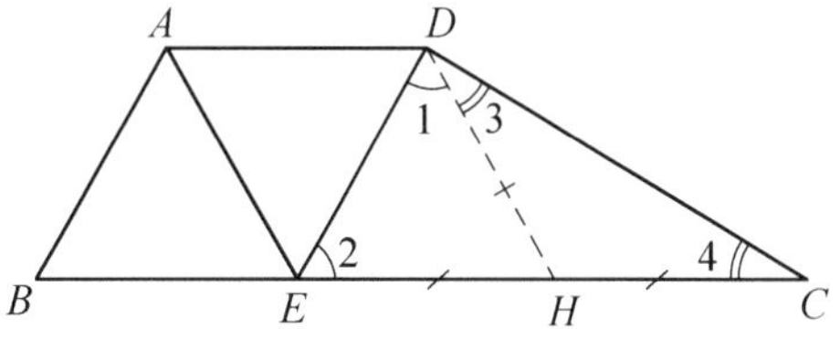

$\therefore EC=2EH=2HC$,

$\therefore DE=EH=HC$.

在 $\triangle EDH$ 中,

$\because DE=EH$, $\angle 2=60°$,

$\therefore DH=EH=DE$,

$\therefore DH=EH=HC$,

$\therefore \angle 1=\angle 2$, $\angle 3=\angle 4$.

$\because \angle 1+\angle 2+\angle 3+\angle 4=180°$,

$\therefore 2\angle 1+2\angle 3=180°$,

$\therefore \angle 1+\angle 3=90°$,

即 $\angle EDC=90°$,

$\therefore ED\perp DC$.

图 2-1-2

这是利用"直角三角形斜边中线等于斜边一半"的逆命题的正确性来证明 $90°$, 从而得到垂直.

方法二:

如图 2-1-3, 过点 $A$ 作 $AH\perp BC$, 垂足为 $H$.

在菱形 $ABED$ 中, $AB/\!/DE$,

$\therefore \angle DEC=\angle B=60°$,

$\because DE=BE$, $EC=2BE$,

$\therefore EC=2ED$.

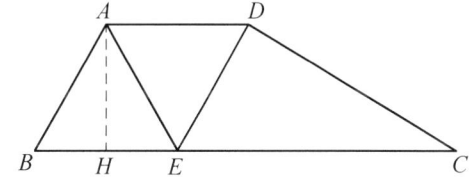

图 2-1-3

在 $\triangle ABH$ 中 $\because \angle AHB=90°$, $\angle ABH=60°$,

$\therefore \angle BAH=30°$,

$\therefore BH=\dfrac{1}{2}AB$,

$\therefore \dfrac{BH}{AB}=\dfrac{DE}{EC}=\dfrac{1}{2}$.

又 $\because \angle ABE=\angle DEC=60°$,

$\therefore \triangle ABH\backsim\triangle CED$,

∴ ∠EDC=∠BHA=90°,

∴ ED⊥DC.

> 利用相似得到对应角相等,从而待证的∠EDC 等于已知的直角∠AHB.

**方法三:**

如图 2-1-4,过点 D 作 DH⊥EC,垂足为 H.

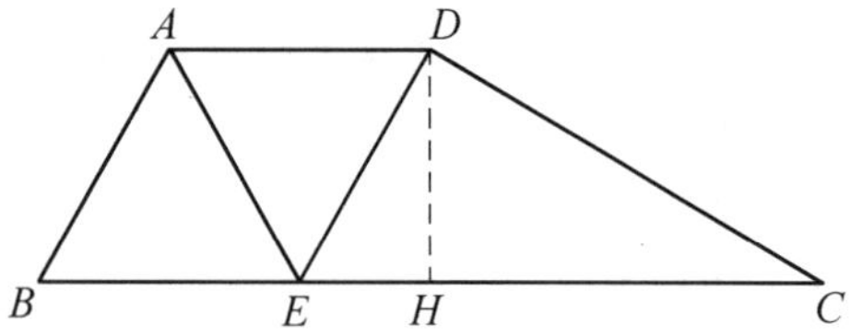

在 Rt△DEH 中,

∵ ∠DHE=90°,∠DEC=60°,

∴ ∠EDH=30°,$EH=\frac{1}{2}DE$,$DH=\frac{\sqrt{3}}{2}DE$,

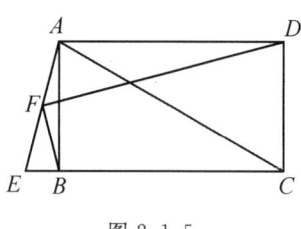

图 2-1-4

∴ $HC=EC-EH=2DE-\frac{1}{2}DE=\frac{3}{2}DE$.

在 Rt△DHC 中,

$$\tan\angle HDC=\frac{HC}{DH}=\frac{\frac{3}{2}DE}{\frac{\sqrt{3}}{2}DE}=\sqrt{3}.$$

∴ ∠HDC=60°,

∴ ∠EDC=30°+60°=90°,

∴ ED⊥DC.

> 利用锐角三角比的值求角度,这也是利用垂直的定义证明.

注:本题也可用勾股逆定理或者倍长 ED,用"三线合一"证明.请读者自行证明.

**例2** 如图 2-1-5,延长矩形 ABCD 的边 CB 到点 E,使 CE=CA,点 F 是 AE 的中点.求证:BF⊥FD.

**分析** 分析条件,矩形能提供平行和直角,条件 CE=CA 提供了等腰三角形,点 F 恰好是底边中点,这些条件怎样组合证明 BF⊥FD 呢?

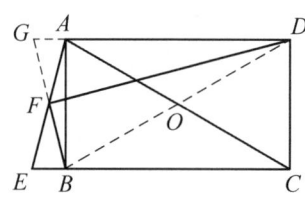

图 2-1-5

**证明** 方法一:如图 2-1-6,延长 BF、DA 交于点 G,联结 BD,交 AC 于点 O.

∵ 四边形 ABCD 为矩形,

∴ AD∥BC,AC=BD,AD=BC,

∴ $\frac{AG}{EB}=\frac{GF}{BF}=\frac{AF}{EF}$.

∵ 点 F 是 AE 的中点,

∴ AG=EB,GF=BF, ∴ DG=CE.

∵ CE=CA,CA=BD, ∴ DG=DB.

又∵ GF=BF, ∴ BF⊥FD.

图 2-1-6

> 这是利用等腰三角形"三线合一"证垂直.

方法二:联结 BD、FO.

∵ 四边形 ABCD 为矩形,

∴ AC=BD,AO=CO.

又∵ $AF=FE$，∴ $FO=\frac{1}{2}CE$.

∵ $CE=CA=BD$，∴ $FO=\frac{1}{2}BD$.

（后续证明与例1类似，可以利用"直角三角形斜边中线等于斜边一半"的逆定理，请读者试试看）

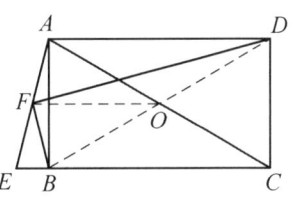

图 2-1-7

方法三：如图 2-1-8，联结 $FC$.

∵ 四边形 $ABCD$ 为矩形，

∴ $\angle ABE = \angle ABC = \angle BAD = 90°$.

∵ 点 $F$ 是 $AE$ 的中点，

∴ $BF=AF$，∴ $\angle FAB=\angle FBA$，

∴ $\angle FAD=\angle FBC$.

∵ 四边形 $ABCD$ 为矩形，

∴ $AD=BC$，

∴ $\triangle AFD \cong \triangle BFC$，∴ $\angle 1 = \angle 3$.

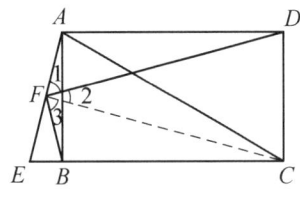

图 2-1-8

又∵ $CE=CA$，点 $F$ 是 $AE$ 的中点，

∴ $CF \perp AE$，∴ $\angle 1 + \angle 2 = 90°$，

∴ $\angle 3 + \angle 2 = 90°$，∴ $BF \perp FD$.

**例3** 如图 2-1-9，$O$ 是正方形 $ABCD$ 的中心，分别延长 $OA$、$OD$ 到点 $F$、点 $E$，使 $OF=2OA$，$OE=2OD$，将 $\triangle FOE$ 绕点 $O$ 逆时针旋转 $30°$ 得到 $\triangle F'OE'$.

求证：$OA \perp AE'$.

**证明** 方法一：如图 2-1-10，过点 $A$ 作 $AH \perp OE'$，垂足为 $H$.

∵ 四边形 $ABCD$ 为正方形，

∴ $\angle AOD = 90°$，$OA = OD$.

∵ $\angle E'OD = 30°$，∴ $\angle AOE' = 60°$，

∴ $\angle HAO = 30°$，

∴ $OH = \frac{1}{2}OA$，$AH = \frac{\sqrt{3}}{2}OA$.

∵ $OE' = 2OD = 2OA$，∴ $E'H = \frac{3}{2}OA$，

∴ $AE' = \sqrt{AH^2 + E'H^2} = \sqrt{3}OA$，

∴ $E'O^2 = OA^2 + E'A^2$，

∴ $\angle E'AO = 90°$，∴ $OA \perp AE'$.

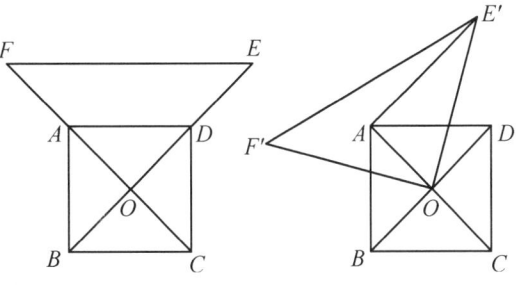

图 2-1-9

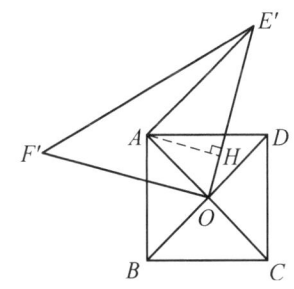

图 2-1-10

← 这是垂直的定义证明.

← 这里用了勾股定理的逆定理证垂直.

方法二：如图 2-1-11，过点 $E'$ 作 $E'N$ 垂直于 $OD$ 的延长线，垂足为 $N$.

∵ 四边形 $ABCD$ 是正方形，

∴ $OA=OD$    $OA \perp OD$.

∵ ∠E′OD = 30°,
∴ OE′ = 2E′N.
又∵ OE′ = 2OA,
∴ OA = E′N.
∵ OA∥E′N,
∴ 四边形 AONE′ 是平行四边形,
∴ 四边形 AONE′ 是矩形,
∴ ∠E′AO = 90°, ∴ OA⊥AE′.

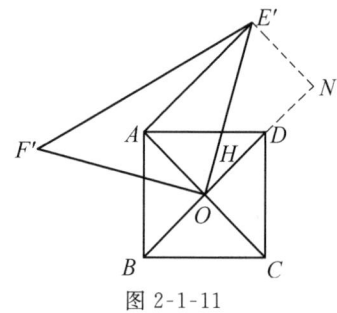

图 2-1-11

这是用矩形性质证明 90°,从而用定义证明垂直.

**讲评** 初中数学学习阶段,证明两直线垂直常常可以从两个角度着手:从角或从边.

**1. 从角关系入手**,就是利用垂直定义(如果两条直线的夹角为直角,那么就说这两条直线互相垂直)证明.具体的定理和方法有:

(1) 三角形中,两个内角之和等于 90 度,那么另一个内角是直角.

(2) 两角互补,其中一个角是直角,则另一个角也是直角.

(3) 互为邻补角的两个角的角平分线互相垂直.

(4) 平行线的同旁内角的角平分线互相垂直.

(5) 利用全等或相似,证明待证的角与图形中已知的直角相等.

(6) 利用其他证明角相等的方法,证明待证的角与图形中已知的直角相等.

**2. 利用边关系**证明垂直的具体定理和方法有:

(1) 等腰三角形的顶角角平分线、底边中线、底边上的高互相重合,即证明某直线是等腰三角形的顶角平分线(或底边上的中线),则该直线垂直于底边.

(2) 勾股定理的逆定理.

(3) "直角三角形斜边中线等于斜边的一半"的逆命题.(注:这条定理的逆命题在教材中虽然没有作为一条定理,但是是正确的,在证明垂直时也常常用到.)

(4) 矩形的四个角都是直角.

(5) 菱形的对角线互相垂直.

这些定理,组成了**证明垂直的"上游命题"系统**.可汇总成下图:

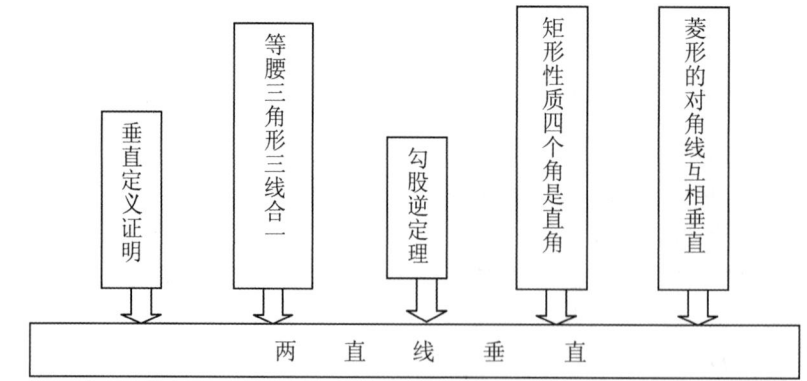

**例 4** 如图 2-1-12,已知 $\angle ABC=90°$,$AD\parallel BC$,点 $P$ 为线段 $BD$ 上的动点,点 $Q$ 在射线 $AB$ 上,且满足 $\dfrac{PQ}{PC}=\dfrac{AD}{AB}$. 当 $AD<AB$,且点 $Q$ 在线段 $AB$ 的延长线上时,求 $\angle QPC$ 的大小.

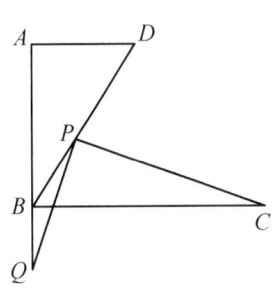

图 2-1-12

**分析** 可以猜想到 $\angle QPC=90°$,但是题目给出的条件都无法发展,所以想到添加辅助线.

**证明** 方法一:如图 2-1-13,过点 $P$ 分别作 $PF\perp BC$,$PE\perp AB$,垂足为 $F$、$E$.

∵ $AD\parallel BC$,$\angle ABC=90°$,
∴ $\angle DAB=90°$,
∴ $PE\parallel AD$,
∴ $\dfrac{PE}{EB}=\dfrac{AD}{AB}$.
∵ $\dfrac{PQ}{PC}=\dfrac{AD}{AB}$,
∴ $\dfrac{PE}{EB}=\dfrac{PQ}{PC}$,
∴ $\dfrac{PE}{PF}=\dfrac{PQ}{PC}$,
∴ $\text{Rt}\triangle PFC\sim\text{Rt}\triangle PEQ$,
∴ $\angle FPC=\angle QPE$,
∴ $\angle QPC=\angle QPF+\angle FPC=\angle Q+\angle EPQ=90°$.

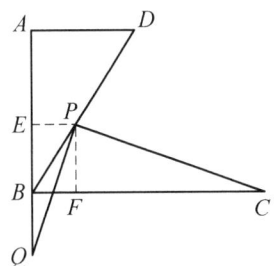

图 2-1-13

> 这里通过证相似得到角的相等关系,从而证明 90°,是用定义证垂直.这是从角的方面去考虑.

方法二:

如图 2-1-14,过点 $P$ 作 $PE\perp AB$,垂足为 $E$,过点 $C$ 作 $CF\perp EP$,交 $EP$ 延长线于点 $F$.

∵ $AD\parallel BC$,$\angle ABC=90°$,
∴ $\angle DAB=90°$,
∴ $PE\parallel AD$,
∴ $\dfrac{PE}{EB}=\dfrac{AD}{AB}$.
∵ $\dfrac{PQ}{PC}=\dfrac{AD}{AB}$,
∴ $\dfrac{PE}{EB}=\dfrac{PQ}{PC}$,
∴ $\dfrac{PE}{CF}=\dfrac{PQ}{PC}$,
∴ $\text{Rt}\triangle PFC\sim\text{Rt}\triangle QEP$,
∴ $\angle EPQ=\angle FCP$.
∵ $\angle EPC=\angle F+\angle PCF$,
∴ $\angle EPQ+\angle QPC=\angle F+\angle FCP$,
∴ $\angle QPC=\angle F=90°$.

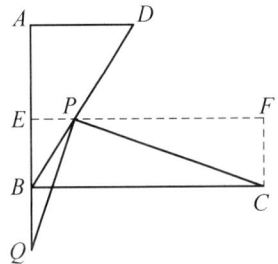

图 2-1-14

> 由图可知,方法二相当于将方法一中的 $\triangle PFC$ 旋转 180° 得到的,所以证明相似部分的推理过程类似.

> 这里用三等角基本图形证等角关系,即两个角的和相等,其中一个角相等,则另一个角也相等.这是方法一与方法二的不同之处.

**方法三:** 如图 2-1-15,过点 P 作 $PG \perp BD$ 于点 P.

∵ $AD \parallel BC$, ∴ $\angle D = \angle DBC$,

∴ $Rt\triangle DAB \backsim Rt\triangle BPG$,

∴ $\dfrac{PB}{PG} = \dfrac{AD}{AB}$, $\angle ABD = \angle PGB$.

∵ $\dfrac{PQ}{PC} = \dfrac{AD}{AB}$, ∴ $\dfrac{PB}{PG} = \dfrac{PQ}{PC}$.

∵ $\angle ABD = \angle PGB$,

∴ $\angle PBQ = \angle PGC$ 且为钝角,

∴ $\triangle PBQ \backsim \triangle PGC$,

∴ $\angle BPQ = \angle GPC$,

∴ $\angle QPC = \angle QPG + \angle GPC = \angle QPG + \angle BPQ = 90°$.

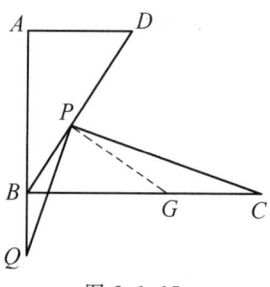

图 2-1-15

> 在两个钝角三角形中,两个钝角相等,这个钝角所对的边和相邻的一边分别对应成比例,那么两个三角形也相似.

**讲评** 这三种方法都是利用相似,将待证的角或者它的一部分与图形中的已知的直角建立联系.证明的方法类似.在证明垂直或者证 90°的题目中,利用角的关系是常用的方法.

**拓展** 在方法三中,钝角三角形相似也可以为我们提供 $\angle Q = \angle C$,可以推出 B、Q、C、P 四点共圆,从而得到 $\angle QPC = \angle QBC = 90°$.请自行证明.

········ **练　习** ········

1. 在正方形 ABCD 的边 AB 上任取一点 E. 作 $EF \perp AB$ 交 BD 于点 F,取 FD 的中点 G,联结 EG、CG,如图 2-1-16,易证 $EG = CG$ 且 $EG \perp CG$.

（1）将 $\triangle BEF$ 绕点 B 逆时针旋转 90°,如图 2-1-17,则线段 EG 和 CG 有怎样的位置关系?

（2）将 $\triangle BEF$ 绕点 B 逆时针旋转 180°,如图 2-1-18,则线段 EG 和 CG 有怎样的位置关系?

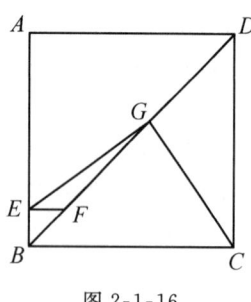

图 2-1-16

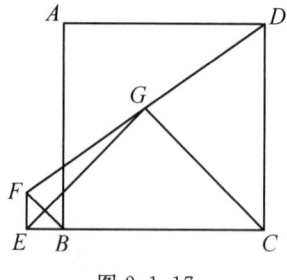

图 2-1-17

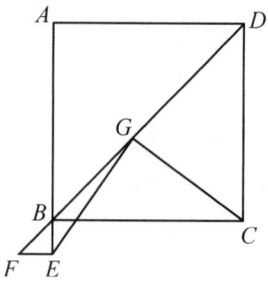

图 2-1-18

2. 把两个大小不同的等腰直角三角板按照一定的规则放置（如图 2-1-19）："在同一平面内将直角顶点叠合".

(1) 图 2-1-20 是一种放置位置及由它抽象出的几何图形,点 $E$、$C$、$D$ 在同一条直线上,联结 $EC$.请说明 $BD$、$CE$ 的位置关系.

(2) 旋转 $\triangle ADE$,如图 2-1-21,当 $E$、$C$、$D$ 不在一直线上时,$BD$、$CE$ 还存在以上的位置关系吗？

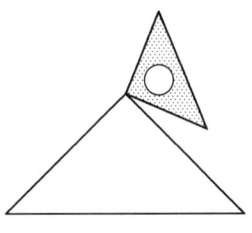

图 2-1-19

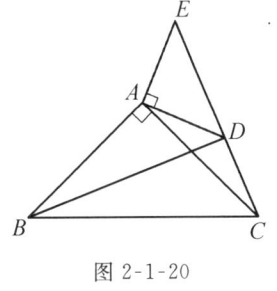

图 2-1-20

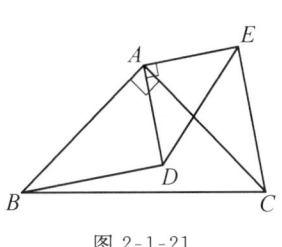

图 2-1-21

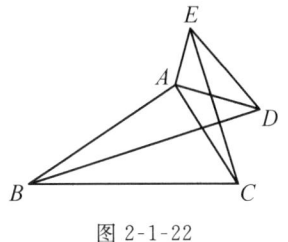

图 2-1-22

(3) 如图 2-1-22,当两个直角三角形满足 $AD:AB=AE:AC$,$\angle BAC=\angle DAE=90°$ 时,$BD$、$CE$ 还存在以上的位置关系吗？

## 答 案

**1.** 提示：(1) 由点 $G$ 是中点,同时是待证垂直关系的垂足,想到用等腰三角形三线合一证明.延长 $EG$ 与 $CD$ 的延长线交于点 $M$.证 $\triangle FEG \cong \triangle DMG$. (2) 过点 $G$ 作 $GM \perp AB$,垂足为点 $M$,过点 $G$ 作 $GN \perp BC$,垂足为点 $N$.证 $\triangle GME \cong \triangle GNC$. **2.** (1) 略 (2) 延长 $BD$ 交 $CE$ 于点 $H$,易得 $\triangle ABD \cong \triangle ACE$,得到 $\angle ABD = \angle ACE$,从而得到 $\angle ABD + \angle DBC + \angle ACB = \angle ACE + \angle DBC + \angle ACB = 90°$,所以 $\angle BHC = 90°$ (3) 设 $BD$ 与 $CE$ 交点为 $H$,易得 $\triangle ABD \sim \triangle ACE$,以下与(2)类似,略

## 2. 上游命题系统:怎样证明两直线平行[①]

证明两条直线平行,此类题目难度并不大,同证明垂直一样,由于证明的方法分散,所以系统整理,建立"证两直线平行的上游命题库"成为解题的关键之一.

**例1** 如图2-2-1,在梯形$ABCD$中,$AB/\!/DC$,$AD=2PD$,$PC=2PB$,$\angle 1=\angle 2$,$PD=PC$.求证:$PD/\!/BC$.

**证明** 方法一:

∵ $AB/\!/DC$,∴ $\angle 3=\angle 2$.
∵ $\angle 1=\angle 2$,∴ $\angle 3=\angle 1$.
∵ $AD=2PD$,$PC=2PB$,∴ $\dfrac{PD}{PB}=\dfrac{AD}{PC}$,
∴ $\triangle ADP\backsim\triangle CPB$,
∴ $\angle 4=\angle B$,
∴ $PD/\!/BC$.

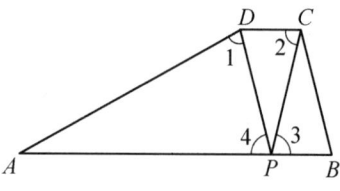

图2-2-1

方法二:

∵ $AB/\!/DC$,∴ $\angle CDP=\angle 4$.
∵ $PD=PC$,∴ $\angle CDP=\angle 2$.
又∵ $\angle 1=\angle 2$,∴ $\angle 1=\angle 2=\angle CDP=\angle 4$,
∴ $\angle 1=\angle CDP$,$\angle 2=\angle 4$,
∴ $\triangle ADP\backsim\triangle PDC$,∴ $\dfrac{AD}{PD}=\dfrac{PD}{DC}$.
∵ $AD=2PD$,∴ $PD=2DC$.
∵ $PC=2PB$,$PC=PD$,∴ $DC=PB$,
∴ 四边形$DPBC$是平行四边形,
∴ $PD/\!/BC$.

> 利用同位角相等证明两直线平行.这是从角的角度证明平行.

> 先证明平行四边形,从而得到两直线平行.这是从边的角度证明平行.

**例2** 如图2-2-2,矩形$ABCD$的对角线$AC$与$BD$相交于点$O$,点$E$、$F$分别是$OA$、$OD$的中点.求证:四边形$EBCF$是等腰梯形.

**分析** 证明等腰梯形的思路都需要具备梯形条件.要证明四边形是梯形只能利用定义"一组对边平行而另一组对边不平行的四边形叫做梯形"来进行证明,所以证明一组对边平行成为本题解决的关键之一.

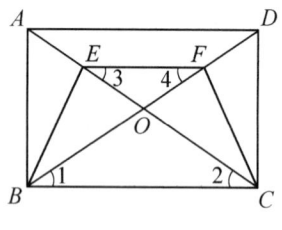

图2-2-2

---

[①] 本文执笔:梁珍(上海市梅园中学)

**证明** 方法一：

∵ 点 $E$、$F$ 分别是 $OA$、$OD$ 中点，

∴ $EF$ 为 △$AOD$ 中位线， ∴ $EF /\!/ AD$.

∵ 四边形 $ABCD$ 是矩形，

∴ $AD /\!/ BC$， ◀──── 这是利用第三条边过渡证明平行.

∴ $EF /\!/ BC$.

（等腰梯形的证明略）

方法二：

∵ 四边形 $ABCD$ 是矩形，

∴ $AC = BD, OB = OD = \frac{1}{2}BD, OC = OA = \frac{1}{2}AC$，

∴ $OB = OC, OA = OD$.

∵ 点 $E$、$F$ 分别是 $OA$、$OD$ 中点，

∴ $OE = \frac{1}{2}OA, OF = \frac{1}{2}OD$，

∴ $OE = OF$，

∴ $\angle 3 = \angle 4$.

在 △$EFO$ 中，$\angle 3 = \frac{180° - \angle EOF}{2}$，

同理，$\angle 2 = \frac{180° - \angle BOC}{2}$，

∵ $\angle EOF = \angle BOC$，

∴ $\angle 3 = \angle 2$， ◀──── 这是从角的角度证明平行.

∴ $EF /\!/ BC$.

（等腰梯形的证明略）

◆显然中位线的证法非常简洁，但是如果将中点的条件改为 $AE = DF$，这种证法还适用吗？

条件改动后不能利用中位线推 $EF /\!/ AD$，那么如何证明呢？可以借鉴方法二.

方法三：

∵ 四边形 $ABCD$ 是矩形，

∴ $AC = BD, OB = OD = \frac{1}{2}BD, OC = OA = \frac{1}{2}AC$，

∴ $OA = OD$.

∵ $AE = DF$， ∴ $\frac{AE}{AO} = \frac{FD}{OD}$，

∴ $EF /\!/ AD$. ◀──── 这是利用比例线段证明平行，可以说是利用边的关系证明平行.

又∵ $AD /\!/ BC$，

∴ $EF /\!/ BC$.

（等腰梯形的证明略）

**讲评** 初中数学学习阶段,证明两直线平行常常可以从三个角度着手:从角、从边、从第三条直线过渡.

(1) **从角关系入手**,具体的定理有:

① 两直线被第三条直线所截,如果同位角相等,那么两直线平行;

② 两直线被第三条直线所截,如果内错角相等,那么两直线平行;

③ 两直线被第三条直线所截,如果同旁内角互补,那么两直线平行.

(2) **利用边关系**证明平行的定理,具体定理有:

① 平行四边形性质:平行四边形的两组对边分别平行;

② 三角形一边平行线判定定理:如果一条直线截三角形两边所得的对应线段成比例,那么这条直线平行于三角形的第三边;

③ 三角形一边平行线判定定理推论:如果一条直线截三角形两边的延长线所得的对应线段成比例,那么这条直线平行于三角形的第三边;

④ 三角形中位线定理:三角形中位线平行于第三边并且等于第三边的一半;

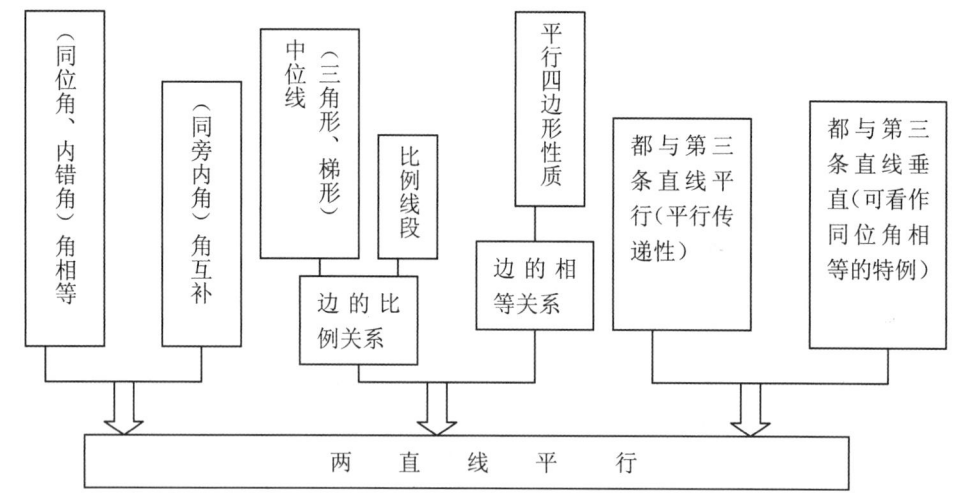

梯形中位线定理:梯形中位线平行于两底并且等于两底和的一半.

三角形中位线定理和梯形中位线定理可以看成是三角一边平行线判定定理的特例.

后三条定理应用的条件都指向边的比例关系,在初中阶段常利用平行、相似三角形获得比例线段.因此可以认为,后三条定理是利用比例证明平行.

(3) **利用第三条直线过渡**的定理就是:

① 平行于同一直线的两直线平行(平行的传递性);

② 垂直于同一直线的两条直线平行.

这些定理,组成了证明平行的"上游命题"系统,可汇总成上图.

**例3** 如图 2-2-3，在 □ABCD 中，点 F 为对角线 AC 上任一点，联结 BF 并延长至点 E，使 BF=FE. 求证：DE∥AC.

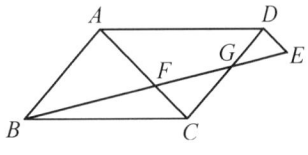

图 2-2-3

**证明** 方法一：

在 □ABCD 中，

∵ CD∥BA，

∴ $\dfrac{CG}{AB}=\dfrac{FG}{FB}$.

∵ AB=CD　FB=EF，

∴ $\dfrac{CG}{CD}=\dfrac{FG}{EF}$，

∴ DE∥CF，即 DE∥AC.

**注意**：(1) 平行四边形这个条件，常会带来成比例的线段；(2) 图形中有两个"X型"，所以可以选择利用边关系中的三角形一边平行线判定定理证明.

方法二：

如图 2-2-4，联结 BD 交 AC 于点 O，

在 □ABCD 中，BO=DO，

又∵ BF=FE，

∴ FO 为 △BED 的中位线，

∴ FO∥DE，即 DE∥AC.

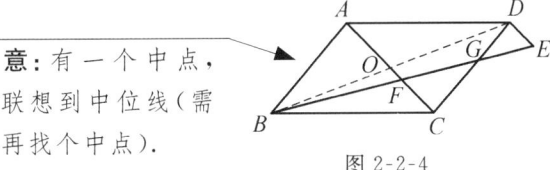

**注意**：有一个中点，可联想到中位线（需要再找个中点）.

图 2-2-4

方法三：

如图 2-2-5，延长 FC 至点 H，使 FH=AF，联结 HE.

∵ BF=FE，

∴ 四边形 ABHE 是平行四边形，

∴ AB∥HE，AB=HE.

又∵ AB∥CD，AB=CD，

∴ CD∥HE，CD=HE，

∴ 四边形 CHED 是平行四边形，

∴ DE∥CH，即 DE∥AC.

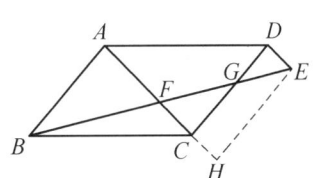

图 2-2-5

也可以在 FA 上截取 FH=FC，证明方法类同，感兴趣的读者可以试试看.

**讲评** 如此多的证明方法该如何选择，这要从已知条件入手分析选择：

(1) 如果条件中有角关系或者有角平分线、全等三角形、相似三角形等可以获得角关系的条件，那么就选用角关系模块来证明平行；

(2) 如果图形中有平行四边形，那么考虑证明平行四边形获得边关系证平行；

(3) 如果条件有中点，那么考虑用三角形中位线证明平行；

(4) 如果条件中有成比例的线段，图形中多个"A型""X型"的基本图形，则考虑用三角形一边平行线判定定理证平行.

除此以外，还有解析法和向量法，本文不予赘述.

### 练 习

1. 如图 2-2-6,在等腰△ABC 中,BC 为底边,D 是 AB 边上的动点,以 CD 为一边,向上作等腰△EDC 相似于△ABC.求证:AE∥BC.

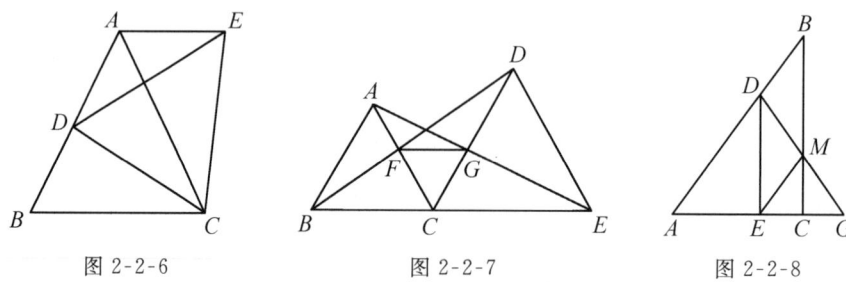

图 2-2-6    图 2-2-7    图 2-2-8

2. 如图 2-2-7,C 是线段 BE 上一点,△ABC 和△DEC 是等边三角形,点 A、D 在 BE 的同旁,BD 交 AC 于点 F,AE 交 CD 于点 G.求证:FG∥BE.

3. 如图 2-2-8,在 Rt△ABC 中,∠ACB=90°,AB=15,$\tan A=\dfrac{4}{3}$,E 为线段 AC 上一点(不与 A、C 重合),过点 E 作 ED⊥AC 交线段 AB 于点 D,将△ADE 沿着直线 DE 翻折,A 的对应点 G 落在射线 AC 上,线段 DG 与线段 BC 交于点 M.若 BM=8,求证:EM∥AB.

### 答 案

**1.** 提示:先证明△BDC∽△ACE,得到∠B=∠CAE,再证∠ACB=∠CAE,从而得到平行  **2.** 提示:方法一:利用△BDC≌△AEC 提供条件再证△BCF≌△ACG,可以得到△CFG 是等边三角形,从而∠CFG=∠FCB=60°.方法二:利用图形中的两组平行线构成的两个"A 型"证得 $\dfrac{DG}{CG}=\dfrac{DE}{AC}$、$\dfrac{DF}{BF}=\dfrac{DC}{AB}$,通过等线段转化证得 $\dfrac{DF}{BF}=\dfrac{DG}{CG}$   **3.** 提示:求出 AC=9,BC=12,BM=8,MC=4,在 Rt△MCG 中求出 CG=3,AG=12,EC=3,AE=6,从而得到 $\dfrac{CM}{BM}=\dfrac{EC}{AE}=\dfrac{1}{2}$

## 3. 线段和差倍分的证明[①]

在平面几何教学中,经常会遇到证明线段的和差倍分的问题,这类题目比较灵活,学生往往感到困难,我们可以引导学生运用下面一些方法和策略来解决这类问题.

**例1** 在等腰△ABC中,$AB=AC$,$\angle A=108°$,$BD$是$\angle ABC$的平分线,求证:$BC=AB+CD$.

**分析** (截长法)在$BC$上截取$BE=AB$,联结$ED$,只要证$CD=EC$即可.

(补短法)延长$BA$到点$E$,使$BE=BC$,联结$DE$、$EC$,得△$BDE$≌△$BDC$,就有$DC=ED$,进一步推得$AE=ED$,结论可得.

**证明** 方法一:如图2-3-1,截得$BE=AB$,联结$DE$.

∵ $BD$平分$\angle ABC$,∴ $\angle 1=\angle 2$.

在△$ABD$与△$EBD$中,

∵ $AB=BE$,$\angle 1=\angle 2$,$BD=BD$,

∴ △$ABD$≌△$EBD$,

即$\angle A=\angle BED$,$\angle ADB=\angle BDE$.

∵ $\angle A=108°$,

∴ $\angle BED=108°$,即$\angle DEC=72°$.

∵ $AB=AC$,$\angle A=108°$,

∴ $\angle ABC=\angle C=36°$,$\angle 1=\angle 2=18°$,

∴ $\angle ADB=\angle EDB=54°$,即$\angle CDE=72°$.

∵ $\angle CDE=\angle CED$,

∴ $EC=CD$,故$BC=AB+DC$.

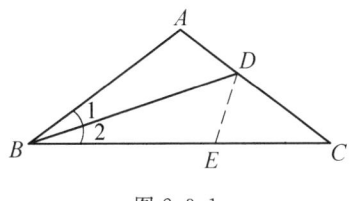

图2-3-1

方法二:如图2-3-2,延长$BA$到点$E$,使$BE=BC$,联结$ED$、$EC$.

∵ $BD$平分$\angle ABC$,∴ $\angle 1=\angle 2$.

在△$BDE$与△$BDC$中,

∵ $BE=BC$,$\angle 1=\angle 2$,$BD=BD$,

∴ △$BDE$≌△$BDC$,即$\angle BDE=\angle BDC$,$DE=DC$.

∵ $AB=AC$,$\angle A=108°$,

∴ $\angle ACB=\angle ABC=36°$.

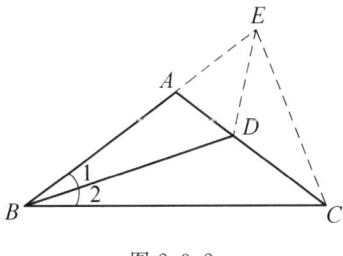

图2-3-2

---

[①] 本文执笔:傅琳(上海市梅园中学)

∵ ∠1=∠2，∴ ∠1=18°，∠BDC=126°，即∠BDE=126°．

∵ ∠2=18°，∠BAC=108°，

∴ ∠ADB=54°，即∠ADE=72°．

∵ ∠BAC=108°，∴ ∠EAD=72°，即 AE=DE．

∵ AE=CD，∴ BC=AB+CD．

**例 2** 如图 2-3-3，在△ABC 中，∠A=2∠B，CD 平分∠ACB．求证：BC=AC+AD．

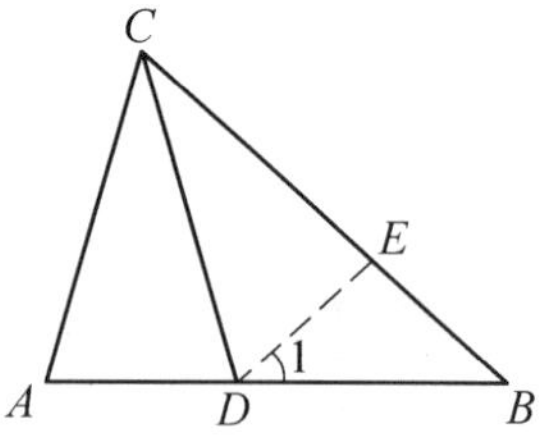

**证明** （截长法）在 CB 上截取 CE=CA．

∵ CD 平分∠ACB，∴ ∠ACD=∠DCE．

又∵ CD=CD，∴ △ACD≌△ECD．

∴ ∠A=∠CED，AD=ED．

∵ ∠A=2∠B，∴ ∠CED=2∠B．

∵ ∠CED=∠1+∠B，∴ ∠1=∠B，

∴ EB=ED=AD，∴ CE+BE=CA+AD，即 BC=AC+AD．

◆用"补短法"如何证？请大家试一试！

图 2-3-3

**例 3** 在梯形 ABCD 中，AB∥DC，AD⊥AB，∠BCD 平分线 CM 过 AD 的中点 M．求证：AB+CD=BC．

**证明** 方法一：如图 2-3-4，在 CB 上截取 CN=CD，联结 MN，则△CDM≌△CNM，

∴ ∠3=∠D，MN=MD=MA．

联结 MB，则 Rt△BMN≌Rt△BMA，

∴ NB=AB，

即 AB+CD=CN+NB=BC．

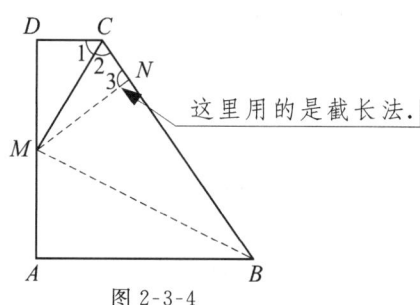

这里用的是截长法．

图 2-3-4

方法二：如图 2-3-5，延长 BA、CM 交于点 N．

∵ AB∥CD，M 为 AD 的中点，

∴ Rt△CDM≌Rt△NAM，

∴ CD=NA，∠1=∠3．

又∠1=∠2，即∠2=∠3，

从而 BN=BC，即 AB+CD=BC．

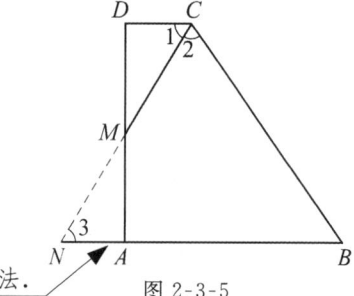

这里用的是补短法．

图 2-3-5

**讲评** 这是**本文讨论的第一类问题：用截长法、补短法证明线段的和差问题**．

所谓截长法是指在较长的线段上截取一段等于其他两条线段中的一段，然后再证明截后所余线段等于两线段中的另一段．所谓补短法即延长较短两线段中的一段，使延长的部分等于较短线段的另一段，然后证明延长后所得的线段等于较长的线段．

截长或补短的方法本质上是一种构造法．截长，就是构造出它们的差；补短，就是构造他们的和．在构造时，要尽量利用原有线段．譬如利用截长法，常在现成的线段 a

上截一段 $b'$,使 $b'=b$.因此,"**等线段过渡**"颇为重要.

实现"**等线段过渡**"的小经验有:

如果题目中含有"**角平分线**",可利用构造全等三角形实现"等线段过渡";有"**有公共边的两角相等**"等类似条件,可利用等腰三角形"等线段过渡".从而运用截长或补短的方法来证明.

**例4** 如图 2-3-6,在 $\triangle ABC$ 中,$AB=AC$,$M$ 为 $AB$ 的中点,延长 $AB$ 到点 $N$,使 $BN=AB$,联结 $CM$、$CN$.求证:$CN=2CM$.

**证明** 方法一:(折半法)取 $CN$ 的中点 $P$,联结 $BP$.

∵ $B$ 是 $NA$ 的中点,

∴ $BP$ 是 $\triangle NCA$ 的中位线,

∴ $BP \parallel AC$,$BP = \dfrac{1}{2} AC$,

∴ $\angle PBC = \angle ACB$.

又∵ $AB=AC$,$M$ 是 $AB$ 的中点,

∴ $\angle ABC = \angle ACB$,$BM = \dfrac{1}{2} AB = \dfrac{1}{2} AC$,

∴ $\angle PBC = \angle ABC$,$BP = BM$.

又∵ $BC = BC$,

∴ $\triangle BPC \cong \triangle BMC$(S.A.S),

∴ $PC = CM$,

∴ $CN = 2CM$.

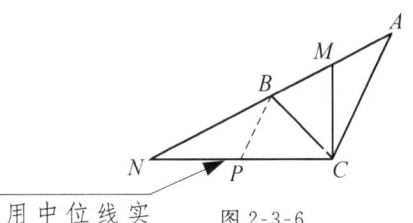

图 2-3-6

利用中位线实现"倍半过渡".

方法二:(加倍法)如图 2-3-7,延长 $CM$ 至点 $Q$,使 $MQ=MC$,联结 $QB$.易证得 $\triangle BMQ \cong \triangle AMC$.

∴ $\angle QBM = \angle A$,$BQ = AC = AB = BN$,

∴ $\angle NBC = \angle A + \angle ACB$.

又∵ $AB = AC$,

∴ $\angle ABC = \angle ACB$,

∴ $\angle QBC = \angle QBM + \angle ABC = \angle A + \angle ACB$.

即有 $\angle NBC = \angle QBC$,

这样易得 $\triangle NBC \cong \triangle QBC$(S.A.S).

∴ $NC = QC$,∴ $CN = 2CM$.

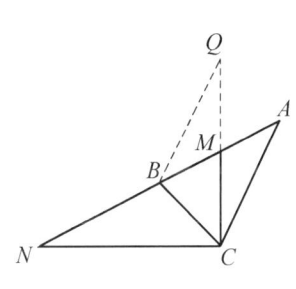

图 2-3-7

**例5** 如图 2-3-8,在 $\triangle ABC$ 中,$AB = AC$,$\angle BAC = 120°$,$BF = AF$.求证:$BF = \dfrac{1}{2} FC$.

**分析** 根据折半法思想,取 $CF$ 的中点 $E$,只要证明 $BF = FE = EC$ 即可.

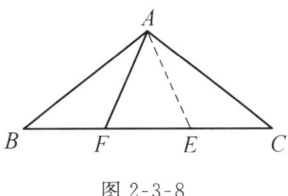

图 2-3-8

利用直角三角形的斜边上的中线等于斜边的一半实现"倍半过渡".

**证明** 取 $CF$ 的中点 $E$，联结 $AE$.

∵ $AB=AC$，$\angle BAC=120°$，

∴ $\angle B=\angle C=30°$.

又∵ $BF=AF$，∴ $\angle BAF=30°$，$\angle AFE=60°$.

∴ $\angle CAF=90°$，∴ $AE=FE=EC$，∴ $\angle CAE=30°$.

∴ $\angle BAE=90°$，$\angle AEF=60°$，

∴ $AE=FE=EC=BF$，∴ $BF=\dfrac{1}{2}FC$.

---

**讲评** 这是本文讨论的**第二类问题：用加倍法、折半法证明线段的倍分问题**.

所谓加倍法是将较短的线段延长一倍，再证其与较长线段相等.

所谓折半法是将较长的线段二等分后，证明其中一段等于较短的线段.

同截长法、补短法一样，加倍折半的方法也要尽量在原线段的基础上"构造"新线段，使新线段是某线段的两倍或一半——这是"倍半过渡".

实现"倍半过渡"的小经验有：

如果有中点的条件，常常考虑利用中位线实现"倍半过渡"；

如果有直角三角形，常常考虑利用斜边上的中线和斜边的关系实现"倍半过渡".

---

**例6** 如图 2-3-9，$M$、$P$ 分别为 $\triangle ABC$ 的边 $AB$、$AC$ 上的点，且 $AM=BM$，$AP=2CP$. 若 $BP$ 与 $CM$ 相交于点 $N$，求证：$BN=3PN$.

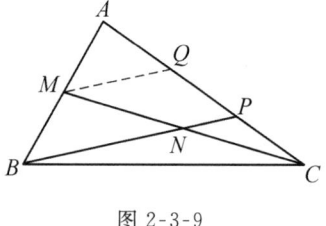

图 2-3-9

**分析** 此题证明线段三倍关系，给出条件 $AM=BM$，又因为 $P$ 是 $AC$ 的三等分点，故易想到取 $AP$ 中点 $Q$，联结 $MQ$，于是得 $MQ$、$NP$ 分别是 $\triangle ABP$ 和 $\triangle CQM$ 的中位线，故问题得证.

证明过程略.

**例7** 如图 2-3-10，在梯形 $ABCD$ 中，$AD // BC$，联结对角线 $AC$、$BD$ 的中点 $P$、$Q$. 求证：$PQ=\dfrac{1}{2}(BC-AD)$.

**分析** 因为有中点且证明含线段之差的一半的关系，所以易想到三角形中位线. 构造三角形，联结 $AP$ 并延长交 $BC$ 于点 $M$. 证 $\triangle APD \cong \triangle MPB$（A.S.A），于是得点 $P$ 是 $AM$ 的中点，同时有 $AD=MB$，问题得证.

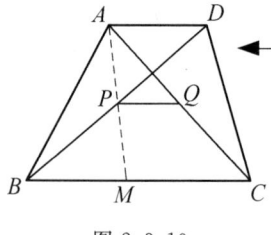

图 2-3-10

也会这样思考：作差 $BC-AD$，如果"在 $CB$ 上截取 $CW=AD$"，那么要涉及 $A$、$P$、$M$ 三点共线的问题.

事实上，"连接 $AP$，并延长到 $M$"，其后果就是截长. 可见，截长、补短不一定是"直白"的，尽量巧妙地作辅助线，最后达到和截长、补短同样的效果.

证明过程略.

**例 8** 在梯形 $ABCD$ 中,$AB/\!/CD$,$M$ 是 $BC$ 中点,且 $\angle AMD=90°$,求证:$AB+CD=AD$.

**分析** 此题的关键在于寻找 $AB+CD$ 和哪条线段有联系.

注意:不一定要"直白"地构造 $AB+CD$ 噢!

**证明** 方法一:如图 2-3-11,取 $AD$ 中点 $N$,联结 $MN$.

∵ $M$、$N$ 分别是 $BC$、$AD$ 的中点,

∴ $MN$ 是梯形 $ABCD$ 的中位线,

∴ $AB+CD=2MN$.

又∵ $\angle AMD=90°$,

∴ $MN$ 是 Rt$\triangle AMD$ 斜边 $AD$ 上的中线,

∴ $AD=2MN$,

∴ $AB+CD=AD$.

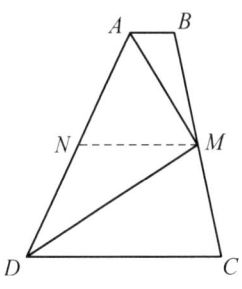

图 2-3-11

方法二:如图 2-3-12,延长 $AM$ 交 $DC$ 的延长线于 $E$.

∵ $AB/\!/DE$, ∴ $\angle B=\angle MCE$.

又 $BM=MC$,$\angle AMB=\angle CME$,

∴ $\triangle AMB\cong\triangle EMC$

∴ $CE=AB$,$AM=ME$.

∴ $AB+CD=CE+CD=DE$.

又∵ $\angle AMD=90°$, ∴ $DM$ 垂直平分 $AE$.

∴ $DA=DE$, ∴ $AB+CD=AD$.

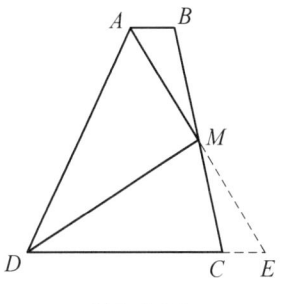

图 2-3-12

**例 9** 如图 2-3-13,$DB$ 是 $\square ABCD$ 的对角线,$EA\perp AD$ 于点 $A$,且 $\angle CBD=\dfrac{1}{3}\angle CBA$.求证:$ED=2CD$.

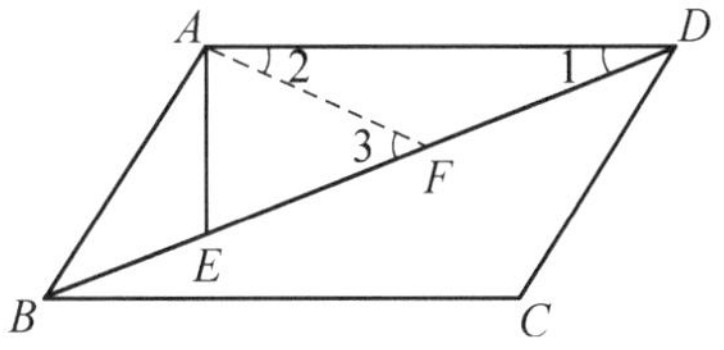

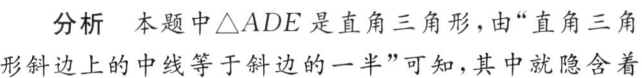

图 2-3-13

**分析** 本题中 $\triangle ADE$ 是直角三角形,由"直角三角形斜边上的中线等于斜边的一半"可知,其中就隐含着线段的二倍关系,所以本题考虑添加 Rt$\triangle ADE$ 斜边上的中线 $AF$,从而可以得到 $AF=\dfrac{1}{2}ED=DF$,进一步得到 $\angle 3=\angle 1+\angle 2=2\angle 1$;另由 $\angle CBD=\dfrac{1}{3}\angle CBA$,得 $\angle ABD=2\angle DBC$,再根据平行四边形的性质可以得 $\angle 1=\angle DBC$,从而得到 $\angle 3=\angle ABD$,再得出 $AB=AF=\dfrac{1}{2}ED$,最后得到 $ED=2CD$.

证明过程略.

**例 10** 如图 2-3-14,已知 $O$ 是正方形 $ABCD$ 一边 $BC$ 的中点,$AP$ 与以 $O$ 为圆心、$OB$ 为半径的半圆切于点 $T$.求证:$AT=4TP$.

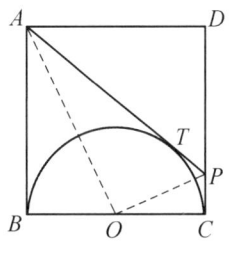

图 2-3-14

**分析** 从结论来看,要想得到 $AT$ 与 $TP$ 的 4 倍关系,应抓住题目中的"直径是半径的 2 倍"这个隐含关系.结合正方形性质和切

线性质定理可得 $AB=AD=DC=BC=AT, CP=TP$. 因题意要求 $AT$ 与 $TP$ 关系,因而最好是利用 $BC$ 代替 $AT$,$CP$ 代替 $TP$. 这样思考更易解决问题,因为 $BC$ 的一半 $OC$ 与 $CP$ 更易产生关系.

**证明** 联结 $AO$、$OP$.

在正方形 $ABCD$ 中,$\angle B=\angle C=90°$,

∴ $AB$、$DC$ 是 $\odot O$ 的切线.

又∵ $AP$ 是 $\odot O$ 的切线,

∴ $\begin{cases} AT=AB, CP=TP, \\ \angle CPO=\angle OPT, \\ \angle TAO=\angle OAB. \end{cases}$

又∵ 在正方形 $ABCD$ 中,$AB /\!/ CD$, ∴ $\angle BAP+\angle CPT=180°$,

∴ $\angle AOP=90°$,$\angle AOB+\angle POC=90°$.

∴ $\angle CPO=\angle BOA$, ∴ $\text{Rt}\triangle ABO\backsim\text{Rt}\triangle OCP$.

∴ $\dfrac{CP}{BO}=\dfrac{OC}{AB}=\dfrac{1}{2}$,

∴ $AT=4TP$.

---

**讲评 小经验:**

1. 利用截长、补短构造新线段,不一定是"直白"的,应尽量巧妙地作辅助线,最后达到同样的效果.

2. 当题目条件中含有"线段的中点"、"线段几等分"等类似条件时,我们常常通过巧妙添加辅助线后运用三角形或梯形的中位线定理来证明线段的倍分关系.

3. 在证明线段的倍分问题时,我们还可以通过寻找题意中隐含的一些线段的数量关系的条件,再利用含有两条线段关系的相关定理来证明. 常见的定理有:

"直角三角形斜边上的中线等于斜边的一半"、"30 度角的直角三角形性质定理"、"半径是直径的一半"等等.

---

**例 11** 如图 2-3-15,在等腰梯形 $ABCD$ 中,$AD /\!/ BC$,$P$ 是底边 $BC$ 上任意一点,$PE\perp AB$ 于点 $E$,$PF\perp CD$ 于点 $F$,$BG\perp CD$ 于点 $G$. 求证:$PE+PF=BG$.

**证明** 因为四边形 $ABCD$ 为等腰梯形,因此可得 $\angle PBE=\angle C$.

又 $\angle PEB=\angle BGC=\angle PFC=90°$,

所以 $\triangle PEB\backsim\triangle PFC\backsim\triangle BCG$,

$\dfrac{PE}{PB}=\dfrac{PF}{PC}=\dfrac{BG}{BC}$.

由等比性质得 $\dfrac{PE+PF}{PB+PC}=\dfrac{BG}{BC}$,

因为 $PB+PC=BC$,

看到它,首先会想到截长补短,还有别的办法吗?

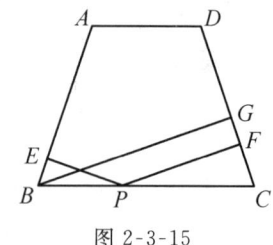

图 2-3-15

所以 $PE+PF=BG$.

**例 12** 如图 2-3-16,$E$ 是 $\square ABCD$ 中 $AB$ 边的中点,在 $AD$ 边上截取 $AF=\dfrac{1}{2}FD$,$EF$ 交 $AC$ 于点 $G$,求证:$AG=\dfrac{1}{5}AC$.

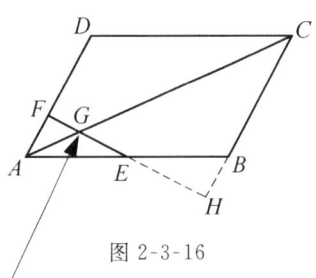

图 2-3-16

$AG$、$AC$ 在同一直线上,能不能构造相似三角形?

**证明** 设 $AF=1$,则 $FD=2$,$BC=AD=3$,延长 $FE$ 交 $CB$ 的延长线于点 $H$.

因为 $AE=BE$,易证 $\triangle AEF \cong \triangle BEH$,

所以 $AF=BH$,则 $CH=4$.

由 $AF\parallel CH$ 可得 $\triangle AGF \sim \triangle CGH$,

所以 $\dfrac{AG}{CG}=\dfrac{AF}{CH}=\dfrac{1}{4}$,

即 $\dfrac{AG}{AC}=\dfrac{1}{5}$,

所以 $AG=\dfrac{1}{5}AC$.

**讲评** 这是本文讨论的第三类问题:利用相似三角形处理线段的和差倍分的问题.这方面有以下小经验:

1. 要研究两线段的倍分关系时,如果线段的端点在同一直线上,有一个端点还重合,那么可以试着寻找合适的相似三角形,将所求的线段比转化为另一组对应边的比.

当两线段平行的时候(譬如例 12 中,欲证 $BC=4AF$,因为 $AF\parallel BC$,也可考虑利用相似三角形证),也可以试着利用相似三角形.

2. 线段比的等比、合比、分比性质有助于处理线段的和差问题.

**小结** 本文讨论了三类问题:

第一类问题:用截长法、补短法证明线段的和差问题.

第二类问题:用加倍法、折半法证明线段的倍分问题.

第三类问题:利用相似三角形处理线段的和差倍分的问题.

从思想方法的角度看,第一、二类问题是实现线段的转化.而第三类问题是实现线段比的转化.

········ 练 习 ········

1. 如图 2-3-17,在 $Rt\triangle ABC$ 中,$AC=BC$,$BD$ 是 $\angle ABC$ 的平分线.求证:$AB=BC+CD$.

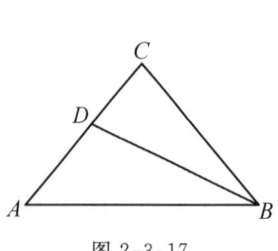

图 2-3-17    图 2-3-18    图 2-3-19

2. 如图 2-3-18，在△ABC 中，∠A=90°，AB=AC，∠ACB 的平分线交 AB 于点 D. 求证：BC=AC+AD.

3. 如图 2-3-19，在△ABC 中，AB=AC，E 是 AB 的中点，在 AB 延长线上取一点 D，使 BD=BA. 求证：CD=2CE.

4. 如图 2-3-20，在梯形 ABCD 中，AD∥BC，E、F 分别是 AB、DC 的中点，求证：$GH=\frac{1}{2}(BC-AD)$.

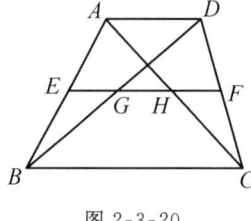 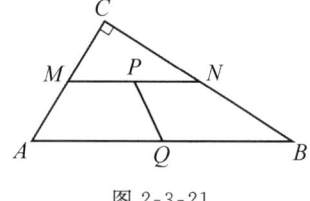

图 2-3-20    图 2-3-21

5. 如图 2-3-21，在 Rt△ABC 中，∠C=90°，MN∥AB，P、Q 分别为 MN 和 AB 的中点. 求证：$PQ=\frac{1}{2}(AB-MN)$.

**答 案**

**1.** 提示：在 AB 上取 BF=BC，联结 DF  **2.** 提示：延长 CA 至点 E，使 AE=AD，联结 DE 或在 CB 上截取 CF=CA，联结 FD  **3.** 提示：取 CD 的中点 F，联结 BF 或延长 CE 到点 F，使 CF=2CE，联结 AF、BF  **4.** 略  **5.** 提示：过点 P 分别作 PE∥CA，PF∥CB，分别交 AB 于点 E、F

# 4. 解题模块:解直角三角形及其推广[①]

**主编的话:**

本文总结了解直角三角形的解题模块,并将它应用于解一般三角形的经验.特别值得指出的是,本文作者非常强调在某某条件下,三角形"确定"了."**确定性**"是数学特别重视的思维方式,或许也有别于其他学科的思维方式.

直角三角形除直角外的五个元素中,只要知道两个元素(其中一个元素必须是边)就能求出其他元素.由于初中阶段没有系统学习过三角和解斜三角形,所以在解一般三角问题的题目时,最关键是要找到或构造出合适的直角三角形,所以解直角三角形是基础.

**例1** 如图2-4-1,已知在Rt△ABC中,∠C=90°,AC=5,∠B=60°,求边BC的长.

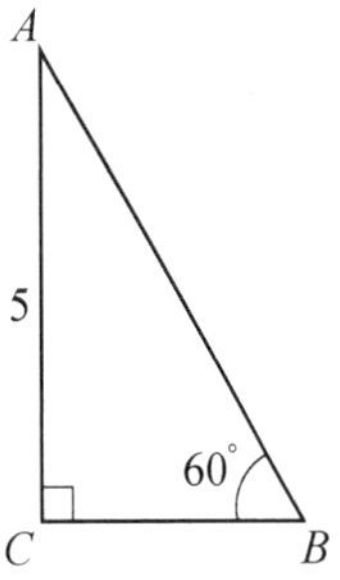

**分析** 本题是在直角三角形中已知两个独立条件的——∠B和AC,因此可直接算出其他元素.

**解** 在Rt△ABC中,$\tan\angle ABC = \dfrac{AC}{BC}$,

∴ $\tan 60° = \dfrac{5}{BC} = \sqrt{3}$,即 $BC = \dfrac{5\sqrt{3}}{3}$.

图2-4-1

**变式1** 如图2-4-2,在Rt△ABC中,∠C=90°,∠B=45°,AB=a,求边AC的长.

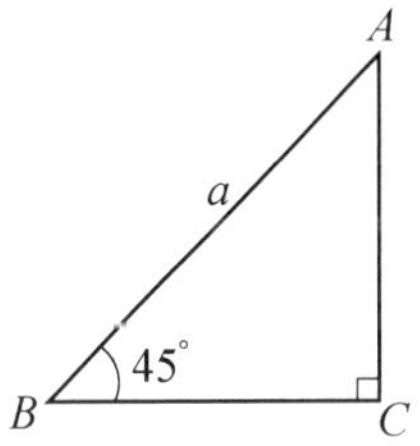

**分析** 这题也是已知两个独立条件的,只是例1是已知直角边,这里是已知斜边,并且,斜边长用字母表示了.

**解** 在Rt△ABC中,$\sin\angle ABC = \dfrac{AC}{AB}$,

∴ $\sin 45° = \dfrac{AC}{a} = \dfrac{\sqrt{2}}{2}$,即 $AC = \dfrac{\sqrt{2}a}{2}$.

图2-4-2

**变式2** 如图2-4-2,在Rt△ABC中,∠C=90°,AB=a,AC=$\dfrac{\sqrt{2}}{2}a$,求∠B及BC.

**分析** 这题也是在直角三角形中已知两个独立条件,只是变为已知斜边和一直角边.所以易得 $\sin\angle B = \dfrac{AC}{AB} = \dfrac{\sqrt{2}}{2}$, ∴ ∠B=45°,BC=AC=$\dfrac{\sqrt{2}a}{2}$.

---

[①] 本文执笔:姚磊(上海市西南位育中学)

**例2** 甲、乙两人一起测量旗杆高度,甲在 $D$ 点测得 $A$ 点的仰角为 $60°$,乙在 $B$ 点测得 $A$ 点的仰角为 $45°$,点 $C$、$D$、$B$ 在同一直线上,而两人间距为 4 米,求旗杆的高度.

**分析** 设 $AC=x$,这样,两个三角形中的边角都可以用 $x$ 表示,然后用已知条件"两人间距为 4 米"列出方程.

**解** $\cot 60° = \dfrac{CD}{AC} = \dfrac{CD}{x} = \dfrac{\sqrt{3}}{3}$,

$\cot 45° = \dfrac{BC}{AC} = \dfrac{BC}{x} = 1$,

∴ $BD = BC - CD = x - \dfrac{\sqrt{3}}{3}x = 4$,

解得 $x = 6 + 2\sqrt{3}$.

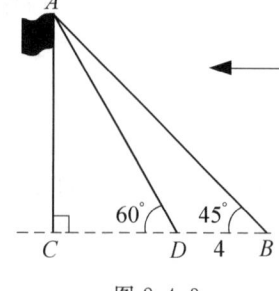

图 2-4-3

本题虽然有 $Rt\triangle ACD$ 和 $Rt\triangle ACB$,但都只有一个已知条件(分别是 $60°$ 和 $45°$),没有办法直接求 $AC$.怎么办?

**变式** 如果把例2稍作改动:求点 $D$ 到旗杆顶部 $A$ 为的距离 $AD$ 为多少米.

**分析** 在原题的结论下,在 $Rt\triangle ACD$ 中已经具有了2个条件($AC$ 和 $\angle ADC = 60°$),所以容易求得 $AD = 4\sqrt{3} + 4$.

---

**讲评** 本文讨论的第一个问题是解直角三角形.

一般来说,**解直角三角形的解题模块**是这样的:

第一步:寻找或构造直角三角形.

第二步:观察该直角三角形里,有没有两个独立的条件.

(1) 如果有,利用勾股定理和锐角三角比直接解——直接法,其中含有基本量思想.任何两个独立的条件都是直角三角形的一组基本量.

(2) 如果没有,而只给出一个条件,则可设一个元素为 $x$,这时,该直角三角形中的边和角都可以用 $x$ 表示出来,此时必定还有一个条件没有用到,利用这个条件列方程——间接法,其中含有方程思想.

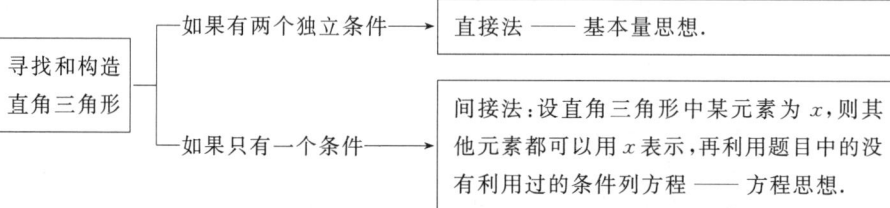

---

**例3** 如图 2-4-4,在等腰直角 $\triangle ABC$ 中,$\angle C = 90°$,$AC = 6$,$D$ 是 $AC$ 上一点,若 $\tan\angle DBA = \dfrac{1}{5}$,求 $AD$ 的长.

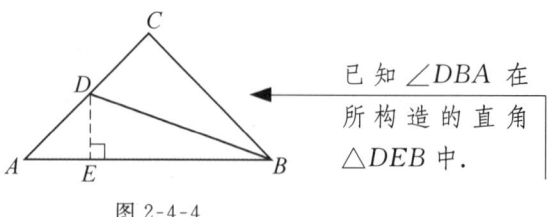

图 2-4-4

已知 $\angle DBA$ 在所构造的直角 $\triangle DEB$ 中.

**分析** $Rt\triangle ABC$ 中有两个独立条

件的($AC=BC=6$),所以是可解的.所求线段在△ABD中,该三角形不是直角三角形,通常可作高,构造直角三角形.在作高DE之后,Rt△DEB中只有一个已知条件($\angle DBA$),于是用间接法.

**解** 在Rt△ABC中,$AC=BC=6$,$\angle A=\angle B=45°$,所以$AB=6\sqrt{2}$.

过点D作$DE\perp AB$于点E,

∴ △DBE和△DEA为直角三角形.

∵ $\tan\angle DBE=\dfrac{DE}{BE}=\dfrac{1}{5}$,∴ 设$DE=x$,则$BE=5x$,

易知,△DEA为等腰直角三角形,$DE=AE$,

∴ $AB=AE+BE=DE+BE=6x$,

所以,$6x=6\sqrt{2}$,$x=\sqrt{2}$.

∴ $AD=\sqrt{2}x=2$.

**例4** 已知△ABC中,

(1) 当$\angle A=30°$,$\angle B=45°$,$AB=2$时,求$AC$、$BC$;

(2) 当$AB=3$,$AC=6$,$\cos A=\dfrac{1}{3}$时,求$BC$、$\sin C$;

(3) 当$AB=4$,$BC=5$,$AC=6$时,求$\cos A$,$S_{\triangle ABC}$.

**解** (1) 如图2-4-5,作$CH\perp AB$.

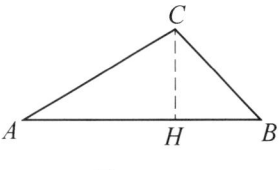

图2-4-5

根据题意设$BH=CH=x$,则$AH=\sqrt{3}x$,

∵ $AH+BH=AB=2$,

∴ $x=\sqrt{3}-1$,$AC=2x=2\sqrt{3}-2$,$BC=\sqrt{2}x=\sqrt{6}-\sqrt{2}$.

(2) 如图2-4-6,作$CH\perp AB$,$BG\perp AC$.根据题意得$AH=2$,$BH=1$,$CH=4\sqrt{2}$,

∴ $BC=\sqrt{33}$,$BG=2\sqrt{2}$,

∴ $\sin C=\dfrac{BG}{BC}=\dfrac{2\sqrt{2}}{\sqrt{33}}=\dfrac{2\sqrt{66}}{33}$.

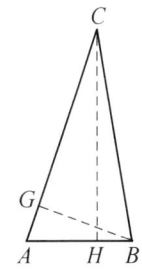

图2-4-6

(3) 如图2-4-7,作$CH\perp AB$.

根据题意设$AH=x$,$BH=4-x$.

根据勾股定理有$CH^2=AC^2-AH^2=BC^2-BH^2$,

即$6^2-x^2=5^2-(4-x)^2$,

解得$x=\dfrac{27}{8}$.

∴ $\cos A=\dfrac{AH}{AC}=\dfrac{9}{16}$,

又$CH=\dfrac{15\sqrt{7}}{8}$,

∴ $S_{\triangle ABC}=\dfrac{1}{2}AB\cdot CH=\dfrac{15\sqrt{7}}{4}$.

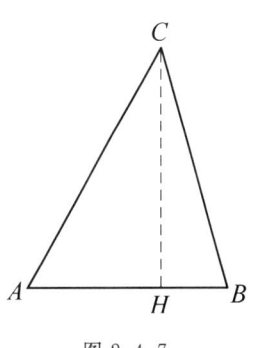

图2-4-7

**讲评** 本文讨论的第二个问题,是利用解直角三角形来解一般三角形.

1. 首先要确立一个思想:当一个三角形有三个独立的条件时,即满足
   ① 已知三条边(边边边);
   ② 已知两边及其夹角(边角边);
   ③ 已知两角及一边(角角边或角边角).
   (这里所说的已知角可以是已知角度,也可以是已知该角的某三角比.边边角型情况较复杂,本文不予深入研究.)
   这三种情况之一时,此三角形唯一确定.那么,该三角形其他要素也一定唯一确定,原则上都可以通过计算求得,但是,由于三角比的复杂性,在求的时候还是有些技巧的.

2. 对于已经给出了直角三角形,主要在善于观察,并区分使用直接法还是间接法.对于一般三角形,重在构造直角三角形.构造的方法主要是,通过添加高等方法将原三角形分割成直角三角形.例4的3个小题分别是角边角、边角边、边边边型,对于这样的三角形的解法应烂熟于心.

**例 5** 某市电力部门在今年的抗雪救灾的某项重建工程中,需要在 $A$、$B$ 两地之间架设高压电线,因地理条件限制,不能直接测量 $A$、$B$ 两地距离.现测量人员在相距 $\sqrt{3}$ km 的 $C$、$D$ 两地(假设 $A$、$B$、$C$、$D$ 在同一平面上),测得 $\angle ACB = 75°$,$\angle BCD = 45°$,$\angle ADC = 30°$,$\angle ADB = 45°$(如图 2-4-8).假如考虑到电线的自然下垂和施工损耗等原因,实际所需电线长度大约应该是 $A$、$B$ 距离的 $\dfrac{4}{3}$ 倍,问:施工单位至少应该准备多长的电线?

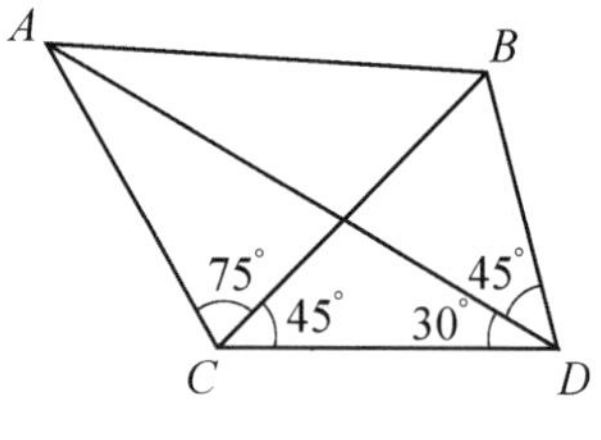

**解** 在 △ACD 中,由已知可得,$\angle ADC = 30°$,$\angle ACD = 120°$,$CD = \sqrt{3}$,

所以,$AD = 3$(过点 $C$ 作 $AD$ 的高,构造出两个直角三角形后可求得.过程略).

图 2-4-8

在 △BCD 中,由已知可得,$\angle BCD = 45°$,$\angle CBD = 60°$,$CD = \sqrt{3}$,

所以,$BD = \sqrt{2}$(详解的过程略).

在 △ABD 中,$AD = 3$,$BD = \sqrt{2}$,$\angle BDA = 45°$,

所以,计算得 $AB = \sqrt{5}$(详解的过程略),施工单位应该准备电线长 $\dfrac{4}{3}\sqrt{5}$.

**答**:施工单位应该准备电线长 $\dfrac{4}{3}\sqrt{5}$ km.

**例 6** 如图 2-4-9,一条小船从港口 $A$ 出发,沿北偏东 $45°$ 方向航行 20 海里后到达 $B$ 处,然后又沿北偏西 $30°$ 方向航行 10 海里后到达 $C$ 处.问:此时小船距港口 $A$ 多少海里?(结果精确到 1 海里)

**分析** 注意 △ABC 中,$AB = 20$,$BC = 10$,经过平行线同旁内角性

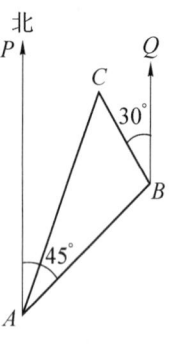

图 2-4-9

质,可以求出∠ABC=105°.去除表面现象,就是在已知两边一个夹角的条件下,求第三条边 AC.

**解** 方法一:如图 2-4-10,过点 B 作 BE⊥AP,垂足为 E;过点 C 分别作 CD⊥AP,CF⊥BE.易知 CDEF 为矩形,DE=CF.

在 Rt△BCF 中,
BC=10,∠CBF=60°,
∴ CF=BC·sin 60°=$5\sqrt{3}$.

在 Rt△ABE 中,
AB=20,∠BAD=45°,
∴ AE=AB·cos 45°=$10\sqrt{2}$.

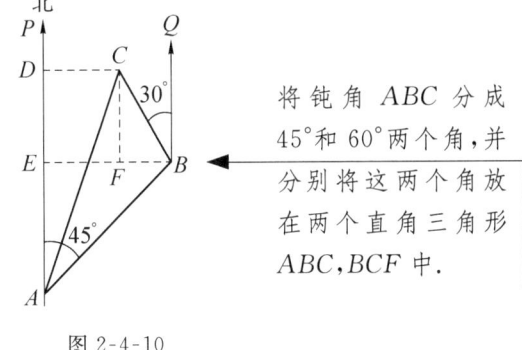

图 2-4-10

将钝角 ABC 分成 45°和 60°两个角,并分别将这两个角放在两个直角三角形 ABC,BCF 中.

所以 AD=AE+ED=AE+CF=$10\sqrt{2}+5\sqrt{3}$≈22.8.
在 Rt△ACD 中,AD≈22.8,
∵ BE=AB·sin45°=$10\sqrt{2}$,
BF=BC·cos 60°=10×0.5=5,
∴ CD=EF=BE-BF≈9.14.
∴ 由勾股定理,得 AC=$\sqrt{AD^2+CD^2}$≈25,
即此时小船距港口 A 约 25 海里.

方法二:如图 2-4-11,作 AH⊥CB,垂足为 H.易得∠ABH=75°.
∴ AH=AB·sin75°≈19.32,
BH=AB·cos75°≈5.2,
CH≈15.2,
∴ 由勾股定理,得
$$AC=\sqrt{AH^2+CH^2}≈\sqrt{603}≈25.$$

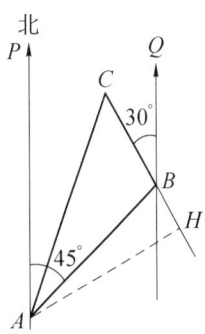

图 2-4-11

◆ 1. 过点 B 作 AC 的高 BD,并设 BD=x,可以吗?
2. 方法一和方法二有什么区别?
方法一所用为初中教学要求的特殊角运算,方法二用到了教材的拓展内容.其中的 75°不是特殊角,但它的三角比同样为确定值.

**讲评** 求解一般三角形,通常通过**作高**将原三角形分割为直角三角形再进行求解.但是怎么作高? 大可斟酌.如本题,比较朴素的想法可能是:过点 B 作 AC 的高 BD.这样一来,把原三角形分成两个直角三角形,每个直角三角形都已知一条斜边(把已知的边放在一个直角三角形中).如果设 BD=x,那么这两个直角三角形的其他边都可以用 x 表示出来,但是∠ABC=105°这个角的条件难以利用.

看来,**优先考虑把已知角放在切割出来的某直角三角形中比较合适**.但是本题

不同于例 3,已知角是个等于 105°的钝角,我们不可能将钝角放在一个直角三角形中.因此要将已知角"切割",使"切割"所得的角在一个直角三角形中. 方法一就是将 105°的已知角分成 45°和 30°两个角,然后将这两个角分被放在两个直角三角形中. 方法二则是"逆向"切割,把 105°已知角看成 180°减 75°角,而把 75°角放在一个直角三角形中.

于是有以下的**小经验**:

(1) 在添高切割一般三角形时,通常优先考虑将已知角置于切割后的一个直角三角形中.

(2) 在已知角是钝角时,通常把该钝角切割,把切割后的角置于直角三角形中.

**例 7** 如图 2-4-12,在 △ABC 中,∠A = 30°,E 为 AC 上一点,且 AE:EC = 3:1,EF⊥AB 于点 F,联结 FC,求 tan∠CFB 的值.

**分析** 首先注意到 △ABC 不是确定的三角形,所以不要企图求出它的边长什么的. 其次注意到已知角 ∠A 在 Rt△AEF 中,但这个三角形和所求角 ∠CFB 无关. 因此要另构直角三角形,含 ∠A 的直角三角形是首选,于是可考虑过点 C 作 AB 的垂线.

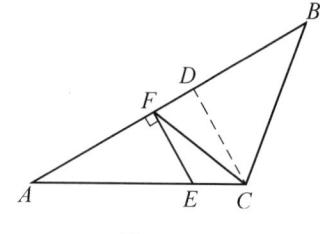

图 2-4-12

**解** 过点 C 作 CD⊥AB,垂足为 D,
则 EF∥CD.

∴ 设 EC = x,则 AE = 3x,

$$\sin A = \sin 30° = \frac{CD}{AC} = \frac{EF}{AE} = \frac{1}{2},$$

∴ CD = 2x.

∵ EF∥CD,且 $AF = AE\cos 30° = \frac{3\sqrt{3}}{2}x$,

∴ $DF = \frac{1}{3}AF = \frac{\sqrt{3}}{2}x$.

∴ 在 Rt△FCD 中,$CD = 2x, DF = \frac{1}{3}AF = \frac{\sqrt{3}}{2}x$,

∴ $\tan\angle CFB = \frac{CD}{FD} = \frac{2x}{\frac{\sqrt{3}}{2}x} = \frac{4\sqrt{3}}{3}$.

**例 8** 如图 2-4-13,在梯形 ABCD 中,AB∥CD,∠ADC = ∠DAB = 90°,AB = 2,AD = 4,$\tan C = \frac{4}{3}$.

(1) 求 BC 的长与梯形 ABCD 的面积;

(2) P 是腰 BC 上一点(不含点 B、C),作 PQ⊥AP 交 CD 于点 Q. 当 PQ = DQ 时,求 BP 的长;

(3) P 是腰 BC 上一个动点(不含点 B、C),作 PQ⊥AP 交 CD 于

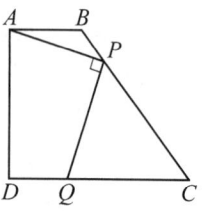

图 2-4-13

点 $Q$. 设 $BP=x$, $CQ=y$, 试求出 $y$ 关于 $x$ 的函数解析式, 并写出定义域.

**解** (1) 如图过点 $B$ 作 $BE\perp CD$, 垂足为 $E$.

在 Rt$\triangle BEC$ 中, $\angle BEC=90°$, $\tan C=\dfrac{4}{3}$, $AD=BE=4$,

∴ $\tan C=\dfrac{4}{3}=\dfrac{BE}{CE}$, $CE=3$.

再利用勾股定理可得 $BC=5$.

∵ $AB=DE=2$,

∴ $CD=5$,

所以 $S_{\text{梯形}ABCD}=\dfrac{1}{2}(2+5)\times 4=14$.

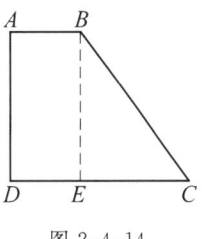

图 2-4-14

(2) 从已知条件可知 $\triangle ADQ\cong\triangle APQ$, 容易推得 $AP=4$.
又因为 $AB\parallel CD$,
∴ $\angle MBP=\angle C$.

如图 2-4-15, 过点 $P$ 作 $PN\perp CD$, 交 $CD$ 于点 $N$, 交 $AB$ 的延长线于点 $M$.

在 Rt$\triangle BMP$ 中, $\angle BMP=90°$, 设 $BP=x$, $\tan\angle BMP=\tan C=\dfrac{4}{3}$,

可推得 $MP=\dfrac{4}{5}x$, $BM=\dfrac{3}{5}x$.

在 Rt$\triangle AMP$ 中, 利用勾股定理可推得 $AM^2+MP^2=AP^2$,

即 $\left(2+\dfrac{3}{5}x\right)^2+\left(\dfrac{4}{5}x\right)^2=16$,

整理方程得 $5x^2-12x-60=0$,

解得 $BP=x=\dfrac{-6+4\sqrt{21}}{5}$.

> 注意, 所求的边 $BP$ 在 $\triangle ABP$ 里, 而 $\triangle ABP$ 是确定的. 我们从它着手.

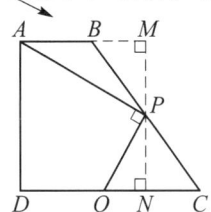

图 2-4-15

(3) 方法一: 如图 2-4-16, 过点 $P$ 作 $PN\perp CD$, 交 $CD$ 于点 $N$, 交 $AB$ 的延长线于点 $M$.

分析题意可得 $CQ=QN+CN$,
易证 $\triangle QNP\sim\triangle PMA$,
可得 $QN\cdot AM=NP\cdot PM$.
又∵ $AM=2+\dfrac{3}{5}x$, $PM=\dfrac{4}{5}x$, $PN=4-\dfrac{4}{5}x$,

所以 $QN=\dfrac{80x-16x^2}{5(3x+10)}$,

而 $CN=3-\dfrac{3x}{5}$,

∴ $CQ=y=QN+CN=\dfrac{-5x^2+19x+30}{3x+10}$ $(0<x<5)$.

> 能不能看出第(3)小题还是在解一般三角形?

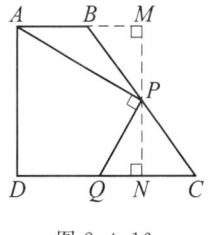

图 2-4-16

方法二：

过点 $Q$ 作 $QH \perp BC$，垂足为 $H$，过点 $A$ 作 $AG \perp BC$，交 $BC$ 的延长线于点 $G$.

易证 $\triangle GAP \sim \triangle HPQ$，

所以 $AG \times QH = GP \times PH$.

在 $\text{Rt}\triangle QCP$ 中，$\angle QHC = 90°$，$CQ = y$，$\tan C = \dfrac{4}{3}$，

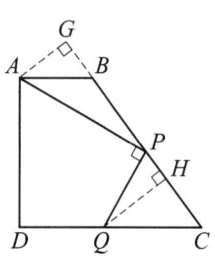

图 2-4-17

解直角三角形得 $QH = \dfrac{4}{5}y$，$CH = \dfrac{3}{5}y$，

所以 $PH = 5 - x - \dfrac{3}{5}y$.

又 $\because AG = \dfrac{8}{5}$，$GP = \dfrac{6}{5} + x$，

$\therefore \dfrac{8}{5} \times \dfrac{4}{5}y = \left(\dfrac{6}{5} + x\right)\left(5 - x - \dfrac{3}{5}y\right)$，

化简得 $y = \dfrac{-5x^2 + 19x + 30}{3x + 10}(0 < x < 5)$.

**讲评** 在更复杂的图形中，要善于找到一个确定的一般三角形. 然后对该三角形，利用构造直角三角形的办法予以解决.

········· 练　习 ·········

1. 某同学从 $A$ 地沿北偏西 $60°$ 方向走 $100\text{m}$ 到 $B$ 地，再从 $B$ 地向正南方向走 $200\text{m}$ 到 $C$ 地，求此时该同学离 $A$ 地的距离.

2. 如图 2-4-18，一艘轮船自西向东航行，在 $A$ 处测得北偏东 $68.7°$ 方向有一座小岛 $C$，继续向东航行 $60$ 海里到达 $B$ 处，测得小岛 $C$ 此时在轮船的北偏东 $26.5°$ 方向上. 之后，轮船继续向东航行多少海里，距离小岛 $C$ 最近？

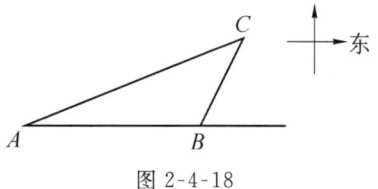

图 2-4-18

$\left(\text{参考数据：} \sin 21.3° \approx \dfrac{9}{25}, \tan 21.3° \approx \dfrac{2}{5}, \sin 63.5° \approx \dfrac{9}{10}, \right.$

$\left.\tan 63.5° \approx 2\right)$

3. 如图 2-4-19，我炮兵阵地位于地面 $A$ 处，两观察所分别位于地面点 $C$ 和 $D$ 处，已知 $CD = 6000\text{m}$，$\angle ACD = 45°$，$\angle ADC = 75°$，目标出现于地面点 $B$ 处时，测得 $\angle BCD = 30°$，$\angle BDC = 15°$. 求炮兵阵地到目标的距离.

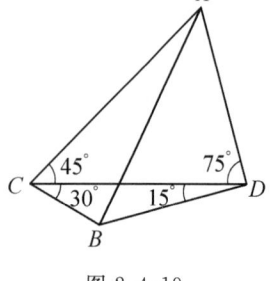

图 2-4-19

118

4. 如图 2-4-20,在平面直角坐标系 $xOy$ 中,边长为 2 的等边 △$OAB$ 的顶点 $B$ 在第一象限,顶点 $A$ 在 $x$ 轴的正半轴上. 另一等腰△$OCA$ 的顶点 $C$ 在第四象限,$OC=AC$,∠$C=120°$. 现有两动点 $P$、$Q$ 分别从 $A$、$O$ 两点同时出发,点 $Q$ 以每秒 1 个单位的速度沿 $OC$ 向点 $C$ 运动,点 $P$ 以每秒 3 个单位的速度沿 $A→O→B$ 运动,当其中一个点到达终点时,另一点也随之停止. 求在运动过程中形成的△$OPQ$ 的面积 $S$ 与运动的时间 $t$ 之间的函数关系式,并写出自变量 $t$ 的取值范围.

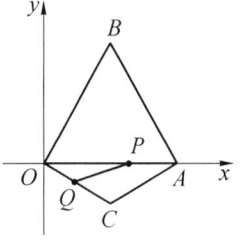

图 2-4-20

5. 如图 2-4-21,甲船以每小时 $30\sqrt{2}$ 海里的速度向正北方航行,乙船按固定方向匀速直线航行,当甲船位于 $A_1$ 处时,乙船位于甲船的北偏西 $105°$ 方向的 $B_1$ 处,此时两船相距 20 海里. 当甲船航行 20 分钟到达 $A_2$ 处时,乙船航行到甲船的北偏西 $120°$ 方向的 $B_2$ 处,此时两船相距 $10\sqrt{2}$ 海里,问:乙船每小时航行多少海里?

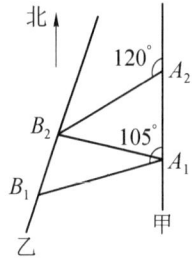

图 2-4-21

---

**答  案**

1. $100\sqrt{3}$ m  2. 15 海里  3. $1000\sqrt{42}$ m  4. 当 $0<t<\dfrac{2}{3}$ 时,$S=-\dfrac{3}{4}t^2+\dfrac{1}{2}t$;当 $\dfrac{2}{3}<t\leqslant\dfrac{2\sqrt{3}}{3}$ 时,$S=\dfrac{3}{2}t^2-t$

5. 乙船每小时航行 $30\sqrt{2}$ 海里

## 5. 三角形中的中点问题[①]

**主编的话：**

华罗庚教授在谈到复习时，他说："找另一条线索把旧东西贯穿起来，这样的温习方法容易发现有哪些主要环节没有弄懂"．复习有时是很乏味的，通过"另一条线索"，使复习有了新意；同时，还可以打开新思路．这个方法太好了！

三角形中有关"中点问题"是几何中最常见的重要问题之一，而有关中点的定理散见于各章节，本文集中讨论中点问题的处理方法，是很有必要的．

**例 1** 如图 2-5-1，在 $\triangle ABC$ 中，$AD$ 是 $\angle BAC$ 的平分线，$AD$ 又是 $BC$ 边上的中线．求证：$AB=AC$．

**分析** 在 $\triangle ABD$ 和 $\triangle ACD$ 中，虽然有 $\angle BAD=\angle CAD$、$AD=AD$、$BD=CD$ 三个条件，但不能直接推出 $\triangle ABD$ 和 $\triangle ACD$ 全等．注意到点 $D$ 是 $BC$ 的中点，即 $AD$ 是 $\triangle ABC$ 的中线，可尝试常用的辅助线添设——"中线倍长"．

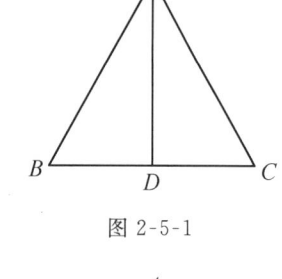

图 2-5-1

**证明** 如图 2-5-2，延长 $AD$ 至点 $E$，使得 $AD=DE$，联结 $CE$，

∵ $AD$ 是 $BC$ 边上的中线，

∴ $BD=CD$，

在 $\triangle ABD$ 和 $\triangle ACD$ 中，

$\begin{cases} AD=ED, \\ \angle ADB=\angle EDC, \\ BD=CD, \end{cases}$

∴ $\triangle ABD \cong \triangle ECD$，

∴ $\angle BAD=\angle E$，$AB=EC$，

又∵ $AD$ 是 $\angle BAC$ 的平分线，

∴ $\angle BAD=\angle CAD$，

∴ $\angle E=\angle CAD$，∴ $AC=EC$，∴ $AB=AC$．

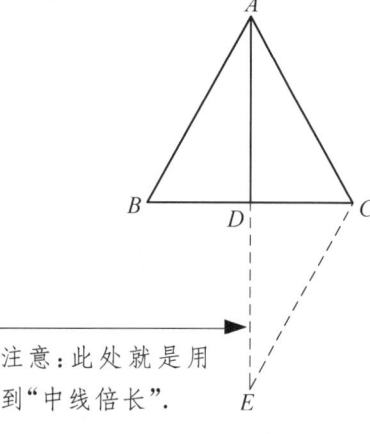

注意：此处就是用到"中线倍长"．

图 2-5-2

**讲评** 如图 2-5-3，一见到三角形一边 $c$（即 $AB$ 边）上的中线，就应该想到，可以试试将该**中线延长一倍**．这样就把原先成叉状的三条线段（有共同端点的两条边 $a$（即

---

[①] 本文执笔：杨志刚（华东理工大学附中）

$BC$ 边),$b$(即 $CA$ 边)和中线 $m$(即 $CD$ 边))整合到一个三角形中(在该三角形中,原中线以两倍的形式出现).由此可得到一些结论,如:

(1) $\triangle CAD \cong \triangle EBD$,

(2) $AC = BE$ 且 $AC \parallel BE$,

(3) $a + b > 2m$(即 $BC + BE > CE$),

(4) $S_{\triangle ACD} = S_{\triangle EBD} = S_{\triangle CBD} = \dfrac{1}{2} S_{\triangle CAB}$,

(5) $S_{\triangle CBE} = S_{\triangle CAB}$,

(6) 线段 $AB$ 与 $CE$ 互相平分,

(7) 四边形 $ACBE$ 是平行四边形,

(8) $S_{\triangle ACD} = S_{\triangle EBD} = S_{\triangle CBD} = S_{\triangle ADE} = \dfrac{1}{4} S_{\square ACBE}$.

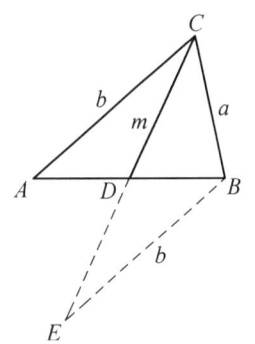

图 2-5-3

所以,这是个重要的**基本图形**.

**例2** 如图 2-5-4,在 $\triangle ABC$ 中,$AB = AC = 10$,$BC = 12$,点 $D$ 为 $BC$ 中点,$DE \perp AC$ 于点 $E$,则 $DE$ 等于(   ).

(A) $\dfrac{12}{5}$   (B) $\dfrac{18}{5}$   (C) $\dfrac{24}{5}$   (D) $\dfrac{32}{5}$

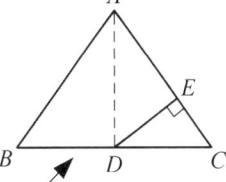

图 2-5-4

注意:$D$ 是等腰三角形底边的中点.

**解** 联结 $AD$,

∵ $AB = AC = 10$,$D$ 为 $BC$ 中点,

∴ $AD \perp BC$.

在 Rt$\triangle ADC$ 中,$AC = 10$,$CD = \dfrac{1}{2} BC = 6$,

∴ $AD = \sqrt{AC^2 - CD^2} = \sqrt{10^2 - 6^2} = 8$,

又∵ $S_{\triangle ADC} = \dfrac{1}{2} \times CD \times AD = \dfrac{1}{2} \times AC \times DE$,

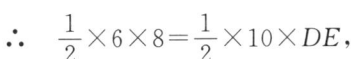

∴ $\dfrac{1}{2} \times 6 \times 8 = \dfrac{1}{2} \times 10 \times DE$,

∴ $DE = \dfrac{24}{5}$,所以,选择 C.

这里利用面积求出 $DE$,实际上,本题存在双垂直基本图形,用射影定理或勾股定理也能解决.

**讲评** 由于等腰三角形具有顶角平分线、底边上的中线及底边上的高线三线合一的性质,因此若是题目给了等腰三角形底边中点的条件,通常情况应该作出底边上的中线,那么它不仅是底边上的中线,而且是底边上的高,顶角的平分线,这样就能把等腰三角形转化为两个全等的直角三角形.

**例3** 如图 2-5-5,在 $\triangle ABC$ 中,$BD$、$CE$ 为高,$M$ 是 $DE$ 的中点,$N$ 是 $BC$ 的中点.求证:$MN \perp DE$.

**分析** 可以先引导学生观察:有几个直角三角形?然后容易看出 N 是某两个直角三角形公共斜边的中点.

**证明** 联结 NE、ND,

显然 ∠BEC=∠BDC=90°,

∵ N 为 BC 的中点,

∴ EN=DN=$\frac{1}{2}$BC.

在等腰△NDE 中,M 为底边 DE 的中点,

∴ MN⊥DE.

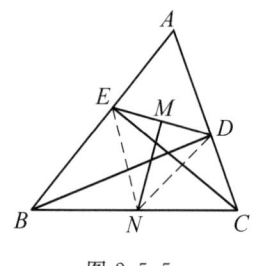

图 2-5-5

**讲评** 如果题目中有直角三角形斜边中点的条件,那么最好的辅助线是作出斜边上的中线.

**例 4** 如图 2-5-6,在四边形 ABCD 中,AD=BC,M、N 分别是 AB、CD 的中点,延长 AD、BC 与 MN 的延长线分别交于 E、F.求证:∠AEN=∠BFM.

**分析** 待证的两个角∠AEN、∠BFM 的位置"参差不齐",势必要换成等角进行过渡.本题中虽也有中点条件,但明显没有等腰三角形、直角三角形,因此考虑利用三角形中位线定理来解决问题.

**证明** 联结 AC,取 AC 的中点 G,联结 GM、GN.

∵ M、N 分别为 AB、CD 的中点,

∴ GM $\underline{\underline{\;\;}}$ $\frac{1}{2}$BC,NG $\underline{\underline{\;\;}}$ $\frac{1}{2}$AD

∴ ∠GMN=∠BFM,∠GNM=∠AEN

又∵ AD=BC, ∴ MG=NG

∴ ∠GMN=∠GNM

即∠BFM=∠AEN

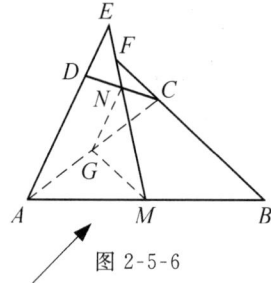

图 2-5-6

取 AC 中点 G,得到△GMN,把 AD,BC 折半后集中在其中,同时把待证的两个角也通过等角过渡集中在其中了.中位线的作用可谓神奇!

**讲评** 已有两个中点,常常另找第三个中点,由此可得到两条中位线.而这个"第三者"的寻找有一定的难度,一般说,要有利于已知条件的集中,本题虽有 AD=BC,但它们是"散"的;要有利于待证对象的集中,本题两个角的位置"参差不齐"的.

**例 5** 如图 2-5-7,在△ABC 中,D 是 BC 的中点,DE⊥DF.求证:BE+CF>EF.

**分析** 待证的线段 BE、CF、EF 太分散,要设法集中.简单的平移,显然不行,那么可不可以将它们折半后集中呢?可试试中位线.

**证明** 联结 $BF$，取 $BF$ 的中点 $H$，取 $EF$ 的中点 $G$，联结 $DH$、$DG$、$GH$，

∴ $HG$、$HD$ 为中位线.

∴ $DH=\dfrac{1}{2}CF$, $GH=\dfrac{1}{2}BE$.

在 $Rt\triangle EDF$ 中，$G$ 为 $EF$ 的中点，

∴ $DG=\dfrac{1}{2}EF$.

在 $\triangle DMH$ 中，$GH+DH>DG$,

∴ $BE+CF>EF$.

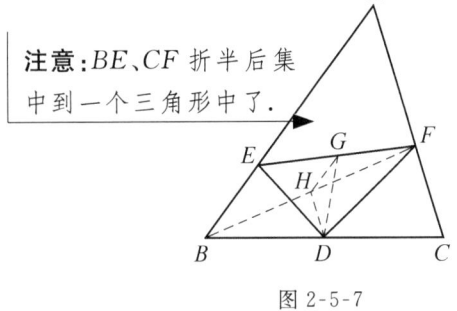

注意：$BE$、$CF$ 折半后集中到一个三角形中了.

图 2-5-7

**例 6** 如图 2-5-8，在等腰梯形 $ABCD$ 中，$CD\parallel AB$，对角线 $AC$、$BD$ 相交于点 $O$，$\angle ACD=60°$，点 $S$、$P$、$Q$ 分别是 $DO$、$AO$、$BC$ 的中点. 求证：$\triangle SPQ$ 是等边三角形.

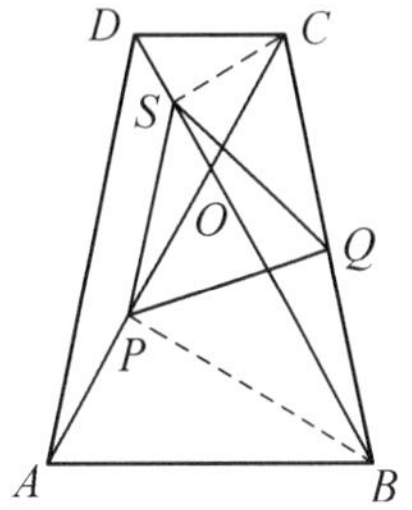

**证明** 联结 $CS$、$BP$.

在等腰梯形 $ABCD$ 中，

∵ $CD\parallel AB$,

∴ $\angle ADC=\angle BCD$, $AD=BC$,

∴ $\triangle ADC\cong\triangle BCD$,

∴ $\angle ACD=\angle BDC=60°$,

∴ $\triangle OCD$ 是等边三角形.

又∵ $S$ 是 $OD$ 中点，

∴ $CS\perp OD$，得 $\triangle CSB$ 是直角三角形.

又∵ $Q$ 是 $CB$ 中点，

∴ $QS=\dfrac{1}{2}BC$.

同理，可得 $QP=\dfrac{1}{2}BC$.

在 $\triangle OAD$ 中，$SP$ 是中位线，

∴ $SP=\dfrac{1}{2}AD$,

∴ $SP=PQ=SQ$,

∴ $\triangle SPQ$ 是等边三角形.

图 2-5-8

注意：这里用到了等腰三角形三线合一.

这里用到了直角三角形斜边上中线的性质. 这定理也有"折半"功能噢!

注意：这里又用到中位线定理.

 **小结**

1. 初中数学中涉及三角形中有关线段中点的定理主要有三条，即为：

(1) 等腰三角形的三线合一；

(2) 直角三角形斜边上的中线等于斜边的一半；

(3) 三角形的中位线定理.

2. 涉及三角形中有关的"中点问题"，常规的思路有：

(1) 先看和中点相关的三角形是不是特殊三角形？

一见等腰三角形的底边的中点，可以考虑利用定理——等腰三角形的三线合一解决

问题.

一见直角三角形的斜边上的中点,可以考虑利用定理——直角三角形斜边上的中线等于斜边的一半解决问题.

(2) 如果和中点相关的三角形不是特殊三角形,那么通常的手法有:

① 将中线延长一倍——"中线倍长".

② 取另一边的中点,利用三角形的中位线定理解决问题.另一边的中点的选取有两个原则:有利于已知条件的集中,有利于待证对象的集中.

**3. 在不能用平移等方法直接将线段集中到一个三角形中时,可以考虑将线段"折半"后集中**,三角形中位线定理,直角三角形斜边上的中线,都有"折半"的功能.

········· 练　　习 ·········

1. 如图 2-5-9,在 △ABC 中,AD 是三角形的高,点 D 是垂足,点 E、F、G 分别是 BC、AB、AC 的中点.求证:四边形 EFGD 是等腰梯形.

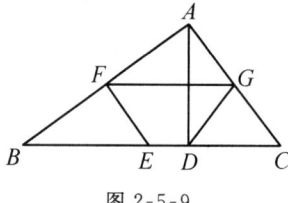

图 2-5-9　　　　图 2-5-10　　　　图 2-5-11

2. 如图 2-5-10,在 △ABC 中,AD 是 BC 边上的中线.求证:$AD < \dfrac{AB+AC}{2}$.

3. 如图 2-5-11,AD 为 △ABC 的高,∠B=2∠C,E 为 BC 的中点.求证:$DE=\dfrac{1}{2}AB$.

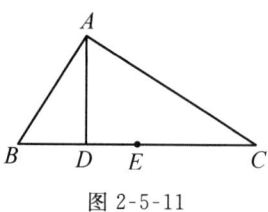

图 2-5-12

4. 如图 2-5-12,以 △ABC 的 AB、AC 边为斜边向形外作 Rt△ABE 和 Rt△ACF,且使 ∠ABE=∠ACF,点 D 是 BC 的中点.求证:DE=DF.

5. 如图 2-5-13,在 △ABC 中,点 D、E 是 BC 边的三等分点.求证:AB+AC>AD+AE.

6. 如图 2-5-14,在梯形 ABCD 中,AD∥BC,点 E 是 CD 的中点,联结 AE、BE.求证:$S_{\triangle ABE}=\dfrac{1}{2}S_{\text{四边形}ABCD}$.

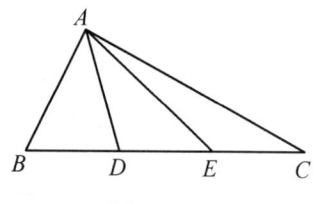

图 2-5-13

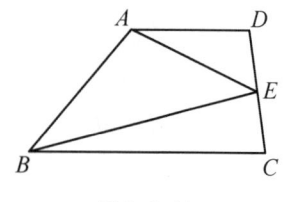

图 2-5-14

二、几何

## 答　案

**1.** 略　**2.** 提示：取 $AB$ 中点 $E$，联结 $ED$，应用三角形中位线定理　**3.** 提示：取 $AC$ 中点 $F$，联结 $EF$、$DF$，应用直角三角形斜边上的中线等于斜边的一半以及三角形中位线定理　**4.** 提示：分别取 $AB$ 中点 $G$、$AC$ 中点 $H$，联结 $EG$、$DG$、$FH$、$DH$，应用直角三角形斜边上的中线等于斜边的一半以及三角形中位线定理，可得 $EG=DH$，$DG=FH$，再证 $\triangle EGD \cong \triangle DHF$　**5.** 提示：延长 $AD$ 至点 $F$，使得 $AD=DF$，延长 $AE$ 至点 $G$，使得 $AE=EG$，联结 $FE$、$CG$，再利用三角形三边关系：两边之和大于第三边
**6.** 提示：分别延长 $AE$、$BC$ 交于点 $F$，可证得 $\triangle ADE \cong \triangle FCE$，可得 $AE=EF$，即得 $BE$ 是 $\triangle BAF$ 中 $AF$ 边上的中线

## 6. 梯形常用处理方法①

与平行四边形相比较,梯形只有一对平行的边,与三角形和平行四边形相比较,相应的性质较少.所以解决梯形问题的策略是正确将梯形转化为三角形或平行四边形.同时要正确把握平行这一重要条件,以及关注梯形的对角线和中位线.

**例1** 如图 2-6-1,在梯形 $ABCD$ 中,$\angle A=90°$,$AD \parallel BC$,$AD=AB=1$,$CD=\sqrt{2}$,求这个梯形的面积 $S$.

**解** 联结 $BD$.

∵ 在 $Rt\triangle ABD$ 中,$\angle A=90°$,$AD=AB=1$,

∴ $\angle ABD=45°$,$BD=\sqrt{2}$.

又∵ $CD=\sqrt{2}$,

∴ $BD=CD$.

∵ 在梯形 $ABCD$ 中,$\angle A=90°$,$AD \parallel BC$,

∴ $\angle ABC=90°$,

∴ $\angle DBC=\angle DCB=45°$, ∴ $\angle BDC=90°$,

∴ $BC=\sqrt{2}CD=2$,

∴ $S=(1+2)\div 2=1.5$.

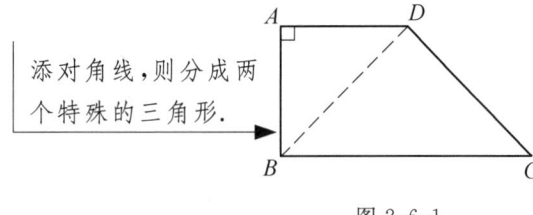

图 2-6-1

添对角线,则分成两个特殊的三角形.

**讲评** **梯形处理方法一:**在梯形中通过**添对角线**将梯形分割为两个三角形.此法更适合于有些特殊的条件的情况,如分割后出现等腰三角形,出现直角三角形的情形.

**例2** 如图 2-6-2,在梯形 $ABCD$ 中,$AD \parallel BC$,$\angle B=70°$,$\angle C=40°$,若 $AD=3$,$BC=10$,求 $CD$ 的长.

**分析** 在已存在一对平行的梯形中,若再添一对平行,便可产生平行四边形.

**解** 过点 $D$ 作 $DE \parallel AB$ 交 $BC$ 于点 $E$,

∴ 四边形 $ABED$ 为平行四边形,

∴ $BE=AD=3$,$\angle DEC=\angle B=70°$.

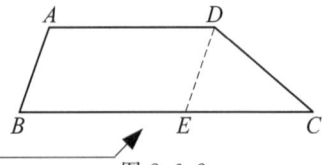

图 2-6-2

通过添腰的平行线,将梯形分割为一个平行四边形和一个等腰三角形.

---

① 本文执笔:潘艳(上海市西南位育中学)

∴ 在△DEC中,∠EDC=∠DEC=70°,
∴ CD=EC=BC－BE=7.

> **讲评** 梯形处理方法二:在梯形中通过**添腰的平行线**将梯形分割为一个平行四边形和一个三角形.此法更适合于涉及上下底的长的情况.

**例3** 如图2-6-3,在梯形 ABCD 中,AB∥CD.如果∠A=50°,∠B=80°,求证:BC+CD=AB.

**证明** 延长 AD 与 BC 相交于点 P.
∵ AB∥CD,又∠A=50°,∠B=80°,
∴ ∠PDC=50°,∠PCD=80°,
又∵ ∠P=180°－∠A－∠B=50°,
∴ ∠P=∠A,
∴ AB=BP.同理 DC=CP.
∴ AB=BP=BC+CP=BC+CD.即证.

◆本例仍可采用平移腰 AD 到 CE 的方法,具体解法略.

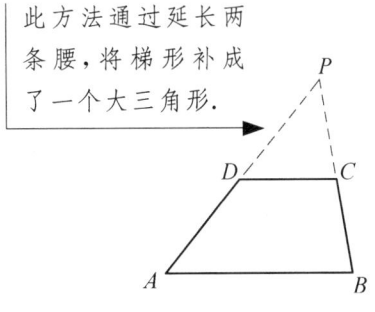

此方法通过延长两条腰,将梯形补成了一个大三角形.

图 2-6-3

> **讲评** 梯形处理方法三:分别**延长梯形两腰得交点**也是将梯形转化为三角形的常用添线方法,根据梯形特殊性可以得到不同的特殊三角形,类比解决三角形问题的方法解决梯形问题.

**例4** 如图2-6-4,在梯形 ABCD 中,AD∥BC,AB=CD,对角线 AC 与 BD 相交于点 O.
(1) 求证:OB=OC;
(2) 若 AC⊥BD,且 BD=BC.求证:$OB=\frac{1}{2}(AD+BC)$.

通过平移对角线把两对角线放在一个三角形里就可构成一个以对角线长为直角边的直角三角形.

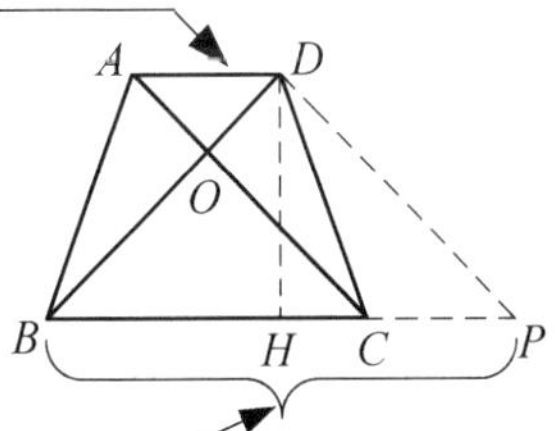

**解** (1) ∵ 在梯形 ABCD 中,
AD∥BC,AB=CD,
∴ AC=BD,又 BC=BC,
∴ △ABC≌△DCB
∴ ∠ACB=∠DBC,
∴ OB=OC.

长度等于上下底之和.

图 2-6-4

(2) 过点 D 作 AC 的平行线交 BC 的延长线于点 P,过点 D 作 BC 的垂线,垂足为 H,则四边形 ACPD 为平行四边形.
∴ DP=AC=BD,CP=AD.

∵ $AC \perp BD$,

∴ $\angle BOC = \angle BDP = 90°$,

∴ $\triangle BDP$ 是等腰直角三角形,

∴ $DH = \frac{1}{2}BP = \frac{1}{2}(BC+CP) = \frac{1}{2}(BC+AD)$,

∵ $BC=BD, \angle DBH=\angle CBO, \angle BHD=\angle BOC$,

∴ $\triangle BDH \cong \triangle BCO$,

∴ $OC=DH$, 即 $OB = \frac{1}{2}(AD+BC)$.

> **讲评** 梯形处理方法四:平移一条对角线,它的最大的好处是将两对角线集中在一个三角形中.

**例5** 在梯形 $ABCD$ 中,$AB // CD$,$\angle A = 90°$,$AB=2$,$BC=3$,$CD=1$,$E$ 是 $AD$ 的中点.求证:$\triangle CDE \backsim \triangle EAB$.

**证明** 方法一:如图2-6-5,过点 $C$ 作 $CF \perp AB$,垂足为 $F$,

∵ $\angle A = 90°, \angle CFB = 90°$,

∴ $AD // CF$.

∵ $AB // CD$,

∴ 四边形 $AFCD$ 是平行四边形.

又∵ $\angle A = 90°$,

∴ 平行四边形 $AFCD$ 是矩形.

∴ $AF = CD = 1$.

∴ $BF = AB - AF = AB - CD = 2 - 1 = 1$.

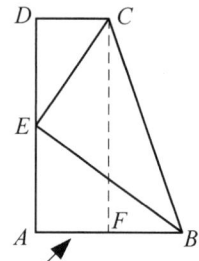

添高法常用于与梯形相关线段的计算问题中.

图 2-6-5

在 Rt$\triangle CBF$ 中,$CF = \sqrt{BC^2 - BF^2} = \sqrt{3^2 - 1^2} = 2\sqrt{2}$.

∵ $E$ 是 $AD$ 的中点,$AD = CF = 2\sqrt{2}$,

∴ $DE = EA = \sqrt{2}$.

∴ $\frac{DE}{AB} = \frac{\sqrt{2}}{2}, \frac{CD}{AE} = \frac{1}{\sqrt{2}} = \frac{\sqrt{2}}{2}$,

∴ $\frac{DE}{AB} = \frac{CD}{AE}$.

又∵ $\angle CDE = \angle EAB = 90°$, ∴ $\triangle CDE \backsim \triangle EAB$.

方法二:如图2-6-6,分别延长 $CE$、$BA$ 相交于点 $P$.

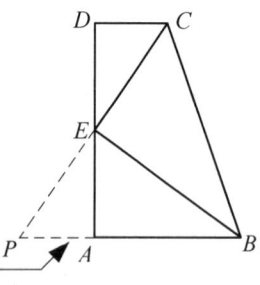

此法常用于已知一腰中点与顶点连线的问题中.

图 2-6-6

∵ 点 $E$ 是 $AD$ 中点,

∴ $DE = AE$.

∵ $AB // CD, \angle A = 90°$,

∴ $\angle PAE = 90°, \angle CDE = 90°, \angle P = \angle DCE$,

∴ △AEP≌△DEC,
∴ PE=CE,AP=CD=1,
∴ BP=3=BC,
∴ BE⊥CP.易得在 Rt△BEP 中,△PAE∽△EAB,
∴ △CDE∽△EAB.

方法三：如图 2-6-7,取 BC 中点 G,联结 EG.
∴ 在梯形 ABCD 中 EG 是中位线,
EG=(AB+CD)÷2=1.5.
又∵ BC=3,
∴ CG=EG=BG,
∴ ∠GCE=∠CEG,∠GEB=∠GBE.
又∵ ∠GCE+∠CEG+∠GEB+∠GBE=180°,
∴ ∠CEG+∠GEB=90°,
∴ ∠DEC+∠AEB=90°.
∵ AB∥CD,∠A=90°,
∴ ∠CDE=90°,∠DEC+∠DCE=90°,
∴ ∠AEB=∠DCE,
∴ △CDE∽△EAB.

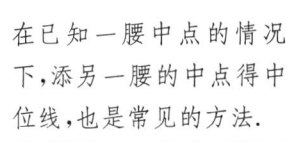

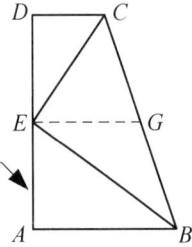

图 2-6-7

在已知一腰中点的情况下,添另一腰的中点得中位线,也是常见的方法.

**讲评** 梯形处理方法五:添高.

**例6** 已知梯形 ABCD 中,AD∥BC,E、G 分别是 AB、CD 的中点,点 F 在边 BC 上,且 $BF=\frac{1}{2}(AD+BC)$.

(1) 求证:四边形 AEFG 是平行四边形;
(2) 联结 AF,若 AG 平分∠FAD,求证:四边形 AEFG 是矩形.

**分析** 已知条件中有两腰的中点,易得联结得中位线.

**证明** (1) 如图 2-6-8,联结 EG.
∵ 梯形 ABCD 中,AD∥BC,且 E、G 分别是 AB、CD 的中点,
∴ EG∥BC,且 $EG=\frac{1}{2}(AD+BC)$,
又∵ $BF=\frac{1}{2}(AD+BC)$,
∴ EG=BF.
∴ 四边形 AEFG 是平行四边形.

(2) 如图 2-6-9,设 AF 与 EG 交于点 O,
∵ EG∥AD,
∴ ∠DAG=∠AGE.

图 2-6-8

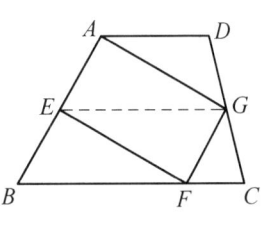

本例第(2)小题中出现了"平行线+角平分线"的基本图形,联想到等腰三角形.

∵ $AG$ 平分 $\angle FAD$,

∴ $\angle DAG = \angle GAO$,

∴ $\angle GAO = \angle AGE$,

∴ $AO = GO$.

∵ 四边形 $AEFG$ 是平行四边形,

∴ $AF = EG$, 四边形 $AEFG$ 是矩形.

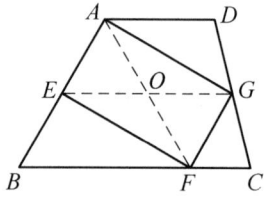

图 2-6-9

**讲评** **梯形处理方法六：添中位线**. 中位线是梯形中的重要线段,中位线定理揭示的是在梯形中(即已知有一对平行线)的前提下,联结两个非平行线段中点即得到平行位置关系,又得到一组数量关系,是一个数量关系和位置关系转化的一个重要定理.中位线定理在与梯形相关计算中应用较普遍.

**例 7** 如图 2-6-10,在梯形 $ABCD$ 中,$AD \parallel BC$,$AB = DC$,过点 $D$ 作 $DE \perp BC$,垂足为 $E$,并延长 $DE$ 至点 $F$,使 $EF = DE$.联结 $BF$、$CD$、$AC$.

(1) 求证：四边形 $ABFC$ 是平行四边形；

(2) 如果 $DE^2 = BE \cdot CE$,求证四边形 $ABFC$ 是矩形.

**分析** (1)略;(2)条件 $DE^2 = BE \cdot CE$ 可联想到证明直角三角形.

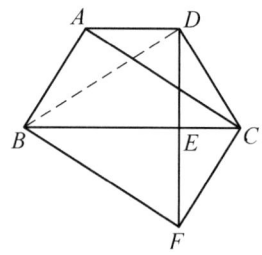

图 2-6-10

**证明**

(1) ∵ 在等腰梯形 $ABCD$ 中,$AB = DC$,

∴ $\angle ABC = \angle DCB$,

∵ △$DFC$ 是等腰三角形,$DE \perp BC$,

∴ $\angle DCB = \angle FCE$,

∴ $\angle ABC = \angle FCB$,

∴ $AB \parallel CF$.

又∵ $DC = CF$,

∴ $AB = CF$,

∴ 四边形 $ABFC$ 是平行四边形.

(2) 联结 $BD$,可由已知等积式转化为比例式再加 $DE$ 垂直 $BC$ 的条件证明△$BED \backsim$△$DEC$,从而证明 $\angle BDC = 90°$,

再由等腰梯形中基本全等三角形△$ABC \cong$△$DCB$ 而得到 $\angle BAC = 90°$ 即证得结果.

**例 8** 如图 2-6-11,在平面直角坐标系中,Rt△$ABC$ 的斜边 $AB$ 在 $x$ 轴上,$AB = 25$,顶点 $C$ 在 $y$ 轴的负半轴上,$OA = \frac{3}{4}OC$,点 $P$ 在线段 $OC$ 上,且 $PO$、$PC$ 的长($PO < PC$)是方程 $x^2 - 12x + 27 = 0$ 的两根.

(1) 求点 $P$ 坐标；

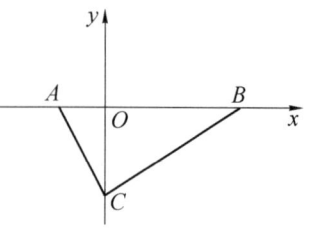

图 2-6-11

(2) 求 $AP$ 的长;

(3) 在 $x$ 轴上是否存在点 $Q$, 使以点 $A$、$C$、$P$、$Q$ 为顶点的四边形是梯形? 若存在, 请求出直线 $PQ$ 的解析式; 若不存在, 请说明理由.

**分析** 本例(3)中是梯形与一次函数综合的分类讨论题, 既要注意关于上下底平行线分类, 又要注意字母顺序的分类; 讨论时需注意顺序, 既不要遗漏, 也不要重复.

**解** (1) 解方程 $x^2-12x+27=0$, 得 $x_1=3, x_2=9$,

∵ $PO<PC$, ∴ $PO=3$, ∴ $P(0,-3)$.

(2) ∵ $PO=3, PC=9$,

∴ $OC=12$, ∴ $OA=9$,

∴ $A(-9,0)$, ∴ $AP=\sqrt{OA^2+OP^2}=3\sqrt{10}$.

(3) ① $PQ \parallel AC$, $y_{AC}=-\frac{4}{3}x-12$,

∴ $y_{PQ}=-\frac{4}{3}x-3$.

② $AP \parallel CQ$, $y_{AP}=-\frac{1}{3}x-3$,

∴ $y_{CQ}=-\frac{1}{3}x-12$, ∴ $Q(-36,0)$,

∴ 直线 $PQ$: $y=-\frac{1}{12}x-3$.

**小结**

1. 本文揭示梯形常见的几种添线方法.

(1) 添对角线: 在梯形中通过添对角线将梯形分割为两个三角形. 特别当存在腰和底边相等或对角线和腰垂直或梯形存在 30°、45°、60° 内角时, 梯形对角线就将梯形分解为特殊三角形了.

(2) 添腰的平行线: 在梯形中通过添腰的平行线将梯形分割为一个平行四边形和一个三角形. 并且将两腰集中在一个三角形中. 特别当条件中已知的是等腰梯形或已知腰长等于下底与上底差时推荐此方法构造等腰三角形.

(3) 分别延长两腰得交点: 在梯形中通过分别延长梯形两腰得交点是将梯形转化为三角形的常用方法. 若已知为等腰梯形则所得到的两个为等腰三角形, 若已知为直角梯形则所得到的两个为直角三角形. 此方法可结合平行线分线段成比例定理使用.

(4) 平移一条对角线: 在梯形中通过平移一条对角线将两对角线集中在一个三角形中. 若已知梯形对角线垂直或已知条件中存在上下底之和的线段长度推荐此方法将梯形转化为特殊三角形来解决.

(5) 添双高: 在梯形中添双高是在解决梯形两腰上下底计算问题的常用方法; 特别当底角为 30°、45°、60° 时就出现了特殊直角三角形, 往往可通过已知一腰的长度经等高转移数量关系求出另一腰或上下底; 若已知底角的某个三角比的值也常用此方法. 在直角梯形中添一高即可出现矩形.

(6) 添中位线: 当已知一腰的中点时常用此方法. 有了中位线就可使用梯形中位线定理, 能得到位置关系——平行, 又能得到数量关系——中位线长等于上下底之和的一半,一举多得.

**2. 几个特殊的梯形,及其处理方法和性质.**

(1) 上底与两腰长相等且对角线垂直于一腰的等腰梯形(如图 2-6-12).

可得到一个 30°底角的等腰三角形和一个 30°内角的直角三角形,并可利用等腰三角形和直角三角形特殊性质推导出一些特殊的边角数量关系和一些等价的真逆命题.

(2) 上底与一腰长相等的梯形(如图 2-6-13).

处理方法:连对角线,可得到等腰三角形以及对角线平分内角.

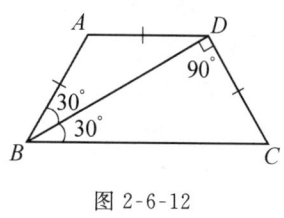

图 2-6-12

(可关注基本图形:等腰三角形+平行线→出现角平分线)

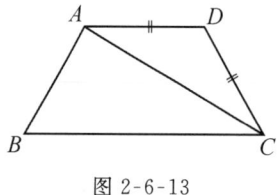
图 2-6-13

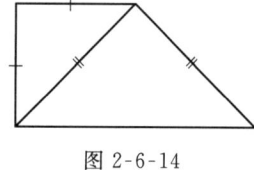
图 2-6-14

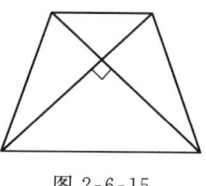
图 2-6-15

(3) 上底与直腰相等且对角线垂直斜腰的直角梯形(如图 2-6-14).

可得到两个等腰直角三角形,并且一条对角线长等于斜腰长,下底长是上底长的 2 倍.

(4) 对角线互相垂直的等腰梯形(如图 2-6-15).

处理方法:通过平移对角线构造等腰直角三角形.

此梯形上下底之和等于对角线长的 $\sqrt{2}$ 倍,高等于中位线长等于上下底之和的一半.

(5) 一腰 $BC=$ 上下底 $AB$ 和 $CD$ 之和,点 $M$ 为另一腰 $AD$ 中点(如图 2-6-16).

处理方法 1:通过分别延长线段 $BM$ 和下底 $CD$ 得交点可得到旋转全等的 $\triangle ABM$ 和 $\triangle DEM$,以及等腰 $\triangle BCE$.

由全等三角形和等腰三角形三线合一性质可得 $CM$ 平分 $BE$ 且平分 $\angle BCE$ 且 $CM \perp BM$,同时 $BM$ 平分 $\angle ABC$.

处理方法 2:构造中位线 $MN$.

$MN$ 也是 $\triangle BMC$ 的中线,由已知得到 $MN$ 为 $BC$ 的一半,可说明 $\angle BMC=90°$,得到 $CM \perp BM$.

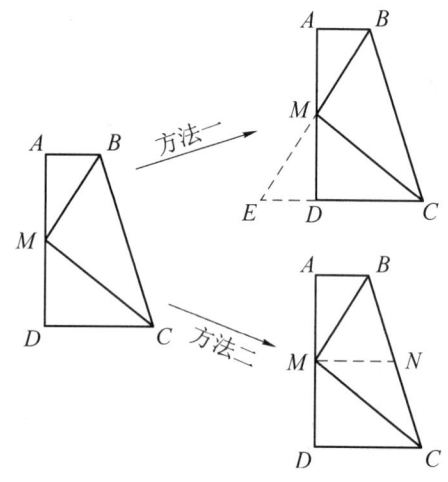

图 2-6-16

·········· 练 习 ··········

1. 在梯形 $ABCD$ 中,$AD \parallel BC$,$AD=3$,$BC=7$,$\angle B+\angle C=90°$,点 $E$、$F$ 分别是边

$AD$、$BC$ 的中点,那么 $EF=$ _____.

2. 已知梯形上底和下底的长分别为 5 厘米和 20 厘米,两条对角线的长分别为 7 厘米和 24 厘米,那么这个梯形的面积为 _____ 平方厘米.

3. 如图 2-6-17,在四边形 $ABCD$ 中,$AD=CD$,$AC$ 平分 $\angle DAB$,$AC \perp BC$,$\angle B=60°$.

（1）求证:四边形 $ABCD$ 是等腰梯形;

（2）取边 $AB$ 的中点 $E$,联结 $DE$.求证:四边形 $DEBC$ 是菱形.

4. 在梯形 $ABCD$ 中,$AD \parallel BC$,$\angle B=90°$,$\angle C=45°$,$AB=8$,$BC=14$,点 $E$、$F$ 分别在边 $AB$、$CD$ 上,$EF \parallel AD$,点 $P$ 与 $AD$ 在直线 $EF$ 的两侧,$\angle EPF=90°$,$PE=PF$,射线 $EP$、$FP$ 与边 $BC$ 分别相交于点 $M$、$N$,设 $AE=x$,$MN=y$.

（1）求边 $AD$ 的长;

（2）如图 2-6-18,当点 $P$ 在梯形 $ABCD$ 内部时,求 $y$ 关于 $x$ 的函数解析式,并写出定义域;

（3）如果 $MN$ 的长为 2,求梯形 $AEFD$ 的面积.

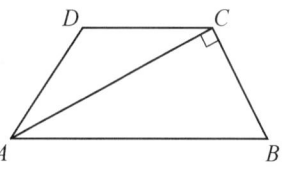

图 2-6-17

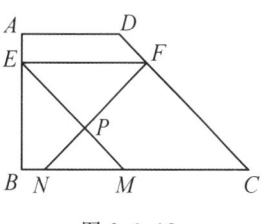

图 2-6-18

## 答　案

**1.** 2　**2.** 84　**3.** 略　**4.**（1）$AD=6$　（2）$y=-3x+10$,定义域为 $1 \leqslant x < \dfrac{10}{3}$　（3）当点 $P$ 在梯形 $ABCD$ 内部时,$S_{梯形AEFD}=\dfrac{176}{9}$;当点 $P$ 在梯形 $ABCD$ 外部时,$S_{梯形AEFD}=32$

## 7. 基本图形："A型"和"X型"相似三角形[1]

在相似形的习题中，好多都可以利用基本图形：A型和X型相似三角形来解决，因此总结这两个基本图形有重要意义．需要指出的是，解题前，观察所给出的图形是不是这两种基本图形，十分重要；由此联想得到一连串的性质，也是一种能力的反映．

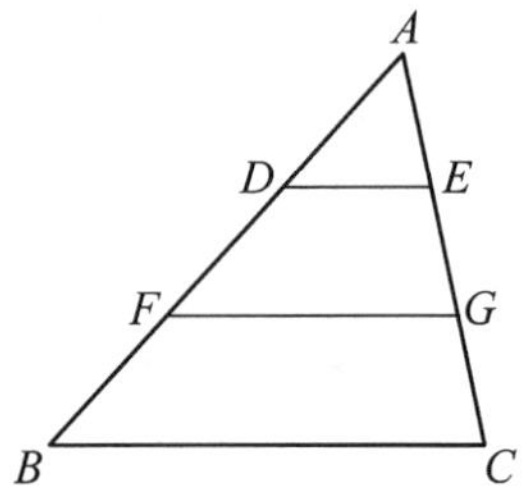

**例1** 如图2-7-1，在$\triangle ABC$中，$D$、$F$在$AB$上，且$AD=BF$，$DE/\!/BC$交$AC$于点$E$，$FG/\!/BC$交$AC$于点$G$．

求证：$DE+FG=BC$．

**证明** ∵ $DE/\!/BC$，$FG/\!/BC$，

∴ $\dfrac{DE}{BC}=\dfrac{AD}{AB}$，$\dfrac{FG}{BC}=\dfrac{AF}{AB}$， ← 这里存在着相似三角形，但也可以直接根据平行线得到比例线段．

∴ $\dfrac{DE}{BC}+\dfrac{FG}{BC}=\dfrac{AD+AF}{AB}$．

∵ $AD=BF$，

∴ $AD+AF=BF+AF=AB$，

∴ $\dfrac{DE}{BC}+\dfrac{FG}{BC}=1$，

∴ $DE+FG=BC$．

图2-7-1

**例2** 如图2-7-2，在$\triangle ABC$中，点$D$在边$BC$上，$DE/\!/AB$，$DE$交$BC$于点$E$，点$F$在边$AB$上，且$\dfrac{AF}{FB}=\dfrac{CE}{AE}$．

(1) 求证：$DF/\!/AC$；

(2) 如果$BD:DC=1:2$，$\triangle ABC$的面积为$18\mathrm{cm}^2$，求四边形$AEDF$的面积．

**证明** (1) ∵ $DE/\!/AB$，

∴ $\dfrac{CE}{AE}=\dfrac{CD}{BD}$．

∵ $\dfrac{AF}{FB}=\dfrac{CE}{AE}$， ← 这里存在着相似三角形，但也可以直接根据平行线得到比例线段．

∴ $\dfrac{AF}{FB}=\dfrac{CD}{BD}$，

∴ $DF/\!/AC$．

图2-7-2

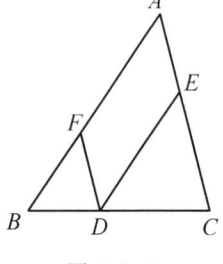

---

[1] 本文执笔：姚磊（上海市西南位育中学）

(2) ∵ $BD:DC=1:2$,

∴ $\dfrac{S_{\triangle FBD}}{S_{\triangle ABC}}=\dfrac{1}{9}$, $\dfrac{S_{\triangle CDE}}{S_{\triangle ABC}}=\dfrac{4}{9}$,

∴ $S_{四边形AEDF}=\dfrac{4}{9}S_{\triangle ABC}$,

∵ $S_{\triangle ABC}=18\text{cm}^2$,

∴ $S_{四边形AEDF}=8\text{cm}^2$.

> 这里还是应用了相似三角形的性质.

**讲评** 如图 2-7-3 所示的相似三角形称为"**A 型**"相似三角形.

"A 型"相似三角形的判别比较容易:特点是"**三角形　平行线**".

因为 A 型相似三角形比较直观,在书写证明过程中,有时可以省略三角形相似的语句,只写平行,直接得到线段比等式子.

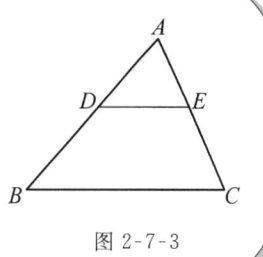

图 2-7-3

**例 3** 如图 2-7-4,$AE\mathbin{/\mkern-6mu/}CF\mathbin{/\mkern-6mu/}DG$,$AB:BC:CD=1:2:3$, $BF=8\text{cm}$, $CF=12\text{cm}$,求 $EB$、$EG$、$AE$、$DG$ 的长.

**解** ∵ $AE\mathbin{/\mkern-6mu/}CF\mathbin{/\mkern-6mu/}DG$,$AB:BC:CD=1:2:3$,$BF=8\text{cm}$,$CF=12\text{cm}$,

∴ $\dfrac{EB}{BF}=\dfrac{AB}{BC}=\dfrac{1}{2}$,$EB=\dfrac{1}{2}BF=4\text{cm}$,

∴ $\dfrac{EG}{BE}=\dfrac{AD}{AB}=6$,$EG=6BE=24\text{cm}$.

又 ∵ $\dfrac{AE}{CF}=\dfrac{AB}{BC}=\dfrac{1}{2}$, ∴ $AE=\dfrac{1}{2}CF=6\text{cm}$,

∴ $\dfrac{CF}{DG}=\dfrac{BC}{BD}=\dfrac{2}{5}$; ∴ $DG=\dfrac{5}{2}CF=30\text{cm}$.

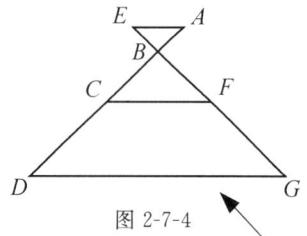

图 2-7-4

> △BAE 和 △BCF 相似吗?和 △BDG 相似吗?这种相似,在位置上和 A 型有什么不同?

**讲评** 如图 2-7-5 所示的相似三角形称为"**X 型**"相似三角形."X 型"的判别也比较容易:特点是"**三角形　平行线**",不过"A 型"的平行线在三角形内,而"X 型"的平行线在三角形外.因为"X 型"相似三角形比较直观,在书写证明过程中,有时可以省略三角形相似的语句,只写平行,直接得到线段比等式子.

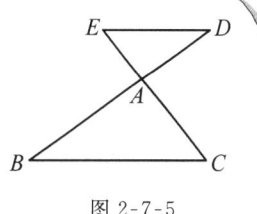

图 2-7-5

"**A 型**""**X 型**"相似三角形的性质(下游命题):

三角形方面:△ADE∽△ABC.

边方面:$DE\mathbin{/\mkern-6mu/}BC$,

　　　　$AD:AB=AE:AC=DE:BC$(就是△ADE 和△ABC 的相似比),

角方面:∠ADE=∠B,∠AED=∠C,∠EAD=∠BAC.

**链接** "A、X 型"相似三角形,是**位似形**. 若两个图形 $F$ 和 $F'$ 的点之间可以建立一一对应关系,并且满足:(1)联结任一双对应点的直线都通过同一点 $O$.(2)每双对应点均在点 $O$ 的同侧,或均在点 $O$ 的异侧.(3)对任一双对应点 $A$ 和 $A'$,有 $OA':OA=k$,则称图形 $F$ 和 $F'$ 为位似形,点 $O$ 称为位似中心,定比 $k$ 称为"位似比"或位似系数.

位似形一定是相似形,但相似形不一定是位似形. 位似形是位置有特殊要求的相似形.

**例 4**  如图 2-7-6,在 $\triangle ABC$ 中,$DE /\!/ BC$,请写出与 $\dfrac{AD}{AB}$ 相等的线段比或面积比.

**解**  (1) ∵ $DE /\!/ BC$,

∴ $\dfrac{AD}{AB}=\dfrac{AE}{AC}=\dfrac{DE}{BC}=\dfrac{DO}{CO}=\dfrac{EO}{BO}$.

(2) 又由于 $\triangle ADE$ 和 $\triangle ABE$、$\triangle ADE$ 和 $\triangle ADC$、$\triangle DOE$ 和 $\triangle DOB$、$\triangle COE$ 和 $\triangle BOC$、$\triangle DBC$ 和 $\triangle DEC$ 等多组三角形等高且底边平行或同一直线上,所以其面积比等于对应底边之比.

∴ $\dfrac{AD}{AB}=\dfrac{AE}{AC}=\dfrac{DE}{BC}=\dfrac{DO}{CO}=\dfrac{EO}{BO}$

$=\dfrac{S_{\triangle ADE}}{S_{\triangle ABE}}=\dfrac{S_{\triangle ADC}}{S_{\triangle ABC}}=\dfrac{S_{\triangle ADE}}{S_{\triangle ADC}}=\dfrac{S_{\triangle ABE}}{S_{\triangle ABC}}$

$=\dfrac{S_{\triangle BDE}}{S_{\triangle BDC}}=\dfrac{S_{\triangle BDE}}{S_{\triangle BCE}}=\dfrac{S_{\triangle CDE}}{S_{\triangle BCE}}=\dfrac{S_{\triangle CDE}}{S_{\triangle BDC}}$

$=\dfrac{S_{\triangle ODE}}{S_{\triangle ODB}}=\dfrac{S_{\triangle ODE}}{S_{\triangle OEC}}=\dfrac{S_{\triangle ODB}}{S_{\triangle OBC}}=\dfrac{S_{\triangle OEC}}{S_{\triangle OBC}}$.

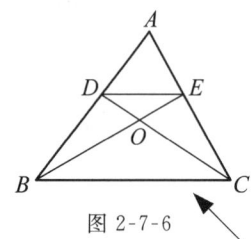

图 2-7-6

有几对相似三角形?分别是怎样的基本图形("A 型"相似三角形,"X 型"相似三角形)? 这种训练很重要.

(3) ∵ $DE /\!/ BC$,

∴ $\triangle ADE \backsim \triangle ABC$,$\triangle ODE \backsim \triangle OCB$,

由相似三角形性质可得 $\dfrac{AD}{AB}=\sqrt{\dfrac{S_{\triangle ADE}}{S_{\triangle ABC}}}=\sqrt{\dfrac{S_{\triangle ODE}}{S_{\triangle OCB}}}$.

◆教学中可以用不同的线段比,或设定具体数值来加以练习巩固. 如写出与 $\dfrac{AD}{BD}$ 相等的线段比或面积比. 已知 $\dfrac{AD}{AB}=\dfrac{2}{3}$,$S_{\triangle ADE}=4$,求 $S_{\triangle ADC}$、$S_{\triangle BOC}$ 等.

**例 5**  如图 2-7-7,在 $\triangle ABC$ 中,$D$ 为 $BC$ 上任一点,$BE /\!/ AD$ 交 $CA$ 延长线于 $E$,$CF /\!/ AD$ 交 $BA$ 延长线于 $F$. 求证:$\dfrac{1}{BE}+\dfrac{1}{CF}=\dfrac{1}{AD}$.

**证明**  ∵ $AD /\!/ BE$,$AD /\!/ CF$

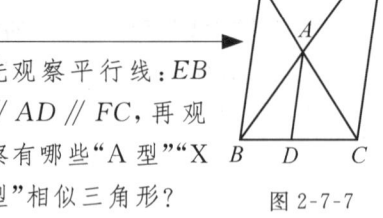

先观察平行线:$EB /\!/ AD /\!/ FC$,再观察有哪些"A 型""X 型"相似三角形?

图 2-7-7

∴ $\dfrac{AD}{BE}=\dfrac{CD}{BC}$,$\dfrac{AD}{CF}=\dfrac{BD}{BC}$.

∵ $CD+BD=BC$,

∴ $\dfrac{AD}{BE}+\dfrac{AD}{CF}=1$,

∴ $\dfrac{1}{BE}+\dfrac{1}{CF}=\dfrac{1}{AD}$.

**例6** 如图 2-7-8,在 □$ABCD$ 中,$E$ 是 $AD$ 上一点,$CE$ 与 $BD$ 相交于点 $O$,$CE$ 与 $BA$ 的延长线相交于点 $G$,已知 $DE=2AE$,$CE=10$.求 $GE$、$CO$ 的长.

**解** ∵ 四边形 $ABCD$ 是平行四边形,

∴ $BG // CD$.

∴ $\dfrac{GE}{CE}=\dfrac{AE}{ED}$.

∵ $DE=2AE$,$CE=10$,

∴ $\dfrac{GE}{10}=\dfrac{AE}{2AE}$, ∴ $GE=5$.

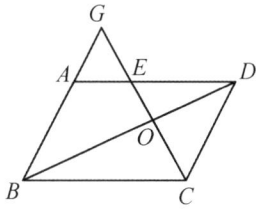

图 2-7-8

由题意知:$AD=BC$,$DE=2AE$,

∴ $\dfrac{DE}{BC}=\dfrac{2}{3}$.

又 $BC // DE$, ∴ $\dfrac{DE}{BC}=\dfrac{EO}{OC}$.

又 $EO=EC-OC=10-OC$,

∴ $\dfrac{2}{3}=\dfrac{10-OC}{OC}$,

∴ $OC=6$.

**例7** 已知△$ABC$,延长 $BC$ 到 $D$,使 $CD=BC$.取 $AB$ 的中点 $F$,联结 $FD$ 交 $AC$ 于点 $E$.

(1) 求 $\dfrac{AE}{AC}$ 的值;

(2) 若 $AB=a$,$BF=EC$,求 $AC$ 的长.

**解** (1) 如图 2-7-9,过点 $F$ 作 $FM // AC$,交 $BC$ 于点 $M$.

∵ $F$ 为 $AB$ 的中点,

∴ $M$ 为 $BC$ 的中点,$FM=\dfrac{1}{2}AC$.

由 $FM // AC$,

∴ $\dfrac{DC}{DM}=\dfrac{EC}{FM}=\dfrac{2}{3}$,

∴ $EC=\dfrac{2}{3}FM=\dfrac{2}{3}\times\dfrac{1}{2}AC=\dfrac{1}{3}AC$.

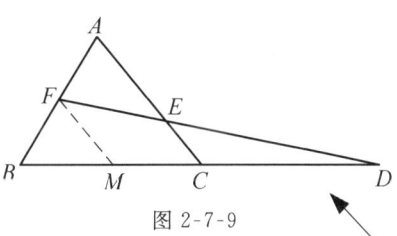

图 2-7-9

观察:没有平行线,当然就没有"A型""X型"相似三角形. 但题中出现线段比,由线段比可设计平行线,进而构造出"A型""X型"相似三角形.

∴ $\dfrac{AE}{AC}=\dfrac{AC-EC}{AC}=\dfrac{AC-\frac{1}{3}AC}{AC}=\dfrac{2}{3}$.

(2) ∵ $AB=a$，∴ $FB=\dfrac{1}{2}AB=\dfrac{1}{2}a$，

又 $FB=EC$，∴ $EC=\dfrac{1}{2}a$.

∵ $EC=\dfrac{1}{3}AC$，∴ $AC=3EC=\dfrac{3}{2}a$.

◆本文只提供了一种常见添线方法．学生可以尝试其他不同方法以加深印象及熟练程度．如过 $C$ 作 $CH\parallel AB$ 交 $DF$ 于 $H$；或过 $A$ 作 $AG\parallel BD$ 交 $DF$ 的延长线于 $G$ 等．

**例 8** 如图 2-7-10，在 Rt△$ABC$ 中，$\angle BAC=90°$，$AD\perp BC$ 于点 $D$，点 $O$ 是 $AC$ 边上一点，联结 $BO$ 交 $AD$ 于点 $F$，$OE\perp BO$ 交 $BC$ 边于点 $E$.

(1) 求证：△$ABF$∽△$COE$；

(2) 当 $O$ 为 $AC$ 边中点，$\dfrac{AC}{AB}=2$ 时，求 $\dfrac{OF}{OE}$ 的值；

(3) 当 $O$ 为 $AC$ 边中点，$\dfrac{AC}{AB}=n$ 时，请直接写出 $\dfrac{OF}{OE}$ 的值．

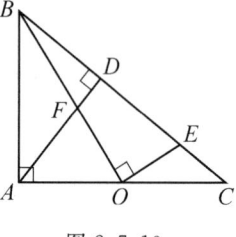

图 2-7-10

**解** (1) ∵ $AD\perp BC$，∴ $\angle DAC+\angle C=90°$.

∵ $\angle BAC=90°$，∴ $\angle BAF=\angle C$.

∵ $OE\perp OB$，∴ $\angle BOA+\angle COE=90°$，

∵ $\angle BOA+\angle ABF=90°$，∴ $\angle ABF=\angle COE$.

∴ △$ABF$∽△$COE$.

(2) 如图 2-7-11，作 $OG\perp AC$，交 $AD$ 的延长线于点 $G$.

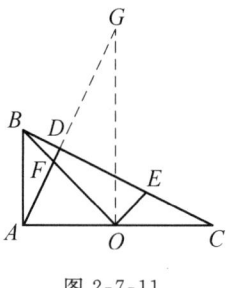

图 2-7-11

∵ $AC=2AB$，$O$ 是 $AC$ 边的中点，

∴ $AB=OC=OA$.

由(1)有△$ABF$∽△$COE$，

∴ △$ABF$≌△$COE$，

∴ $BF=OE$.

∵ $\angle BAD+\angle DAC=90°$，

$\angle DAB+\angle ABD=90°$，∴ $\angle DAC=\angle ABD$，

又 $\angle BAC=\angle AOG=90°$，$AB=OA$.

∴ △$ABC$≌△$OAG$，∴ $OG=AC=2AB$.

∵ $OG\perp OA$，∴ $AB\perp OG$，

∴ $\dfrac{OF}{BF}=\dfrac{OG}{AB}$，$\dfrac{OF}{OE}=\dfrac{OF}{BF}=\dfrac{OG}{AB}=2$.

(3) $\dfrac{OF}{OE}=n$.

◆本题为比例线段与相似、全等三角形性质的综合应用．第(1)小题作为铺垫，通过

三角形两组内角对应相等得出相似.再将比较复杂的 $\dfrac{OF}{OE}$ 的问题转化到同一线段上被分成的两部分之比即 $\dfrac{OF}{BF}$,然后尝试通过不同的添加平行线方法,最终发现最合理的解题途径.

**小结**

1.尽管"A 型"和"X 型"相似三角形可以直接利用平行线被截的性质处理,但熟悉这两个基本图形作用是明显的.

判断基本图形——"A 型"相似三角形、"X 型"相似三角形,只要看"**三角形　平行线**".确认是"A 型""X 型"基本图形后,要能够正确找到对应线段.

2.给出题之后,建议不要急于分析和解,让学生观察:图中有几对相似三角形?分别是怎样的基本图形?这种训练十分重要.

## 练　习

1.如图 2-7-12,在△ABC 中,MN∥BC,则 BM:CN=AM: _____ ,AB:AM=_____ :AN,MN:_____ =AN:AC.

2.如图 2-7-13,已知 DE∥BC,EF∥AB,AD:DB=2:3,BC=20cm,则 BF=_____ .

3.如图 2-7-14,在▱ABCD 中,E 为 BC 上一点,BE:EC=2:3,AE 交 BD 于点 F,$S_{▱ABCD}=10$,则 $\dfrac{BF}{FD}=$ _____ ,$S_{△ABF}=$ _____ .

4.如图 2-7-15,在△ABC 中,CD 是∠ACB 的平分线,DE∥BC,AD:DB=2:3,AC=a,求 DE 的长.

5.如图 2-7-16,△ABC 为等边三角形,边长为 2,DE∥BC,△BCD 的面积是△ABC 的面积的 $\dfrac{1}{4}$,求 EC 的长.

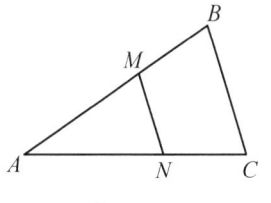

图 2-7-12

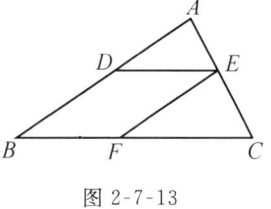

图 2-7-13

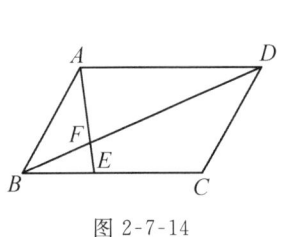

图 2-7-14

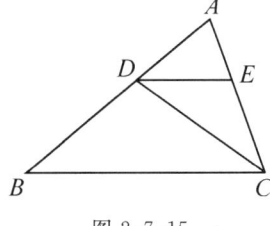

图 2-7-15

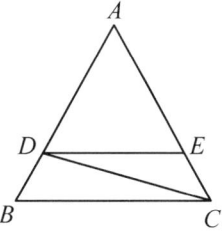

图 2-7-16

6.如图 2-7-17,在△ABC 中,AD 是中线,点 F 在 AD 上,且 AF:FD=1:2,BF 的延长线交 AC 于 E,求 AE:EC 的值.

7.如图 2-7-18,在△ABC 中,D 为 AC 上一点,E 为 CB 延长线上一点,且 $\dfrac{AC}{BC}=\dfrac{EF}{FD}$.

求证:$AD=EB$.

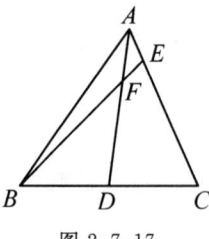

图 2-7-17

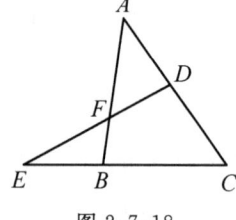

图 2-7-18

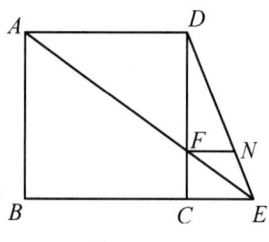

图 2-7-19

8. 如图 2-7-19,$E$ 为正方形 $ABCD$ 的 $BC$ 边延长线上一点,$AE$ 交 $CD$ 于 $F$,$FN \parallel AD$ 交 $DE$ 于 $N$. 求证:$CF=NF$.

9. 如图 2-7-20,在梯形 $ABCD$ 中,$AD \parallel BC$,$S_{\triangle ADB}=S_{\triangle OBC}$ $=1$,求梯形 $ABCD$ 的面积.

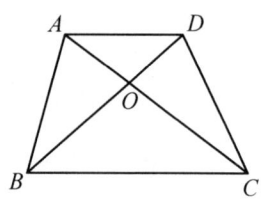

图 2-7-20

### 答 案

1. $AN$  $AC$  $BC$  2. 8cm  3. $\dfrac{2}{5}$  $\dfrac{10}{7}$  4. $\dfrac{3a}{5}$  5. $\dfrac{1}{2}$

6. $\dfrac{1}{4}$  7. 提示:过点 $D$ 作 $DG \parallel AB$ 交 $BC$ 于点 $G$

8. 略  9. $\dfrac{3+\sqrt{5}}{2}$

# 8. 基本图形:"错 A 型"和"错 X 型"相似三角形[①]

基本图形"A 型"、"X 型",经过变化,可以得到基本图形"错 A 型"、"错 X 型",很多学生在单独看到这样的图形时还能分辨出来,但往往在较为复杂的图形中,找不到这样的基本图形予以应用,所以有必要进行这样问题的归类整理.

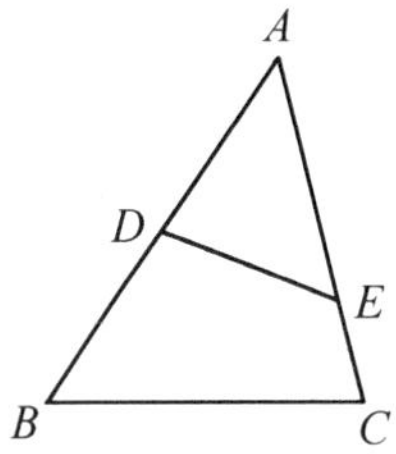

**例 1** 如图 2-8-1,在△ABC 中,$AB=2\sqrt{6}$,$AC=4$,点 D 是 AB 的中点,点 E 在边 AC 上,且∠AED=∠ABC. 求 AE 的长度.

**解** 在△ABC 和△AED 中,

∵ ∠A=∠A,∠ABC=∠AED,

∴ △ABC∽△AED,

∴ $\dfrac{AB}{AE}=\dfrac{AC}{AD}$,

∴ $\dfrac{2\sqrt{6}}{AE}=\dfrac{4}{\sqrt{6}}$,

∴ $AE=3$.

图 2-8-1

> 这种图形要注意相似三角形的成比例线段不是上下对应的("错位"的).

**例 2** 如图 2-8-2,在梯形 ABCD 中,AD∥BC,点 E 在边 AD 上,CE 与 BD 相交于点 F,$AD=4$,$AB=5$,$BC=BD=6$,$DE=3$. 求线段 CF 的长.

**证明** ∵ AD∥BC,$DE=3$,$BC=6$,

∴ $\dfrac{DF}{FB}=\dfrac{DE}{BC}=\dfrac{3}{6}=\dfrac{1}{2}$,∴ $\dfrac{DF}{BD}=\dfrac{1}{3}$,

∵ $BD=6$,∴ $DF=2$.

∵ $DA=4$,

∴ $\dfrac{DF}{DA}=\dfrac{2}{4}=\dfrac{1}{2}$,$\dfrac{DE}{DB}=\dfrac{3}{6}=\dfrac{1}{2}$.

∴ $\dfrac{DF}{DA}=\dfrac{DE}{DB}$.

又∵ ∠EDF=∠BDA,∴ △DFE∽△DAB.

∴ $\dfrac{EF}{AB}=\dfrac{DE}{DB}$.

∵ $AB=5$,∴ $\dfrac{EF}{5}=\dfrac{3}{6}$,∴ $EF=\dfrac{5}{2}=2.5$.

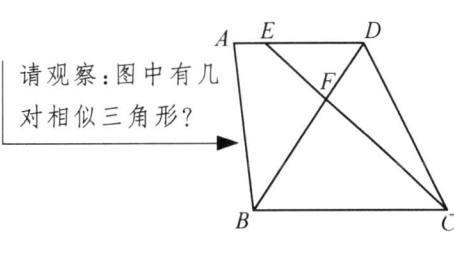

图 2-8-2

> 请观察:图中有几对相似三角形?

---

[①] 本文执笔:权克军(华东理工大学附中)

∵ $DE \parallel BC$, ∴ $\dfrac{CF}{EF} = \dfrac{BC}{DE}$. ∴ $\dfrac{CF}{2.5} = \dfrac{6}{3}$, ∴ $CF = 5$.

> **讲评** 基本图形:"错 A 型".
>
> 图 2-8-3 中 $D'E' \parallel BC$，$\triangle AD'E'$ 和原 $\triangle ABC$ 构成基本图形——"A 型"相似三角形.如果把 $\triangle AD'E'$ 翻折，$A$ 点不变,点 $D'$ 落到 $AB$ 上的 $D$ 点,点 $E'$ 落到 $AC$ 上的 $E$ 点,那么 $\triangle ADE$ 和原 $\triangle ABC$ 相似,构成了一个新的基本图形:"错 A 型"相似三角形.
>
>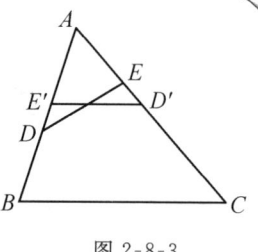
>
> 图 2-8-3
>
> "错 A 型"相似三角形的**判别**:看 $\angle ADE$ 和 $\angle C$(或 $\angle AED$ 和 $\angle B$)是否相等(对于四边形 $DECB$ 而言,外角 $\angle ADE$ 等于内对角 $\angle C$ 或 $\angle AED = \angle B$).
>
> "错 A 型"相似三角形的**性质**:
>
> 三角形方面: $\triangle ADE \backsim \triangle ABC$.
>
> 边方面:$AD:AC = AE:AB = DE:BC$(就是 $\triangle ADE$ 和 $\triangle ABC$ 的相似比),注意和"A 型"相似三角形不同,比是"错位"的.
>
> $AD \times AB = AE \times AC$.
>
> 角方面: $\angle ADE = \angle C$, $\angle AED = \angle B$.

**例 3** 如图 2-8-4,在 $\triangle ABC$ 中,$AB = \sqrt{3}$，$AC = 3$，$D$ 是边 $AC$ 上一点,且 $AD:DC = 1:2$,联结 $BD$.

(1) 求证:$\triangle ABD \backsim \triangle ACB$;

(2) 若 $\sin \angle ACB = \dfrac{1}{3}$,试画出符合条件的大致图形,并求 $BD$ 的长度.

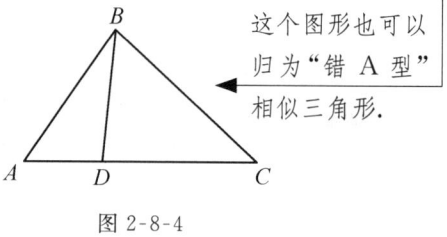

图 2-8-4

> 这个图形也可以归为"错 A 型"相似三角形.

**分析** 第(2)小题的解决关键在于已知 $\sin \angle ACB = \dfrac{1}{3}$,锐角三角比在初中阶段应用于直角三角形中,所以要构造直角三角形,寻找比例线段进行求解线段的长度.

**解** (1) ∵ $AD:DC = 1:2$，$AC = 3$，∴ $AD = 1$，$DC = 2$.

∵ $AB = \sqrt{3}$，∴ $\dfrac{AD}{AB} = \dfrac{AB}{AC}$.

又∵ $\angle A$ 是公共角，∴ $\triangle ADB \backsim \triangle ABC$.

(2) 方法一:过点 $A$ 作 $AH \perp BC$ 垂足为点 $H$.

> 由于已知告诉了 $\angle C$ 的条件,所以要构造包含 $\angle ACB$ 的直角三角形.

在 $\triangle ACH$ 中，$\angle AHC = 90°$，$\sin \angle ACB = \dfrac{1}{3}$，$AC = 3$，

∴ $AH = 1$，$CH = 2\sqrt{2}$.

在 $\triangle ABH$ 中，$\angle AHB = 90°$，$AB = \sqrt{3}$，$AH = 1$，

∴ $BH=\sqrt{2}$.

如图 2-8-5,若 $\angle ABC$ 为锐角(或点 $H$ 在边 $BC$ 上),

则 $BC=BH+CH=3\sqrt{2}$.

∵ $\triangle ADB \backsim \triangle ABC$, ∴ $\dfrac{BD}{CB}=\dfrac{AB}{AC}$,解得 $BD=\sqrt{6}$.

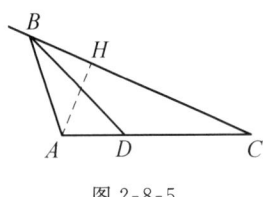

图 2-8-5

如图 2-8-6,若 $\angle ABC$ 为钝角(或点 $H$ 在边 $CB$ 的延长线上),

则 $BC=CH-BH=\sqrt{2}$.

∵ $\triangle ADB \backsim \triangle ABC$, ∴ $\dfrac{BD}{CB}=\dfrac{AB}{AC}$,解得 $BD=\dfrac{\sqrt{6}}{3}$,

∴ $BD$ 的长度为 $\dfrac{\sqrt{6}}{3}$ 或 $\sqrt{6}$.

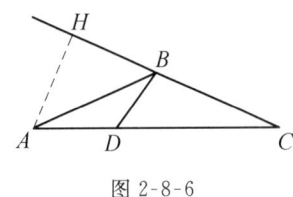

图 2-8-6

方法二:如图 2-8-7、2-8-8,过点 $B$ 作 $BH \perp AC$.

也可以过点 $B$ 作 $BH$ 垂直于 $AC$,解题的方法同第一种方法相同.

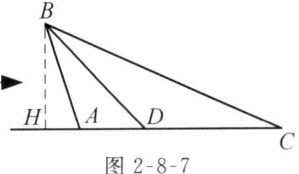

图 2-8-7

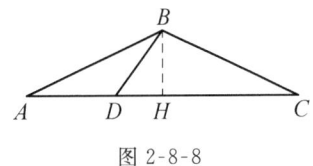

图 2-8-8

**讲评** 1.基本图形:"错 A 型"相似三角形的特例——**子母三角形**.如图 2-8-9.

把"错 A 型"中的线段 $DE$ 下移,即过 $B$ 点作 $DE$ 的平行线 $BF$,那么 $\triangle ABF$ 和原 $\triangle ABC$ 相似.

**子母相似三角形的性质**:

三角形方面:$\triangle ABF \backsim \triangle ABC$.

边方面:$AB:AC=AF:AB=BF:BC$,$AB^2=AF \cdot AC$.

角方面:$\angle ABF=\angle C$,$\angle AFB=\angle B$.

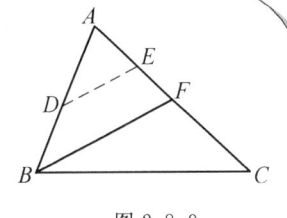

图 2-8-9

2.**子母直角三角形**是"错 A 型"的特例.如图 2-8-10,有性质:

三角形方面:$\triangle ACD \backsim \triangle ABC$.

边方面:$AD:AC=AC:AB=CD:BC$,$AC^2=AD \cdot AB$.

角方面:$\angle ACD=\angle B$,$\angle ADC=\angle ACB=90°$.

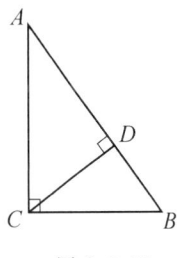

图 2-8-10

**例 4** 如图 2-8-11,四边形 $ABCD$ 对角线 $AC$ 与 $BD$ 相交于点 $O$,$OD=2OA$,$OC=2OB$.

(1) 求证:$\triangle AOB \backsim \triangle DOC$;

(2) 点 $E$ 在线段 $OC$ 上,若 $AB \parallel DE$,求证:$OD^2=OE \cdot OC$.

请观察:图形中存在几对相似三角形?

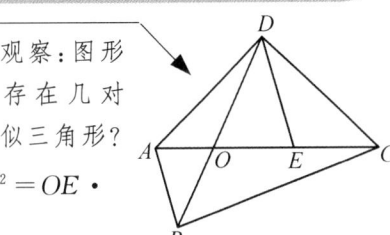

图 2-8-11

**证明** (1) ∵ $OD=2OA, OC=2OB$,

∴ $\dfrac{OA}{OD}=\dfrac{OB}{OC}=\dfrac{1}{2}$. 又 $\angle AOB=\angle DOC$,

∴ $\triangle AOB\backsim\triangle DOC$.

(2) 由(1)得 $\triangle AOB\backsim\triangle DOC$,

∴ $\angle ABO=\angle DCO$.

∵ $AB\parallel DE$, ∴ $\angle ABO=\angle EDO$.

∴ $\angle DCO=\angle EDO$.

∵ $\angle DOC=\angle EOD$, ∴ $\triangle DOC\backsim\triangle EOD$.

∴ $\dfrac{OD}{OE}=\dfrac{OC}{OD}$.

∴ $OD^2=OE\cdot OC$.

---

**讲评** 基本图形——"错 X 型"相似三角形(又称"蝴蝶型").

图 2-8-12 中 $A'D'\parallel BC$, $\triangle A'D'O$ 和原 $\triangle OBC$ 构成基本图形——"X 型"相似三角形. 如果把 $\triangle OA'D'$ 翻折, $O$ 点不变, 点 $D'$ 落到 $BO$ 延长线上的 $D$ 点, 点 $A'$ 落到 $CD'$ 上的 $A$ 点(使得 $\angle ADO=\angle C$), 那么 $\triangle OAD$ 和原 $\triangle ABC$ 相似, 构成了一个新的基本图形: "错 X 型"相似三角形.

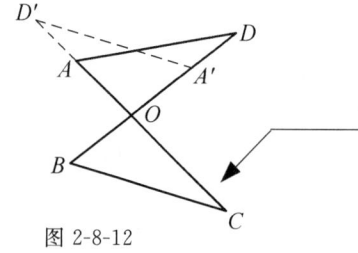

图 2-8-12

通过图形和已知条件中的角相等, 能够联想到相似三角形

"错 X 型"相似三角形的**判别**: 看 $\angle ADO$ 和 $\angle C$($\angle OAD$ 和 $\angle B$)是否相等.

"错 X 型"相似三角形的**性质**:

三角形方面: $\triangle ADO\backsim\triangle ABC$.

边方面: $OD:OC=AO:OB=DA:BC$(就是 $\triangle ADE$ 和 $\triangle ABC$ 的相似比), 注意和"X 型"不同, 比是"错位"的.

$OD\times OB=AO\times OC$.

角方面: $\angle ADO=\angle C, \angle OAD=\angle B$.

---

 **小结**

1. 基本图形——"错 A 型"相似三角形, 以及特例子母相似三角形, 字母直角三角形.

一要注意它和"A 型"相似三角形的联系, 二要注意它的**判别**(**外角等于内对角**), 三要注意线段比例关系是"错位"的, 乘积关系倒是"顺位"的.

2. 基本图形——"错 X 型"相似三角形(又称蝴蝶型).

一要注意它和"X型"相似三角形的联系,二要注意它的判别("蝴蝶"的尖角相等,学了四点共圆,可以说同弧所对的圆周角相等),三要**注意线段比例关系的"错位",乘积关系倒是"顺位"的**.

3. 有条件的学校,建议补充四点共圆的基础知识,这对判断"错A型"相似三角形和"错X型"相似三角形是有益的.

4. 给出题之后,建议不要急于分析和解,让学生观察:图中有几对相似三角形?分别是怎样的基本图形?

## 练 习

1. 如图 2-8-13,$DE/\!/BC$,$EF/\!/AB$,则下列式子中成立的是( ).

(A) $\dfrac{AD}{DB}=\dfrac{BF}{EC}$    (B) $\dfrac{AB}{BC}=\dfrac{DE}{AC}$    (C) $\dfrac{EF}{AB}=\dfrac{AC}{CE}$    (D) $\dfrac{AD}{DB}=\dfrac{BF}{FC}$

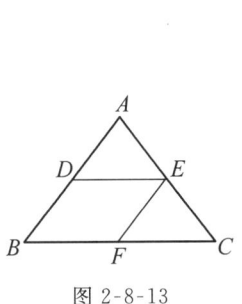
图 2-8-13

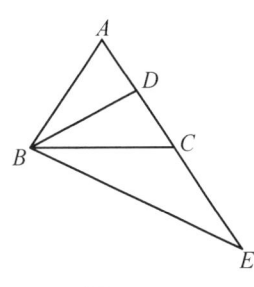
图 2-8-14

图 2-8-15

2. 如图 2-8-14,已知点 $A'$、$B'$、$C'$ 分别在射线 $OA$、$OB$、$OC$ 上,$AB/\!/A'B'$,$BC/\!/B'C'$.求证:$AC/\!/A'C'$.

3. 如图 2-8-15,在 $\triangle ABC$ 中,$AB=AC$,$D$、$E$ 分别是 $AC$ 及 $AC$ 延长线上的点,联结 $BD$、$BE$,已知 $AC^2=AD\cdot AE$,求证:$BC$ 平分 $\angle DBE$.

4. 如图 2-8-16,已知点 $F$ 是正方形 $ABCD$ 的边 $CD$ 上的点,$\dfrac{CF}{DF}=\dfrac{1}{3}$,$AF$ 与 $BD$ 相交于点 $E$,$AF$ 的延长线交 $BC$ 的延长线于点 $G$.求 $AE:EG$ 的值.

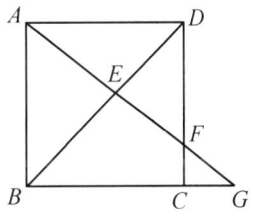
图 2-8-16

## 答 案

**1.** D    **2.** 略    **3.** 略    **4.** $\dfrac{3}{4}$

## 9. 基本图形：一线三等角[①]

"一线三等角"这个基本图形性质虽然不多，就是可以得到一组相似三角形而已，但因为这组相似三角形的对应关系较难看出，因此根据这个基本图形先判断存在着一组相似三角形，就有其价值了。

**例 1** 在等腰 $\triangle ABC$ 中，$AB=AC$，$D$ 是 $BC$ 上的一点，作 $\angle ADE=\angle B$。问：$\triangle ABD$ 与 $\triangle DCE$ 相似吗？如果相似，请写出该组相似三角形顶点和边的对应关系。

**证明** ∵ $AB=AC$，

∴ $\angle B=\angle C$。

又∵ $\angle ADC=\angle ADE+\angle CDE=\angle B+\angle BAD$，

且 $\angle ADE=\angle B$，

∴ $\angle BAD=\angle EDC$，

∴ $\triangle ABD\backsim\triangle DCE$。

图 2-9-1

$A$ 和 $D$、$B$ 和 $C$、$D$ 和 $E$ 是对应顶点，三边的对应关系为：

$\dfrac{AB}{DC}=\dfrac{BD}{CE}=\dfrac{AD}{ED}$（也可以 $AB:BD:AD=DC:CE:ED$）。

**讲评** 从这个例子，我们可以提炼出如下基本图形："三个相等的角的顶点在一直线上，就有两个三角形相似"这个结论。这就成为一个基本图形，简称"**一线三等角**"。

如图 2-9-2，当 $\angle A=\angle B=\angle EDC$ 时，就有 $\triangle ADE\backsim\triangle CDB$。

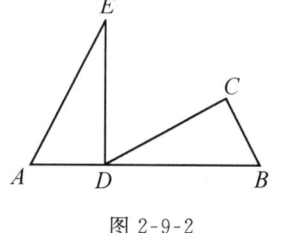

图 2-9-2

其证明只要用到外角知识。"一线三等角"不能作为定理直接引用（尽管本文出处略去证明过程），因此在书写证明时，还得用外角知识重新证明。

教学上特别值得注意的是，这对相似三角形的对应关系不太"顺眼"，要把其中一个三角形转过一个角度后，才比较容易看出顶点的对应关系和对应边。比较好的记忆方法是"**逆时针比例法**"：从图中的点 $E$ 出发，逆时针沿外周绕，得比例 $EA:AD=DB:BC$。

---

[①] 本文执笔：翟立琴（华东理工大学附中）

**例2** 在等边△ABC中,将角A翻折,使点A落在BC边的D点上,EF为折痕.求证:△BED∽△CDF.并写出对应线段比例式.

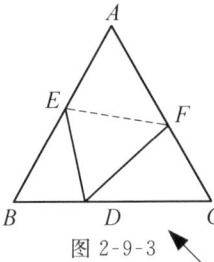

图 2-9-3

等腰三角形(梯形)的底边、矩形的一边,它的两端已经有两个角相等,如果此时在它的上面又出现一个角,那么可以考虑有没有"一线三等角"的状况.

**分析** 因为△ABC是等边三角形,所以∠B=∠C=∠A,又因为A点经翻折到D点,显然有∠A=∠EDF.于是形成了"一线三等角"(∠B=∠C=∠EDF)的格局,可得△BED∽△CDF.

**证明**:因为∠B=∠C=∠A,又有∠A=∠EDF,所以∠B=∠C=∠EDF,可证△BED∽△CDF(一线三等角,证明略).

此图对应线段比例式有:$\dfrac{BE}{DC}=\dfrac{BD}{CF}=\dfrac{ED}{DC}$.

**例3** 如图2-9-4,在矩形ABCD中,AD=4,CD=5,点F在AD上,将角D沿CF翻折,使D落在AB边的点E处,求$S_{\triangle AEF}:S_{\triangle BCE}$的值.

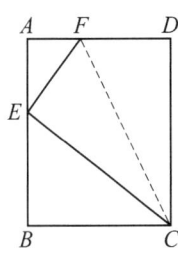

图 2-9-4

**分析** 显然有∠FEC=∠A=∠B=90°,符合一线三等角的基本图形要求.

**证明** ∵ ∠FEC=∠A=∠B=90°,

可证△AEF∽△BCE(一线三等角,证明过程略).

在Rt△EBC中,BC=4.

∵ CD=5, ∴ CE=5,

∴ BE=3.

于是AE=AB−3=2.

在Rt△AEF中,AE=2.

设DF=x,则EF=x,

又∵ AD=4, ∴ AF=4−x,

于是有$2^2+(4-x)^2=x^2$,

解得$x=\dfrac{5}{2}$,即$DF=\dfrac{5}{2}$,

于是$AF=\dfrac{3}{2}$,

$S_{\triangle AEF}:S_{\triangle BCE}=AF^2:BE^2=\left(\dfrac{3}{2}\right)^2:3^2=\dfrac{1}{4}$.

**例4** 如图2-9-5,在等腰梯形ABCD中,AD∥BC,AB=DC=5,AD=2,BC=8,∠MEN=∠B.∠MEN的顶点E在边BC上移动,一条边始终经过点A,另一边与CD交于点F,联结AF.设BE=x,DF=y,试建立y关于x的函数关系式,并写出函数定义域.

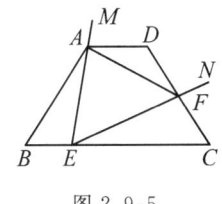

图 2-9-5

**解** 显然∠B=∠C=∠AEF,

可证 △ABE∽△FEC(一线三等角,证明过程略).

∴ $\dfrac{AB}{BE}=\dfrac{EC}{FC}$,

即 $\dfrac{5}{x}=\dfrac{8-x}{5-y}$,

$y=\dfrac{1}{5}(x^2-8x+25)$ $(0\leqslant x<8)$.

**例5** 如图2-9-6,在Rt△ABC中,∠C=90°,BC=6,AC=8,O是AB上一点,AO=4,P是AC上动点,过点P做OP的垂线交边BC于点Q,设AP=x,CQ=y,试求y关于x的函数解析式,并写出定义域.

**分析** 过点O作OM⊥AC,于是就有∠C=∠OPQ=∠OMP=90°. 构成"一线三等角"的格局.("一线三等角"这个基本图形有时可用来添辅助线噢!)

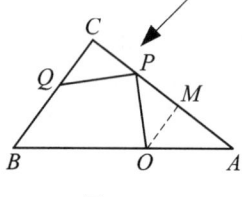

图2-9-6

∠C=∠OPQ,线段AC上已经有了两个相等的角(都是直角),怎么才能利用"一线三等角"呢?

**解** 过点O作OM⊥AC,

∴ ∠C=∠OPQ=∠OMP=90°.

∴ 易证△CQP∽△MPO(一线三等角,证明过程略).

∴ $\dfrac{QC}{PM}=\dfrac{CP}{MO}$.

又∵ BC=6,AC=8,

∴ BA=10.

由 OM∥BC,

得到 △AMO∽△ACB,

∴ $\dfrac{OM}{CB}=\dfrac{AM}{AC}=\dfrac{OA}{AB}$.

又∵ AO=4,

得到 $OM=\dfrac{12}{5}, AM=\dfrac{16}{5}$,

∴ $PM=x-\dfrac{16}{5}$.

又∵ AP=x, CQ=y,

∴ $\dfrac{y}{x-\dfrac{16}{5}}=\dfrac{8-x}{\dfrac{12}{5}}$,

∴ $y=-\dfrac{5}{12}x^2+\dfrac{14}{3}x-\dfrac{32}{3}$ $\left(\dfrac{16}{5}<x<8\right)$.

**例6** 如图2-9-7,若∠B=∠EDC=∠A,且点D是BC的中点,请问:图中是否产生新的相似三角形?请证明,并写出哪些角相等,哪些线段比相等.

**解** ∵ ∠B=∠EDC=∠A,

有△EAD∽△DBC(一线三等角,证明略).

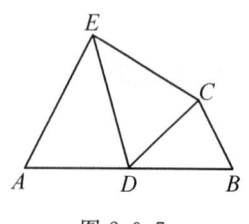

图2-9-7

$\therefore \dfrac{EA}{DB}=\dfrac{ED}{CD}$,

$\therefore \dfrac{EA}{ED}=\dfrac{DB}{CD}$.

又∵ 点 $D$ 是 $AB$ 的中点, $\therefore$ $AD=DB$,

$\therefore \dfrac{EA}{ED}=\dfrac{AD}{CD}$.

又∵ $\angle A=\angle EDC$,

$\therefore \triangle EAD \backsim \triangle DEC$,

即 $\triangle EAD \backsim \triangle DEC \backsim \triangle DBC$.

由这样连环相似可以得到下列角相等:

$\angle AED=\angle CDB=\angle CED$,

$\angle BCD=\angle EDA=\angle ECD$.

由这样连环相似可以得到下列线段比相等:

由 $\triangle EDA \backsim \triangle DBC$ 得 $\dfrac{EA}{DB}=\dfrac{AD}{BC}=\dfrac{DE}{CD}$,

由 $\triangle EDA \backsim \triangle EDC$ 得 $\dfrac{EA}{ED}=\dfrac{AD}{DC}=\dfrac{DE}{CE}$,

由 $\triangle CBD \backsim \triangle CDE$ 得 $\dfrac{CB}{CD}=\dfrac{BD}{DE}=\dfrac{DC}{EC}$.

> **讲评** 本题反映的是又一个**基本图形"一线三等角 中点"**. 图 2-9-7 中, 若 $\angle B=\angle EDC=\angle A$, 且 $D$ 是 $BC$ 的中点, 那么有三个三角形相似: $\triangle EAD \backsim \triangle DEC \backsim \triangle DBC$. 同样地, 其对应关系值得重视. 不过, 这个对应关系比较"顺", 只要假想把 $AB$ 的中点 $D$ 沿 $AB$"滑"向 $A$ 点(或 $B$ 点), 夹 $\angle A$(或 $\angle B$)两边与夹 $\angle EDC$ 的两边对应关系呈现左对左、右对右的格局.

**例 7** 如图 2-9-8, 在梯形 $ABCD$ 中, $AD \parallel BC$, $AB=CD=BC=6$, $AD=3$. $M$ 为边 $BC$ 的中点, 以 $M$ 为顶点作 $\angle EMF=\angle B$, 射线 $ME$ 交腰 $AB$ 于点 $E$, 射线 $MF$ 交腰 $CD$ 于点 $F$, 联结 $EF$.

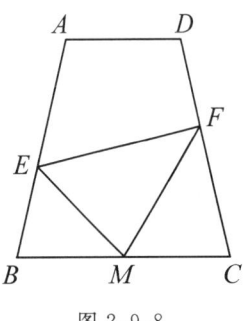

图 2-9-8

(1) 求证: $\triangle MEF \backsim \triangle BEM$;

(2) 若 $\triangle BEM$ 是以 $BM$ 为腰的等腰三角形, 求 $EF$ 的长;

(3) 若 $EF \perp CD$, 求 $BE$ 的长.

**证明** (1) 在梯形 $ABCD$ 中, ∵ $AD \parallel BC$, $AB=CD$,

$\therefore \angle B=\angle C$.

∵ $\angle BMF=\angle EMB+\angle EMF=\angle C+\angle MFC$,

又 $\angle EMF=\angle B$, $\therefore \angle EMB=\angle MFC$,

$\therefore \triangle EMB \backsim \triangle MFC$,

∴ $\dfrac{EB}{MC}=\dfrac{EM}{MF}$,

∴ $\dfrac{EB}{EM}=\dfrac{MC}{MF}$.

∵ $MC=MB$,

∴ $\dfrac{EB}{EM}=\dfrac{MB}{MF}$,

又∠$EMF=∠B$,

∴ △$MEF$∽△$BEM$.

(2) 若 $BM=BE=3=MC$, ∵ △$EMB$∽△$MFC$,

∴ $MC=CF=3$,

∴ $DF=FC=3$,

∴ $EF$ 是梯形 $ABCD$ 的中位线,

∴ $EF=\dfrac{AD+BC}{2}=\dfrac{9}{2}$.

若 $BM=EM$,由△$MEF$∽△$BEM$,

∴ △$MEF$≌△$BEM$.

又∵ △$EMB$∽△$MFC$,

∴ △$MEF$≌△$FMC$,

∴ $DE=CD=6$,即 $EF=6$.

(3) ∵ $EF⊥CD$,△$MEF$∽△$BEM$,

∴ ∠$MFE=∠MFC=∠BME=45°$.

过点 $E$ 作 $EH⊥BC$,

设 $BE=x$,则 $BH=\dfrac{1}{4}x$,$EH=MH=\dfrac{\sqrt{15}}{4}x$,

$\dfrac{\sqrt{15}}{4}x+\dfrac{1}{4}x=3$,

∴ $BE=x=\dfrac{6}{7}(\sqrt{15}-1)$.

1. **基本图形"一线三等角"**:三个相等的角的顶点在一直线上,就有两个三角形相似.图参见前文.教学上特别值得注意的是相似三角形的对应关系,建议采用"逆时针比例法"加以记忆.

2. **基本图形"一线三等角+中点"**.三个相等的角的顶点 $A$、$D$、$B$ 在一直线上,位于中间的那个顶点 $D$,如果是线段 $AB$ 的中点,那么就有三个三角形相似.图参见前文.

3. 一线三等角这个基本图形常出现在等腰三角形底边,等腰梯形的底边,矩形的一边等场合.

4. 有时可以利用一线三等角这个基本图形添辅助线.

## 练 习

1. 如图 2-9-9,在梯形 ABCD 中,AB∥CD,CD=8,BC=6,∠ABD=∠C,P 是 CD 上的一个动点(P 不与点 C 点 D 重合),且满足条件:∠BPE=∠C,交 BD 于点 E. 求证:△BCP∽△PDE;

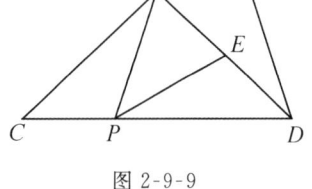

图 2-9-9

2. 如图 2-9-10,在正方形 ABCD 中,AB=5,E 是直线 BC 上的一点,联结 AE,过点 E 作 EF⊥AE,交直线 CD 于点 F. 当 E 点在 BC 边上运动时,设线段 BE 的长为 $x$,线段 CF 的长为 $y$,求 $y$ 关于 $x$ 的函数解析式及其定义域.

3. 在梯形 ABCD 中,AD∥BC,AD<BC,且 AD=5,AB=DC=2.

(1) 如图 2-9-11,P 为 AD 上的一点,满足∠BPC=∠A.

① 求证:△ABP∽△DPC;

② 求 AP 的长.

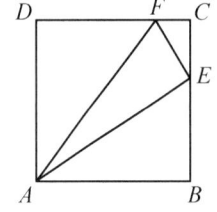

图 2-9-10

(2) 如果点 P 在 AD 边上移动(点 P 与点 A、D 不重合),且满足∠BPE=∠A,PE 交直线 BC 于点 E,同时交直线 DC 于点 Q,那么

① 当点 Q 在线段 DC 的延长线上时,设 AP=x,CQ=y,求 $y$ 关于 $x$ 的函数解析式,并写出函数的定义域;

② 当 CE=1 时,写出 AP 的长(不必写出解题过程).

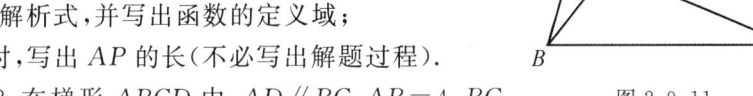

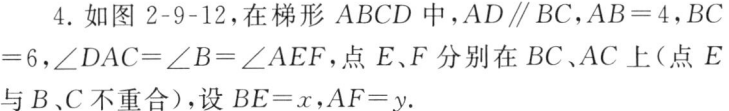

图 2-9-11

4. 如图 2-9-12,在梯形 ABCD 中,AD∥BC,AB=4,BC=6,∠DAC=∠B=∠AEF,点 E、F 分别在 BC、AC 上(点 E 与 B、C 不重合),设 BE=x,AF=y.

(1) 求证:△ABE∽△ECF;

(2) 求 $y$ 与 $x$ 之间的函数关系式,并求自变量 $x$ 的取值范围;

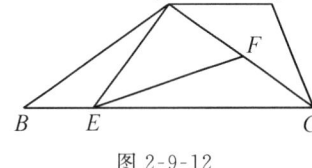

图 2-9-12

(3) 当点 E 在 BC 上移动时,△AEF 是否有可能是一个直角三角形?若有可能,请求出 BE 的长;若不能,请说明理由.

## 答 案

1. 略  2. $y=-\dfrac{1}{5}x^2+x(0<x<5)$  3. (1) ① 略
② AP 的长为 1 或 4  (2) ① $y=-\dfrac{1}{2}x^2+\dfrac{5}{2}x-2(1<x<4)$  ② $AP=2$ 或 $AP=3-\sqrt{5}$  4. (1) 略  (2) $y=\dfrac{1}{4}x^2-\dfrac{3}{2}x+4(0<x<6)$  (3) $BE=\dfrac{2}{3}$ 或 3

## 10. 分类讨论:等腰三角形[①]

等腰三角形的分类讨论问题,在考试中屡屡出现,其原因是:这类题目可以与运动问题相结合,题目的答案往往不唯一,考察大家的分类讨论思想.本文分别选取了以直角三角形,等腰三角形,正方形,矩形,梯形等相关背景下的等腰三角形的分类讨论问题(本文将需要进行分类的等腰三角形称为目标三角形),总结出一些有章可循的解法.

**例 1** 如图 2-10-1,在梯形 $ABCD$ 中,$AD \parallel BC$,$AD=3$,$DC=5$,$AB=4\sqrt{2}$,$\angle B=45°$,点 $M$、$N$ 分别为线段 $BC$ 与 $CD$ 上的动点,且 $BM=2CN$.

(1) 求 $\cos C$ 的值;

(2) 当 $\triangle MNC$ 为等腰三角形时,求 $NC$ 的长.

**分析** 因为本题未明确指出等腰 $\triangle MNC$ 的哪两条边相等,因而需要分类讨论.

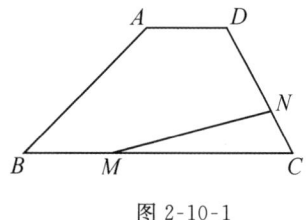

图 2-10-1

为使背景图形中隐含条件显性化,将背景分离研究.动态几何中,需要关注:背景信息、运动规则、运动范围.

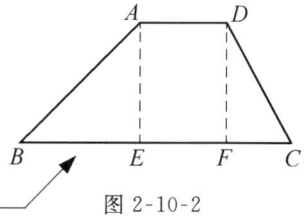

图 2-10-2

**解** (1) 如图 2-10-2,分别过 $A$、$D$ 作 $AE \perp BC$ 于点 $E$,$DF \perp BC$ 于点 $F$.在 Rt$\triangle ABE$ 与 Rt$\triangle DFC$ 中,易求得 $BE=4$,$AE=DF=4$,$CF=3$,$EF=AD=3$,∴ $BC=10$,$\cos C=\dfrac{3}{5}$.

(2) 设 $NC=x$,则 $BM=2x$,$MC=10-2x$.

当 $\triangle MNC$ 是等腰三角形时,

① 如图 2-10-3,当 $MC=NC$ 时,$x=10-2x$,解得 $x=\dfrac{10}{3}$;

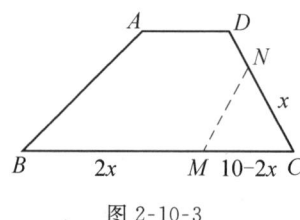

图 2-10-3

② 如图 2-10-4,当 $MN=NC$ 时,过点 $N$ 作 $NG \perp BC$ 于点 $G$,∴ $MG=GC=\dfrac{1}{2}(10-2x)$.

在 Rt$\triangle NCG$ 中,$\cos C=\dfrac{GC}{NC}=\dfrac{3}{5}$,

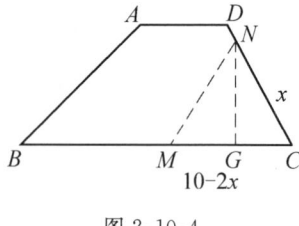

图 2-10-4

---

[①] 本文执笔:赵齐(上海市西南位育中学学生),曹永娥(上海市西南位育中学)

∴ $\frac{1}{2}(10-2x)=\frac{3}{5}x$,解得 $x=\frac{25}{8}$;

③ 如图 2-10-5,当 $MN=MC$ 时,过点 $M$ 作 $MH \perp DC$ 于点 $H$, ∴ $CH=HN=\frac{1}{2}x$.

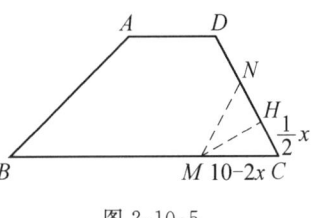

图 2-10-5

在 Rt△$MCH$ 中,$\cos C=\frac{HC}{MC}=\frac{3}{5}$,

∴ $\frac{1}{2}x=\frac{3}{5}(10-2x)$,解得 $x=\frac{60}{17}$.

综上所述,当△$MNC$ 为等腰三角形时,$MN$ 的长为 $\frac{10}{3}$、$\frac{25}{8}$ 或 $\frac{60}{17}$.

**例 2** 在△$ABC$ 中,$AB=AC=5$,$BC=8$,$P$、$E$、$F$ 分别为边 $BC$、$AB$、$AC$ 上的点,$\angle EPF=\angle B$,且 $PC=6$,当△$PEF$ 为等腰三角形时,求 $BE$ 的长.

**分析** △$PEF$ 的两条边 $PE$ 与 $PF$ 是相似三角形△$BPE$ 与△$CFP$ 的一组对应边,因而关注相似性质是求解本题的关键.

**解** 如图 2-10-6,过点 $A$ 作 $AH \perp BC$ 于点 $H$.

∵ $AB=AC$,

∴ $BH=HC=4$,

在 Rt△$ABH$ 中,

$\cos B=\frac{BH}{AB}=\frac{4}{5}$.

背景图形中的隐含条件有:$\angle C=\angle B$、$\cos C=\cos B=\frac{4}{5}$.

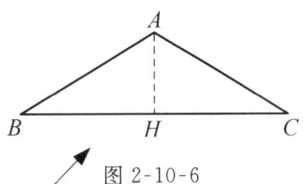

图 2-10-6

如图 2-10-7,设 $BE=x$,

∵ $AB=AC$, ∴ $\angle C=\angle B$.

又 ∵ $\angle EPC=\angle B+\angle 1=\angle 2+\angle 3$, $\angle 2=\angle B$,

∴ $\angle 3=\angle 1$,

∴ △$BPE$∽△$CFP$, ∴ $\frac{BE}{PC}=\frac{PE}{PF}=\frac{x}{6}$.

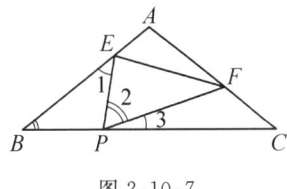

图 2-10-7

① 当 $PE=PF$ 时,$\frac{BE}{PC}=\frac{PE}{PF}=1$,

∴ $\frac{x}{6}=1$, $x=6$, ∴ $BE=PC=6>5$,舍去;

② 当 $EP=EF$ 时,如图 2-10-8,过点 $E$ 作 $EH \perp PF$ 于点 $H$, ∴ $PH=HF=\frac{1}{2}PF$.

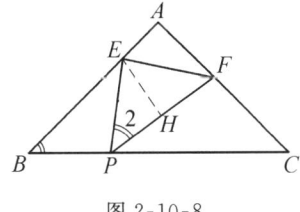

图 2-10-8

在 Rt△$EPH$ 中,$\cos\angle 2=\frac{PH}{PE}=\frac{4}{5}$,

∴ $\frac{PE}{PF}=\frac{PE}{2PH}=\frac{5}{8}$, ∴ $\frac{x}{6}=\frac{5}{8}$, ∴ $BE=\frac{15}{4}$;

③ 当 $FE=FP$ 时,如图 2-10-9,过点 $F$ 作 $FG \perp EP$ 于点 $G$.同理得 $\frac{PE}{PF}=\frac{8}{5}$,解得 $BE=\frac{48}{5}>5$,舍去.

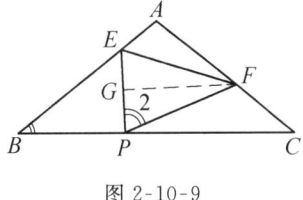

图 2-10-9

综上所述,当△$PEF$ 为等腰三角形时,$BE=\frac{15}{4}$.

**例3** 如图2-10-10,在Rt△ABC中,∠A=90°,AB=6,AC=8,D、E分别是边AB、AC的中点,点P从点D出发沿DE方向运动,过点P作PQ⊥BC于点Q,过点Q作QR∥BA交AC于点R,当点Q与点C重合时,点P停止运动.

(1) 求点D到BC的距离DH的长;

(2) 当△PQR为等腰三角形时,求出所有满足要求的BQ的值;

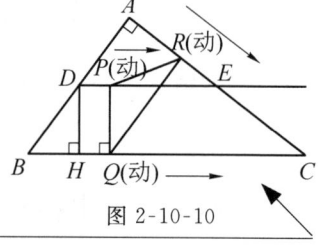

图2-10-10

背景图形中的隐含条件有 $\angle PQR=\angle C, \cos C=\dfrac{4}{5}$.

**解** (1) 过点D作DH⊥BC于点H.

在Rt△ABC中,∠A=90°,AB=6,AC=8,BC=$\sqrt{AB^2+AC^2}$=10,$\sin B=\dfrac{AB}{BC}=\dfrac{4}{5}$,$\cos C=\dfrac{AC}{BC}=\dfrac{4}{5}$.

在Rt△DHB中,DH=DB·$\sin B$=$\dfrac{12}{5}$.

(2) 如图2-10-11,∵ D、E分别是边AB、AC的中点,∴ DE∥BC.

∵ PQ⊥BC,DH⊥BC,

∴ PQ=DH=$\dfrac{12}{5}$,∠1+∠2=90°.

∵ QR∥BA ∴ ∠QRC=∠A=90°,

∴ ∠2+∠C=90°,

∴ ∠1=∠C,设BQ=x.则QC=10−x,

QR=$-\dfrac{3}{5}x+6$,$\cos\angle 1=\cos C=\dfrac{4}{5}$.

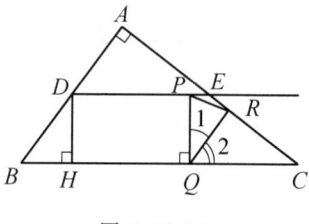

图2-10-11

当△PQR为等腰三角形时:

① 当QP=QR时,$-\dfrac{3}{5}x+6=\dfrac{12}{5}$,解得x=6;

② 当PQ=PR时,如图2-10-12,过点P作PM⊥RQ于点M,则QM=$\dfrac{1}{2}$RQ=$\dfrac{1}{2}\cdot\left(-\dfrac{3}{5}x+6\right)$.

在Rt△QMP中,$\cos\angle 1=\dfrac{QM}{PQ}=\dfrac{4}{5}$,∴ $\dfrac{4}{5}\times\dfrac{12}{5}=\dfrac{1}{2}\cdot\left(-\dfrac{3}{5}x+6\right)$,解得x=$\dfrac{18}{5}$;

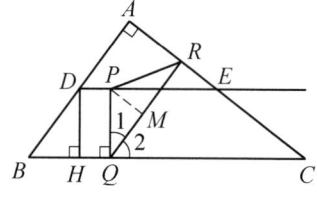

图2-10-12

③ 当RP=RQ时,如图2-10-13,过点R作RN⊥PQ于点N,则NQ=$\dfrac{1}{2}$PQ=$\dfrac{6}{5}$.

在Rt△QRN中,$\cos\angle 1=\dfrac{QN}{RQ}=\dfrac{4}{5}$,∴ $\dfrac{6}{5}=\dfrac{4}{5}\cdot\left(-\dfrac{3}{5}x+6\right)$,解得x=$\dfrac{15}{2}$.

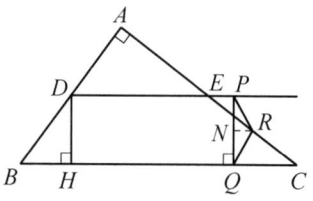

图2-10-13

综上所述,当x为$\dfrac{18}{5}$或6或$\dfrac{15}{2}$时,△PQR为等腰三角形.

二、几何

**讲评 边角边法：**

这三个例题中，所要讨论的等腰三角形中，都有一个角是定角（度数已知或三角比可求），因而考虑求夹这个定角的两边.(边长是定值或用含某一字母的代数式表示或者两边的比值用含某一个字母的代数式表示)简称"边角边法".

这种方法的步骤为：

（1）求定角的余弦值，如 $\cos B = k$.

（2）求夹定角两边的值或表达式，如 $AB = f(x), BC = g(x)$.

（3）分类讨论：① 当 $AB = BC$ 时，如图 2-10-14，$f(x) = g(x)$；

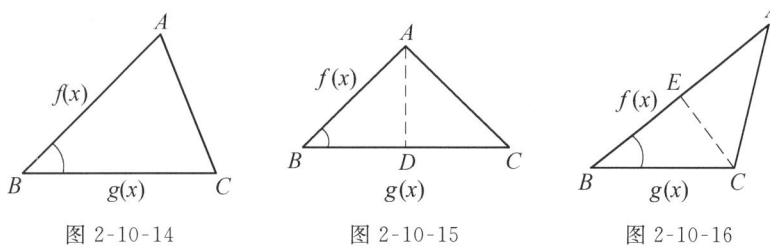

图 2-10-14　　　图 2-10-15　　　图 2-10-16

② 当 $AB = AC$ 时，如图 2-10-15，作 $AD \perp BC$，利用等腰三角形三线合一可得 $f(x) \cdot \cos B = \dfrac{1}{2} g(x)$；

③ 当 $BC = CA$ 时，如图 2-10-16，同②可得 $g(x) \cdot \cos B = \dfrac{1}{2} f(x)$，分别解方程可获得答案.

**例4** 如图 2-10-17，在直角梯形 $ABCD$ 中，$AD \parallel BC$，$AB \perp BC$，$AD = 10$，$BC = 15$，$AB = 12$，动点 $P$、$Q$ 分别在边 $AD$、$BC$ 上，且 $BQ = 2DP$，线段 $PQ$ 与 $BD$ 交于点 $E$，过点 $E$ 作 $EF \parallel BC$ 交 $CD$ 于点 $F$，射线 $PF$ 与 $BC$ 的延长线交于点 $G$，设 $DP = t$.

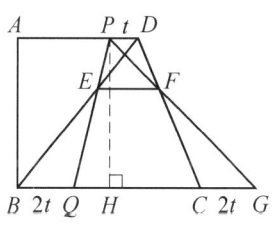

图 2-10-17

（1）求 $\dfrac{DF}{CF}$ 的值；

（2）当 $\triangle PQG$ 为等腰三角形时，求 $t$ 的值.

**分析** 由于 $\triangle PQG$ 三个内角大小都在变化，考虑把三边用 $t$ 的代数式表示出来或求出它的值，然后令其两两分别相等建立方程.

**解**　（1）$\because$ $PD \parallel BQ$，$\therefore \dfrac{PD}{CG} = \dfrac{PF}{FG} = \dfrac{PE}{EQ} = \dfrac{PD}{BQ} = \dfrac{1}{2}$.

（2）由题意可知 $PD = t$，$BQ = 2t$，$CG = 2t$，$AP = 10 - t$，$QG = 15$.

过点 $P$ 作 $PH \perp BC$ 于点 $H$.

$BH = AP = 10 - t$，$QH = |10 - t - 2t| = |10 - 3t|$，

$HG = 15 + 2t - (10 - t) = 5 + 3t$，

155

∴ $QP=\sqrt{12^2+(10-3t)^2}$,$PG=\sqrt{12^2+(5+3t)^2}$.

① 当 $PQ=QG$ 时,$\sqrt{12^2+(10-3t)^2}=15$,解得 $t=\dfrac{1}{3}$ 或 $t=\dfrac{19}{3}$;

② 当 $QP=PG$ 时,$\sqrt{12^2+(10-3t)^2}=\sqrt{12^2+(5+3t)^2}$,解得 $t=\dfrac{5}{6}$;

③ 当 $PG=QG$ 时,$\sqrt{12^2+(5+3t)^2}=15$,解得 $t=\dfrac{4}{3}$ 或 $t=-\dfrac{14}{3}$(舍).

综上所述,当 $t=\dfrac{1}{3}$、$t=\dfrac{19}{3}$、$t=\dfrac{5}{6}$、$t=\dfrac{4}{3}$ 时,$\triangle PQG$ 是等腰三角形.

**例 5** 如图 2-10-18,在边长为 1 的正方形 $ABCD$ 中,点 $E$ 在边 $BC$ 上,点 $F$ 在射线 $DC$ 上.若 $CE=\dfrac{1}{4}$,延长 $FE$ 与直线 $AB$ 交于点 $G$.若 $\triangle EAG$ 是等腰三角形,求 $CF$ 的长.

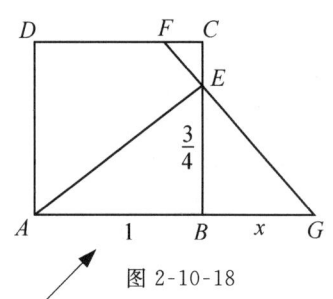

图 2-10-18

"背景"正方形,隐含条件有:边相等,内角为 $90°$,对边平行,直角三角形,"X 型"相似三角形等基本图形.

**分析** 要求 $CF$ 的长,由于 $FC=\dfrac{1}{3}BG$,因而只需求出 $BG$ 的长即可.由于随着点 $G$ 在直线 $AB$ 上的变化,$\triangle AEG$ 的三个内角也都在变化,而关于边的信息较多,因而考虑求解三边.

**解** 设 $BG=x$,则 $AG=1+x$ 或 $|1-x|$.

∵ 在正方形 $ABCD$ 中,$\angle B=90°$,$DC \parallel AB$,

∴ $AE^2=AB^2+BE^2$,$\dfrac{FC}{BG}=\dfrac{CE}{BE}$.

∵ $BE=BC-CE=\dfrac{3}{4}$,

∴ $AE=\sqrt{1^2+\left(\dfrac{3}{4}\right)^2}=\dfrac{5}{4}$,$EG=\sqrt{x^2+\left(\dfrac{3}{4}\right)^2}$,$FC=\dfrac{1}{3}BG$.

(1) 如图 2-10-19,当点 $F$ 在边 $CD$ 上且点 $G$ 在 $AB$ 延长线上时,

① 当 $AE=AG=\dfrac{5}{4}$ 时,

$1+x=\dfrac{5}{4}$,解得 $x=\dfrac{1}{4}$,$FC=\dfrac{1}{12}$;

② 当 $EA=EG$ 时,

$\sqrt{x^2+\left(\dfrac{3}{4}\right)^2}=\dfrac{5}{4}$,解得 $x=1$,$FC=\dfrac{1}{3}$;

③ 当 $GA=GE$ 时,

$\sqrt{x^2+\left(\dfrac{3}{4}\right)^2}=x+1$,解得 $x=-\dfrac{7}{32}$(舍).

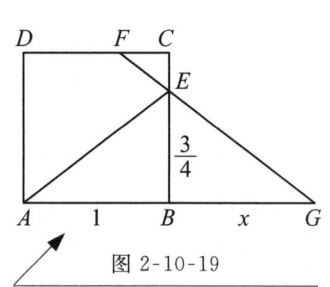

图 2-10-19

利用等腰三角形"三线合一",直接得 $x=1$.

(2) 如图 2-10-20,当点 F 在 DC 的延长线上且点 G 在线段 BA 上时,

∵ ∠AGE>90°,

∴ 只可能 AG=EG,即 $\sqrt{x^2+\left(\frac{3}{4}\right)^2}=1-x$,

∴ $(1-x)^2=x^2+\left(\frac{3}{4}\right)^2$,解得 $x=\frac{7}{32}$,$CF=\frac{7}{96}$.

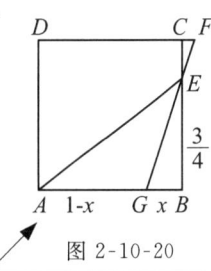

图 2-10-20

钝角只能是等腰三角形的顶角.

(3) 如图 2-10-21,当点 F 在 DC 的延长线上且点 G 在 BA 的延长线上时,

∵ ∠GAE>90°,

∴ 只可能 $AG=AE=\frac{5}{4}$,

∴ $BG=\frac{9}{4}$,∴ $CF=\frac{3}{4}$.

综上所述,当△AEG 为等腰三角形时,$CF=\frac{1}{3}$ 或 $\frac{1}{12}$ 或 $\frac{7}{96}$ 或 $\frac{3}{4}$.

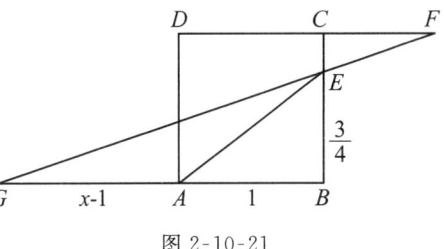

图 2-10-21

---

**讲评** 1. "边边边"法.

这两个例题中,所要讨论的等腰三角形中,三个内角大小都在变化,没有一个角(或它的三角比)是已知的.因而根据背景图形条件尝试求三边的值或式子(含一个参数的代数式).这类问题在分类讨论时,三边两两相等列方程即可获得求解.

这种方法可称为**"边边边"法**,其步骤为:

(1) 求三边的值或表达式,如:$AB=f(x),BC=g(x),AC=h(x)$.

(主要借助勾股定理或相似三角形的性质等).

(2) 分类讨论:① 当 $AB=BC$ 时,$f(x)=g(x)$;

② 当 $AB=AC$ 时,$f(x)=h(x)$;

③ 当 $BC=CA$ 时,$g(x)=h(x)$,分别解方程可获得答案.

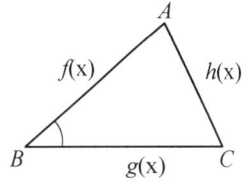

图 2-10-22

从边进行分析,是当目标三角形三边可求时的基本方法,可以发现,这种方法思维要求不高,但可能所列方程不易求解,因而若能根据背景信息寻找特殊法与之结合更容易求解,如运用三线合一可以直接写出某种情况答案、根据条件可以判断某情况不存在直接排除等.

2. "边角边法"和"边边边法"的比较.

| | 适用条件 | 需要求出的中间数据 | 分类讨论原则 |
|---|---|---|---|
| 边角边法 | 已知一个角(或它的三角比) | 夹该角的两边 | 都是利用三边两两相等,分三种情况讨论 |
| 边边边法 | 其他 | 三边 | |

157

**例6** 如图 2-10-23，在△ABC 中，$AB=AC=8$，$\cos B=\dfrac{5}{8}$，点 D、E 分别在边 BC、AC 上（D 不与 B、C 重合），且 $\angle ADE=\angle B$，设 $BD=x$，△CDE 是等腰三角形时，求 BD 的值.

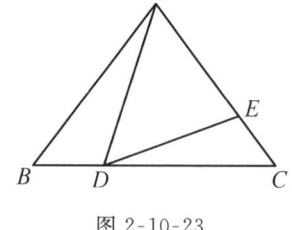

图 2-10-23

**分析** 本题同例 2 有"一线三等角"的相似基本图形，即 △ABD∽△DCE，当△DCE 是等腰三角形时，△ABD 也是等腰三角形，因而可以将讨论△DCE 是等腰三角形的问题转化为讨论△ABD.

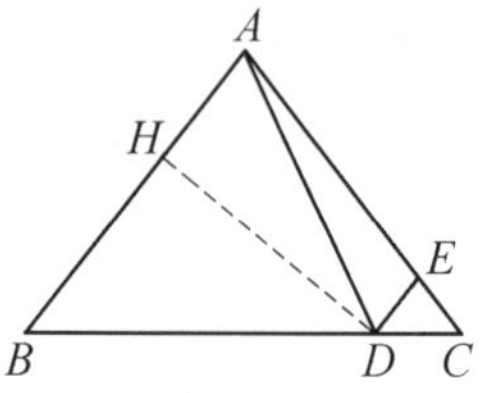

**解** 同例 2，易证△ABD∽△DCE，

当△DCE 是等腰三角形时，△ABD 也是等腰三角形，

① 当 $DE=DC$ 时，则 $AB=AD$，点 C 与点 D 重合，不可能，舍去；

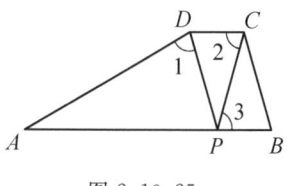

图 2-10-24

② 当 $CD=CE$ 时，则 $DB=BA=8$；

③ 当 $ED=EC$ 时，则 $DB=DA$，过点 D 作 $DH\perp AB$ 于点 H.
$BH=\dfrac{1}{2}AB=4$，在 Rt△DBH 中，$\cos B=\dfrac{BH}{BD}=\dfrac{4}{DB}=\dfrac{5}{8}$，∴ $BD=6.4$.

综上所述，△DEC 为等腰三角形时，BD 的值为 8 或 6.4.

◆ 本题同例 2 有"一线三等角"的相似基本图形，利用相似三角形的性质，将讨论△DEC 是等腰三角形的问题转化为讨论△ABD 是等腰三角形，因为△ABD 中一边是定值 8，一边是要求的边 BD，两者夹角已知，比直接求解△DEC 方便. 在△ABD 中所进行的分类讨论仍然用的是"边角边法".

◆ 本题如果变式为"当△ADE 为等腰三角形，求 BD 的值"可以转化到△ADC 中讨论，读者可以自己尝试完成.

**例7** 如图 2-10-25，在梯形 ABCD 中，$AB\parallel DC$，P 为 AB 上一点，$AD=2PD$，$PC=2PB$，$\angle ADP=\angle PCD$，$AD=AP=8$.

（1）求证：四边形 DPBC 为平行四边形；

（2）若点 M 在线段 PA 上运动，且与点 P 不重合，联结 CM 交 DP 于点 N，当△PNM 是等腰三角形，求 PM 的值.

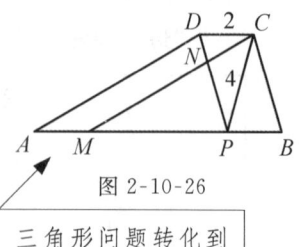

图 2-10-25

**解** （1）∵ $CD\parallel AB$，∴ $\angle 3=\angle 2=\angle 1$.

又∵ $\dfrac{AD}{DP}=\dfrac{PC}{PB}=2$，∴ $\dfrac{AD}{PC}=\dfrac{DP}{PB}$，∴ △ADP∽△CPB，

∴ $\dfrac{AD}{PC}=\dfrac{AP}{BC}=\dfrac{DP}{PB}$，$\angle APD=\angle B$，∴ $DP\parallel BC$，

∴ 四边形 DPBC 为平行四边形.

（2）∵ 四边形 DPBC 为平行四边形，$AD=AP=8$，$AD=2PD$，$PC=2PB$，

∴ $BC=PD=PC=4$，$DC=PB=2$，$\angle ADP=\angle APD$.

图 2-10-26

三角形问题转化到了平行四边形中.

158

当△PNM是等腰三角形时,

① 当 MP=MN 时,如图 2-10-26,∠MPN=∠MNP,

∴ ∠ADP=∠MNP,

∴ AD∥CM.

又∵ DC∥AM,

∴ 四边形 AMCD 为平行四边形,

∴ AM=DC=2,

∴ PM=AP-AM=6.

② 当 PM=PN 时,如图 2-10-27,∠PNM=∠PMN.

又∵ DC∥MP,

∴ ∠DCM=∠CMP,∠PNM=∠DNC,

∴ ∠DCN=∠DNC,

∴ DN=DC=2, ∴ PM=NP=2.

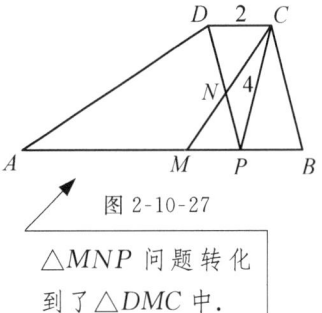

图 2-10-27

△MNP 问题转化到了△DMC 中.

③ 当 NP=NM 时,如图 2-10-28,∠NPM=∠NMP.

又∵ DC∥AB,

∴ ∠MPD=∠PDC,∠PMN=∠MCD,

∴ ∠MCD=∠PDC.

又∵ ∠PDC=∠PDC, ∴ ∠MCD=∠PCD,

∴ 点 P、点 M 重合,与题意不符,舍去.

综上所述,△PMN 为等腰三角形时,PM=6 或 2.

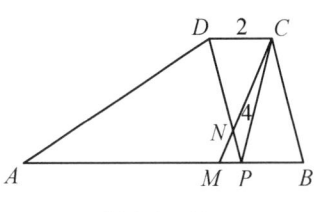

图 2-10-28

**讲评** 例 6、例 7 所采用的方法是,借助背景图形的性质(相似、勾股、平行四边形)将问题转化到另外一个图形中,从而获解.这种方法适合三边不易求出或转化后明显方便求解的三角形.例 6 是利用相似达到转化的目的,例 7 是利用角的转化,简称"**转化法**".

**例8** 在矩形 ABCD 中,AB=10,AD=4,点 E、F 分别在边 AB、CD 上,当△DEF 是腰长为 5 的等腰三角形时,求 AE 与 DF 的值.

**解** 在矩形 ABCD 中,∠A=90°,AD=4.

当△DEF 是腰为 5 的等腰三角形时,

(1) 当 DF 为底边时,即 ED=EF=5,在 Rt△ADE 中,

$AE=\sqrt{DE^2-AD^2}=3$.

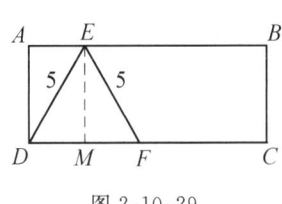

图 2-10-29

过点 E 作 EM⊥DF 于点 M.易证四边形 AEMD 为矩形, ∴ DF=2DM=2AE=6.

(2) 当 DF 为腰时,有两种情况:

① 当 D 是顶角顶点时,则 DE=DF=5,E、F 分别是以 D 为圆心 5 为半径的圆与边 AB 和边 CD 的交点,如图 2-10-30,易求得 AE=3.

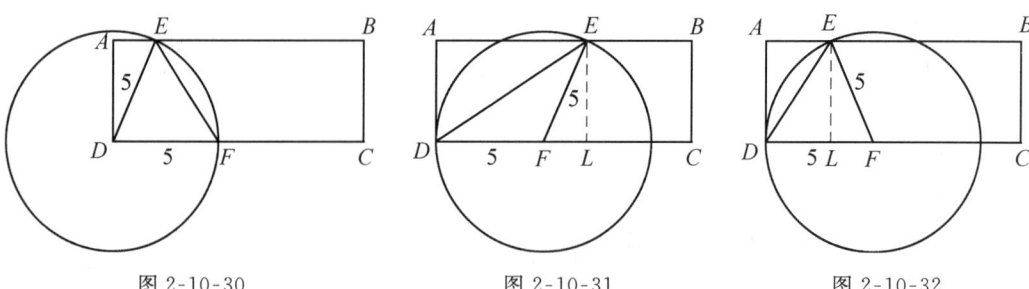

| 图 2-10-30 | 图 2-10-31 | 图 2-10-32 |

② 当 $F$ 是顶角顶点时,则 $FE=FD=5$,$E$ 是以 $F$ 为圆心、5 为半径的圆与边 $AB$ 的交点. 有两个交点. 如图 2-10-31、32,过点 $E$ 作 $EL \perp DF$ 于点 $L$,则 $EL=4$.

在 Rt$\triangle ELF$ 中,$FL=\sqrt{EF^2-EL^2}=3$,∴ $AE=8$ 或 $AE=2$.

综上所述,当 $\triangle DEF$ 为等腰三角形时,

$\begin{cases} AE=3, \\ DF=6 \end{cases}$ 或 $\begin{cases} AE=3, \\ DF=5 \end{cases}$ 或 $\begin{cases} AE=8, \\ DF=5 \end{cases}$ 或 $\begin{cases} AE=2, \\ DF=5 \end{cases}$.

**例 9** 如图 2-10-33,在梯形 $ABCD$ 中,$AD \parallel BC$,$AB=CD=10$,$AD=6$,$\angle B=45°$,如果这个梯形的内接等腰三角形的腰长为 5,且等腰三角形其中一个顶点和 $A$ 重合,另外两个顶点在这个梯形的边上,求等腰三角形的面积.

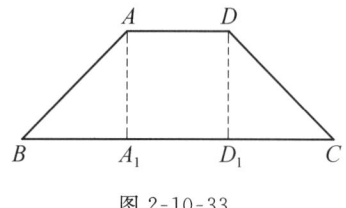

图 2-10-33

**解** 分别过点 $A$、$D$ 作 $AA_1 \perp BC$,$DD_1 \perp BC$.

在 Rt$\triangle AA_1B$ 中,易求得 $AA_1=5\sqrt{2}$,$DD_1=5\sqrt{2}$,

设内接等腰三角形为 $\triangle AEF$.

(1) $A$ 为顶角的顶点时,则 $AE=AF=5$,

$E$、$F$ 是以 $A$ 为圆心、5 为半径的圆与梯形的边的交点.

如图 2-10-34,过点 $F$ 作 $FH \perp DA$ 交 $DA$ 延长线于点 $H$.

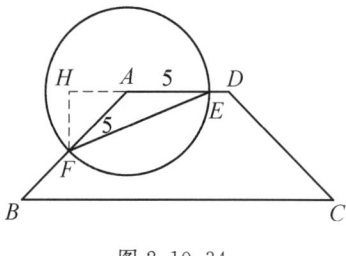

图 2-10-34

在 Rt$\triangle AHF$ 中,$\angle HAF=45°$.

$$FH=AF \cdot \cos 45° = \frac{5\sqrt{2}}{2}, S_{\triangle AEF}=\frac{1}{2}AE \cdot FH=\frac{25\sqrt{2}}{4}.$$

(2) $A$ 为底角的顶点时,则 $A$ 为一腰的端点,因而此腰的另一个端点为顶角顶点,设为 $E$,$E$ 是以 $A$ 为圆心、5 为半径的圆与梯形边的交点.

因为 $A$ 到 $BC$ 的距离 $AA_1=5\sqrt{2}>5$,

所以,这条腰的另一个端点即顶角顶点 $E$,只可能在 $AD$ 或 $AB$ 上.

① 点 $E$ 在边 $AD$ 上时,以 $E$ 为圆心、5 为半径作圆 $E$,交 $CD$ 于点 $F$,联结 $AF$,$\triangle AEF$ 即为所求三角形,过点 $F$ 作 $FP \perp AD$ 交 $AD$ 延长线于点 $P$,如图 2-10-35.

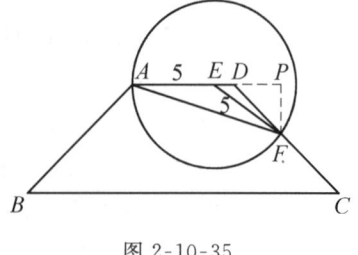

图 2-10-35

在 Rt$\triangle FPD$ 中,$\angle FDP=45°$.

∴ $DP = PF$,设 $DP = PF = x$,在 Rt△$FPE$ 中,
$EF^2 = PF^2 + PE^2$ 即 $5^2 = x^2 + (x+1)^2$,
解得 $x_1 = 3, x_2 = -4$(舍),
∴ $S_{\triangle AEF} = \frac{1}{2} AE \cdot FP = \frac{15}{2}$.

② 点 $E$ 在边 $AB$ 上,以 $E$ 为圆心、5 为半径作圆 $E$,交 $BC$ 于点 $F$,△$AEF$ 即为所求三角形,如图 2-10-36.

∵ $BE = AE = 5$,

∴ 点 $B$ 在圆 $E$ 上, ∴ $AB$ 为圆 $E$ 的直径

∴ $\angle AFB = 90°$, $S_{\triangle AEF} = \frac{1}{2} S_{\triangle ABF} = \frac{25}{2}$.

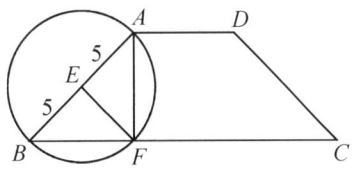

图 2-10-36

综上所述,符合要求的梯形 $ABCD$ 的内接等腰梯形的面积为 $\frac{25\sqrt{2}}{4}$ 或 $\frac{25}{2}$ 或 $\frac{15}{2}$.

**讲评** 例 8 和例 9,已知腰长和一个定点,需要确定两个动点的大致位置,两个动点均已知第一轨迹,因而选用交轨法作图确定动点位置.根据所确定的位置进一步求解.

这类问题讨论时往往很复杂,首先这个已知顶点是等腰三角形的顶角顶点还是底角顶点的问题;还有所求的另两个端点的位置在那条线段上的问题.稍一不慎,就会漏解,但借助辅助圆法,容易确定所有的点,简称**"辅助圆法"**,其本质是交轨法;

本题如果变式为底边长为 5,就需要借助线段垂直平分线来确定.

**小结** 几何背景下的等腰三角形讨论,远比函数背景下的复杂,类型较多,方法多样,本文归纳如下:

1. 等腰三角形的讨论问题,首先是直接法,即讨论目标三角形本身.如例 1、例 2、例 3、例 4、例 5,都是直接法,然后是间接法,即转化到另一个三角形中讨论,例 6、例 7 都是间接法.

2. **直接法**. 又有两种思路.

**一是代数法**. 具体操作时,还有两种做法.

一是能确定目标三角形定角余弦值的,利用勾股定理或相似三角形的性质,列出表示夹定角两边长度的代数式,然后通过构造和求解直角三角形,即可建立方程求解,即边角边法.

二是在没有定角的情况下,往往利用勾股定理或相似三角形的性质,列出表示三边长度的代数式,然后三条边两两相等,建立方程,通过解方程,获得解,即边边边法.

**二是几何法**. 它的本质是交轨法作图.第一轨迹是题目中所规定的轨迹;第二轨迹是根据等腰三角形的性质所作的辅助圆或某已知边的垂直平分线.这种方法具体分类时,可以按已知点为顶角顶点和底角顶点进行.几何法确定的是所求点的大致位置或解的个数,具体求解,还需借助代数法.

3. **间接法**. 是直接讨论所指的三角形有困难时,讨论另一个三角形.

如例 6 将目标等腰三角形中"边相等的条件"转化到了与之相似的三角形中;例 7,将"角相等的条件"转化到了平行四边形、另一个三角形中从而获解.

## 练 习

1. 如图 2-10-37,在 △ABC 中,∠ACB = 90°,AC = BC = 2,M 是边 AC 的中点,CH⊥BM 于点 H.

(1) 试求 sin∠MCH 的值;

(2) 求证:∠ABM = ∠CAH;

(3) 若 D 是边 AB 上的点,且使 △AHD 为等腰三角形,请求 AD 的长.

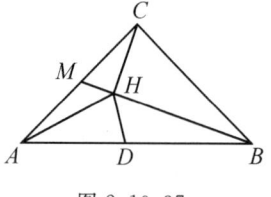

图 2-10-37

2. 如图 2-10-38,在等腰梯形 ABCD 中,AD∥BC,E 是 AB 的中点,过点 E 作 EF∥BC 交 CD 于点 F. AB = 4,BC = 6,∠B = 60°.

(1) 求点 E 到 BC 的距离;

(2) 点 P 为线段 EF 上的一个动点,过 P 作 PM⊥EF 交 BC 于点 M,过 M 作 MN∥AB 交折线 ADC 于点 N,联结 PN,设 EP = x.

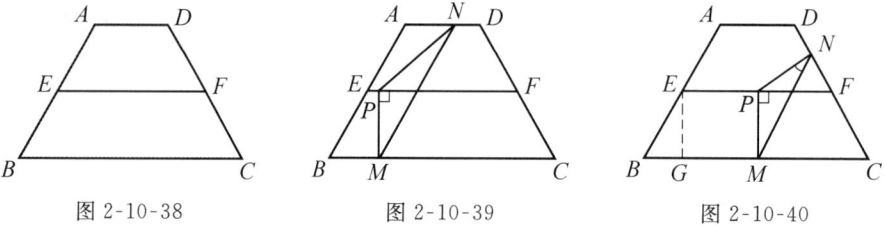

图 2-10-38  图 2-10-39  图 2-10-40

① 当点 N 在线段 AD 上时,如图 2-10-39,△PMN 的形状是否发生改变?若不变,求出 △PMN 的周长;若改变,请说明理由;

② 当点 N 在线段 DC 上时,如图 2-10-40,是否存在点 P,使 △PMN 为等腰三角形?若存在,请求出所有满足要求的 x 的值;若不存在,请说明理由.

---

### 答 案

1. (1) $\sin\angle MCH = \dfrac{\sqrt{5}}{5}$  (2) 略  (3) $\dfrac{2\sqrt{10}}{5}$、$\dfrac{8\sqrt{2}}{5}$、$\dfrac{\sqrt{2}}{2}$

2. (1) $\sqrt{3}$  (2) ① △PMN 的周长不变,为 $\sqrt{3}+\sqrt{7}+4$
② $x = 2$、$x = 5-\sqrt{3}$ 或 $x = 4$

## 11. 分类讨论:相似三角形[①]

分类讨论是一种很重要的数学思想方法,渗透在整个初中数学结构体系之中,作为体现分类思想的一个绝好的载体,相似三角形常常因为对应边或对应角的不确定而需要加以分类讨论,一直出现在近年来的中考试题中.解决此类问题,一是要遵循逻辑原理,不重不漏;二是弄清楚按什么进行分类? 这里面有窍门.分类不当,不但繁复,而且极易造成重和漏.

**例1** 如图 2-11-1,在 $\triangle ABC$ 中,$AB=9$,$AC=6$,点 $M$ 在 $AB$ 上且 $AM=3$,点 $N$ 在 $AC$ 上,如果联结 $MN$,使得 $\triangle AMN$ 与原三角形相似,求 $AN$ 的长.

**分析** $\triangle AMN$ 相似于 $\triangle ABC$,由题意可知 $\angle A$ 是公共角,是两个三角形中相等的角,$AM$ 的对应边是不确定的,可分为两种情形讨论.

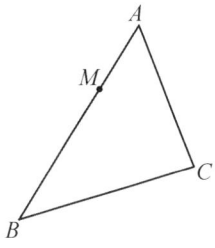

图 2-11-1

**解** 当 $AM$ 对应 $AB$ 时(即 $\triangle AMN$ 和 $\triangle ABC$ 呈"A 型"相似三角形),则有 $\dfrac{AN}{AC}=\dfrac{AM}{AB}$,

∴ $AN=\dfrac{6\times 3}{9}=2$;

当 $AM$ 对应 $AC$ 时(即 $\triangle AMN$ 和 $\triangle ABC$ 呈"X 型"相似三角形),则有 $\dfrac{AM}{AC}=\dfrac{AN}{AB}$,

∴ $AN=\dfrac{9\times 3}{6}=4.5$,

所以 $AN=2$ 或 $4.5$.

**例2** 如图 2-11-2,在直角梯形 $ABCD$ 中,$AD \parallel BC$,$\angle A=\angle B=90°$,$AB=7$,$AD=2$,$BC=3$.如果边 $AB$ 上的点 $P$ 使得以 $P$、$A$、$D$ 为顶点的三角形和以 $P$、$B$、$C$ 为顶点的三角形相似,求 $AP$ 的长.

**解** 两个三角形中,$\angle A=\angle B=90°$,为确定的对应相等的关系,所以可以分为 $AD$ 对应 $BC$ 和 $AD$ 对应 $PB$ 两种情况讨论.

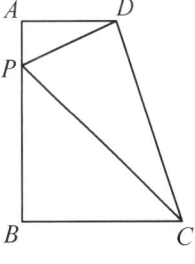

图 2-11-2

设 $AP=x$,

当 $AD$ 对应 $BC$ 时,$\dfrac{AD}{BC}=\dfrac{AP}{BP}$,

$\dfrac{2}{3}=\dfrac{x}{7-x}$,

---

[①] 本文执笔:傅琳(上海市梅园中学)

解得 $x=\dfrac{14}{5}$,即 $AP=\dfrac{14}{5}$;

当 $AD$ 对应 $PB$ 时,$\dfrac{AD}{PB}=\dfrac{AP}{BC}$,

$\dfrac{2}{7-x}=\dfrac{x}{3}$,

解得 $x=1$ 或 6,即 $AP=1$ 或 6.

所以,$AP=\dfrac{14}{5}$、1 或 6.

**例3** 将三角形纸片($\triangle ABC$)按如图 2-11-3 所示的方式折叠,使点 $B$ 落在边 $AC$ 上,记为点 $B'$,折痕为 $EF$,已知 $AB=AC=3$,$BC=4$,若以点 $B'$、$F$、$C$ 为顶点的三角形与 $\triangle ABC$ 相似,那么 $BF$ 的长度是多少?

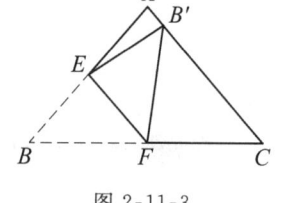

图 2-11-3

**分析** $\angle C$ 为公共角,所以 $\angle FCB'=\angle ACB$,所以 $FC$ 可以与 $BC$ 对应,即"A 型",也可以是 $FC$ 与 $AC$ 对应,即"X 型". 如果设 $BF=x$,则 $FB'=FB=x$,$CF=4-x$,但根据题意很难表示出 $CB'$,所以本题选用的另一组对应边应该是有确定对应关系的 $FB'$ 与 $AB$.

**解** 设 $BF=x$,则 $FB'=FB=x$,$CF=4-x$.

当 $\triangle B'FC \backsim \triangle ABC$ 时,

$\dfrac{B'F}{AB}=\dfrac{FC}{BC}$,即 $\dfrac{x}{3}=\dfrac{4-x}{4}$,解得 $x=\dfrac{12}{7}$;

当 $\triangle FCB' \backsim \triangle ACB$ 时,

$\dfrac{B'F}{AB}=\dfrac{FC}{AC}$,即 $\dfrac{x}{3}=\dfrac{4-x}{3}$,解得 $x=2$.

所以 $BF$ 的长度是 $\dfrac{12}{7}$ 或 2.

**讲评** 在两个需确定对应关系的相似三角形中,含有公共角或都为直角等,如果能确定一对角相等,就能确定一组对应关系,即一组角对应(或一组边对应),再根据题目中的条件,选择从边分析讨论,还是从角分析讨论. 如上述例1、例2,需要求解的量和可以表示出的量都是已确定的相等角的夹边,所以只需让夹边交叉对应建立含未知数的比例式即方程,就可以使问题得到解决. 而如例3这样的问题,如果我们能方便地表示出确定对应关系的这组边,则我们就选用这组边,只需讨论等角夹边中的一条交叉对应就可以方便地解决问题.

**例4** 如图 2-11-4,在 $\triangle ABC$ 中,$\angle B=40°$,点 $D$ 为 $BC$ 边上一点,且 $\angle BDA=90°$,若 $\triangle ACD$ 与 $\triangle ABD$ 相似,试判断 $\triangle ABC$ 的形状.

**解** 两个三角形中,$\angle ADC=\angle ADB=90°$ 为确定的对应关系,所以 $\angle B$ 的对应角可以是 $\angle C$,也可以是 $\angle DAC$,所以有:

当∠B=∠C=40°时，
AB=AC，△ABC 为等腰三角形；
当∠B=∠DAC=40°时，
∠BAD=50°，则∠BAC=90°，△ABC 为直角三角形.

**例 5** 如图 2-11-5，在△ABC 和△DEF 中，已知∠A=∠D=70°，∠B=50°，∠E=30°，画直线 $l$、$m$，使直线 $l$ 将△ABC 分成两个小三角形，直线 $m$ 将△DEF 分成两个小三角形，并使△ABC 分成的两个小三角形与△DEF 分成的两个小三角形相似，并标出每个小三角形各个角度的度数（画图工具不限，不要求写画法）.

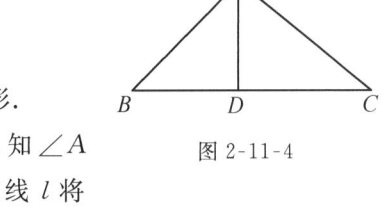

图 2-11-5

**分析** 由题意，∠A=∠D=70°，所以∠A 与∠D 为对应角，∠B=50°，则∠C=60°，∠E=30°，则∠F=80°，而∠E 的对应角则为直线 $l$ 在△ABC 中对∠B 或∠C 的分割，根据题意，可以有两种分割方法.

**解** 方法一：如图 2-11-6.∠A=∠D=70°，∠DFG=∠ACH=30°；
∠HCB=∠E=30°，∠GFE=∠B=50°.

方法二：如图 2-11-7.∠A=∠D=70°，∠DFM=∠ABN=20°；
∠NBC=∠E=30°，∠C=∠MFE=60°.

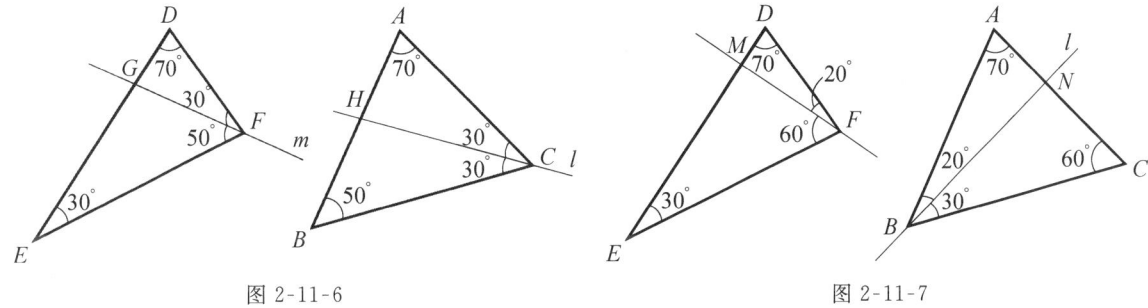

图 2-11-6　　　　　　　　　　　　图 2-11-7

**讲评** 如例 4、例 5，在两个需确定对应关系的相似三角形中，确定了一对角相等后，根据题目中的条件，需要求解的量和已知的量都是角，所以需要从角交叉对应进行分类讨论，从而使问题得到解决.

**例 6** 如图 2-11-8，在直角坐标系中有两点 $A(4,0)$、$B(0,2)$，如果点 $C$ 在 $x$ 轴上（点 $C$ 与点 $A$ 不重合），由点 $B$、$O$、$C$ 组成的三角形与△AOB 相似时，求点 $C$ 的坐标.

**分析** 因为点 $C$ 在 $X$ 轴上，所以∠BOC=∠BOA=90°，由此确定了∠BOC 与∠BOA 的对应关系，以及边 CB 与 AB 的对应关系，本题可以从边分析，也可以从角来分析,所以有两种解法.

**解** 方法一:因为点 $C$ 在 $x$ 轴上,所以 $\angle BOC = \angle BOA = 90°$,

所以有: $OA$ 与 $OC$ 对应,

$\dfrac{OA}{OC} = \dfrac{OB}{OB}$, 即 $OC = OA = 4$,

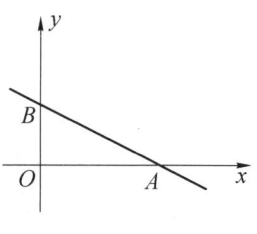

图 2-11-8

所以点 $C$ 的坐标为 $(-4,0)$、$(4,0)$,因 $(4,0)$ 与 $A$ 重合,舍去;

或 $OA$ 与 $OB$ 对应,

$\dfrac{OA}{OB} = \dfrac{OB}{OC}$, 即 $OC = 1$,

所以 $C$ 的坐标为 $(-1,0),(1,0)$.

方法二:因为点 $C$ 在 $x$ 轴上,所以 $\angle BOC = \angle BOA = 90°$,

所以有: $\angle BAO$ 与 $\angle BCO$ 对应,

$\angle BAO = \angle BCO$,即 $BC = BA$,

则易得 $OC = OA = 4$,点 $C$ 的坐标为 $(-4,0)$;

或 $\angle BAO$ 与 $\angle CBO$ 对应,

$\angle BAO = \angle CBO$,即 $\angle CBA = 90°$,

则易推得 $OC = 1$,$C$ 的坐标为 $(-1,0)$、$(1,0)$;

综上所述,点 $C$ 的坐标为 $(-4,0)$ 或 $(-1,0)$、$(1,0)$.

**讲评** 本例在确定了一对角相等后,根据题目的条件既可以从边交叉对应进行分类讨论,也可以从角交叉对应进行分类讨论,都达到了解决问题的目的.此外,本例是在坐标背景下的相似三角形分类讨论问题,所以在求出了相应边的长度后,还要正确地将长度转化为所要求的坐标.

**例7** 如图 2-11-9,正方形 $ABCD$ 的边长为 $4$,$E$ 是 $BC$ 边的中点,点 $P$ 在射线 $AD$ 上,过点 $P$ 作 $PF \perp AE$ 于点 $F$,设 $PA = x$.

(1) 求证: $\triangle PFA \sim \triangle ABE$;

(2) 若以 $P$、$F$、$E$ 为顶点的三角形也与 $\triangle ABE$ 相似,试求 $x$ 的值.

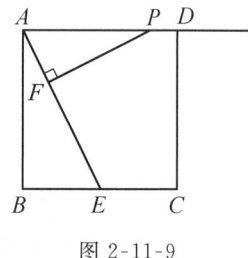

图 2-11-9

**解** (1) ∵ 在正方形 $ABCD$ 中,$AD \parallel BC$,

且 $\angle ABE = 90°$, ∴ $\angle PAF = \angle AEB$

又∵ $PF \perp AE$,

∴ $\angle PFA = \angle ABE = 90°$,

∴ $\triangle PFA \sim \triangle ABE$.

(2) ① 当 $\triangle EFP \sim \triangle ABE$,且 $\angle PEF = \angle EAB$ 时,有 $PE \parallel AB$,

∴ 四边形 $ABEP$ 为矩形,

∴ $PA = EB = 2$,即 $x = 2$.

② 当 $\triangle PFE \sim \triangle ABE$,且 $\angle PEF = \angle AEB$ 时,

∵ ∠PAF=∠AEB, ∴ ∠PEF=∠PAF,

∴ PE=PA.

∵ PF⊥AE, ∴ 点F为AE的中点,

∵ $AE=\sqrt{AB^2+BE^2}=\sqrt{4^2+2^2}=\sqrt{20}=2\sqrt{5}$,

∴ $EF=\dfrac{1}{2}AE=\sqrt{5}$.

由 $\dfrac{PE}{AE}=\dfrac{EF}{EB}$,即 $\dfrac{PE}{2\sqrt{5}}=\dfrac{\sqrt{5}}{2}$,

得 $PE=5$,即 $x=5$.

∴ 满足条件的 $x$ 的值为 2 或 5.

> **讲评** 本题中∠ABE=∠PFE=90°为一组确定对应关系的角,△ABE的三条边都是已知或根据已知可以求解的,而△PFE的三条边却不易求出或用 $x$ 表示出来,所以如果从边成比例往下分析将会很困难. 而本题中△PFA∽△ABE,问题可以转化为以 P、F、E 为顶点的三角形与△APF 相似来解决,不难发现这时从角的交叉对应进行分类讨论,则可以使问题得到比较简单地解决.

**例8** 如图2-11-10,在△ABC中,∠ABC=90°,AB=BC=4,O 为 AB 边的中点,M 是 BC 边上一动点(不与点 B、C 重合),AD⊥AB,垂足为 A. 联结 MO,将△BOM 沿直线 MO 翻折,点 B 落在点 $B_1$ 处,直线 $MB_1$ 与 AC、AD 分别交于点 F、N,联结 NO,与 AC 边交于点 E.

(1) 求证:△ANO≌△$B_1$NO;

(2) 当△FMC与△AEO相似时,求 BM 的长.

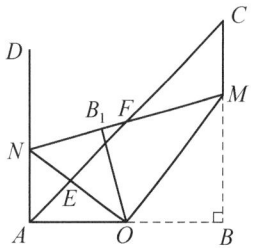

图 2-11-10

**解** (1) 由翻折可得△MBO≌△$MB_1$O,

∴ ∠B=∠$MB_1O$,$BO=B_1O$.

∵ 点 O 为 AB 边的中点,

∴ $AO=BO$, ∴ $AO=B_1O$.

∵ 由∠B=90°,AD⊥AB,

∴ △ANO 与 △$NB_1$O 都是直角三角形.

在 Rt△ANO 与 Rt△$NB_1$O 中, $\begin{cases}B_1O=AO,\\ NO=NO,\end{cases}$

∴ Rt△ANO≌Rt△$NB_1$O(H.L).

(2) 由题意知∠EAO=∠C=45°.

∵ △FMC∽△AEO,

∴ 只有两种情况:∠FMC=∠AEO 或 ∠FMC=∠AOE.

① 当∠FMC=∠AEO 时,有∠CFM=∠AOE.

又可证∠AOE=∠OMB=∠FMO,

∴ ∠CFM=∠FMO, ∴ OM∥AC,

∴ ∠OMB=∠C=45°,

∴ 在 Rt△MOB 中,MB=OB·cot45°=2;

② 当∠FMC=∠AOE 时,

∵ ∠AOE=∠OMB=∠OMF,

∴ ∠CMF=∠OMF=∠OMB=60°,

∴ 在 Rt△MOB 中,$MB=OB \cdot \cot 60°=\frac{2}{3}\sqrt{3}$.

综上所述,$BM=2$ 或 $BM=\frac{2}{3}\sqrt{3}$.

**讲评** 本题中先确定∠EAO=∠C=45°,得到一组确定的对应关系,因△EAO 和△MCF 中都只有一条边已知或是只有一条边能用需求解的量 BM 表示出来,所以本题若从边成比例进行分类讨论往下求解将不太可能.而本题中含有"三等角"基本图形,易得到∠AOE=∠OMB=∠OMF,为不变的关系,这样我们就可以将具有不确定对应关系的两组角交叉对应分两种情况讨论,再结合图形中的一些几何关系,通过演绎推理就可使问题得到解决.

**例 9** 如图 2-11-11,在 Rt△ABC 中,∠ACB=90°,CE 是斜边 AB 上的中线,$AB=10$,$\tan A=\dfrac{4}{3}$,P 是 CE 延长线上的一动点,过点 P 作 PQ⊥CB,交 CB 延长线于点 Q.

设 $EP=x$,$BQ=y$.

(1) 求 y 关于 x 的函数关系式及定义域;

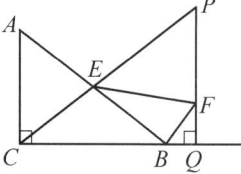

图 2-11-11

(2) 过点 B 作 BF⊥AB 交 PQ 于点 F,当△BEF 和△QBF 相似时,求 x 的值.

**解** (1) 在 Rt△ABC 中,∠ACB=90°,

∵ $\tan A=\dfrac{BC}{AC}=\dfrac{4}{3}$,$AB=10$, ∴ $BC=8$,$AC=6$.

∵ CE 是斜边 AB 上的中线, ∴ $CE=BE=\dfrac{1}{2}AB=5$,

∴ ∠PCB=∠ABC.

∵ ∠PQC=∠ACB=90°, ∴ △PQC∽△ACB,

∴ $\dfrac{CQ}{PC}=\dfrac{BC}{AB}=\dfrac{4}{5}$,即 $\dfrac{8+y}{5+x}=\dfrac{4}{5}$,

∴ $y=\dfrac{4}{5}x-4$,定义域为 $x>5$.

(2) ∵ ∠FBE=90°, ∴ ∠QBF=∠A.

又∵ ∠BQF=∠ACB=90°,

∴ △BQF∽△ACB,$\dfrac{BQ}{FB}=\dfrac{AC}{AB}=\dfrac{3}{5}$,

168

∴ $BF = \dfrac{5}{3}y$.

当△BEF 和△QBF 相似时,可得△BEF 和△ABC 也相似.

在 Rt△FBE 中,∠FBE=90°,BE=5,$BF=\dfrac{5}{3}y$.

分两种情况:

① 当∠FEB=∠A 时,

$\tan\angle FEB = \tan\angle A$,即 $\dfrac{BF}{BE} = \dfrac{BC}{AC} = \dfrac{4}{3}$,

∴ $\dfrac{5}{3}\left(\dfrac{4}{5}x-4\right) = \dfrac{4}{3}\times 5$,解得 $x=10$;

② 当∠FEB=∠ABC 时,$\tan\angle FEB = \tan\angle ABC$,即 $\dfrac{BF}{BE} = \dfrac{AC}{BC} = \dfrac{3}{4}$,

∴ $\dfrac{5}{3}\left(\dfrac{4}{5}x-4\right) = \dfrac{3}{4}\times 5$,解得 $x=\dfrac{125}{16}$.

综上所述,当△BEF 和△QBF 相似时,$x=\dfrac{125}{16}$ 或 10.

> **讲评** 本题在确定一对角相等(∠BQF=∠ACB=90°)后,从角交叉对应相等进行分析,看似要从角的角度进行演绎推理,但实际是运用相等角的正切值相等建立方程解决问题的,实质上还是运用了边交叉对应成比例建立方程解决问题的. 本例说明可以根据题目的条件综合从角或边同时进行分析,选择简单明了的方法使问题得到解决.

**例 10** 如图 2-11-12,在△ABC 中,AB=AC=5,$\cos B = \dfrac{4}{5}$,D 是边 BC 上一点,以点 D 为顶点作 ∠EDF=∠B,点 E、F 分别在边 AB、AC 上,且 DE⊥BC,联结 EF.

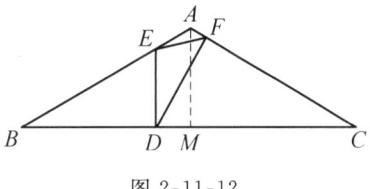

图 2-11-12

(1) 求 BC 的长;

(2) 设 BD=x,AF=y,求 y 关于 x 的函数解析式并写出定义域;

(3) 当△DEF 和△DCF 相似时,求 BD 的长.

**解** (1)过点 A 作 AM⊥BC,垂足为 M.

∵ AB=AC, ∴ BC=2BM.

在 Rt△AMB 中,∠AMB=90°.

∵ $\cos B = \dfrac{BM}{AB}$, ∴ $BM = AB\cdot\cos B = 5\times\dfrac{4}{5}=4$,

∴ BC=2BM=8.

(2) ∵ DE⊥BC, ∴ ∠EDF+∠FDC=90°,

∵ AB=AC, ∴ ∠C=∠B=∠EDF,

∴ $\angle FDC + \angle C = 90°$，∴ $\angle DFC = 90°$.

∴ $\cos C = \cos B = \dfrac{CF}{CD} = \dfrac{4}{5}$，即 $\dfrac{5-y}{8-x} = \dfrac{4}{5}$，

∴ $y = \dfrac{4x-7}{5}$，定义域为 $\dfrac{7}{4} \leqslant x \leqslant 4$.

(3) ∵ $\angle C = \angle EDF$，$\angle DFC = 90°$，

∴ 当 $\triangle DEF$ 和 $\triangle DCF$ 相似时，分两种情况：

① 当 $\angle DEF = 90°$ 时，可得 $EF \parallel BC$.

∴ $EF = \dfrac{8}{5}y$，$DF = \dfrac{3}{4}(5-y)$.

在 Rt$\triangle DEF$ 中，$\sin\angle EDF = \dfrac{EF}{DF} = \dfrac{3}{5}$，

∴ $EF = \dfrac{3}{5}DF$，

∴ $\dfrac{8}{5}y = \dfrac{3}{5} \times \dfrac{3}{4}(5-y)$，解得 $y = \dfrac{45}{41}$，

∴ $BD = x = \dfrac{128}{41}$.

② 当 $\angle DFE = 90°$ 时，

∵ $\angle DFC = 90°$，∴ 此时，点 $E$ 与点 $A$ 重合，

∴ $BD = x = 4$.

综上所述，当 $\triangle DEF$ 和 $\triangle DCF$ 相似时，$BD$ 的长是 $\dfrac{128}{41}$ 或 $4$.

**讲评** 本例在确定了一对相等角对应后，又确定了一个三角形中的一个角为 $90°$ 为定值，所以从角的角度进行了分类讨论，但其中也运用了边的关系建立方程解决问题. 方程思想和数形结合的思想在解决这类问题时得到了极大的体现！

初中阶段遇到的相似三角形的分类讨论综合问题，我们可以从下面几个方面进行分析解决：

**1. 确定一对相等角.**

在两个需确定对应关系的相似三角形中，通过寻找公共角、或等角等方式确定一对角相等，从而确定一组对应关系，即一组角对应或一组边对应.

**2. 从边进行分类讨论(侧重方程思想的运用).**

在确定了一个角对应相等后，根据题目中的条件，如果需要求解的量和可以表示出的量都是已确定的相等角的夹边或是对边，则需选择从边进行分类讨论. 运用方程的思想，夹边交叉对应成比例建立相关未知数的方程，解方程则可以使问题得到解决.

**3. 从角进行分类讨论(侧重演绎逻辑推理).**

在确定了一个角对应相等后，根据题目中的条件，如果两个相等角的夹边或对边不

能表示出来,也就是运用边成比例不能建立独立的可以求解的方程,则考虑从角交叉对应相等进行分类讨论,再结合三等角、子母直角三角形等基本形和平行、直角、等腰等特殊的几何关系,通过逻辑演绎推理就能使问题等到解决.

4. 从边和角同步进行分析.

在确定了一个角对应相等后,根据题目中的条件,需要从角交叉相等进行分析,但又不能单纯运用逻辑推理的方法解决问题,此时往往可以运用相等角的三角比相等关系来建立方程,或者再从边交叉成比例建立方程,从而使问题得到解决.

分类思想在相似三角中的应用是近年中考的重点,不管每年考题中的背景条件如何变化,但按照上述思路进行分析,在变中求不变,定会成功地解决此类问题.

········· 练 习 ·········

1. 如图 2-11-13,已知 $\angle ABC = \angle CDB = 90°$, $AC = 5\text{cm}$, $BC = 4\text{cm}$,若图中的两个直角三角形相似,则 $BD = $ _____.

2. 如图 2-11-14,已知 $P$ 是边长为 4 的正方形 $ABCD$ 内一点,且 $PB = 3$, $BF \perp BP$,垂足是 $B$. 请在射线 $BF$ 上找一点 $M$,使以点 $B$、$M$、$C$ 为顶点的三角形与 $\triangle ABP$ 相似. 求出 $BM$ 的长.

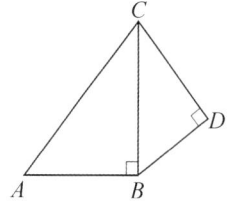

图 2-11-13

3. 如图 2-11-15,在 $\triangle ABC$,$AB = 8$ 厘米,$BC = 16$ 厘米,点 $P$ 从点 $A$ 开始沿边 $AB$ 向点 $B$ 以 1 厘米/秒的速度移动. 点 $Q$ 从点 $B$ 开始沿边 $BC$ 向点 $C$ 以 2 厘米/秒的速度移动,如果 $P$、$Q$ 同时出发,经过多少秒钟后,$\triangle ABC$ 与 $\triangle PQB$ 相似.

4. 如图 2-11-16,$AB \perp BC$,$AD \parallel BC$,$AB = 3$,$AD = 2$. 点 $P$ 在线段 $AB$ 上,联结 $PD$,过点 $D$ 作 $PD$ 的垂线,与 $BC$ 相交于点 $C$. 设线段 $AP$ 的长为 $x$.

(1) 设 $\triangle PDC$ 的面积为 $y$,求 $y$ 关于 $x$ 的函数解析式,并写出函数的定义域;

(2) 当 $\triangle APD \backsim \triangle DPC$ 时,求线段 $BC$ 的长.

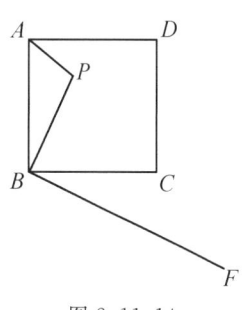

图 2-11-14

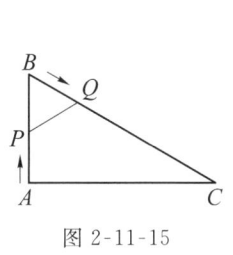

图 2-11-15

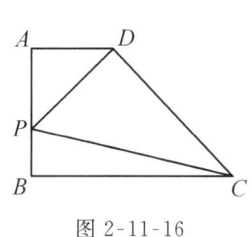

图 2-11-16

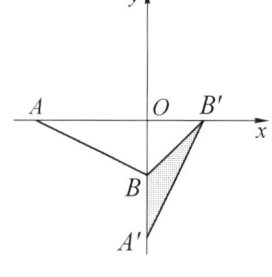

图 2-11-17

5. 如图 2-11-17,抛物线 $y = \dfrac{1}{4}x^2 + \dfrac{1}{2}x - 2$ 与 $x$、$y$ 轴分别相交于 $A$、$B$ 两点,将 $\triangle AOB$ 绕着点 $O$ 逆时针旋转 $90°$ 到 $\triangle A'OB'$,且抛物线 $y = ax^2 + 2ax + c (a \neq 0)$ 过点 $A'$、$B'$.

(1) 求 $A$、$B$ 两点的坐标；

(2) 点 $D$ 在 $x$ 轴上，若以 $B$、$B'$、$D$ 为顶点的三角形与 $\triangle A'B'B$ 相似，求点 $D$ 的坐标.

6. 如图 2-11-18，在边长为 1 的正方形 $ABCD$ 中，点 $E$ 在边 $BC$ 上（与端点不重合），点 $F$ 在射线 $DC$ 上.

(1) 若 $AF=AE$，并设 $CE=x$，$\triangle AEF$ 的面积为 $y$，求 $y$ 关于 $x$ 的函数解析式，并写出函数的定义域；

(2) 当 $CE$ 的长度为何值时，$\triangle AEF$ 和 $\triangle ECF$ 相似？

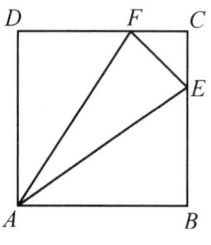

图 2-11-18

## 答　案

1. $\dfrac{12}{5}$ 或 $\dfrac{16}{5}$　2. $\dfrac{16}{3}$ 或 3　3. 4 秒或 $\dfrac{8}{5}$ 秒　4.（1）$y=\dfrac{3}{4}x^2+3$，定义域为 $0<x\leqslant 3$　（2）4 或 $\dfrac{13}{2}$　5.（1）$B(0,-2)$、$A(-4,0)$　（2）$D(4,0)$ 或 $D(6,0)$　6.（1）$y=-\dfrac{1}{2}x^2+x(0<x<1)$　（2）$\dfrac{1}{2}$ 或 $\dfrac{1}{4}$

## 12. 线段比的转换

在线段比的证明过程中常常要实现比的转换,这是比较困难的一个问题.

**例1** 如图 2-12-1,在 △ABC 中,点 D 在边 AB 上,且 $CD=BC$,过点 D 作 $DE/\!/BC$ 交 AC 于点 E. 求证:$\dfrac{AD}{AB}=\dfrac{DE}{DC}$.

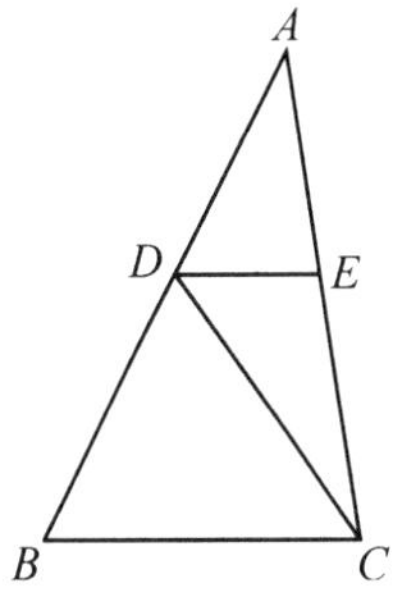

**证明** ∵ $DE/\!/BC$,

∴ $\dfrac{AD}{AB}=\dfrac{DE}{BC}$.

∵ $CD=BC$,

∴ $\dfrac{AD}{AB}=\dfrac{DE}{DC}$. ← 这里用了等线段代换.

图 2-12-1

**例2** 如图 2-12-2,正方形 ABCD 中,M 为 AB 上一点,N 为 BC 上一点,且 $BM=BN$,过点 B 作 $BP\perp MC$ 于点 P,联结 DP、NP. 求证:$\angle DPC=\angle NPB$.

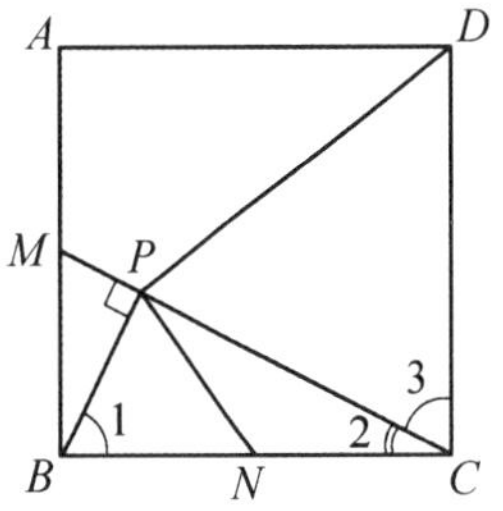

**分析** 欲证 $\angle DPC=\angle NPB$,只需证 △DPC∽△NPB,证明这两个三角形相似,看看已经有条件 $\angle 1=\angle 3$,那么只需要找到 $\dfrac{BP}{PC}=\dfrac{BN}{DC}$,所以本题的证明关键是线段成比例.

**证明** ∵ 四边形 ABCD 是正方形,

∴ $\angle ABC=90°$, ∴ $\angle ABC=\angle BPC$.

又∵ $\angle 2=\angle 2$,

∴ △BPC∽△MBC,

∴ $\dfrac{BP}{BM}=\dfrac{PC}{BC}$.

∵ $DC=BC,BN=BM$,

∴ $\dfrac{BP}{BN}=\dfrac{PC}{DC}$, ← 对比已经证得的 $\dfrac{BP}{BN}=\dfrac{PC}{BC}$ 和我们需要证的 $\dfrac{BP}{PC}=\dfrac{BN}{DC}$,容易看出有两条线段不一样,这里采用等线段代换得到需要的比例式.

∵ $\angle DCB=90°$,

∴ $\angle 2+\angle 3=90°$.

∵ $BP\perp MC$, ∴ $\angle BPC=90°$,

∴ $\angle 1+\angle 2=90°$, ∴ $\angle 1=\angle 3$,

∴ △BPN∽△CPD, ∴ $\angle DPC=\angle NPB$.

图 2-12-2

---

① 本文执笔:傅琳、梁珍(上海市梅园中学)

**讲评** 线段比例式**转换方法一**:**等线段代换**.即将原比例式中的某一条线段用另一条与之相等的线段代换.

**例3** 如图 2-12-3,已知 $AD$ 是 $\angle BAC$ 的角平分线,过点 $B$、$C$ 分别作 $AD$ 的垂线,垂足分别为 $F$、$E$,$CF$ 和 $EB$ 相交于点 $P$,联结 $AP$.求证:$EC /\!/ AP$.

**分析** 结合条件观察图形,不难看出图中有二组相似三角形:一对相似的直角三角形和一对"A 型"相似三角形.

由相似的直角三角形与"A 型"相似三角形,都可以提供比例线段,而证明线段平行也需要比例线段,所以问题的关键是利用线段成比例.

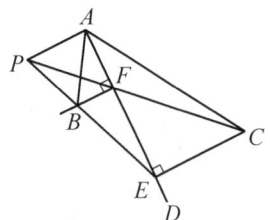

图 2-12-3

**证明** 方法一:∵ $\angle BAE = \angle CAE$,$\angle AFB = \angle AEC = 90°$,

∴ $\triangle ABF \sim \triangle ACE$,∴ $\dfrac{AF}{AE} = \dfrac{BF}{CE}$.

又∵ $BF /\!/ CE$,

∴ $\dfrac{BF}{CE} = \dfrac{PF}{PC}$,

∴ $\dfrac{AF}{AE} = \dfrac{PF}{PC}$,

∴ $EC /\!/ AP$.

> 有两组比例式中都有 $\dfrac{BF}{CE}$,所以采用等比代换方法得到最终的比例式.

方法二:∵ $\angle BAE = \angle CAE$,$\angle AFB = \angle AEC = 90°$

∴ $\triangle ABF \sim \triangle ACE$,∴ $\dfrac{AF}{AE} = \dfrac{BF}{CE}$.

又∵ $BF /\!/ CE$,∴ $\dfrac{BF}{CE} = \dfrac{PB}{PE}$,∴ $\dfrac{AF}{AE} = \dfrac{PB}{PE}$,

∴ $BF /\!/ AP$,∴ $AP /\!/ CE$.

**讲评** 线段比例式**转换方法二**:**等比代换**.即将原比例式中的某一比用另一个与之相等的比代换.

**例4** 如图 2-12-4,在 Rt$\triangle ABC$ 中,$\angle ACB = 90°$,$CD \perp AB$,$M$ 是 $CD$ 上的点,$DH \perp BM$ 于点 $H$,$DH$ 的延长线交 $AC$ 的延长线于点 $E$.

求证:(1) $\triangle AED \sim \triangle CBM$;

(2) $AE \cdot CM = AC \cdot CD$.

**证明** (1) ∵ $CD \perp AB$,

∴ $\angle ADC = 90°$,∴ $\angle A + \angle ACD = 90°$.

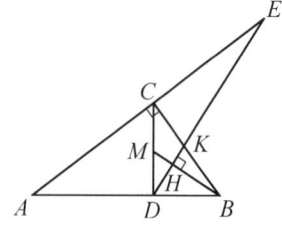

图 2-12-4

∵ ∠ACB=90°, ∴ ∠BCD+∠ACD=90°,
∴ ∠A=∠BCD.
∵ ∠CMB=∠MDH+∠MHD=∠MDH+90°,
∠ADE=∠MDA+∠MHD=∠MDA+90°,
∴ ∠CMB=∠ADE, ∴ △AED∽△CBM.

(2) ∵ △AED∽△CBM,
∴ $\frac{AE}{BC}=\frac{AD}{CM}$. ∴ $AE \cdot CM = BC \cdot AD$.
∵ ∠A=∠BCD, ∠ADC=∠CDB=90°,
∴ △ACD∽△CBD, ∴ $\frac{AC}{BC}=\frac{AD}{CD}$,
∴ $AC \cdot CD = BC \cdot AD$,
∴ $AE \cdot CM = AC \cdot CD$. ◀ 这是等积代换.

> **讲评** 线段比例式**转换方法三：等积代换**. 首先将待证比例式, 通过对角相乘转化为乘积式, 将其中的一个乘积转换为另一组线段的乘积. 它与等比代换本质是相同的.

**例5** 在△ABC中, ∠B=45°, AD⊥BC, ∠BDE=∠DAC. 求证: $\frac{AE}{BE}=\frac{AD}{DC}$.

**分析** 证明线段成比例的主要方法是找平行与探相似, 图形中都没有, 考虑添线构造基本形. 由等式的左边 $\frac{AE}{BE}$, 可以联想到添加如图 2-12-5 中的辅助线 EF∥BD, 如此则构造了"A 形"相似形; 见方法一.

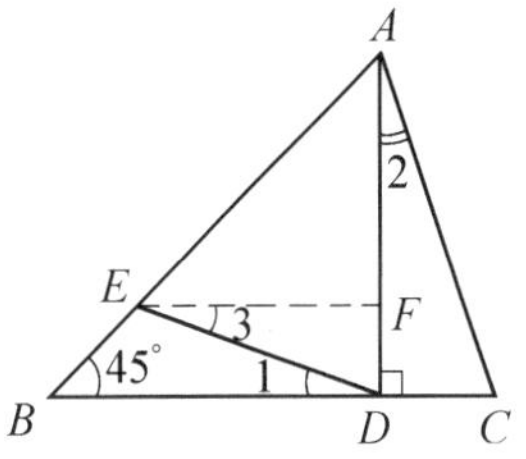

**证明** 方法一: 如图 2-12-5, 作 EF⊥AD, 垂足为 F.
又∵ AD⊥BC, ∴ EF∥BD,
∴ $\frac{AE}{BE}=\frac{AF}{FD}$.

图 2-12-5

又∵ ∠B=45°, ∴ ∠AEF=45°, ∴ ∠EAF=∠AEF,
∴ EF=AF, ∴ $\frac{AE}{BE}=\frac{EF}{FD}$. ◀ 这是等线段代换.
∵ ∠1=∠2, ∠1=∠3, ∴ ∠3=∠2,
∴ △EFD∽△ADC,
∴ $\frac{EF}{FD}=\frac{AD}{DC}$,
∴ $\frac{AE}{BE}=\frac{AD}{DC}$. ◀ 这是等比代换.

◆ 也可联想到添加如图 2-12-6 中 BN∥AD, 构造了"X 型"相似三角形, 然后再运用上面的等线段代换或是等比代换使问题得到解决, 请读者试试看.

我们也可以根据等式右边 $\dfrac{AE}{BE}$ 联想到一对三角形的面积比，这对三角形还有一条边相等，所以面积比又可以等于高之比，从而提示添加如图 2-12-7 中这样的辅助线，从而使问题得到解决，见方法二.

方法二：如图 2-12-7，作 $EH\perp AD$，$EG\perp BD$，垂足分别为 $H$、$G$.

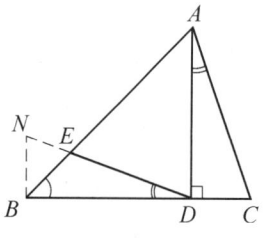

图 2-12-6

$$\because \dfrac{S_{\triangle AED}}{S_{\triangle BED}}=\dfrac{\dfrac{1}{2}AD\cdot EH}{\dfrac{1}{2}BD\cdot EG}.$$

$\because AD=BD$，

$\therefore \dfrac{S_{\triangle AED}}{S_{\triangle BED}}=\dfrac{EH}{EG}$.

$\because \dfrac{S_{\triangle AED}}{S_{\triangle BED}}=\dfrac{\dfrac{1}{2}AE\cdot h_{AE}}{\dfrac{1}{2}BE\cdot h_{BE}}=\dfrac{AE}{BE}$，

$\therefore \dfrac{AE}{BE}=\dfrac{EH}{EG}=\dfrac{EH}{HD}$.

注意：$\triangle AED$、$\triangle BED$ 等底，它们的面积比有什么特点？
$\triangle AED$、$\triangle BED$ 同高，它们的面积比又有什么特点？

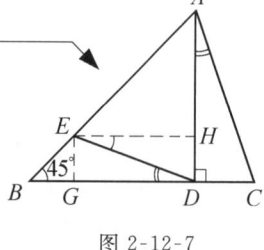

图 2-12-7

◆ 再利用相似提供的比例线段，进行等比代换，以下与证法一中类似，不再赘述.

---

**讲评** 线段比例式**转换方法四：借助面积代换**. 如果线段比 $\dfrac{a}{b}$、$\dfrac{c}{d}$ 都等于某两个三角形面积比，那么 $\dfrac{a}{b}=\dfrac{c}{d}$，即实现了线段比的转换.

**借助面积代换常常和下列定理有关：**
(1) 同底或等底的两三角形的面积比等于高的比；
(2) 同高或等高的两三角形的面积比等于底的比；

---

 小结　线段比例的代换通常有以下四种：

1. **等线段代换**；
2. **等比代换**；
3. **等积代换**；
4. **面积代换**.

## 练 习

1. 如图 2-12-8，在 $\triangle ABC$ 中，$AB=AC$，$D$ 是 $BC$ 上一点，$\angle ADE=\angle B$.
   (1) 求证：$\triangle ABD \backsim \triangle DCE$；
   (2) 若点 $F$ 在 $AD$ 上，且 $EF /\!/ DC$，试证明：$\dfrac{AF}{AE}=\dfrac{DE}{CD}$.

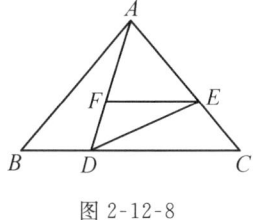

图 2-12-8

2. 如图 2-12-9，在 $\triangle ABC$ 中，$\angle BAC=90°$，$AD \perp BC$ 于点 $D$，$E$ 为 $AC$ 的中点，$DE$ 交 $BA$ 的延长线于点 $F$. 求证：$AB:AC=BF:DF$.

3. 如图 2-12-10，在 $\triangle ABC$ 中，$D$、$E$ 分别是边 $BC$、$AB$ 的中点，$AD$、$CE$ 相交于点 $G$. 求证：$\dfrac{GE}{CE}=\dfrac{GD}{AD}=\dfrac{1}{3}$.

4. 如图 2-12-11，$E$、$F$ 分别是正方形 $ABCD$ 的边 $AB$ 和 $AD$ 上的点，且 $\dfrac{EB}{AB}=\dfrac{AF}{AD}=\dfrac{1}{3}$. 求证：$\angle AEF=\angle FBD$.

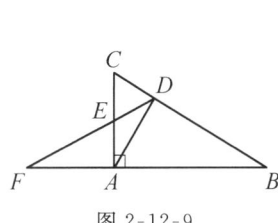

图 2-12-9

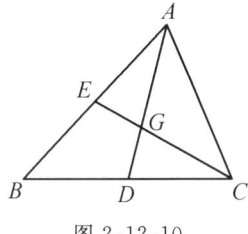

图 2-12-10

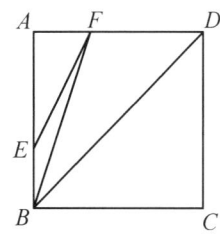

图 2-12-11

5. 如图 2-12-12，在菱形 $ABCD$ 中，点 $E$、$F$ 分别在边 $BC$、$CD$ 上，$BE=DF$，$AE$ 与 $BD$ 交于点 $G$，且 $\dfrac{DF}{FC}=\dfrac{AD}{DF}$. 求证：四边形 $BEFG$ 是平行四边形.

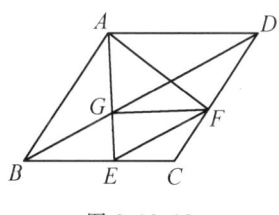

图 2-12-12

#### 答 案

**1.** 略  **2.** 略  **3.** 提示：联结 $ED$  **4.** 提示：作 $FG /\!/ BD$ 交 $AB$ 于点 $G$  **5.** 略

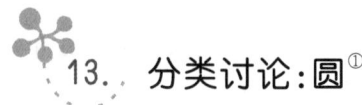

## 13. 分类讨论：圆[①]

圆中弦与圆心的相对位置不同、弦与公共端点的相对位置不同,两圆心与公共弦的相对位置不同等等都会造成题目存在多个解,学生常常感到困难.之所以发生困难,首先"想不到"有多种可能(教师要予以重视,并进行适当的训练);另外,想到了有多种可能但由于情况比较复杂,不会通过讨论,分别求出各个解,因而造成漏解.

**例 1** 一条排水管的截面是一个圆形,排水管的半径为 200mm,截面水面宽 240mm,求水面的高度.

**分析** 本题中的截面水面宽其实就是圆中的一条弦,而求水面的高度就是求这条弦到圆最低点的距离,由于这条弦可以在圆心的上侧,也可以在圆心的下侧,即弦与圆心的相对位置不同,则弦到圆最低点的距离就不同,所以本题中水面的高度应该有两个答案.

**解** 如图 2-13-1,作圆 $O$ 的水平弦 $AB=A_1B_1=240$mm,联结 $OA$,过点 $O$ 作 $OM \perp AB$,垂足为 $M$,交圆 $O$ 于点 $H$,$OA=200$mm.

∵ $OM \perp AB$,$O$ 为圆心,

∴ $AM=\dfrac{1}{2}AB=120$mm.

在 Rt△$AOM$ 中,$OM^2+AM^2=OA^2$,

∴ $OM=160$mm,

∴ $MH=OH-OM=40$mm.

过点 $O$ 作 $ON \perp A_1B_1$,垂足为 $N$,
同理可得 $ON=160$mm.

∴ 水面高度为 $MH=OH-OM=40$mm,

或 $NH=OH+ON=360$mm.

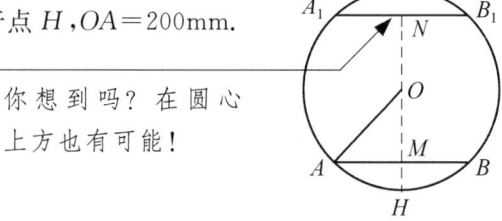

图 2-13-1

**讲评** 涉及圆中一条弦的题目,我们要考虑弦与圆的相对位置的不同,导致题目有多种情况,如例 1 中水面的高度即为半径±弦心距.

**例 2** 在半径为 5cm 的圆中,有两条弦 $AB=8$cm,$CD=6$cm,且 $AB \parallel CD$,求弦 $AB$ 与 $CD$ 间的距离.

**解** 联结 $OA$、$OC$,过点 $O$ 作 $AB$ 的垂线,垂足为 $M$,并延长交 $CD$ 于点 $N$.
$OA=OC=5$cm,$AB=8$cm.

---

[①] 执笔人:傅琳(上海市梅园中学)

∵ $OM \perp AB, AB \parallel CD$,
∴ $ON \perp CD$.
∵ $OM \perp AB$, $O$ 为圆心,
∴ $AM = \frac{1}{2}AB = 4$cm,
在 Rt△AOM 中, $OM^2 + AM^2 = OA^2$,
∴ $OM = 3$cm
同理, $ON = 4$cm.
∴ 两弦之间的距离为
$MN = ON + OM$ 或 $MN = ON - OM$,
即, $MN = 4 + 3 = 7$cm 或 $MN = 4 - 3 = 1$cm.

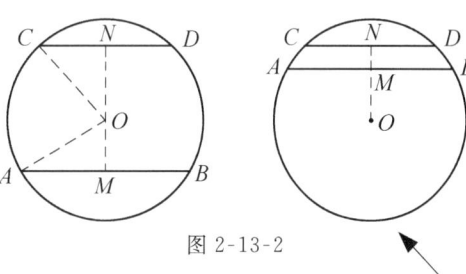

图 2-13-2

你想到吗？两条弦可以是在圆心的异侧，如左图；也可以是在圆心的同侧，如右图.

**讲评** 如本题中涉及求同圆中两条平行弦之间的距离的题目，由于**两条弦与圆心的相对位置可以分为两条弦在圆心的同侧或异侧**，所以要考虑两种情况进行求解. 两条弦间的距离为 $MN = ON \pm OM$.

**例 3** 点 $A$、$B$、$C$ 在 ⊙$O$ 上，$AB$ 是 ⊙$O$ 的内接正十二边形的一边，$BC$ 是 ⊙$O$ 的内接正六边形的一边，求以 $AC$ 为一边的圆内接正多边形的边数.

**解**

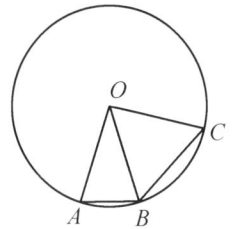 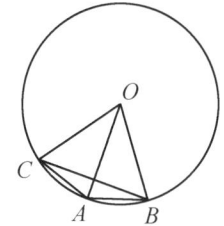

图 2-13-3

你想到吗？两条弦可以在公共端点的异侧，如左图，也可以在同侧，如右图.

因 $AB$ 是 ⊙$O$ 的内接正十二边形的一边，所以
$$\angle AOB = \frac{360°}{12} = 30°.$$
因 $BC$ 是 ⊙$O$ 的内接正六边形的一边，所以
$$\angle BOC = \frac{360°}{6} = 60°.$$
异侧时，$\angle AOC = \angle BOC + \angle AOB = 60° + 30° = 90°$,
以 $AC$ 为一边的圆内接正多边形的边数为 $\frac{360°}{90°} = 4$.
同侧时，$\angle AOC = \angle BOC - \angle AOB = 60° - 30° = 30°$,
以 $AC$ 为一边的圆内接正多边形的边数为 $\frac{360°}{30°} = 12$.

**讲评** 涉及同圆中有公共端点的两条弦的问题时,由于**两弦与公共端点的相对位置可以分为两条弦在公共端点的同侧或异侧两种情况**,所以要考虑两种情况下弦所对的圆心角之间是加还是减,一般情况下总是异侧时加,同侧时减,从而得出正确答案,避免漏解.

**例 4** 已知⊙$O$ 的半径为 5,$AB$ 是弦,$P$ 是直线 $AB$ 上的一点,$PB=3$,$AB=8$,求 $\tan\angle OPA$ 的值.

**解** 因 $P$ 是直线 $AB$ 上的一点,所以 $P$ 可以在圆内,如图 2-13-4①,也可以在圆外,如图 2-13-4②.

作 $OH\perp AB$,垂足为 $H$,联结 $OB$,$OB=5$.

∵ $OH\perp AB$,$O$ 为圆心,

∴ $BH=\dfrac{1}{2}AB=4$.

在 Rt△$OBH$ 中,$OH^2+HB^2=OB^2$,

∴ $OH=3$.

当 $P$ 在圆内时,$BP=3$,

则 $HP=BH-BP=4-3=1$.

在 Rt△$OPH$ 中,$\tan\angle OPA=\dfrac{OH}{HP}=\dfrac{3}{1}=3$.

当 $P$ 在圆外时,$BP=3$,

则 $HP=BH+BP=4+3=7$.

在 Rt△$OPH$ 中,$\tan\angle OPA=\dfrac{OH}{HP}=\dfrac{3}{7}$.

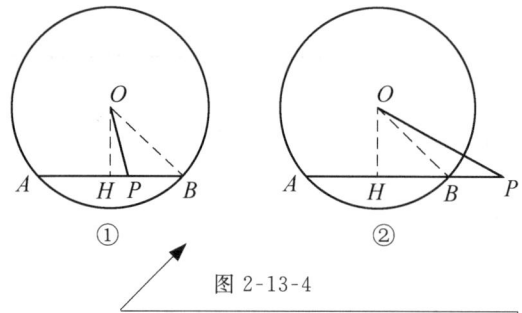

图 2-13-4

你想到吗?点 $P$ 可能在圆内,也可能在圆外.

**讲评** 在解答涉及**点与圆的相对位置关系**的问题时要根据点可以在圆外、圆上、圆内,即 $d>r$、$d=r$、$d<r$,三种不同的情况进行讨论解答.

**例 5** 以点 $A(a,3)$ 为圆心($a>0$)、5 为半径的圆与坐标轴有三个交点,那么 $a=$ _____.

**分析** 本题涉及直线与圆的相对位置,由于点 $A$ 的纵坐标为 3,即圆心到横轴的距离 $AH=3$,因为半径为 5,$AH<R$,所以 $x$ 轴与圆相交,有两个交点.而圆与坐标轴有三个交点,所以可以是另一条坐标轴即 $y$ 轴与圆相切,如图 2-13-5①;也可以是另一条坐标轴即 $y$ 轴与圆也相交,但与两坐标轴有公共的交点为原点,如图 2-13-5②.

**解** 如图①,$a=r=5$;

如图②,$AH=3$,$OA=5$,

在 Rt△$AOH$ 中,$OH^2+AH^2=OA^2$,∴ $OH=4$,即 $a=4$. ∴ $a=5$ 或 4.

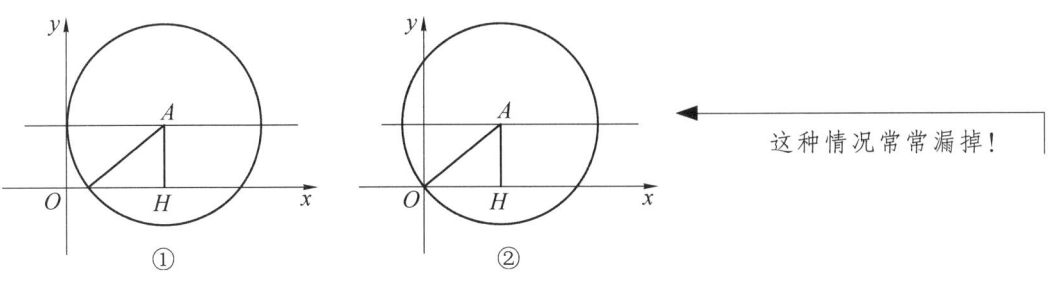

图 2-13-5

> **讲评** 在解答涉及**直线与圆的交点情况**时,通常要从直线与圆的相对位置关系,即**相离、相切、相交**三种情况进行分类讨论:直线与圆相离时没有交点,相切时有一个交点,相交时有两个交点.若题中有两条直线,则交点情况要组合考虑进行讨论.

**例 6** 已知半径分别为 17 和 10 的两圆 $\odot O_1$ 和 $\odot O_2$ 相交,公共弦 $AB$ 的长为 16,求两圆的圆心距 $O_1O_2$.

**分析** 本题中相交两圆的圆心与公共弦的相对位置可以是在公共弦的异侧,如图 2-13-6①,也可以在同侧,如图 2-13-6②.

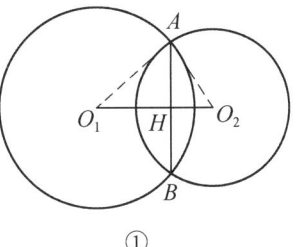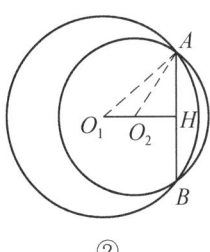

图 2-13-6

**解** 连心线 $O_1O_2$ 与公共弦 $AB$ 的交点为 $H$,$AH = \frac{1}{2}AB = 8$,

联结 $O_1A$、$O_2A$,$O_1A = 17$,$O_2A = 10$.

在 Rt$\triangle AO_1H$ 中,$O_1H^2 + AH^2 = O_1A^2$,∴ $O_1H = 15$.

在 Rt$\triangle AO_2H$ 中,$O_2H^2 + AH^2 = O_2A^2$,∴ $O_2H = 6$.

$O_1$、$O_2$ 在 $AB$ 异侧时,$O_1O_2 = O_1H + O_2H = 15 + 6 = 21$;

$O_1$、$O_2$ 在 $AB$ 同侧时,$O_1O_2 = O_1H - O_2H = 15 - 6 = 9$.

> **讲评** 涉及**两圆相交**时,两圆心与公共弦的相对位置可以分为在公共弦的**异侧**和**同侧**两类,所以要考虑两种不同情况.一般情况下,先分别算出两圆心到公共弦的距离,则异侧时时相加,同侧时相减,即 $O_1O_2 = O_1H \pm O_2H$.

**例 7** 已知相切两圆的圆心距为 7,一个圆的半径是 6,试求另一个圆的半径.

**分析** 两圆相切可以分为外切和内切,外切时圆心距 $d = r_1 + r_2$;内切时 $d = |r_1 - r_2|$.

**解** 因为 $d = 7$,$r_1 = 6$,

当两圆外切时,$d = r_1 + r_2$,即 $7 = 6 + r_2$,所以 $r_2 = 1$;

当两圆内切时,$d=|r_1-r_2|$,即 $7=|6-r_2|$,所以 $r_2=13$ 或 $r_2=-1$(舍).
所以另一个圆的半径为 1 或 13.

**例 8** 如图 2-13-7,在 $\triangle ABC$ 中,$AB=AC=5$,$BC=6$,点 $D$ 为 $BC$ 边上的动点(不与 $B$ 重合).过点 $D$ 作射线 $DE$ 交 $AB$ 于 $E$,使 $\angle BDE=\angle A$.

(1) 设 $BD=x$,$AE=y$,求 $y$ 关于 $x$ 的函数解析式并写出定义域.

(2) 以 $D$ 为圆心,$DC$ 长为半径作 $\odot D$,如果 $\odot E$ 是以 $E$ 为圆心、$AE$ 的长为半径的圆,那么当相切时,$BD$ 为多长?

**解** (1) $BD=x$,$AE=y$,则 $BE=5-y$,

∵ $\angle BDE=\angle A$,$\angle B=\angle B$,∴ $\triangle BDE\sim\triangle BAC$,

∴ $\dfrac{BD}{AB}=\dfrac{BE}{BC}$,即 $\dfrac{x}{5}=\dfrac{5-y}{6}$,∴ $y=5-\dfrac{6x}{5}\left(0<x\leqslant\dfrac{25}{6}\right)$.

(2) $R_{\odot D}=CD=6-x$,$R_{\odot E}=AE=y$.

∵ $\triangle BDE\sim\triangle BAC$,$AB=AC$,∴ $DE=DB=x$.

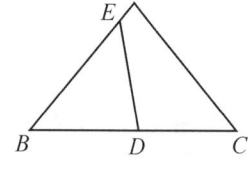

图 2-13-7

当 $\odot D$ 与 $\odot E$ 外切时,$DE=R_D+R_E$,即 $x=6-x+y$,解得 $x=\dfrac{55}{16}$;

当 $\odot D$ 与 $\odot E$ 内切时,$DE=|R_D-R_E|$,即 $x=|6-x-y|$,解得 $x=\dfrac{5}{4}$ 或 $x=-\dfrac{5}{6}$(舍).

综上所述,$\odot D$ 与 $\odot E$ 相切时,$BD=\dfrac{55}{16}$ 或 $\dfrac{5}{4}$.

**讲评** 涉及**两圆相切**的问题时,由于相切**分为外切和内切**,所以要进行讨论,当两圆外切时,$d=r_1+r_2$;两圆内切时,$d=|r_1-r_2|$.

**小结**

在圆中由于弦与圆心、公共端点,点与圆、直线与圆等相对位置的不同,决定了有不同的结论,需要分类讨论;而两圆相切时需分为内切、外切讨论;两圆相交时需分两圆心在公共弦同侧还是异侧讨论;两圆相离时需分为外离、内含讨论等.**关键之一,要"想得到"可能存在多解;关键之二是会讨论**,初中阶段宜掌握下面几种类型:

1. 已知圆的半径和一条弦,求弦所对应的弓高 $h$. $h=$ 半径 $\pm$ 弦心距.

2. 已知同圆中两条平行弦的长度,求两弦之间的距离 $d$. $OM$、$ON$ 表示两条弦的弦心距,两条弦在圆心的异侧时,$d=OM+ON$;同侧时,$d=|OM-ON|$.

3. 同圆中有公共端点的两条弦要考虑两条弦在公共端点的同侧或异侧两种情况.

4. 涉及点与圆的相对位置关系时要分在圆外、圆上、圆内即 $d>r$,$d=r$,$d<r$,三种不同的情况讨论解答.

5. 涉及直线与圆的情况时,通常要从直线与圆的相对位置关系,即相离、相切、相交三种情况进行分类讨论:直线与圆相离时没有交点,相切时有一个交点,相交时有两个交点.若题中有两条直线,则交点情况要组合考虑进行讨论.

6. 两圆相交时,两圆心在公共弦的异侧时,圆心距 $O_1O_2=O_1H+O_2H$;同侧时,$O_1O_2=|O_1H-O_2H|$.($O_1H$、$O_2H$ 为两圆心到公共弦的距离).

7. 两圆相切时,先将相切两圆的半径和圆心距用相关的代数式表示出来,然后运用外切时 $d=r_1+r_2$,内切时 $d=|r_1-r_2|$ 建立含所求未知数的方程,解相应方程即可求解.

## 练 习

1. 已知△ABC 是半径长为 10cm 的⊙O 的内接等腰三角形,且底边 BC=12cm,求底边 BC 上的高 AD.

2. 已知四边形 ABCD 是⊙O 的内接梯形,AB∥CD,AB=8,CD=6,⊙O 的半径是 5,则梯形 ABCD 的面积是多少?

3. 已知⊙O 的半径为 2,在⊙O 中的两条弦 AB、BC 的长分别为 $2\sqrt{3}$、2,那么∠ABC 是多少度?

4.(1)已知⊙O 的半径为 4,如果直线 l 上有一点 P 到圆心 O 的距离为 4,直线与⊙O 的位置关系是_____.

(2)已知⊙O 的半径为 4,如果直线 l 上有一点 P 到圆心 O 的距离为 5,直线与⊙O 的位置关系是_____.

5. 已知⊙$O_1$ 与⊙$O_2$ 相交于点 A、B,⊙$O_1$ 的半径为 15cm,⊙$O_2$ 的半径为 13cm,公共弦 AB 的长为 24cm,求△$AO_1O_2$ 的面积.

6. 已知⊙$O_1$ 和⊙$O_2$ 相交于 A、B 两点,公共弦 AB 是⊙$O_1$ 的内接正方形的一边,也是⊙$O_2$ 的内接正三角形的一边,已知 AB=4,求 $O_1O_2$ 的长.

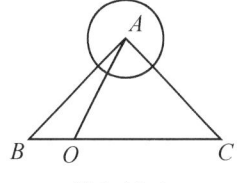

图 2-13-8

7. 如图 2-13-8,在矩形 ABCD 中,AB=5,BC=12,⊙A 的半径为 2,若以点 C 为圆心作一个圆,使⊙C 与⊙A 相切,那么⊙C 的半径是多少?

8. 如图 2-13-9,在△ABC 中,∠BAC=90°,AB=AC=$2\sqrt{2}$,⊙A 的半径为 1.若点 O 在 BC 上运动(与点 B、C 不重合),设 BO=x,△AOC 的面积为 y.

图 2-13-9

(1)求 y 关于 x 的函数解析式,并写出函数的定义域;

(2)以点 O 为圆心、BO 长为半径作⊙O,求当⊙O 与⊙A 相切时,求△AOC 的面积.

## 答 案

1. 18cm 或 2cm  2. 49 或 7  3. 30° 或 90°  4.(1)相交或相切 (2)相交、相切或相离  5. 84cm² 或 24cm²  6. $2+\dfrac{2\sqrt{3}}{3}$ 或 $2-\dfrac{2\sqrt{3}}{3}$  7. 11 或 15  8.(1)$y=4-x$($0<x<4$) (2)$\dfrac{1}{2}$ 或 $\dfrac{17}{6}$

## 14. 直线与圆相切问题的几种类型[1]

**主编的话：**

好长一阵子大家不敢讲类型了．其实类型是一种"心理图式"，总体说是有益的．张景中院士特别强调"中巧"，即"把数学问题分门别类，一类一类地寻求可以机械执行的方法"．所以我们要理直气壮地讲类型，当然我们要设法做到更高的层次：要有套路，又要突破套路．

在"圆"的学习中，关于判定切线的证明尤为重要，对很多学生而言也是一个难点．判定切线的依据主要是切线定义和两条判定定理（1. 经过半径的外端且垂直于这条半径的直线是圆的切线．2. 到圆心的距离等于半径的直线是圆的切线）．下面我们就来探究一下直线与圆相切的几种类型及其证明方法．

**例1** 如图 2-14-1，已知 $AB$ 为圆 $O$ 的直径，直线 $PA$ 过点 $A$，且 $\angle PAC = \angle B$．求证：$PA$ 是圆 $O$ 的切线．

**分析** 要证明 $PA$ 是圆 $O$ 的切线，因为 $AB$ 是圆 $O$ 的直径，所以只要证明 $AB \perp AP$，可结合直径所对的圆周角为直角进行推理.

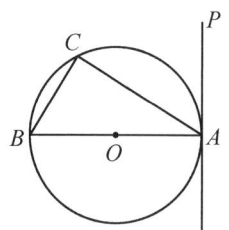

图 2-14-1

**证明** ∵ $AB$ 为圆 $O$ 的直径，

∴ $\angle ACB = 90°$，

∴ $\angle CAB + \angle B = 90°$．

∵ $\angle PAC = \angle B$，

∴ $\angle CAB + \angle PAC = 90°$，即 $\angle BAP = 90°$．

∴ $PA$ 是圆 $O$ 的切线．

**例2** 如图 2-14-2，$AB$ 是圆 $O$ 的直径，$\angle A = 30°$，延长 $OB$ 到点 $D$，使 $BD = OB$．求证：$DC$ 是圆 $O$ 的切线．

**分析** 要证明 $DC$ 是圆 $O$ 的切线，因为 $OC$ 是半径，所以只要证明 $OC \perp DC$ 即可.

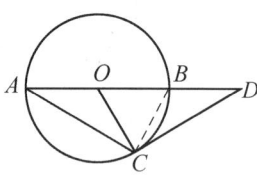

图 2-14-2

**证明** 联结 $BC$．

∵ $AB$ 是圆 $O$ 的直径，∴ $\angle ACB = 90°$．

又∵ $\angle A = 30°$，∴ $\angle ABC = 60°$．

又 $OC = OB$，∴ △$OCB$ 是等边三角形．

∴ $BC = OB$，$\angle OCB = \angle OBC = 60°$．

---

[1] 本文执笔：傅琳（上海市梅园中学）

又 ∵ $BD=OB$, ∴ $BC=BD$.

∴ $\angle BCD=\angle BDC=\dfrac{1}{2}\angle OBC=30°$.

∴ $\angle OCD=\angle OCB+\angle BCD=90°$, 即 $OC\perp DC$.

∵ $OC$ 是圆 $O$ 的半径, ∴ $DC$ 是圆 $O$ 的切线.

**讲评** 已知半径, 证垂直.

已知条件中直线与圆若有公共点, 且存在联结公共点的半径, 可直接根据"经过直径的一端, 并且垂直于这条直径的直线是圆的切线"来证明, 简述为"见半径, 证垂直".

**例 3** 如图 2-14-3, 已知圆 $O$ 是 $\triangle ABC$ 的外接圆, $AB$ 是圆 $O$ 的直径, $D$ 是 $AB$ 的延长线上的一点, $AE\perp DC$ 交 $DC$ 的延长线于点 $E$, 且 $AC$ 平分 $\angle EAB$. 求证: $DE$ 是圆 $O$ 的切线.

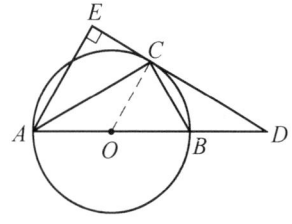

图 2-14-3

**证明** 联结 $OC$, 则 $OA=OC$.

∴ $\angle CAO=\angle ACO$.

∵ $AC$ 平分 $\angle EAB$,

∴ $\angle EAC=\angle CAO=\angle ACO$. ∴ $AE\parallel CO$.

又 $AE\perp DE$, ∴ $CO\perp DE$,

∴ $DE$ 是圆 $O$ 的切线.

**例 4** 如图 2-14-4, 在 Rt$\triangle ABC$ 中, $\angle ABC=90°$, 以直角边 $AB$ 为直径作圆 $O$, 交斜边 $AC$ 于点 $D$, 联结 $BD$. 取 $BC$ 的中点 $E$, 联结 $ED$, 试证明 $ED$ 与圆 $O$ 相切.

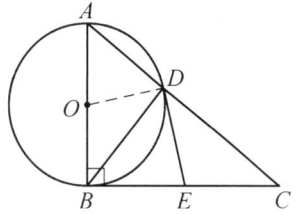

图 2-14-4

**分析** 由已知条件可知点 $D$ 在圆 $O$ 上, 因此要证 $ED$ 与圆 $O$ 相切, 只需联结 $OD$, 证 $OD$ 与 $DE$ 垂直即可.

**证明** 联结 $OD$.

∵ $AB$ 为直径, ∴ $\angle BDC=\angle ADB=90°$.

在 Rt$\triangle BDC$ 中, ∵ $E$ 是 $BC$ 的中点,

∴ $BE=DE$, ∴ $\angle EBD=\angle BDE$.

∵ $OB=OD$, ∴ $\angle OBD=\angle BDO$.

又 ∵ $\angle ABC=\angle OBD+\angle EBD=90°$,

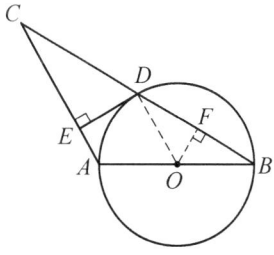

图 2-14-5

∴ $\angle BDE+\angle BDO=90°$,

∴ $\angle ODE=90°$, 即 $OD\perp DE$.

∵ $OD$ 是圆 $O$ 的半径, ∴ $ED$ 与圆 $O$ 相切.

**例 5** 如图 2-14-5, 圆 $O$ 的直径 $AB=4$, $BC=4\sqrt{3}$, $\angle ABC=30°$, $D$ 是线段 $BC$ 的中点, 过点 $D$ 作 $DE\perp AC$, 垂足为 $E$. 求证: 直线 $DE$ 是圆 $O$ 的切线.

**分析** 题目中只确定点 $D$ 在直线 $DE$ 上, 并没有说明点 $D$ 在圆 $O$ 上, 所以应区别于情况一. 先求证点 $D$ 也在圆 $O$ 上, 即点 $D$ 是直线 $DE$ 与圆 $O$ 的公共点, 然后转化为情况一来解决.

**证明** 联结 $OD$，过点 $O$ 作 $OF \perp BC$ 于点 $F$，

在 Rt$\triangle BFO$ 中，$OB = \frac{1}{2}AB = 2$，$\angle B = 30°$，∴ $OF = 1$，$BF = \sqrt{3}$．

∵ $BD = \frac{1}{2}BC = 2\sqrt{3}$，∴ $DF = \sqrt{3}$．

在 Rt$\triangle OFD$ 中，$OD = \sqrt{3+1} = 2 = OB$．

∵ 点 $D$ 是线段 $BC$ 的中点，$AB$ 是直径，∴ $OD /\!/ AC$．

又 ∵ $DE \perp AC$，∴ $DE \perp OD$．

∴ 直线 $DE$ 经过半径 $OD$ 的外端且垂直于半径 $OD$．∴ 直线 $DE$ 是圆 $O$ 的切线．

> **讲评 联结半径，证垂直**
> 若给出了直线与圆的公共点，但未给出过这点的半径，则联结公共点和圆心，然后根据"经过半径外端且垂直这条半径的直线是圆的切线"来证明，简记为"作半径，证垂直"．
> "已知半径证垂直"和"联结半径证垂直"都是已有"经过半径外端"这个条件，我们只需证明垂直就可以了，我们把它们称为**第一种类型**．

**例6** 如图 2-14-6，已知圆 $O$ 的半径为 8cm，$OD \perp AB$ 于 $D$，$\angle AOD = \angle B$，$AD = 16$cm，$BD = 4$cm．求证：$AB$ 和圆 $O$ 相切．

**分析** 欲证 $AB$ 与圆 $O$ 相切，只需确定点 $D$ 在圆 $O$ 上，即 $OD$ 为半径，再加上 $OD \perp AB$ 便具备了切线的两个条件．

**证明** ∵ $OD \perp AB$ ∴ $\angle ADO = \angle BDO = 90°$，

又 $\angle AOD = \angle B$．∴ $\triangle BOD \sim \triangle OAD$，

∴ $\dfrac{BD}{OD} = \dfrac{OD}{AD}$，∴ $OD^2 = AD \cdot BD$，

∴ $OD = \sqrt{AD \cdot BD} = \sqrt{16 \times 4} = 8$．

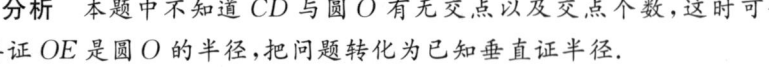

图 2-14-6

又因为圆 $O$ 的半径为 8cm，所以点 $D$ 在圆 $O$ 上，即 $OD$ 为半径，又 $OD \perp AB$ 于点 $D$，因此，$AB$ 和圆 $O$ 相切于点 $D$．

> **讲评 已知垂直，证半径．**
> 若没有给出直线与圆的公共点，但给出了过圆心垂直于直线的线段，则只需根据"到圆心的距离等于半径的直线是圆的切线"来证明，简记为"见垂直，证半径"．

**例7** 如图 2-14-7，在直角梯形 $ABCD$ 中，$AD /\!/ BC$，$\angle C = 90°$，且 $AB = AD + BC$．求证：以 $AB$ 为直径的圆与 $CD$ 相切．

**分析** 本题中不知道 $CD$ 与圆 $O$ 有无交点以及交点个数，这时可作 $OE \perp CD$ 于点 $E$，再证 $OE$ 是圆 $O$ 的半径，把问题转化为已知垂直证半径．

**证明** 过点 $O$ 作 $OE \perp CD$ 于点 $E$．

∵ $AD \parallel BC$, $\angle C = 90°$,

∴ $\angle D = 90°$, ∴ $AD \perp CD$, $BC \perp CD$,

∴ $AD \parallel OE \parallel BC$.

∵ $OA = OB$, ∴ $DE = EC$,

∴ $OE$ 是梯形 $ABCD$ 的中位线,

∴ $OE = \frac{1}{2}(AD + BC)$.

又∵ $AB = AD + BC$, ∴ $OE = \frac{1}{2} AB$,即 $OE$ 为半径.

因此 $CD$ 是圆 $O$ 的切线.

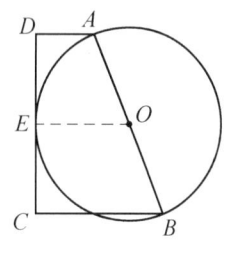

图 2-14-7

**例8** 如图 2-14-8,已知 $O$ 为正方形 $ABCD$ 对角线上一点,以 $O$ 为圆心、$OA$ 的长为半径的圆 $O$ 与 $BC$ 相切于点 $M$,与 $AB$、$AD$ 分别相交于点 $E$、$F$. 求证:$CD$ 与圆 $O$ 相切.

**分析** 要识别"$CD$ 与圆 $O$ 相切",由于不知道 $CD$ 经过圆上哪一点,所以先过点 $O$ 作 $ON \perp CD$ 于点 $N$,再证明 $ON$ 是圆 $O$ 半径. 易知 $OM$ 是圆 $O$ 的半径,只要证明 $OM = ON$ 即可.

**证明** 联结 $OM$,作 $ON \perp CD$ 于点 $N$.

∵ 圆 $O$ 与 $BC$ 相切. ∴ $OM \perp BC$.

∵ 四边形 $ABCD$ 是正方形.

∴ $AC$ 平分 $\angle BCD$. ∴ $OM = ON$.

∴ $CD$ 与圆 $O$ 相切.

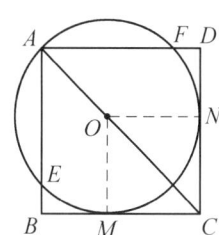

图 2-14-8

> **讲评** 作垂直,证半径
>
> 已知条件若没有给出直线和圆的公共点,则过圆心向这条直线作垂线,然后根据"到圆心的距离等于半径的直线是圆的切线"这个定理来证明,简述为"没公共点,作垂直,证半径".
>
> "已知垂直证半径"和"作垂直证半径"都是已经直接或间接具备了"垂直"这个条件了,只需证明这条垂线段的长度等于半径就行了,我们把它们称为**第二种类型**.

**例9** 如图 2-14-9,$\triangle ABC$ 内接于圆 $O$,$AB$ 为非直径的弦,$\angle CAE = \angle B$. 求证:$AE$ 与圆 $O$ 相切于点 $A$.

**分析** 本题已知点 $A$ 在圆 $O$ 上,常规可联结 $OA$ 证 $OA \perp AE$,但证明 $OA \perp AE$ 困难很大. 考虑到直径所对圆周角为直角. 再寻求所需角与该直角的关系,可使问题得到转化.

**证明** 作直径 $AD$,联结 $CD$,则 $\angle B = \angle D$, $\angle ACD = 90°$.

∵ $\angle B = \angle CAE$, ∴ $\angle D = \angle CAE$.

在 Rt$\triangle ACD$ 中,$\angle D + \angle DAC = 90°$,

∴ $\angle CAE + \angle DAC = 90°$,即 $\angle DAE = 90°$,

∴ $DA \perp AE$.

因此 $AE$ 与圆 $O$ 相切于点 $A$.

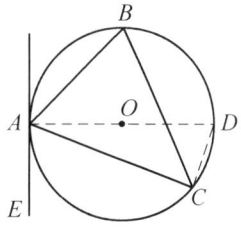

图 2-14-9

**例 10** 如图 2-14-10,已知 ▱ABCD 的对角线 AC、BD 相交于点 O,BC 切圆 O 于点 E.求证:AD 也和圆 O 相切.

**分析** 若按常规证法来作会显得很繁琐,灵活地添加辅助线会给证题带来很大的方便.

**证明** 联结 EO 并延长交 AD 于点 F.

∵ BC 与圆 O 相切于 E,

∴ OE⊥BC,∠OEC=90°.

由 AD∥BC 知∠AFO=∠OEC=90°, ∴ OF⊥AD.

在 Rt△OFA 和 Rt△OEC 中,OA=OC,∠AOF=∠COE,

∴ Rt△OFA≌Rt△OEC, ∴ OF=OE.

∵ OE 是半径, ∴ 点 F 在圆 O 上,即 OF 为半径,故 AD 也和圆 O 相切.

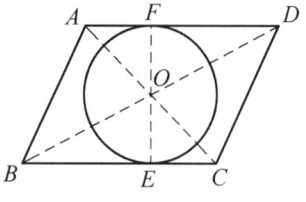

图 2-14-10

> **讲评** 这是第三种类型——**添加相关辅助线证半径或证垂直**
>
> 在既不知半径也不知垂直时,有时连半径、作垂线可能都会失灵,这时可根据题目的条件灵活地添加与半径或垂线相关的辅助线,然后将问题转化为已知半径证垂直或者已知垂直证半径,从而使问题得到解决.
>
> 如图 2-14-11,如果已知△ABC 的外接圆 O,过点 C 的直线 CD 满足∠BCD=∠A,则 CD 为圆 O 的切线.

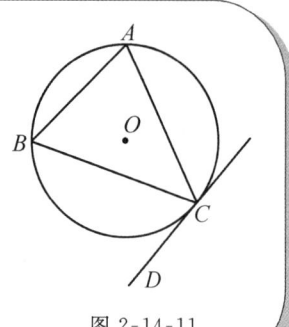

图 2-14-11

**例 11** 如图 2-14-12,AB 是半圆 O 的直径,过点 A、B 引弦 AC 与 BD,设 AC、BD 相交于点 E,又过 C、D 引圆的切线交于点 P,联结 PE.求证:PE⊥AB.

**证明** 如图 2-14-12,联结 OC、OD、CD,延长 PE 交 AB 于点 F,则有 OA=OC,

∴ ∠OCA=∠OAC,又∠OAC=∠CDB,

∴ ∠CDB=∠ACO,故根据上述弦切角性质的逆命题得 OC 为△DEC 外接圆的切线.

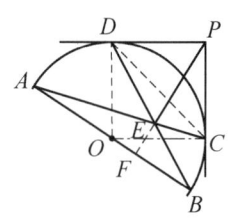

图 2-14-12

又∵ PC 为圆 O 切线, ∴ OC⊥PC,

∴ △DEC 的外心在 PC 上.

同理△DEC 的外心在 PD 上.

∴ PC、PD 的交点为△DEC 的外接圆的圆心,有 PD=PE=PC.

∴ ∠PCE=∠PEC=∠AEF,

而∠ACO+∠PCE=90°,∠OAC=∠ACO,

∴ ∠OAC+∠AEF=90°,

∴ ∠AFE=90°,即 PE⊥AB.

∴ PE⊥AB 于点 F.

**讲评** 这是**第四种类型——利用弦切角性质定理的逆命题证明**

只要能找到直线与某条弦构成的弦切角与这条弦所对的圆周角相等,则可利用弦切角性质定理的逆命题证明直线与圆相切,这也是一种很不错的证明直线与圆相切的方法.

如图 2-14-13,若 $A$、$B$、$C$ 三点不在同一直线上,且 $PA^2=PB\cdot PC$,则 $PA$ 为 $\triangle ABC$ 外接圆的切线.

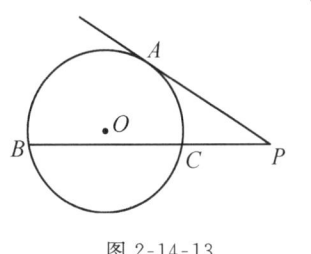

图 2-14-13

**例 12** 如图 2-14-14,已知 $PAB$ 交圆 $O$ 于 $A$、$B$ 两点,$PC$ 切圆 $O$ 于点 $C$,点 $D$ 不在 $PAB$ 上,且 $PD=PC$,试证:$PD$ 是 $\triangle ABD$ 外接圆的切线.

**证明** ∵ $PC$、$PAB$ 分别是圆 $O$ 的切线、割线,

∴ $PC^2=PA\cdot PB$.

而 $PD=PC$,∴ $PD^2=PA\cdot PB$,

∴ $PD$ 是 $\triangle ABD$ 外接圆的切线.

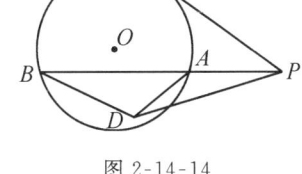

图 2-14-14

**例 13** 如图 2-14-15,$D$ 是 $\triangle ABC$ 的边 $AC$ 上的一点,且 $AD:DC=2:1$,$\angle C=45°$,$\angle ADB=60°$. 求证:$AB$ 是 $\triangle BCD$ 外接圆的切线.

**分析** 由题设,根据上述切割线定理的逆命题,只需证明 $AB^2=AD\cdot AC$.

**证明** 令 $DC=a$,则 $AD=2a$,$AD\cdot AC=6a^2$.
过点 $B$ 作 $BE\perp AC$ 于点 $E$,则

$BE=EC=ED+DC=ED+a=\sqrt{3}ED$,

∴ $ED=\dfrac{a}{\sqrt{3}-1}=\dfrac{\sqrt{3}+1}{2}a$.

∴ $AE=AD-ED=2a-\dfrac{\sqrt{3}+1}{2}a=\dfrac{3-\sqrt{3}}{2}a$.

∵ $AB^2=AE^2+BE^2$,

∴ $AB^2=\left(\dfrac{\sqrt{3}+3}{2}a\right)^2+\left(\dfrac{3-\sqrt{3}}{2}a\right)^2=6a^2=AD\cdot AC$.

∴ $AB$ 为 $\triangle BDC$ 的外接圆的切线,$B$ 为切点.

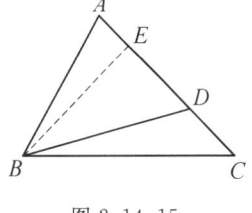

图 2-14-15

**讲评** 这是**第五种类型——利用切割线定理的逆命题证明**

利用切割线定理的逆命题证明直线与圆相切,其实是将一个几何位置的关系问题转化为了切线和割线长之间的数量关系了,使问题从另一个角度得到了解决.

> **小结**
>
> 1. **已知条件中直线与圆若有公共点,且存在联结公共点的半径**,可直接根据"经过直径的一端,并且垂直于这条直径的直线是圆的切线"来证明.对于此类题目,如果半径已知,则我们只需直接证明垂直;如果半径未知,我们只需将公共点与圆心连接起来,构造半径,再证明该半径与直线垂直即可.简称为:有公共点,见半径,证垂直;或有公共点,作半径,证垂直.
>
> 2. **已知条件若没有给出直线和圆的公共点,但给出了过圆心垂直于直线的线段,或可以过圆心向这条直线作垂线**,则可以根据"到圆心的距离等于半径的直线是圆的切线"这个定理来证明,简称为"没公共点,见垂直,证半径"或"没公共点,作垂直,证半径".
>
> 3. **在既不知半径也不知垂直时**,有时连半径、作垂线可能都会失灵,这时可根据题目的条件灵活地添加与半径或垂线相关的辅助线,然后将问题转化为已知半径证垂直或者已知垂直证半径来证明.
>
> 4. **若能找到直线与某条弦构成的弦切角与这条弦所对的圆周角相等**,利用弦切角性质定理的逆命题来证明.
>
> 5. **若已知条件中能找到从同一点引出的切线和割线间的数量关系**,则可以利用切割线定理的逆命题进行证明.

•••••••• 练 习 ••••••••

1. 如图 2-14-16,$AB$ 是圆 $O$ 的直径,$AT=AB$,$\angle ABT=45°$,求证:$AT$ 是圆 $O$ 的切线.

2. 如图 2-14-17,已知 $\triangle ABC$ 为等腰三角形,$O$ 是底边 $BC$ 的中点,圆 $O$ 与腰 $AB$ 切于点 $D$.求证:$AC$ 与圆 $O$ 相切.

3. 如图 2-14-18,直线 $AB$ 经过圆 $O$ 上的点 $C$,并且 $OA=OB$,$AC=CB$.求证:直线 $AB$ 是圆 $O$ 的切线.

4. 如图 2-14-19,已知 $OC$ 平分 $\angle AOB$,$D$ 是 $OC$ 上任意一点,圆 $D$ 与 $OA$ 相切于点 $E$.求证:$OB$ 与圆 $D$ 相切.

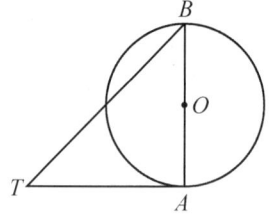

图 2-14-16

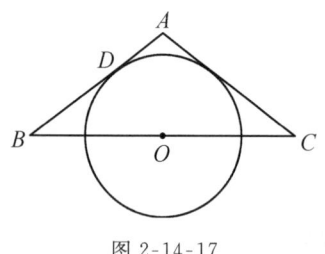

图 2-14-17

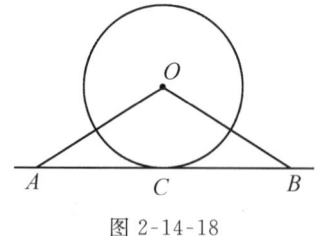

图 2-14-18

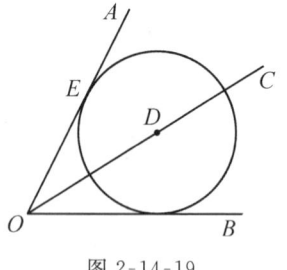

图 2-14-19

5. 如图 2-14-20,在圆 $O$ 中,半径 $OA \perp OB$,$D$ 是圆 $B$ 延长线上一点,$C$ 是圆 $O$ 上一点,$AC$ 交 $OD$ 于点 $M$,若 $\angle DMC = \angle DCM$,求证:$DC$ 是圆 $O$ 的切线.

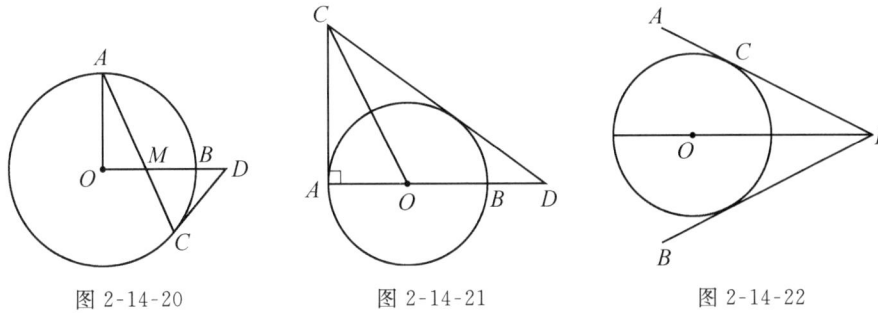

图 2-14-20    图 2-14-21    图 2-14-22

6. 如图 2-14-21, AB 是圆 O 的直径, CA⊥AB 于点 A, CD 与 AB 的延长线交于点 D, OC 为∠ACD 的角平分线. 求证: CD 是圆 O 的切线.

7. 如图 2-14-22, 点 O 在∠APB 的平分线上, 圆 O 与 PA 相切于点 C. 求证: 直线 PB 与圆 O 相切.

**答　案**

1. 略　2. 提示: 联结 OD、AO, 过 O 作 OE⊥AC, 垂足为 E, 证 DE=OD　3. 提示: 联结 OC, 证 OC⊥AB　4. 略

5. 略　6. 提示: 过点 O 作 CD 的垂线, 垂足为 E, 证 OA=OE　7. 提示: 过点 O 作 OD⊥PB 于点 D, 联结 OC、OD, 证 OC=OD

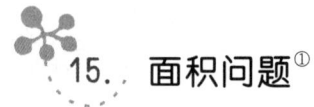

## 15. 面积问题[①]

**主编的话:**

  本文总结了求面积的方法,利用面积解其他几何问题,以及求面积最值,条理清晰. 特别值得指出的是,利用面积证明线段相等之类的问题,是一种颇为特别的思维方法,因为通常都是化繁为简,这里却是化简为繁了. 作者强调这需要联想,即从两线段相等,联想到有哪些图形的面积相等? 而且作者还强调,这种联想能力要培养训练(参见例 5 后面的"◆"). 这是很重要的观点和方法.

  求几何图形的面积可以运用面积公式直接求,也可以借助图形之间的关系间接求,例如运用相似三角形的性质、等高(或同高)等底(或同底)的三角形的性质以及割补等方法求解. 本文总结了求解图形面积问题的解题模块以及借助图形面积证明几何问题的方法. 特别指出的是本文特别强调根据图形特征,联想到面积问题求解的一般策略.

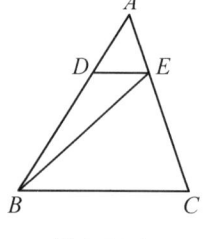

图 2-15-1

**例 1** 如图 2-15-1,在 $\triangle ABC$ 中,$DE \parallel BC$,且 $\dfrac{AD}{AB}=\dfrac{1}{3}$,$S_{\triangle ABC}=18$.

(1) 求 $S_{\triangle ADE}$ 的值;

(2) 联结 $BE$,求 $S_{\triangle DBE}$ 的值;

(3) 若点 $F$ 在边 $BC$ 上,$DF \parallel AC$,求 $S_{四边形 DFCE}$ 的值.

**解** (1) ∵ $DE \parallel BC$,

∴ $\triangle ADE \sim \triangle ABC$,

∴ $\dfrac{S_{ADE}}{S_{ABC}}=\left(\dfrac{AD}{AB}\right)^2=\left(\dfrac{1}{3}\right)^2=\dfrac{1}{9}$,

◀ 运用相似三角形性质解题,证明"相似"不可以跳过!

∴ $S_{\triangle ADE}=\dfrac{1}{9}\times 18=2$.

(2) ∵ $\triangle ADE$ 与 $\triangle BDE$ 有公共顶点 $E$,且底边 $AD$ 与 $BD$ 共线,

∴ $\triangle ADE$ 与 $\triangle BDE$ 同高,

∴ $\dfrac{S_{\triangle ADE}}{S_{\triangle DEB}}=\dfrac{AD}{DB}=\dfrac{1}{2}$.

◀ 同高三角形的面积之比等于它们的底边之比.

又 ∵ $S_{\triangle ADE}=2$,

∴ $S_{\triangle DEB}=2S_{\triangle ADE}=4$.

(3) 如图 2-15-2,

---

[①] 本文执笔:曹永娥(上海市西南位育中学)

∵ $DF /\!/ AC$,

∴ $\triangle BDF \backsim \triangle BAC$, ∴ $\dfrac{S_{\triangle BDF}}{S_{\triangle ABC}} = \left(\dfrac{BD}{AB}\right)^2 = \dfrac{4}{9}$,

∴ $S_{\triangle BDF} = 8$,

∴ $S_{\text{四边形}DFCE} = S_{\triangle ABC} - S_{\triangle ADE} - S_{\triangle BDF} = 18 - 2 - 8 = 8$.

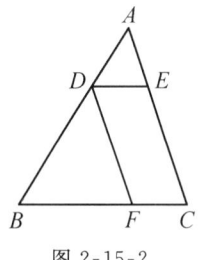

图 2-15-2

用整体减去部分是间接求图形面积常用方法,简称**割补法**.

**例 2** 如图 2-15-3,在 $\triangle ABC$ 中,$DE /\!/ BC$,且 $\dfrac{AD}{AB} = \dfrac{1}{3}$,$S_{\triangle ABC} = 18$,$DG \perp BC$ 于点 $G$,$EH \perp BC$ 于点 $H$,求 $S_{\text{四边形}DGHE}$ 的值.

**分析** 本题易证四边形 $DGHE$ 是矩形,要求矩形面积,易产生两种思考:①间接求,大减小.②直接求,用矩形面积公式.

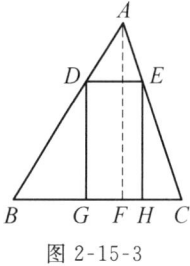

图 2-15-3

间接法,首先要求 $\triangle BDG$ 与 $\triangle EHC$ 的面积,由"$DG \perp BC$,$EH \perp BC$"想到"作 $AF \perp BC$ 于点 $F$ 可得 $\triangle BDG \backsim \triangle BAF$,$\triangle CEH \backsim \triangle CAF$",由相似三角形的性质即可求解;或者由条件"$DE /\!/ BC$,$DG \perp BC$,$EH \perp BC$"易证 $DG = EH$,联想到平移 $\text{Rt}\triangle EHC$ 可以与 $\text{Rt}\triangle DBG$ 拼成一个与 $\triangle ABC$ 相似的三角形. 想到作 $DF /\!/ EC$ 交 $BC$ 于点 $F$.

直接法,需要求矩形的一组邻边 $DE$ 与 $DG$ 的长. 尝试"作 $AF \perp BC$ 于点 $F$ 可得 $DG /\!/ AF /\!/ EH$". 分别用 $BC$ 和 $AF$ 的代数式表示 $DE$ 和 $DG$,由于 $BC \cdot AF = 2S_{\triangle ABC} = 18 \times 2 = 36$ 可得矩形面积.

**解** 方法一:作 $AF \perp BC$ 于点 $F$.

∵ $DG \perp BC$,$EH \perp BC$

∴ $DG /\!/ AF /\!/ EH$,

∴ $\triangle BDG \backsim \triangle BAF$,$\triangle CEH \backsim \triangle CAF$.

又∵ $DE /\!/ BC$,

∴ $\dfrac{CE}{AC} = \dfrac{BD}{AB} = \dfrac{2}{3}$,

∴ $\dfrac{S_{\triangle BDG}}{S_{\triangle BAF}} = \left(\dfrac{BD}{AB}\right)^2 = \dfrac{4}{9}$, ∴ $S_{\triangle BDG} = \dfrac{4}{9} S_{\triangle BAF}$.

同理,$S_{\triangle CEH} = \dfrac{4}{9} S_{\triangle CAF}$,

∴ $S_{\triangle BDG} + S_{\triangle CEH} = \dfrac{4}{9} S_{\triangle BAF} + \dfrac{4}{9} S_{\triangle CAF} = \dfrac{4}{9}(S_{\triangle BAF} + S_{\triangle CAF}) = \dfrac{4}{9} S_{\triangle ABC} = 8$,

∴ $S_{\text{四边形}DGHE} = S_{\triangle ABC} - S_{\triangle ADE} - S_{\triangle BDG} - S_{\triangle EHC} = 8$.

方法二:

作 $AF \perp BC$ 于点 $F$.

∵ $DG \perp BC$,

∴ $DG /\!/ AF$,

∴ $\dfrac{DG}{AF} = \dfrac{BD}{BA} = \dfrac{2}{3}$, ∴ $DG = \dfrac{2}{3} AF$.

又∵ $DE /\!/ BC$,

$$\therefore \frac{DE}{BC}=\frac{AD}{AB}=\frac{1}{3}, \quad \therefore DE=\frac{1}{3}BC,$$

$$\therefore S_{四边形DGHE}=DE \cdot DG=\frac{1}{3} \cdot BC \cdot \frac{2}{3}AF$$

$$=\frac{2}{9} \cdot BC \cdot AF=\frac{4}{9}S_{\triangle ABC}=8.$$

虽然 $DE$ 与 $DG$ 的值无法求得,但可以求出它们的积.

**方法三:**

如图 2-15-4,作 $DF /\!/ EC$ 交 $BC$ 于点 $F$.

$\therefore \angle C=\angle DFG, \triangle DBF \backsim \triangle ABC,$

$\therefore \dfrac{S_{\triangle BDF}}{S_{\triangle BAC}}=\left(\dfrac{BD}{AB}\right)^2=\dfrac{4}{9},$

$\therefore S_{\triangle BDF}=\dfrac{4}{9}S_{\triangle BAC}=8.$

又 $\because DE /\!/ BC, DG \perp BC, EH \perp BC,$

$\therefore DG=EH, \angle DGF=\angle EHC=90°,$

$\therefore \triangle DGF \cong \triangle EHC,$

$\therefore S_{\triangle BDG}+S_{\triangle EHC}=S_{\triangle BDF}=8,$

$\therefore S_{四边形DGHE}=S_{\triangle ABC}-S_{\triangle ADE}-S_{\triangle BDG}-S_{\triangle EHC}=8.$

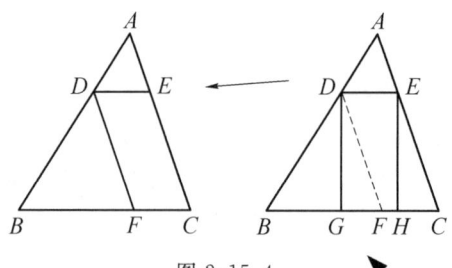

图 2-15-4

请读者思考:还有哪个图形(现成的或自己构造的)和该四边形等积?思考的关键常常是固定一条边(本题是 $DE$),让图形进行等高的滑动.

> **讲评** 1. 这是第一类常见的面积问题:**求图形的面积**. 通常有三种思考方法:
>
> 第一,面积公式加割补法. 直接运用面积公式求解图形面积,即直接法. 将不规则的图形通过割补转化为便于利用面积公式求解的图形,间接求出,即间接法. 面积公式加割补法,在学生认知时一般没有大的障碍.
>
> 第二,等面积法. 利用下列定理:
>
> (1) 等底等高的两三角形等积,特别地,同底等高的两三角形等积,同高等底的两三角形等积. 由于图形变了形,甚至也不相似,所以利用这定理求面积时,学生常常觉得不易想到. 这需要教师引导学生经常从这个角度思考. 关键常常是固定一条边(或高),让图形进行等高(底)的滑动.
>
> (2) 等高三角形面积之比等于底边之比,等底的三角形面积之比等于高之比,这两条定理,将三角形面积之比转化为线段之比.
>
> 第三,相似性质.
>
> 利用相似三角形的面积之比等于相似比之平方,那么已知其中一个三角形面积,则另一个三角形面积也可知.
>
> 2. 从另一个角度思考求图形面积的问题,有两种思路:一是直接法,二是间接法. 例 2 中,用间接法,大减小,将求四边形面积问题转化为求两个三角形面积;在直接法中,将问题转化为求线段长.

**例 3** 如图 2-15-5,在 $\triangle ABC$ 中,$AB=AC$,$P$ 为底边 $BC$ 上任一点,$PF \perp AB$ 于点

$F$，$PE \perp AC$ 于点 $E$，$BH \perp AC$ 于点 $H$，求证：$PE + PF = BH$.

**分析** 由条件"$PF \perp AB$，$PE \perp AC$，$BH \perp AC$"联想到三角形的高，而由高联想到图形面积．联结 $AP$，$PF$、$PE$ 分别是 $\triangle APB$ 与 $\triangle APC$ 的高，而 $S_{\triangle APB} + S_{\triangle APC} = S_{\triangle ABC}$，即 $\frac{1}{2} AB \cdot PF + \frac{1}{2} AC \cdot PE = \frac{1}{2} AC \cdot BH$，所以 $PF + PE = BH$.

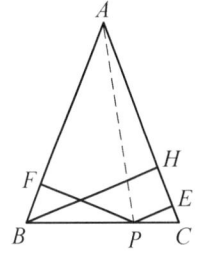

图 2-15-5

**证明** 联结 $AP$.

∵ $PF \perp AB$ 于点 $F$，$PE \perp AC$ 于点 $E$，$BH \perp AC$ 于点 $H$，

∴ $S_{\triangle ABP} = \frac{1}{2} AB \cdot PF$，$S_{\triangle ACP} = \frac{1}{2} AC \cdot PE$，$S_{\triangle ACB} = \frac{1}{2} AC \cdot BH$.

又∵ $S_{\triangle APB} + S_{\triangle APC} = S_{\triangle ABC}$，

∴ $\frac{1}{2} AB \cdot PF + \frac{1}{2} AC \cdot PE = \frac{1}{2} AC \cdot BH$，

运用三角形面积公式，将线段问题转化为面积问题．

又∵ $AB = AC$，∴ $PF + PE = BH$.

◆本题也是典型例题，解法多达数十种，如可以用相似三角形、锐角三角比等多种方法求解，读者可以自己尝试完成．

**讲评** 本题是**利用面积求解线段问题**，由三角形高联想到图形面积是寻找解题思路的关键．

**例 4** 在 ▱$ABCD$ 的两边 $AB$、$CB$ 上各取一点 $E$、$F$，使 $AF = CE$，联结 $AF$、$CE$ 交于点 $P$，求证：$DP$ 平分 $\angle APC$.

**分析** 要证 $\angle APD = \angle CPD$，由角平分线定理逆定理想到只要证点 $D$ 到 $\angle APC$ 的两边距离相等．作 $DM \perp CE$，$DN \perp AF$，只要证 $DM = DN$.

观察发现，若联结 $DE$、$DF$，那么 $DM$、$DN$ 分别是 $\triangle DEC$ 与 $\triangle ADF$ 的高，因而只要证 $S_{\triangle AFD} = S_{\triangle DEC}$．而 $\triangle DEC$ 与 ▱$ABCD$ 同底同高，同理 $S_{\triangle AFD} = \frac{1}{2} S_{▱ABCD}$，即 $S_{\triangle DEC} = \frac{1}{2} S_{▱ABCD}$.

**证明** 如图 2-15-6，联结 $DE$、$DF$，$DM \perp CE$，$DN \perp AF$，$M$、$N$ 为垂足．

∵ $\triangle DEC$ 与 ▱$ABCD$ 同底同高，

∴ $S_{\triangle DEC} = \frac{1}{2} S_{▱ABCD}$，同理 $S_{\triangle AFD} = \frac{1}{2} S_{▱ABCD}$，

∴ $S_{\triangle AFD} = S_{\triangle DEC}$，

即 $\frac{1}{2} AF \cdot DN = \frac{1}{2} CE \cdot DM$.

∵ $EC = AF$，$DM \perp CE$，$DN \perp AF$，

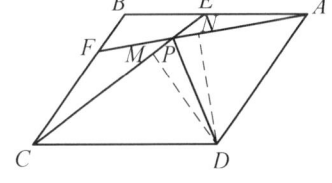

图 2-15-6

运用三角形面积公式，构建等积式．

195

∴ $DM=DN$, ∴ $\angle APD=\angle CPD$.

> **讲评** 本题是**利用面积证明角相等**. 由证明角相等, 联想到证明点 $D$ 到角的两边距离相等, 进而联想到向角的两边作垂线, 由"垂线"联想到了利用面积求解, 体现了联想构造的数学思想.

**例 5** 已知 $BD$ 是 $\triangle ABC$ 中 $\angle ABC$ 的角平分线, 求证: $\dfrac{AD}{DC}=\dfrac{AB}{BC}$.

**分析** 因为 $\triangle ABD$ 与 $\triangle CBD$ 同高, 所以 $\dfrac{S_{\triangle ADB}}{S_{\triangle CDB}}=\dfrac{AD}{DC}$, 这样要证 $\dfrac{AD}{DC}=\dfrac{AB}{BC}$, 只要证 $\dfrac{S_{\triangle ADB}}{S_{\triangle CDB}}=\dfrac{AB}{BC}$.

由于 $BD$ 是 $\angle ABC$ 的角平分线, 如果作 $DE \perp BC$, $DF \perp AB$, 就有 $DE=DF$, 而 $DE$、$DF$ 恰是 $\triangle CBD$ 与 $\triangle ABD$ 的高, 于是容易推出 $\dfrac{AB}{BC}=\dfrac{S_{\triangle ADB}}{S_{\triangle CDB}}$.

图 2-15-7

> 不要小视本题的价值, 从线段比到面积比, 从线段相等到面积相等的联想甚为重要.

**证明** 如图 2-15-7, 作 $DE \perp BC$, $DF \perp AB$, $E$、$F$ 为垂足.

∵ $\triangle CBD$ 与 $\triangle ABD$ 有公共的顶点 $B$, 底边 $CD$、$DA$ 在一直线上,

∴ $\triangle ABD$ 与 $\triangle CBD$ 同高, ∴ $\dfrac{S_{\triangle ADB}}{S_{\triangle CDB}}=\dfrac{AD}{DC}$.

又 ∵ $AD$ 是 $\angle ABC$ 的角平分线,

∴ $DE=DF$, ∴ $\dfrac{S_{\triangle ADB}}{S_{\triangle CDB}}=\dfrac{AB}{BC}$, ∴ $\dfrac{AD}{DC}=\dfrac{AB}{BC}$.

**利用面积还可以解线段比例问题**. 从本题证明可以看到, 在证明比例线段时, 我们可以将线段比化为相应的图形的面积比, 然后证明相应的图形的面积比是与线段比相同或相等.

◆ 如图 2-15-8, $D$ 是 $\triangle ABC$ 的边 $AC$ 上的一点(不与点 $A$、$C$ 重合), $E$ 是线段 $DB$ 上的一点(不与点 $D$、$B$ 重合), 那么 $\dfrac{AD}{DC}$ 等于哪些面积比?

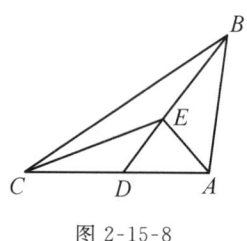

图 2-15-8

$\dfrac{AD}{DC}=\dfrac{S_{\triangle ADE}}{S_{\triangle CDE}}=\dfrac{S_{\triangle ADB}}{S_{\triangle CDB}}$,

$\dfrac{AD}{DC}=\dfrac{S_{\triangle ADB}-S_{\triangle ADE}}{S_{\triangle CDB}-S_{\triangle CDE}}$, ∴ $\dfrac{AD}{DC}=\dfrac{S_{\triangle AEB}}{S_{\triangle CEB}}$.

> 联想能力可以训练, 这样的训练很有价值.

> **讲评** 这是第二类常见的面积问题: 利用面积定理证明几何命题, 如证明两线段相等, 两角相等, 两线段成比例等等. 总的来说, 要把线段相等转化为图形面积相等, 线段比转化为图形面积比. 具体地, 大致有以下经验:

1. 证明两角相等,往往先要转化为证明两线段相等,因为线段相等和面积关系比较密切,证明两线段相等,往往要寻找以这两线段为底(或高)的三角形(或平行四边形)等积(如例 4).

2. 证明两线段相等,或两线段之和等于第三条线段,往往寻找两个三角形面积之和等于第三个三角形面积,而这三个三角形同底(或高),这三条线段分别是三个三角形的高(或底)(如例 3).

3. 证明线段成比例,一般可将线段比转化为三角形的面积比(如例 5).

**链接** 欧氏几何主要内容涉及合同变换,在合同变换下,图形的大小、形状都不变.割补法本质上没有脱离合同变换.欧氏几何也研究相似变换和等积变换,在相似变换下,形状不变,角度不变,但线段的长短变了.等积变换,只保证了面积不变.

化归方法主要有两个原则,也是我们经常使用的两个原则:一是简化原则,二是熟化原则.利用等积原理来证明几何命题,把线段的问题转化为面积的问题,看起来是化简为繁,因此学生不是容易想到的.更加上,在现行的教材里,等积变换接触不多,学生更不善于运用.为此,在解题之前,启发学生思考:这个图形会和哪个图形等积?从线段相等出发,联想有哪些三角形等积(如例 5 后面的"◆"),这种联想具有发散性,需要训练,因而是十分有价值的.

**例 6** 一块形状为直角三角形的铁皮,直角边分别是 3 米和 4 米,现在要把它剪成一个矩形,怎样的剪法使矩形的面积最大?

**分析** 要使剪出的矩形面积尽可能大,可使矩形的顶点在 $\triangle ABC$ 的边上.有两种方案,分别求方案一与方案二中 $\triangle ABC$ 的内接矩形面积的最大值,两种情况的最大值再做比较,取较大值,作为最终结果.

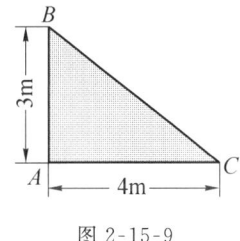

图 2-15-9

**解** 方案一:首先将实际问题数学化.

如图 2-15-10,已知 $AB=3m$,$AC=4m$,$\angle BAC=90°$,矩形 $EFGA$ 内接于 $\triangle ABC$,且边 $AE$ 在 $AC$ 上,求矩形 $EFGA$ 面积的最大值.

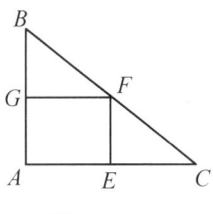

图 2-15-10

**分析** 要求矩形 $EFGA$ 面积的最大值,不妨设 $AG=x$,矩形 $EFGA$ 的面积 $=S$,建立 $S$ 关于 $x$ 的函数,根据函数性质求 $S$ 最大值.

设 $AG=x$,矩形 $EFGA$ 面积 $=S$,则 $EF=AG=x$,

∵ 矩形 $EFGA$ 内接于 $\triangle ABC$,$\angle BAC=90°$,

∴ $FE \parallel BA$,

∴ $\triangle ABC \sim \triangle EFC$, ∴ $\dfrac{EC}{EF}=\dfrac{AC}{AB}=\dfrac{4}{3}$,

∴ $EC=\dfrac{4}{3}x$,$AE=4-\dfrac{4}{3}x$,

$$S = AE \cdot AG = x\left(4 - \frac{4}{3}x\right) = -\frac{4}{3}\left(x - \frac{3}{2}\right)^2 + 3\,(0 < x < 3)$$

∴ 当 $x = \frac{3}{2}m$ 时，$S_{最大} = 3m^2$.

> 利用二次函数性质求最值时，只有顶点是在定义域内时，顶点才是最大值.

**方案二：**

如图 2-15-11，已知 $AB = 3m$，$AC = 4m$，$\angle BAC = 90°$，矩形 $EFGH$ 内接于 $\triangle ABC$，且边 $GF$ 在 $BC$ 上，求矩形 $EFGH$ 面积的最大值.

作 $AN \perp BC$ 于点 $N$，设 $HE = x$，矩形 $EFGH$ 面积 $= S$.

∵ $\angle BAC = 90°$，

∴ $BC = \sqrt{AB^2 + AC^2} = 5$，  ∴ $AN = \dfrac{2S_{\triangle ABC}}{BC} = \dfrac{12}{5}$.

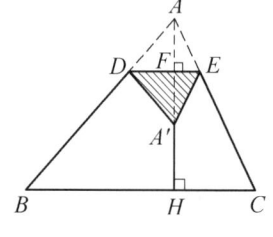

图 2-15-11

∵ 矩形 $EFGH$ 内接于 $\triangle ABC$，$GF$ 在 $BC$ 上，

∴ $BC // HE$，  ∴ $\triangle ABC \sim \triangle AHE$，

∴ $\dfrac{AM}{AN} = \dfrac{HE}{BC} = \dfrac{x}{5}$，  ∴ $AM = \dfrac{12}{25}x$，  ∴ $MN = \dfrac{12}{5} - \dfrac{12}{25}x$，

∴ $S = x\left(\dfrac{12}{5} - \dfrac{12}{25}x\right) = -\dfrac{12}{25}x^2 - \dfrac{12}{5}x = -\dfrac{12}{25}\left(x - \dfrac{5}{2}\right)^2 + 3\,(0 < x < 5)$.

∴ 当 $x = \dfrac{5}{2}$ 时，$S_{最大} = 3$.

综上可得，有两种剪法，使得矩形的面积最大.

如方案一：当 $AG = \dfrac{3}{2}$ 时，$S_{最大} = 3$；如方案二：当 $HE = \dfrac{5}{2}$ 时，$S_{最大} = 3$.

**例7** 如图 2-15-12，在锐角 $\triangle ABC$ 中，$BC = 9$，$D$ 为 $AB$ 边上的任意一点，过点 $D$ 作 $DE // BC$，交 $AC$ 于点 $E$. $AH \perp BC$ 于点 $H$，交 $DE$ 于点 $F$，且 $AH = 6$. 设 $AF = x\,(0 < x < 6)$，以 $DE$ 为折线将 $\triangle ADE$ 翻折，所得的 $\triangle A'DE$ 与梯形 $DBCE$ 重叠部分的面积记为 $y$（点 $A$ 关于 $DE$ 的对称点 $A'$ 落在 $AH$ 所在的直线上）.

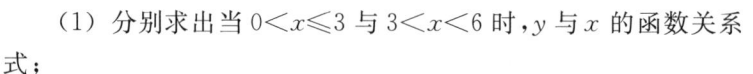

图 2-15-12

(1) 分别求出当 $0 < x \leq 3$ 与 $3 < x < 6$ 时，$y$ 与 $x$ 的函数关系式；

(2) 当 $x$ 取何值时，$y$ 的值最大？最大值是多少？

**分析** 本题所求的"$y$ 与 $x$ 之间的函数关系式"分两种情况：一种是点 $A$ 关于 $DE$ 的对称点 $A'$ 在 $\triangle ABC$ 内，另一种是点 $A$ 关于 $DE$ 的对称点 $A'$ 在 $\triangle ABC$ 外. 对于第一种情况，其重叠部分就是 $\triangle A'DE$ 的面积（也即 $\triangle ADE$ 的面积），此时只要依据相似三角形的性质把高 $AF$，底边 $DE$ 用含 $x$ 的关系式表示出来即可；而第二种情况，其重叠部分是一个梯形，求梯形 $EDPQ$ 的面积即可. 最后，要求出重叠部分面积的最大值，同样也需要分两种情况，把每种情况下的最大面积都求出来，然后进行比较.

**解** (1) ① 当 $0 < x \leq 3$ 时，由折叠得到的 $\triangle A'ED$ 落在 $\triangle ABC$ 内部，如图 2-15-12，重叠部分为 $\triangle A'ED$.

∵ $DE // BC$，$AH \perp BC$，

∴ △ADE∽△ABC,AF⊥DE, ∴ $\dfrac{DE}{BC}=\dfrac{AF}{AH}$.

∴ $\dfrac{DE}{9}=\dfrac{x}{6}$,即 $DE=\dfrac{3}{2}x$.

又 $FA'=FA=x$,

∴ $y=\dfrac{1}{2}DE\times A'F=\dfrac{1}{2}\times\dfrac{3x}{2}\times x=\dfrac{3}{4}x^2$.

② 当 $3<x<6$ 时,由折叠得到的 △A'ED 有一部分落在 △ABC 外部,如图 2-15-13,重叠部分为梯形 EDPQ.

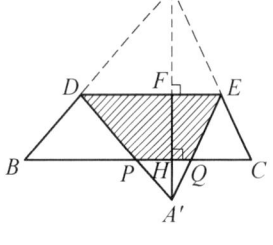

图 2-15-13

∵ $FH=6-AF=6-x$,

∴ $A'H=A'F-FH=x-(6-x)=2x-6$.

又∵ $DE\parallel PQ$,

∴ △A'PQ∽△A'DE, ∴ $\dfrac{PQ}{DE}=\dfrac{A'H}{A'F}$, ∴ $\dfrac{PQ}{\frac{3}{2}x}=\dfrac{2x-6}{x}$,$PQ=3(x-3)$.

∴ $y=\dfrac{1}{2}(DE+PQ)\times FH=\dfrac{1}{2}\left[\dfrac{3}{2}x+3(x-3)\right]\times(6-x)=-\dfrac{9}{4}x^2+18x-27$.

(2) 当 $0<x\leqslant3$ 时,$y$ 的最大值 $y_1=\dfrac{3}{4}x^2=\dfrac{3}{4}\times3^2=\dfrac{27}{4}$;

当 $3<x<6$ 时,由 $y=-\dfrac{9}{4}x^2+18x-27=-\dfrac{9}{4}(x-4)^2+9$ 可知,当 $x=4$ 时,$y$ 的最大值 $y_2=9>y_1$. ∴ 当 $x=4$ 时,$y$ 有最大值,$y_{最大}=9$.

**讲评** 这是第三类常见的面积问题:求面积最值.

 小结

1. 第一类面积问题是求图形面积,通常有三种方法,两种思路:

三种方法:一是利用面积公式,二是利用等面积法,三是利用相似性质.

两种思路:一是直接法,二是间接法.

2. 第二类面积问题是利用面积解决其他几何问题. 主要有:

① 证明线段的相等、求线段的和差倍分.

② 角相等.

③ 线段的比例关系.

3. 第三类常见的面积问题:是求面积最大值. 通常的方法是利用函数.

········ 练 习 ········

1. 如图 2-15-14,在 △ABC 中,$DE\parallel BC$,$S_{\triangle ADE}=1$,$S_{\triangle BCD}=6$,求 $S_{\triangle EDB}$ 的值.

2. 如图 2-15-15,在 △ABC 中,$FE\parallel BC$,$S_{\triangle AEF}:S_{\triangle BFG}=5:12$,求 $S_{\triangle AEF}:S_{\triangle BCG}$ 的值.

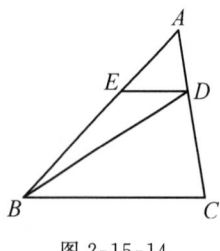

图 2-15-14

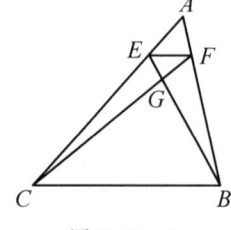

图 2-15-15

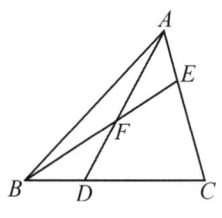

图 2-15-16

3. 如图 2-15-16，在 $\triangle ABC$ 中，$AE:EC=1:2$，$BD:DC=1:2$，求 $S_{\triangle ABF}:S_{四边形CEFD}$ 的值.

4. 如图 2-15-17，$P$ 为 $\square ABCD$ 内的一点，$S_{\triangle APD}=3$，$S_{\triangle DPC}=7$，求 $S_{\triangle DPB}$ 的值.

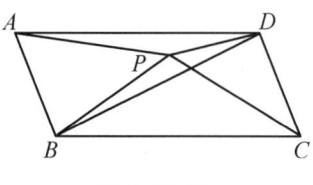

图 2-15-17

**答　案**

**1.** 2　**2.** 1:16　**3.** 3:8　**4.** 4

二、几何

## 16. 怎样把分散的线段集中[①]

几何证明题中的图形运动常通过添加辅助线的方式表现出来,其中常用的图形运动方式有平移、旋转、翻折、位似等,通过这些图形运动常可以把几何题中分散的条件汇聚到一个基本图形或者通过图形运动把题目中不很明朗的、比较隐蔽的条件明朗化,这对解决几何证明问题时非常必要的.

**例1** 在梯形 $ABCD$ 中,$AD/\!/BC$.

(1) 若 $\angle B+\angle C=90°$,$AD=10$,$BC=50$,$\cos B=\dfrac{3}{5}$,求该梯形的周长;

(2) 若 $AC\perp BD$,$AD+BC=10$,$AC=6$.求 $BD$ 的长.

**分析** (1) 由于本题条件中 $\angle B$、$\angle C$ 分别为梯形的两个底角,条件比较分散,缺少内在联系.比较理想的状况是将这两个角放到同一个三角形中,从而可以构造直角三角形,并充分利用 $\angle B$ 已知的余弦值来解决问题.所以考虑平移线段 $DC$,即过 $A$ 点作 $CD$ 的平行线交 $BC$ 于点 $E$,从而如愿构造出 $Rt\triangle ABE$.

(2) 本题的难处在于不易发现条件"$AC\perp BD$""$AD+BC=10$"和"$AC=6$"之间的内在联系,故可以考虑将线段 $AC$ 沿射线 $BC$ 方向平移,使点 $A$ 和点 $D$ 重合.由于 $AC\perp BD$,易知 $\triangle BDE$ 为直角三角形,其中 $BE$ 即"$AD+BC$"、$DE$ 即"$AC$",从而可以顺利求出 $BD$ 的长.

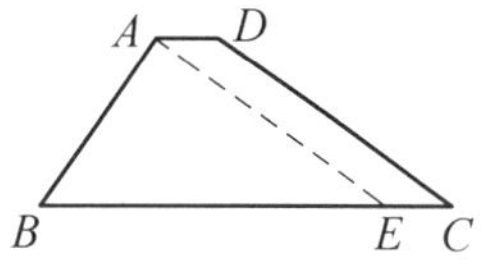

**解** (1) 如图 2-16-1,过点 $A$ 做 $CD$ 的平行线交 $BC$ 于点 $E$.

∵ $AD/\!/EC$,$AE/\!/DC$, ∴ 四边形 $AECD$ 是平行四边形,

∴ $\angle C=\angle AEB$,$AE=DC$,$AD=EC$.

∵ $\angle B+\angle C=90°$,

∴ $\angle B+\angle AEB=90°$,即 $\triangle ABE$ 为直角三角形,

其中 $BE=BC-CE=BC-AD=40$,$\cos B=\dfrac{3}{5}$,$AB=40\cdot\dfrac{3}{5}=24$,$AE=40\cdot\dfrac{4}{5}=32$.

∴ 梯形 $ABCD$ 的周长 $=10+50+24+32=116$.

(2) 如图 2-16-2,过点 $D$ 作 $AC$ 的平行线交 $BC$ 延长线于点 $E$.

∵ $AD/\!/CE$,$AC/\!/DE$, ∴ 四边形 $ACED$ 为平行四边形.

∴ $AC=DE=6$,$AD=CE$, ∴ $BE=BC+CE=BC+AD=10$.

图 2-16-1

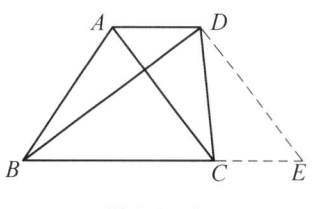

图 2-16-2

---

[①] 本文执笔:黄喆(上海市民办张江集团学校)

∵ $AC \perp BD$, ∴ $DE \perp BD$, 即△$BDE$ 为直角三角形, ∴ $BD = \sqrt{10^2 - 6^2} = 8$.

> **讲评** 几何证明中的"平移"常见是平移线段,而**线段的平移常常"依赖"于题目中原有的平行线通过构造平行四边形而实现**,其目的是使原本分散的条件聚合到同一三角形中,从而解决问题.

**例2** 如图 2-16-3,在等腰△$ABC$ 中,$AB = AC$,$\angle ABC = \alpha$,在四边形 $BDEC$ 中,$DB = DE$,$\angle BDE = 2\alpha$,$M$ 为 $CE$ 的中点,联结 $AM$、$DM$.

(1) 在图中画出△$DEM$ 关于点 $M$ 成中心对称的图形;

(2) 求证:$AM \perp DM$.

**分析** 本题第(1)小题中"画出△$DEM$ 关于点 $M$ 成中心对称的图形"即将△$DEM$ 绕着点 $M$ 旋转 180°.而对于第(2)小题宜采用"分析法",即由果索因,由于 $DM = MF$,则若须证 $AM \perp DM$(可以考虑联结 $AD$、$AF$),则须证 $AD = AF$.进一步观察图形可以发现,△$ACF$ 可以看成是由△$ABD$ 绕点 $A$ 逆时针旋转使 $AB$、$AC$ 重合后的图形,而条件"$DB = DE$"、"$\angle BDE = 2\alpha$、$\angle ABC = \alpha$"也得以顺利分配到须证明的两个全等三角形中.

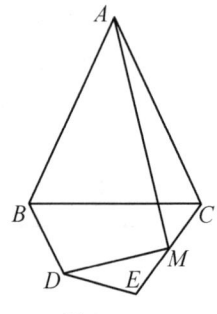

图 2-16-3

**解** (1) 如图 2-16-4.

(2) 如图 2-16-5,联结 $AD$、$AF$.

∵ △$DEM \cong$ △$FCM$,

∴ $DE = FC = BD$,$DM = FM$,$\angle E = \angle FCM$.

∵ $\angle ACF = 360° - \angle ACE - \angle FCM$
$= 360° - \alpha - \angle BCE - \angle E$,

$\angle ABD = \angle ABC + \angle CBD$
$= \alpha + (360° - \angle BDE - \angle E - \angle BCE)$
$= \alpha + 360° - 2\alpha - \angle BCE - \angle E$
$= 360° - \alpha - \angle BCE - \angle E$,

∴ $\angle ABD = \angle ACF$,$AB = AC$,△$ABD \cong$ △$ACF$.

∴ $AD = AF$,

∵ $DM = FM$, ∴ $AM \perp DM$.

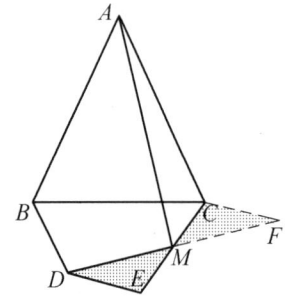

图 2-16-4

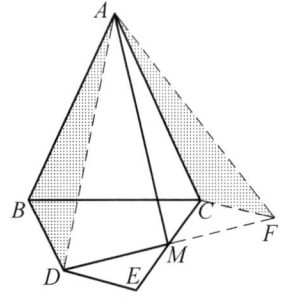

图 2-16-5

> **讲评** 图形的旋转是把图形的一部分或全部绕着一个定点从一个位置旋转到另一个位置.其最大特点是旋转前后对应图形全等,旋转角相等.因为**图形旋转常须借助等边的条件**,所以若涉及等腰三角形或中点(即中线加倍法),可以考虑利用图形的旋转将分散的条件聚合.

**例3** 如图 2-16-6,在△ABC中,BC的垂直平分线交∠BAC的外角平分线于点D,联结DC、DB.证明:∠DBA=∠DCA.

**分析** 本题中∠DBA、∠DCA关系比较分散,既不在一个三角形里,也不在一组可证明全等的三角形中.考虑到题目中AD为角平分线,可以考虑利用这条角平分线所在直线为对称轴,将△ADB翻折至△ADF,从而将两个分散的角聚合到同一三角形中.

**证明** 在线段CA的延长线上取点F,使得AF=AB,联结FD.
∵ AD平分∠FAB, ∴ ∠FAD=∠BAD,
∵ AD=AD,AF=AB, ∴ △ADB≌△ADF,
∴ FD=DB,∠DBA=∠DFA.
∵ DE垂直平分BC, ∴ BD=DC, ∴ DF=DC,
∴ ∠DFA=∠DCA, ∴ ∠DBA=∠DCA.

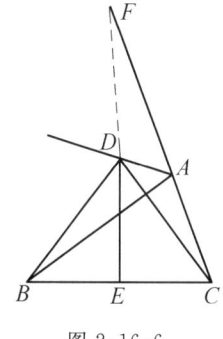

图 2-16-6

**例4** 如图 2-16-7,在四边形ABCD中,AB=30,AD=48,BC=14,CD=40,∠ABD+∠BDC=90°,求四边形ABCD的面积.

**分析** 条件中∠ABD、∠BDC两角比较分散,暂时找不到其中的必然联系,所以考虑以线段BD的中垂线为对称轴,将△ABD翻折至△A'BD,从而将∠ABD、∠BDC合成为∠A'DC,从而得到△A'BD为直角三角形,继而可以发现线段A'B、A'C、BC之间的数量关系,从而解决本题.

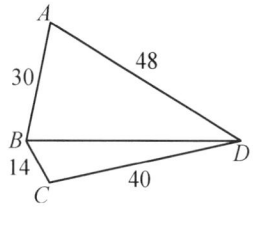

图 2-16-7

**解** 作BD的垂直平分线l,以l为对称轴,作△ABD关于l的轴对称图形△A'DB. 如图 2-16-8.
∵ △ABD≌△A'DB,
∴ A'D=AB=30,A'B=AD=48,∠A'DB=∠ABD,
∴ ∠A'DC=∠A'DB+∠BDC=∠ABD+∠BDC=90°,
∴ △A'DC是直角三角形,$A'C=\sqrt{30^2+40^2}=50$.
在△A'BC中,A'C=50,A'B=48,BC=14,
$BC^2+A'B^2=14^2+48^2=2500=50^2=A'C^2$.
由勾股逆定理可知∠A'BC=90°,

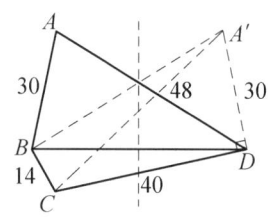

图 2-16-8

∴ $S_{四边形ABCD}=S_{四边形A'BCD}=S_{△A'BC}+S_{△A'DC}$
$=\frac{1}{2}A'B \cdot BC+\frac{1}{2}A'D \cdot CD$
$=\frac{1}{2}\times 48\times 14+\frac{1}{2}\times 30\times 40=936$.

**讲评** 图形翻折是将图形中的一部分沿着一条直线进行翻折,从而构造出轴对称图形并充分利用轴对称图形的性质聚合条件,解决问题.翻折运动中的对称轴常可以是角平分线所在直线或中垂线,所以**利用原有条件中的角平分线所在直线与中垂线进行图形的翻折**,聚合条件是处理这类问题常用的方法.

**例5** 如图 2-16-9，$P$ 为 $\triangle ABC$ 内一点，且 $\angle PAC = \angle PBC$，过点 $P$ 作 $BC$、$CA$ 的垂线，垂足分别为 $N$、$M$，$D$ 为 $AB$ 的中点. 求证：$DM = DN$.

**分析** 题本中 $\angle PAC$ 与 $\angle PBC$ 比较分散，而且在证"$DM = DN$"过程中也较难直接把 $DM$ 与 $DN$ 置于同一三角形证等腰或放在两个三角形证全等，此时充分利用"$D$ 为 $AB$ 的中点"这一条件就显得尤为重要. 注意到条件"$PM \perp AC$"，即 $\triangle APM$ 是直角三角形，那如果在边 $AP$ 上取中点 $E$，联结 $EM$ 是直角三角形斜边上的中线，联结 $ED$ 是 $\triangle APB$ 的中位线，客观上又构成了 $\triangle MED$，为最终问题的解决打开成功之门.

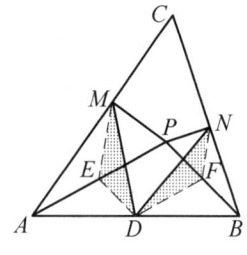

图 2-16-9

**证明** 取线段 $AP$、$BP$ 的中点 $E$、$F$，联结 $ME$、$ED$、$DF$、$FN$.

∵ 点 $E$、$D$ 分别是 $AP$、$AB$ 的中点，

∴ $ED = \dfrac{1}{2}PB$，$ED // PB$.

同理，$FD = \dfrac{1}{2}AP$，$FD // AP$，

∴ 四边形 $EDFP$ 是平行四边形，

∴ $\angle PED = \angle PFD$，$ED = PF$，$DF = EP$.

∵ $PM \perp AC$，即 $\triangle APM$ 是直角三角形，$EM = \dfrac{1}{2}AP = EP = AE$，

同理，$FN = \dfrac{1}{2}PB = FP = AE$，

∴ $ED = FN$，$DF = EM$，

∴ $\angle MAE = \angle AME$，$\angle MEP = 2\angle PAC$.

同理，$\angle NFP = 2\angle PBC$，

∴ $\angle MED = \angle NFD$，

∴ $\triangle MED \cong \triangle NFD$，

∴ $DM = DN$.

**讲评** 两组图形的对应点的连线交于一点，对应边互相平行或在一条直线上，那么这两个图形叫做位似图形. 把一个几何图形变换成与之位似的图形，叫做位似变换. 利用原有图形中的"线段中点"构造中位线，通过位似变换，聚合条件是解决这一类几何问题的重要方法.

需注意的是：位似变换达到线段聚合集中，是**间接的聚合集中**——即不是把线段本身移到另一个位置去，而是把几条线段的一半聚合集中在一起.

**小结** 1. 线段的聚合集中的目标是把分散的条件汇聚到一个熟悉的图形（譬如集中到一个三角形里，或者两个全等、相似的三角形）中；或者通过图形运动把题目中不很明朗的、比较隐蔽的条件明朗化.

2. 线段的聚合集中的手段有两种:直接聚合集中和间接聚合集中;

**直接聚合集中涉及三种变换:平移、旋转、翻折;**

**间接聚合集中涉及位似变换.**

3. 具体的经验有:

(1) 利用"平移变换"添加辅助线时,常会利用到题目中的平行条件,构造平行四边形实现图形的平移;

(2) 利用"旋转变换"添加辅助线时,常会利用到题目中同一端点线段相等的条件,例如**等腰三角形,线段中点**等,此时这个端点就可以作为旋转中心,而这组同一端点的相等线段可视为旋转前后的对应边;

(3) 利用"翻折变换"添加辅助线时,需挖掘潜在的"对称轴",常见有角平分线所在**直线与中垂线**,利用好这些条件实现图形翻折可迅速使题目中某些分散条件得以聚合;

(4) 利用"位似变换"添加辅助线时,利用好原有图形中的线段中点,构造中位线,从而通过平行传递角等条件,通过中位线长等于对应边长的一半传递边等的条件是解决这类问题的关键.

········ 练 习 ········

1. 如图 2-16-10,在梯形 $ABCD$ 中,$\angle B+\angle C=90°$,$AD \parallel BC$,$M$、$N$ 分别为 $AD$、$BC$ 的中点.求证:$MN=\dfrac{1}{2}(AB-CD)$.

2. 如图 2-16-11,设 $P$ 为等边 $\triangle ABC$ 内的一点,且 $PA=5$,$PB=4$,$PC=3$,求此等边三角形的边长.

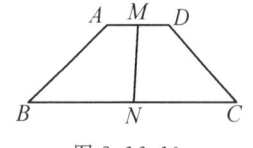

图 2-16-10

3. 如图 2-16-12,在等腰 $Rt\triangle ABC$ 中,$E$、$F$ 分别是底边 $BC$ 上的两点,且 $\angle EAF=45°$.求证:以 $BE$、$EF$、$FC$ 为边的三角形为直角三角形.

4. 如图 2-16-13,在 $\triangle ABC$ 中,$\angle CAE=\angle B$,$E$ 是 $CD$ 的中点,$AD$ 平分 $\angle BAE$,证明:$BD=AC$.

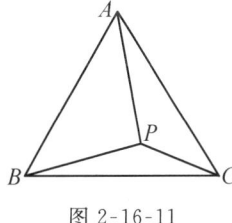

图 2-16-11

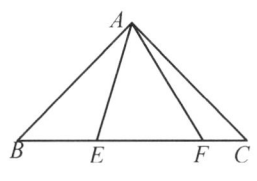

图 2-16-12

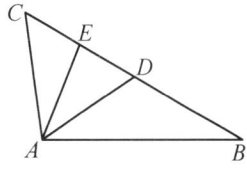

图 2-16-13

5. 已知四边形 $ABCD$ 中,$AB \perp AD$,$BC \perp CD$,$AB=BC$,$\angle ABC=120°$,$\angle MBN=60°$,$\angle MBN$ 绕 $B$ 点旋转,它的两边分别交 $AD$、$DC$(或它们的延长线)于点 $E$、$F$.

(1) 当 $\angle MBN$ 绕 $B$ 点旋转到 $AE=CF$ 时(如图 2-16-14),请猜想 $AE$、$CF$、$EF$ 之间存在怎样的数量关系?

(2) 当 $\angle MBN$ 绕 $B$ 点旋转到 $AE \neq CF$ 时,在图 2-16-15 和图

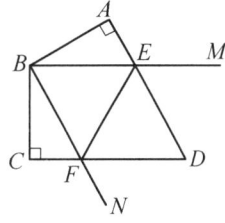

图 2-16-14

2-16-16这两种情况下,上述结论是否成立?若成立,请给予证明;若不成立,线段AE、CF、EF又有怎样的数量关系?请写出你的猜想,不需证明.

6. 已知B是线段AC的中点,D是线段CE的中点.四边形BCGF和CDHN都是正方形.AE的中点是M.

(1) 当点E在AC的延长线上,点N与点G重合时,点M与点C重合,求证:$FM=MH$,$FM \perp MH$;

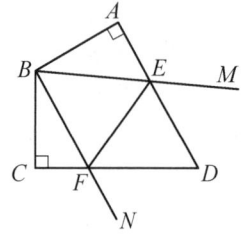

图2-16-15

(2) 将图中的CE绕点C顺时针旋转一个锐角,如图2-16-17,求证:△FMH是等腰直角三角形;

(3) 将图2-16-17中的CE缩短到图2-16-18的情况,△FMH还是等腰直角三角形吗?

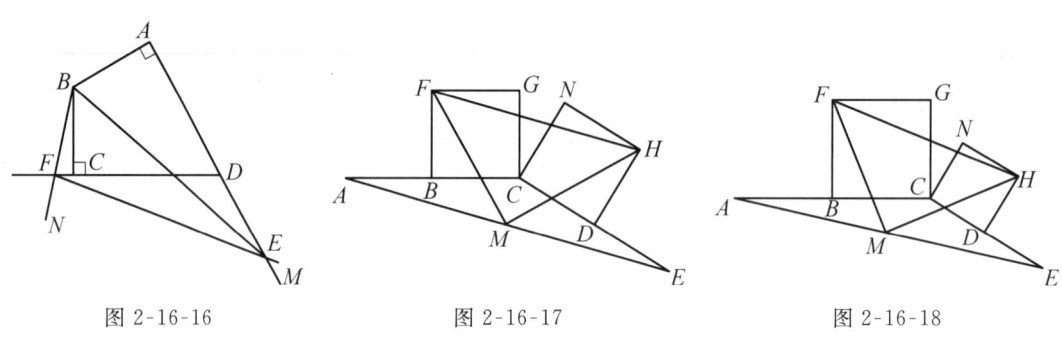

图2-16-16　　　　　　图2-16-17　　　　　　图2-16-18

### 答　案

1. 提示:过点M作$ME /\!/ AB$交BC于点E,作$MF /\!/ CD$交BC于点F　2. 提示:作$\angle CBP'=\angle ABP$,截取$BP'=BP$(即将△ABP绕点B顺时针旋转60°),联结$PP'$、$P'C$,可证△$PP'C$　3. 提示:作$\angle EAP=\angle BAE$,截取$AP=AE$,联结AP、PF　4. 提示:解法一:"角平分线翻折法",在AB上截取$AF=AE$,联结DF;解法二:"中线加倍法",延长AE至点F使得$AE=EF$,联结FD

5. 提示:(1) $EF=AE+CF$　(2) $EF=AE+CF$ 或 $EF=|AE-CF|$　6. 提示:联结BM、DM,可证△BFM≌△MDH

## 17. 简单的几何最值问题

几何图形中的某几个量(如线段、角、面积等)在大小的变化过程中,能够取得最大值或最小值,统称为**几何最值问题**.由于现行初中所学的数学知识有限,实际上解决几何最值问题,只涉及了几条很简单的定理,但是因为最值问题的表述方式和思考方式不同于常规的证明题和计算题,学生掌握的情况并不乐观.

**例1** 已知点 $A$ 和 $B$ 在直线 $l$ 的两侧,在直线 $l$ 上求作一点 $P$,使得 $PA+PB$ 的值最小.

**解** 如图 2-17-1,联结 $AB$ 两点与直线 $l$ 的交点即为所求作的点 $P$.

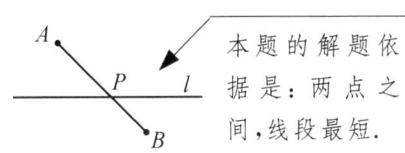

图 2-17-1

本题的解题依据是:两点之间,线段最短.

**例2** 已知点 $A$、$B$ 在直线 $l$ 的同侧,在直线 $l$ 上求作点 $P$,使 $PA+PB$ 的值最小,并加以证明.

**解** 如图 2-17-2,作点 $B$ 关于直线 $l$ 的对称点 $B_1$,联结 $AB_1$,线段 $AB_1$ 与直线 $l$ 交于点 $P$,点 $P$ 就是所求点(也可作 $A$ 关于 $l$ 的对称点 $A_1$).

**证明** 如图 2-17-3,在直线 $l$ 上取点 $P_1$,联结 $BP_1$、$B_1P_1$、$AP_1$

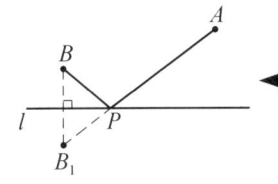

图 2-17-2

利用轴对称性,将"两点在直线同侧"问题转化为"两点在直线异侧问题",体现的是化归思想.

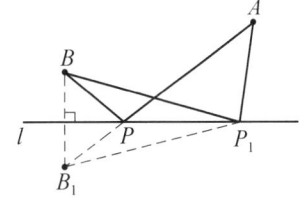

图 2-17-3

∵ 点 $B$ 与点 $B_1$ 关于直线 $l$ 对称,点 $P$ 与点 $P_1$ 在直线 $l$ 上,

∴ $BP=B_1P$,$BP_1=B_1P_1$.

∵ $AP_1+B_1P_1 \geqslant AB_1$,即 $AP_1+B_1P_1 \geqslant AP+B_1P$,

∴ $AP_1+B_1P_1 \geqslant AP+BP$.

上面等号当且仅当点 $P$ 与点 $P_1$ 重合时成立.

因此,点 $P$ 就是所求使 $PA+PB$ 的值最小的点.

**讲评** 我们说,最值问题的表述方式和思考方式不同于常规的证明题和计算题.究竟不同在哪里呢?

---

① 本文执笔:曹永娥(上海市西南位育中学)

第一,题目里一定有变动的因素,譬如动点,有时一个动点,有时还会有两个动点.

第二,因为有动点的缘故,我们画出的图也是不定的,但是最终要找到的图形,譬如本题的点 $P$,却是固定的.在动的过程中找固定的点,学生会感到困惑的.

第三,这个符合要求的定点,往往用构造的方法把这个点画出来.因而产生了一个现象:一旦这个点画出来,证明时可能比较简单,而找这个定点的过程(即分析过程)比较难.

**例3** 如图 2-17-4,在边长为 2cm 的正方形 $ABCD$ 中,$Q$ 为 $BC$ 边的中点,$P$ 为对角线 $AC$ 上一动点,联结 $PB$、$PQ$,求 $\triangle PBQ$ 周长的最小值(结果保留根号).

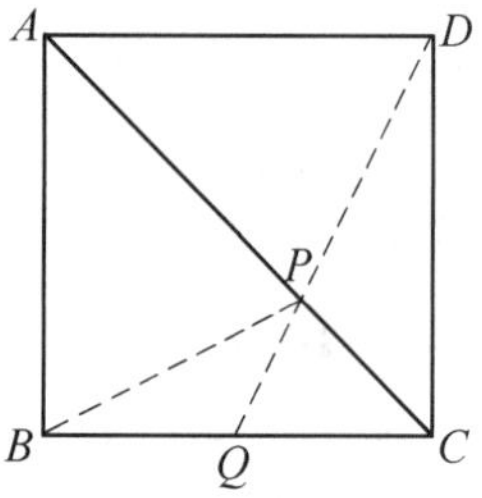

**分析** $\triangle PBQ$ 周长等于 $PB+PQ+BQ$,而 $BQ$ 是正方形边长的一半,是一个定值1,所以要想使得三角形的周长最小,问题就转化成使得 $PB+PQ$ 的和最小问题.可以运用例2的模型求解.

**解** 联结 $DQ$,交 $AC$ 于点 $P$,联结 $PB$.

∵ $AC$ 是正方形 $ABCD$ 的对角线,

∴ 点 $B$ 与点 $D$ 关于 $AC$ 对称, ∴ $BP=DP$,

∴ $BP+PQ=DP+PQ=DQ$.

在 $Rt\triangle CDQ$ 中,

$DQ=\sqrt{CD^2+CQ^2}=\sqrt{2^2+1^2}=\sqrt{5}$,

∴ $\triangle PBQ$ 的周长的最小值为 $BP+PQ+BQ=DQ+BQ=\sqrt{5}+1$.

图 2-17-4

**例4** 求函数 $y=\sqrt{x^2-8x+18}+\sqrt{x^2+4x+20}$ 的最小值.

**分析** 把原函数转化为 $y=\sqrt{(x-4)^2+2}+\sqrt{(x+2)^2+4^2}$,因此可以把 $\sqrt{(x-4)^2+2}$ 看成点 $(4,2)$ 到点 $(x,0)$ 的距离,把 $\sqrt{(x+2)^2+4^2}$ 看成点 $(-2,4)$ 到 $(x,0)$ 的距离,本题中求原函数的最小值,可以理解为在 $x$ 轴上找一个点 $P$,使它到点 $A(-2,4)$、$B(4,2)$ 的距离之和最小.运用例2中的模型即可求得.

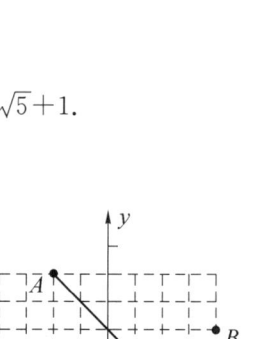

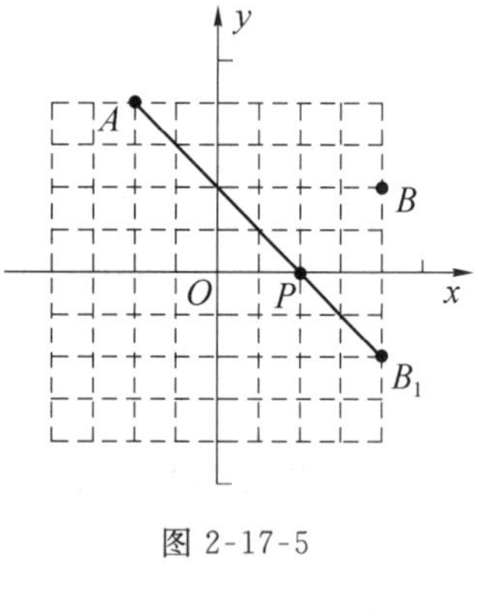

**解** 点 $B$ 关于 $x$ 轴的对称点 $B_1$ 的坐标为 $(4,-2)$,线段 $AB_1$ 的长即 $y$ 的最小值为:$y=\sqrt{(-2-4)^2+(4+2)^2}=6\sqrt{2}$.

图 2-17-5

**讲评** 解几何最值题的第一条基本定理是:两点之间的线,以直线段为最短.但具体使用这一原理时,有些特殊的手法.

这几个题利用的是手法之一:**对称法**.题目的特点是都有两个已知定点,在直线的同一侧,在已知直线上探究符合要求的一个动点的位置 $P$,我们可以利用对称性将其中一个点,翻到另一侧,将原先的折线"拉直",从而利用第一条基本定理,求得符合要求的点,这个方法,简称对称法.

**例 5**   $A$ 是锐角 $\angle MON$ 内部任意一点,在 $\angle MON$ 的两边 $OM$、$ON$ 上各取一点 $D$、$E$ 组成三角形,使 $\triangle ADE$ 的周长最小(不必证明).

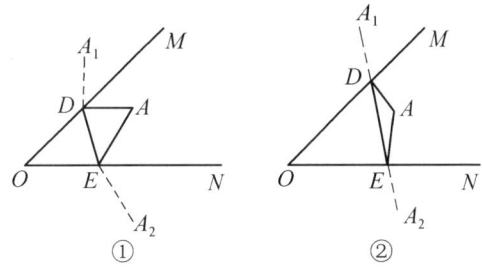

图 2-17-6

**分析**   假如符合要求的点 $D$、$E$ 已经求出.如图 2-17-6①,不妨分别作出点 $A$ 关于 $OM$、$ON$ 的对称点为 $A_1$、$A_2$,就有 $AD=A_1D$,$A_2E=AE$,求 $\triangle ADE$ 的周长最小值,就是求折线 $A_1D+DE+EA_2$ 的最小值.由于 $A_1D+DE+EA_2 \geqslant A_1A_2$,当且仅当点 $D$、$E$ 在 $A_1A_2$ 上时,等号成立.因此联结 $A_1A_2$ 就可以得到点 $D$、$E$.

**解**   分别作出点 $A$ 关于 $OM$、$ON$ 的对称点 $A_1$、$A_2$,联结 $A_1A_2$ 分别交 $OM$、$ON$ 于点 $D$、$E$,点 $D$、$E$ 就是使 $\triangle ADE$ 的周长最小的点.如图 2-17-6②.

**讲评**   本题利用了第一条基本定理求解最值题的手法之二是**化直法**.

本例就是例 2 的变形,本题的难点不在于解题过程,而在于解题的思想,将折线长的问题转化为线段长的问题来解答,即将 $\triangle ADE$ 的各边伸展为折线,然后求折线的最小值,而当折线成直线时,取得最小值.像这样的一种方法,我们可以简称为化直法.

**例 6**   如图 2-17-7,有一长方体的盒子 $ABCD-A_1B_1C_1D_1$,长、宽、高分别是 $4cm$、$3cm$、$2cm$,在盒子内的顶点 $A$ 处有一只蜘蛛,而在对角的顶点 $C_1$ 处有一只苍蝇.蜘蛛应沿着长方体表面什么路径爬行,才能在最短的时间内捕捉到苍蝇?(假设苍蝇在 $C_1$ 处不动)

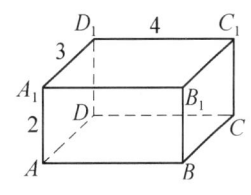

图 2-17-7

**分析**   长方体是空间图形,不求易空间的最短路线,于是可以设法将长方体沿着有关的棱"剪开"、"摊平",这样就可以将空间折线"拉直"成平面折线,再求折线长的最小值.

**解**   从 $A$ 到 $C_1$ 沿长方体表面的路线有三种情况:

(1) 如图 2-17-8,将平面 $AA_1B_1B$ 与平面 $BB_1C_1C$ "摊平",$A$ 到 $C_1$ 的最短路线是线段 $AC_1$,$AC_1 = \sqrt{(4+3)^2+2^2}$

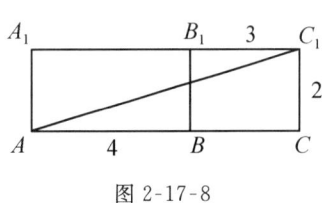

图 2-17-8

$=\sqrt{53}$.

(2) 如图 2-17-9,将平面 $ABCD$ 与平面 $BB_1C_1C$"摊平",$A$ 到 $C_1$ 的最短路线是线段 $AC_1$,$AC_1=\sqrt{(4+2)^2+3^2}=\sqrt{45}$.

(3) 如图 2-17-10,将平面 $AA_1B_1B$ 与平面 $B_1C_1D_1A_1$"摊平",$A$ 到 $C_1$ 的最短路线是线段 $AC_1$,$AC_1=\sqrt{(3+2)^2+4^2}=\sqrt{41}$.

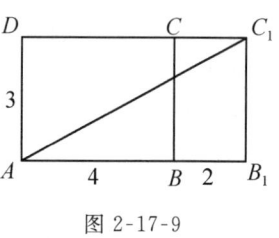

图 2-17-9

在上述三种情况下,如走其他的路线,其长度必然大于各自情况中的 $\sqrt{53}$、$\sqrt{45}$、$\sqrt{41}$,因此最短路线的长度是 $\sqrt{41}$ cm.

**例 7** 如图 2-17-11 所示,有一个圆柱,它的高等于 12 厘米,底面半径等于 3 厘米,在圆柱下底面的 $A$ 点有一只蚂蚁,它想吃到上底面上与 $A$ 点相对的 $B$ 点处的食物,沿圆柱侧面爬行的最短路程是多少?(结果保留 $\pi$)

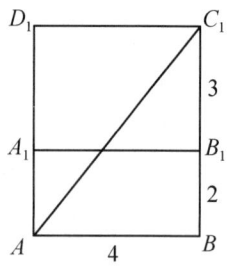

图 2-17-10

**分析** 将空间从 $A$ 到 $B$ 的路线转化到平面路线,而使长度不变,为此,将圆柱侧面沿母线 $AC$"剪开""摊平".

**解** 将圆柱侧面沿母线 $AC$ 展开,得到矩形 $ADEC$,$AC$ 就是圆柱的高,$BC$ 是底面周长的一半,如图 2-17-12,求出线段 $AB^2=AC^2+BC^2=12^2+(3\pi)^2=144+9\pi^2$,从而得到蚂蚁爬行的最短路线是沿圆柱侧面的一段曲线 $AB$ 等于 $\sqrt{144+9\pi^2}$ 厘米.

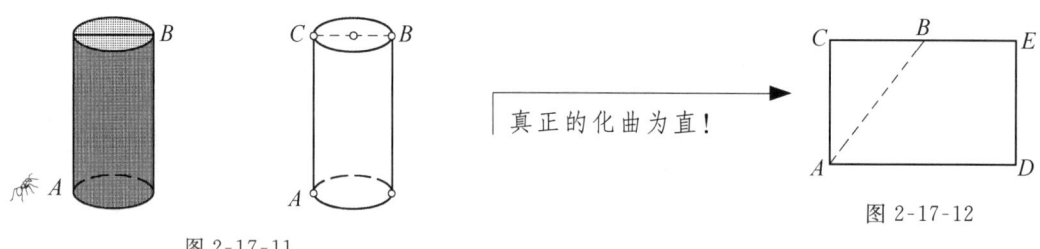

图 2-17-11                    图 2-17-12

**讲评** 利用第一条基本定理求解最值题的手法之三:**摊平法**.

**例 8** 如图 2-17-13,已知 ⊙$O$ 的半径等于 5,圆心 $O$ 到直线 $a$ 的距离为 6.又点 $P$ 是直线 $a$ 上任意一点,过点 $P$ 作 ⊙$O$ 的切线 $PA$,切点为 $A$,求切线长 $PA$ 的最小值.

**分析** 因为 $PA$ 为切线,所以 $\triangle OPA$ 是直角三角形.$PA=\sqrt{OP^2-OA^2}$,因为 $OA$ 为定值 5,所以当 $OP$ 最小时,$PA$ 最小.根据点到直线垂线段最短,知 $OP=6$ 时 $PA$ 最小.运用勾股定理求解即可.

**解** 如图 2-17-14,作 $OP \perp l$ 于点 $P$,则 $OP=6$.
过点 $P$ 作 ⊙$O$ 的切线 $PA$,切点为 $A$,
根据题意,在 Rt$\triangle OPA$ 中,

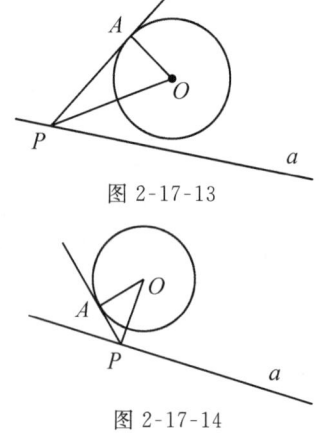

图 2-17-13

图 2-17-14

二、几何

$PA = \sqrt{OP^2 - OA^2} = \sqrt{11}$,

∴ 切线长 $PA$ 的最小值是 $\sqrt{11}$.

◆也可以从特殊化思想考虑:变动动点位置,将它置于极端位置,它有可能达到最值的位置.

**例9** 如图 2-17-15,⊙$O$ 的半径为 5,$P$ 为圆内一点,点 $P$ 到圆心 $O$ 的距离为 4,求过 $P$ 点的弦长的最小值.

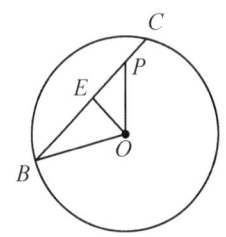

图 2-17-15

**分析** 设 $E$ 是圆 $O$ 中过点 $P$ 的弦 $BC$ 的中点,运用垂径定理的逆定理可得 $OE \perp BC$,$OE \leqslant OP$. 在 Rt△$OBE$ 中,$BE = \sqrt{OB^2 - OE^2}$. 因为 $OB$ 为定值 5,所以当 $OE$ 最大时,$BE$ 最小. 因为 $OE \leqslant OP$,所以知 $OE = 4$ 时,$BE$ 最小,即 $BC$ 最小. 运用勾股定理求解即可.

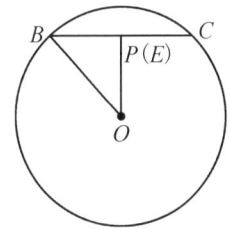

**解** 联结 $OP$,过点 $P$ 作 $BC \perp OP$ 分别交圆 $O$ 于 $B$、$C$ 两点,弦 $BC$ 即为所求的过点 $P$ 的最小的弦.

$BC = 2BE = 2\sqrt{OB^2 - OE^2} = 2\sqrt{5^2 - 4^2} = 6$.

图 2-17-16

从本例的分析中可以获得这样的两个结论,圆 $O$ 中过定点 $P$(圆心除外)的最短的弦是垂直于 $OP$ 的弦,而最长的弦是经过点 $P$ 的直径,此时,$OE$ 的值为 0.

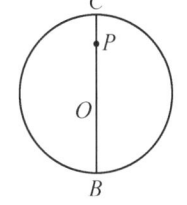

图 2-17-17

**讲评** 这两个题,是个"间接的"求最值题. 如例 8,是先求得 $OP$ 的最小值,然后求得切线 $PA$ 的最小值. 如例 9,先求得弦心距 $OE$ 最大值,然后求得半弦 $BE$,已知弦 $BC$ 的最小值.

前者运用到解几何最值问题的第二条基本定理:点到直线的距离,以垂线段为最短.

后者运用到第三条基本原理:区间上的一次函数增减性. 若 $y = kx + b$,$x$ 在某个范围里变动,当 $k > 0$ 时,则当 $x$ 取得最大值时,$y$ 也达到最大值;当 $x$ 取得最小值时,$y$ 也达到最小值. 当 $k < 0$ 时,则当 $x$ 取得最大值时,$y$ 达到最小值;当 $x$ 取得最大值时,$y$ 达到最大值.

**例10** 如图 2-17-18,在锐角△$ABC$ 中,$AB = 4\sqrt{2}$,$\angle BAC = 45°$,$\angle BAC$ 的平分线交 $BC$ 于点 $D$,$M$、$N$ 分别是 $AD$ 和 $AB$ 上的动点,求 $BM + MN$ 的最小值.

**分析** 在这里,有两个动点,所以在解答时,就不能直接用例 2 中"对称点法". 假如符合条件的点 $M$、$N$ 已经求出. 由于 $AD$ 是 $\angle BAC$ 的平分线,容易

$M$、$N$ 两个都是动点,怎么办?通常暂且固定一个.

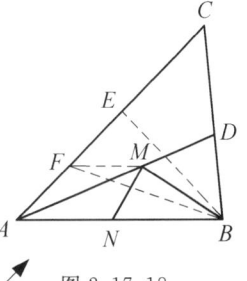

图 2-17-18

211

想到，在 $AC$ 上截取 $AE=AN$，则 $\triangle AME \cong \triangle AMN$，所以 $ME=MN$. 因而将求 $BM+MN$ 的最小值转化为求 $BM+EM$ 的最小值.

**解** 在 $AC$ 上截取 $AE=AN$，联结 $BE$.

∵ $\angle BAC$ 的平分线交 $BC$ 于点 $D$，

∴ $\angle EAM = \angle NAM$，∴ $\triangle AME \cong \triangle AMN$，

∴ $ME=MN$. ∴ $BM+MN=BM+ME \geqslant BE$.

当 $BE$ 是点 $B$ 到直线 $AC$ 的距离时，$BE$ 取最小值 4，即为 $BM+MN$ 的最小值.

**例 11** 如图 2-17-19，在菱形 $ABCD$ 中，$AB=2$，$\angle A=120°$，点 $P$、$Q$、$K$ 分别为线段 $BC$、$CD$、$BD$ 上的任意一点，求 $PK+QK$ 的最小值.

**分析** 在这里，有三个动点，由于菱形 $ABCD$ 对角线 $BD$ 平分 $\angle ABC$，容易想到，在 $AB$ 上截取 $BP_1=BP$，则 $\triangle BPK \cong \triangle BP_1K$，所以 $P_1K=PK$. 因而将求 $QK+PK$ 的最小值转化为求 $QK+P_1K$ 的最小值.

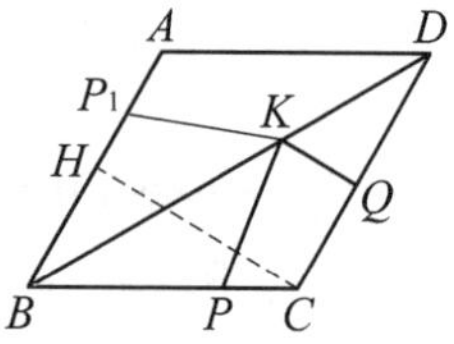

**解** 在 $AB$ 上截取 $BP_1=BP$，联结 $P_1K$.

在菱形 $ABCD$ 中，

∵ $BD$ 平分 $\angle ABC$，

∴ $\angle P_1BK = \angle PBK$，$BK=BK$，

∴ $\triangle BPK \cong \triangle BP_1K$，

∴ $P_1K=PK$.

∴ $QK+PK = QK+P_1K \geqslant P_1Q$.

图 2-17-19

$P$、$K$、$Q$ 三个都是动点，怎么办？通常暂且固定两个

过点 $C$ 作 $CH \perp AB$ 于点 $H$，在 $Rt\triangle BCH$ 中，可求得 $CH=\sqrt{3}$，

当 $P_1Q$ 是点 $Q$ 到直线 $AB$ 的距离时，

$P_1Q$ 取最小值 $\sqrt{3}$，即为 $PK+QK$ 的最小值.

**讲评** 这两题是一个"复杂的"最值题：分别有两个动点和三个动点. 并且用到了求最值的两条基本定理. 例 10 中，前面部分，求得 $BM+MN=BM+ME \geqslant BE$，$BE$ 为最小，用到了第一条；后面部分，"当 $BE$ 是点 $B$ 到直线 $AC$ 的距离时，$BE$ 取最小值为 4，即 $BM+MN$ 的最小值"，用到了求最小值的第二条基本定理. 例 11 中除了与例 9 相同部分以外，还用到了"夹在两条平行线间的线段中，垂线段最短".

**例 12** 在直线 $l$ 上求作一点 $P$，使 $PA-PB$ 的值最大，并加以证明.

**解** 延长 $AB$ 交直线 $l$ 于点 $P$，点 $P$ 即为所求.

**证明** 假设点 $P$ 没有使 $PA-PB$ 的值最大，在 $l$ 上另取一点 $P'$，在 $\triangle ABP'$ 中，则有 $P'A-P'B < AB$，这与假设矛盾，因而点 $P$ 即为所求点.

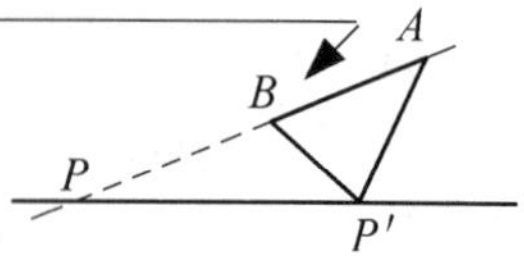

三角形两边之差小于第三边

图 2-17-20

二、几何

**例 13** 如图 2-17-21,抛物线 $y=-\frac{1}{4}x^2-x+2$ 的顶点为 $A$,与 $y$ 轴交于点 $B$.

(1) 求点 $A$、点 $B$ 的坐标.

(2) 若点 $P$ 是 $x$ 轴上任意一点,求证:$PA-PB \leqslant AB$.

(3) 当 $PA-PB$ 最大时,求点 $P$ 的坐标.

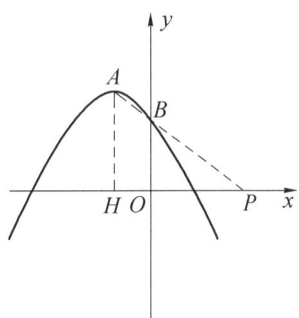

**解** (1) 抛物线 $y=-\frac{1}{4}x^2-x+2$ 与 $y$ 轴的交于点 $B$,

令 $x=0$ 得 $y=2$.

∴ $B(0,2)$,∵ $y=-\frac{1}{4}x^2-x+2=-\frac{1}{4}(x+2)^2+3$,

∴ 顶点 $A(-2,3)$.

图 2-17-21

(2) 当点 $P$ 是 $AB$ 的延长线与 $x$ 轴交点时,$PA-PB=AB$.

当点 $P$ 在 $x$ 轴上又异于 $AB$ 的延长线与 $x$ 轴的交点时,

在点 $P$、$A$、$B$ 构成的三角形中,$PA-PB<AB$.

综合上述:$PA-PB \leqslant AB$.

(3) 作直线 $AB$ 交 $x$ 轴于点 $P$,由(2)可知:当 $PA-PB$ 最大时,点 $P$ 是所求的点.

作 $AH \perp OP$ 于点 $H$. ∵ $BO \perp OP$,∴ △$BOP$∽△$AHP$,∴ $\frac{AH}{BO}=\frac{HP}{OP}$.

由(1)可知:$AH=3$,$OH=2$,$OB=2$,∴ $OP=4$,故 $P(4,0)$.

注:也可以先求直线 $AB$ 的解析式 $y=-\frac{1}{2}x+2$,再求直线 $AB$ 与 $x$ 轴的交点 $P(4,0)$.

**讲评** 点 $P$ 为任意一点时,要探究 $PA-PB$ 的最大值,可数形结合,将其转化为相关图形(三角形),三边关系始终满足两边之差小于第三边($|PA-PB|<AB$),而当点 $A$、$B$、$P$ 在同一直线上时存在 $PA-PB=AB$,此时 $AB$ 为最大值,今后有关两线段之差的最大值问题,常借助"三角形两边之差小于第三边",将其最大值转化为一条特殊(三点共线)线段的长.这可以说是**解几何最值问题时的第四条基本定理**.

**例 14** 有一块三角形土地,它的底边 $BC=100$ 米,高 $AH=100$ 米.某单位要修建一座底面是矩形 $DEFG$ 的大楼,当这座大楼的地基面积最大时,这个矩形的长和宽各是多少?

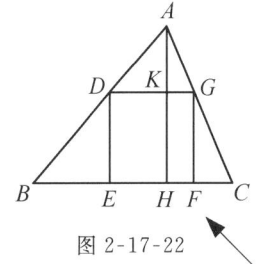

**解** 如图 2-17-22,四边形 $EFGD$ 为矩形,则 $GD \parallel BC$,$AK \perp GD$.

设 $GF=x$,则 $AK=AH-GF=100-x$.

∵ △$ADG$∽△$ABC$,

∴ $\frac{AK}{AH}=\frac{DG}{BC}$,

即 $\frac{100-x}{100}=\frac{DG}{100}$,

图 2-17-22

运用二次函数求图形面积的最大值,只有二次函数顶点在定义域内时,顶点才是最值.否则需要根据图像性质在定义域内求最值.

$DG=100-x$,

$S_{四边形\ DEFG}=(100-x)x=-(x-50)^2+2500(0<x<100)$.

当 $x=50$ 时，$S_{四边形\ DEFG}$ 最大，此时

$DG=100-x=50$,

即矩形长宽均为 50 米时，地基面积最大．

**讲评** 这是求最值题的第五条基本原理：利用二次函数的最值．

1. 求最值题的困难可能在于它特殊的表述方式和思维方式：

（1）题目里一定有变动的因素，譬如动点，有时一个动点，复杂的题还会有两、三个动点．

（2）因为有动点的缘故，我们画出的草图也是不定的，但是最终要找到图形，却是固定的．在动的过程中找固定的点，学生会感到困惑的．

（3）这个符合要求的定点，往往用构造的方法把这个点画出来．因而产生了一个现象：一旦这个点画出来，证明时可能比较简单，而找这个定点的过程（即分析过程）比较难．

2. 就现行教材要求而言，解几何最值题的基本定理有五条：

（1）两点之间的线，以直线段为最短．具体操作有对称法，化直法，摊平法．

（2）三角形两边之差小于第三边，具体操作，将图形集中于一个三角形研究．

（3）点到直线的距离，以垂线段为最短．

（4）某区间上的一次函数增减性．

（5）区间上的二次函数的最值．

前三个是几何法，后两个是代数法．

3. 几何最值题有"简单的"、"间接的"、"复杂的"．"间接的"是指，通过甲变量的最值，最终求得题目要求的乙变量的最值．"复杂的"是指由两个动点的．对此，有**小经验**：通常暂且固定一个．

4. 几何最值题的解决通常是构造出达到最值时的状况．对此有**小经验**：将动点置于极端位置，有时可以探求到最值时的状况．

········· 练 习 ·········

1. 如图 2-17-23，$AB$ 是锐角 $MON$ 内部一条线段，在角 $MON$ 的两边 $OM$、$ON$ 上各取一点 $C$、$D$ 组成四边形，使四边形周长最小．

2. 如图 2-17-24，$MN$ 是半径为 1 的 $\odot O$ 的直径，点 $A$ 在 $\odot O$ 上，$\angle AMN=30°$，$B$ 为 $\overset{\frown}{AN}$ 的中点，$P$ 是直径 $MN$ 上一动点，则 $PA+PB$ 的最小值为（    ）．

(A) $2\sqrt{2}$　　　(B) $\sqrt{2}$　　　(C) 1　　　(D) 2

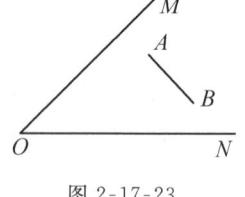

图 2-17-23

3. 如图 2-17-25，抛物线 $y=x^2-2x$ 与直线 $y=3$ 相交于点 $A$、$B$，$P$ 是 $x$ 轴上一点，

若 $PA+PB$ 最小,求点 $P$ 的坐标.

4. 如图 2-17-26,$A$ 和 $B$ 两地在一条河的两岸,现要在河上造一座桥 $MN$. 桥造在何处才能使从 $A$ 到 $B$ 的路径 $AMNB$ 最短?(假定河的两岸是平行的直线,桥要与河垂直).

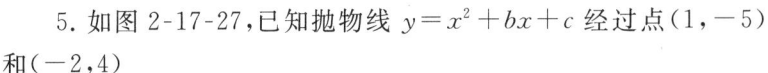

图 2-17-24

5. 如图 2-17-27,已知抛物线 $y=x^2+bx+c$ 经过点 $(1,-5)$ 和 $(-2,4)$.

(1) 求这条抛物线的解析式;

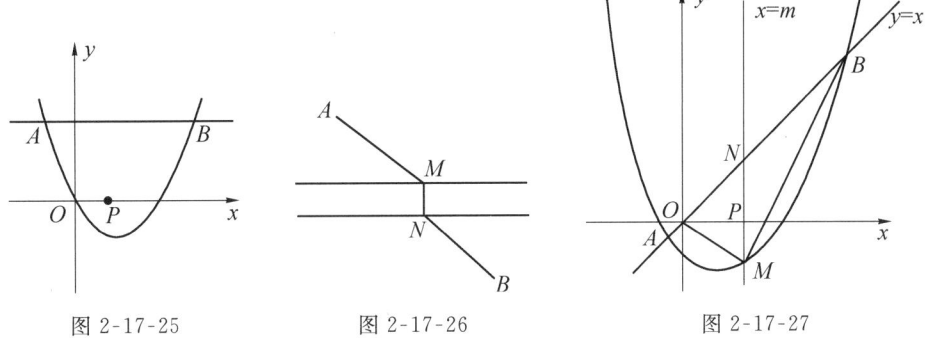

图 2-17-25　　　　图 2-17-26　　　　图 2-17-27

(2) 设此抛物线与直线 $y=x$ 相交于点 $A$、$B$(点 $B$ 在点 $A$ 的右侧),平行于 $y$ 轴的直线 $x=m(0<m<\sqrt{5}+1)$ 与抛物线交于点 $M$,与直线 $y=x$ 交于点 $N$,交 $x$ 轴于点 $P$,求线段 $MN$ 的长(用含 $m$ 的代数式表示).

(3) 在条件(2)的情况下,联结 $OM$、$BM$,是否存在 $m$ 的值,使 $\triangle BOM$ 的面积 $S$ 最大? 若存在,请求出 $m$ 的值;若不存在,请说明理由.

## 答　案

1. 提示:作点 $A$ 关于 $OM$ 的对称点 $E$,点 $B$ 关于 $ON$ 的对称点 $F$,联结 $EF$,与 $OM$、$ON$ 的交点即为所求 $C$、$D$

2. B　3. $P(1,0)$　4. 略　5. (1) $y=x^2-2x-4$　(2) $MN=-m^2+3m+4$　(3) $m=\dfrac{3}{2}$

## 18. 图形运动中的不变量

不变量问题,又称为定值问题,是在变化的情况下寻找不变量,或证明某量是不变量.不变量思想是数学的一个重要的思想.

**例1** 如图2-18-1,扇形$OAB$的半径$OA=3$,圆心角$\angle AOB=90°$,点$C$是$\overparen{AB}$上异于$A$、$B$的动点,过点$C$作$CD\perp OA$于点$D$,作$CE\perp OB$于点$E$,联结$DE$,点$G$、$H$在线段$DE$上,且$DG=GH=HE$,当点$C$在$\overparen{AB}$上运动时,在$CD$、$CG$、$DG$中,是否存在长度不变的线段?若存在,请求出该线段的长度.

**分析** 研究一下,图形中哪些量是不变的,哪些量是变的.保持不变的角有$\angle AOB=90°$,线段有半径$OA$、$OB$,线段$OC$等于半径.变动的有:$C$的位置,同时引起$CD$、$CE$发生变化.尚未明了是否变化的有:$CG$、$DG$等.目标不变量是因动点$C$运动产生的,但一定和所给不变的条件有关.因此,要找目标量和这些不变量的关系.

> 已知条件中除了明显的$OA$、$OB$、$OC$是不变量外,可挖掘出"隐蔽"的不变量$ED$.

**解** 联结$OC$,可证四边形$ODCE$为矩形,
∴ $DE=OC=3$.
又∵ $EH=HG=GD$,∴ $GD=1$,
所以,$DG$线段长度不变,长度为$1$.

**例2** 如图2-18-2,在扇形$AOB$中,$\angle AOB=90°$,$AO=BO=2$,点$C$是$\overparen{AB}$上的一个动点,不与点$A$、$B$重合,$OE\perp AC$于点$E$,$OD\perp BC$于点$D$.

> 找找哪些量明显是不变的?还有没有"隐蔽"的不变量?

(1) 在$\triangle ODE$三边中是否有边的边长不变?若存在,请求出该边长;若不存在,请说明理由.

(2) 在$\triangle ODE$三内角中是否有内角的大小不变?若存在,请求出该内角的度数;若不存在,请说明理由.

**分析** 条件中的不变量有:$OA=OB=2$,$\angle AOB=90°$.其实"隐蔽"的不变量有:$AB=2\sqrt{2}$.

**解** (1) ∵ $\angle AOB=90°$,$AO=BO=2$,∴ $AB=2\sqrt{2}$.
∵ $OE\perp AC$于点$E$,$OD\perp BC$于点$D$,
∴ 点$D$、$E$分别是线段$BC$的中点、$AC$的中点.

---

① 本文执笔:单萍(上海市西南位育中学),黄喆(上海市民办张江集团学校),陈永明.

如图 2-18-3,联结 $AB$,则 $DE=\dfrac{1}{2}AB=\sqrt{2}$,

因此 $DE$ 是不变量,长为 $\sqrt{2}$.

(2) 如图 2-18-4,联结 $OC$,

∵ $OE \perp AC$ 于点 $E$, $OD \perp BC$ 于点 $D$,

∴ $\angle 1 = \angle 2$, $\angle 3 = \angle 4$,

∴ $\angle DOE = \angle 3 + \angle 2 = \dfrac{1}{2}\angle AOB = 45°$.

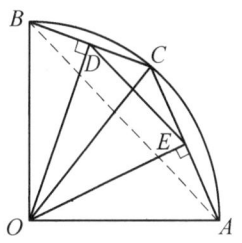

图 2-18-3

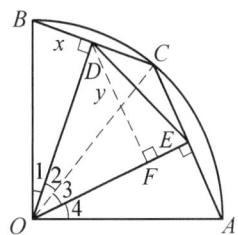

图 2-18-4

所以,$\angle DOE$ 是不变量,为 $45°$.

**例3** 已知圆 $O$ 的直径 $AB=15\text{cm}$,有一条定长为 $9\text{cm}$ 的动弦 $CD$ 在 $\overset{\frown}{AmB}$ 上滑动(点 $C$ 与 $A$、点 $D$ 与 $B$ 不重合),且 $CE \perp CD$ 交 $AB$ 于点 $E$,$DF \perp CD$ 交 $AB$ 于点 $F$. 在动弦 $CD$ 滑动的过程,四边形 $CDFE$ 的面积是否为定值? 若是定值,请给出证明并求出这个定值;若不是,请说明理由.

**分析** 已知条件中不变量有:直径 $AB=15$,弦 $CD=9$,如果作弦心距,那么它也是不变的.

**解** 如图 2-18-5,过 $O$ 作 $OG \perp CD$ 于点 $G$,联结 $OC$.

在 $Rt\triangle OCG$ 中,$CG=4.5$,$OC=7.5$,

∴ $OG=\sqrt{OC^2-CG^2}=6$.

∴ 四边形 $CDFE$ 是直角梯形,$OG$ 是中位线,它的面积为定值 $S=CD \cdot OG=9\times 6=54$.

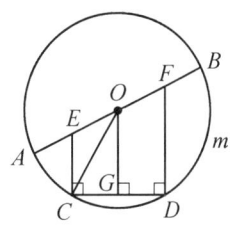

图 2-18-5

> **讲评** 证明不变量的**第一个思考方法:寻找目标量和已知条件中的不变量的关系**,一旦找到了这样的关系,可证得目标量是不变量. 为此,教师在教学时,可以先带领学生思考已知条件中哪些量是变的,哪些是不变的,特别要找哪些量"隐蔽"的不变量?

**例4** 已知圆 $O$ 及圆外一点 $A$,过 $A$ 作一直线交圆 $O$ 于 $B$、$C$ 两点,试判断 $AB \cdot AC$ 是否为定值,并说明理由.

**分析** 条件中的不变量有半径 $OC=OB$,以及 $AO$.

**解** 设 $AO=d$,$CO=r$,

如图 2-18-6,过点 $O$ 作 $OD \perp BC$ 于点 $D$,显然有 $BD=CD$.

∵ $AB=AD-BD$,$AC=AD+DC$,

$AD^2=d^2-OD^2$,$CD^2=r^2-OD^2$,

∴ $AB \cdot AC = (AD-BD)(AD+DC) = AD^2 - CD^2 = d^2 - r^2$,

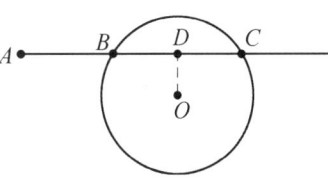

图 2-18-6

所以 $AB \cdot AC$ 为定值.

◆本题仍然采用了目标量向题目中的已知不变量靠

217

拢的办法,只是这个靠拢过程是通过计算的手段.

**例 5**   两圆相交于点 $P$、$Q$,在一圆上任取点 $A$,联结 $AP$、$AQ$,分别与另一圆交于点 $B$、$C$,证明:$BC$ 的长为定值.

**证明**   如图 2-18-7,在点 $A$ 所在圆上,另任取一点 $A'$,联结 $A'P$,$A'Q$,分别与另一圆交于点 $B'$、$C'$,

显然,$\angle APA' = \angle AQA'$,

由对顶角相等,得

$\angle APA' = \angle BPB'$,$\angle AQA' = \angle CQC'$,

∴   $\angle BPB' = \angle CQC'$,

∴   $\overset{\frown}{BB'} = \overset{\frown}{CC'}$,

∴   $\overset{\frown}{BC} = \overset{\frown}{B'C'}$.

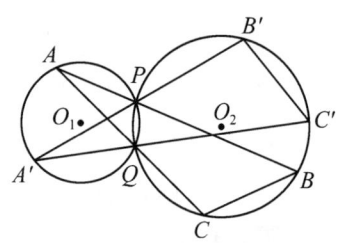

图 2-18-7

再根据等弧所对的弦相等,得 $BC = B'C'$.

由于 $A$、$A'$ 的任意性,可知 $BC$ 的长为定值.

> **讲评**   第二种思考方法——**双设法**:随意作两个符合条件的一般位置的图形,再证明在这两种情况下,目标量相等.

**例 6**   如图 2-18-8,在矩形 $ABCD$ 中,$AB = 6$cm,$AD = 9$cm,点 $P$ 从点 $B$ 出发,沿射线 $BC$ 方向以每秒 2cm 的速度移动,同时,点 $Q$ 从点 $D$ 出发,沿线段 $DA$ 以每秒 1cm 的速度向点 $A$ 方向移动(当点 $Q$ 到达点 $A$ 时,点 $P$ 与点 $Q$ 同时停止移动),$PQ$ 交 $BD$ 于点 $E$.设点 $P$ 移动的时间为 $x$(s),在 $P$、$Q$ 的运动过程中,$E$ 的位置是否发生变化?并说明理由.

**解**   由题意得 $QD = x$,$BP = 2x$,

∵   $AD // BC$,

∴   $\dfrac{QD}{BP} = \dfrac{DE}{BE}$,   ∴   $\dfrac{DE}{BE} = \dfrac{x}{2x} = \dfrac{1}{2}$,

∴   $DE = \dfrac{1}{3}BD$,即 $E$ 是 $BD$ 的一个三等分点,

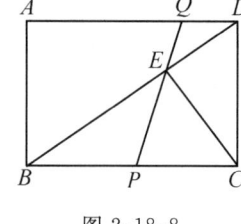

图 2-18-8

从而 $E$ 的位置不随 $P$、$Q$ 的运动而变化.

**例 7**   如图 2-18-9,在矩形 $ABCD$ 中,$AB = 3$,$AD = 4$,$P$ 是 $AD$ 上动点,$PE \perp AC$ 于点 $E$,$PF \perp BD$ 于点 $F$($E$、$F$ 分别落在 $AO$、$OC$ 上),试探究当点 $P$ 在线段 $AD$ 上运动过程中,$PE + PF$ 的值是否保持不变?

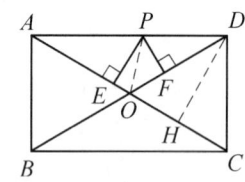

图 2-18-9

**分析**   已知条件中的不变量有:矩形各边,对角线,"隐蔽"的不变量还有:矩形面积,四个小三角形的面积等.如果作 $DH \perp AC$,那么 $DH$ 也是不变量.

**解**   方法一:联结 $OP$,过点 $D$ 作 $DH \perp AC$,可知:

$S_{\triangle AOD} = \dfrac{1}{2} \cdot AO \cdot DH$,$S_{\triangle AOD} = S_{\triangle AOP} + S_{\triangle POD} = \dfrac{1}{2} \cdot AO \cdot PE + \dfrac{1}{2} \cdot OD \cdot PF$,

即 $\frac{1}{2} \cdot AO \cdot DH = \frac{1}{2} \cdot AO \cdot PE + \frac{1}{2} \cdot OD \cdot PF$.

∵ $AO = OD$, ∴ $PE + PF = DH$,

由于 $DH$ 是不变量 $\left(可算出 DH = \frac{12}{5}\right)$. 可知 $PE + PF$ 是不变量.

方法二:设 $AP = k$,则 $DP = 4 - k$,可证 $\triangle APE \backsim \triangle DPF \backsim \triangle ABD$,

所以, $\frac{PE}{k} = \frac{3}{5}$, $PE = \frac{3}{5}k$, $\frac{PF}{4-k} = \frac{3}{5}$, $PF = \frac{3}{5}(4-k)$,

所以, $PE + PF = \frac{3}{5}k + \frac{3}{5}(4-k) = \frac{12}{5}$,

即 $PE + PF$ 是不变量.

**例 8** 如图 2-18-10,将正方形 $ABCD$ 折叠,使顶点 $A$ 与 $CD$ 边上的点 $M$ 重合,折痕交 $AD$ 于点 $E$,交 $BC$ 于点 $F$,边 $AB$ 折叠后与 $BC$ 交于点 $G$. 若 $M$ 为 $CD$ 上任意一点. 若 $AB = 2$,问: $\triangle CMG$ 的周长是否与点 $M$ 的位置有关?

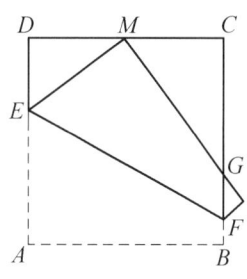

图 2-18-10

**分析** 翻折里包含了许多信息,要挖掘清楚.

**解** 设 $DE = a$, $DM = x$,

∵ 点 $A$ 翻折到 $M$,

∴ $EM = EA = 2 - a$, $\angle EMG = \angle A = 90°$,

$DE^2 + DM^2 = EM^2$,

则 $EM = 2 - a$.

∴ $a^2 + x^2 = (2-a)^2$,

∴ $a = \frac{4-x^2}{4} = DE$. ← $a$、$x$ 不独立.

∵ $\angle DEM$ 和 $\angle DME$ 互余,

由于 $\angle EMG = 90°$,故 $\angle CMG$ 和 $\angle DME$ 也互余,

于是 $\angle DEM = \angle CMG$,

∴ $\triangle EDM \backsim \triangle MCG$, ∴ $\frac{C_{\triangle CMG}}{C_{\triangle DEM}} = \frac{MC}{ED}$.

∵ $C_{\triangle DEM} = 2 + x$, $MC = 2 - x$, $DE = \frac{4-x^2}{4}$,

∴ $C_{\triangle CMG} = \frac{(2+x)(2-x)}{\frac{4-x^2}{4}} = 4$.

∴ $\triangle CMG$ 的周长 $C_{\triangle CMG}$ 与 $M$ 的位置无关.

**讲评** 证明不变量的**第三个思考方法:参数法**. 具体做法是,

第一步,把和目标量相关的一个量设为参数 $k$;

第二步,然后将目标量转化为 $k$ 的函数式 $f(k)$;

第三步,将 $f(k)$ 进行计算,如果结果是不含 $k$ 的一个常数,那么证得目标量是不变量.

**例 9** 在梯形 $ABCD$ 中，$AD \parallel BC$，$E$、$F$ 分别是 $AB$、$DC$ 边的中点，$AB=4$，$\angle B=60°$. 点 $P$ 为线段 $EF$ 上的一个动点，过点 $P$ 作 $PM \perp BC$，垂足为 $M$，过点 $M$ 作 $MN \parallel AB$ 交线段 $AD$ 于点 $N$，联结 $PN$. 试探究当点 $P$ 在线段 $EF$ 上运动过程中，$\triangle PMN$ 的面积是否保持不变.

**分析** 设想点 $P$ 运动到点 $E$. 过点 $E$ 作 $EG \perp BC$，过点 $G$ 作 $GK \parallel BA$，联结 $EK$，则 $\triangle PMN$ 和 $\triangle EGK$ 重合，而 $\triangle EGK$ 的面积等于 $\square ABGK$ 的一半. 于是，如果 $\triangle PMN$ 的面积保持不变的话，只要证明的面积等于 $\square ABGK$ 的一半即可.

**解** 如图 2-18-11，过点 $E$ 作 $EG \perp BC$，过点 $G$ 作 $GK \parallel BA$，联结 $EK$.

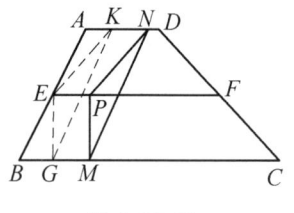

图 2-18-11

在 $\square ABGK$ 中，$AB=4$，$\angle B=60°$，

易得 $BG=1$，$EG=\sqrt{3}$，

$S_{\square ABGK}=1 \times 2\sqrt{3}=2\sqrt{3}$，$S_{\triangle EGK}=\sqrt{3}$.

在 $\triangle PMN$、$\triangle EGK$ 中，$PM=EG$，$MN=GK$，$\angle PMN=\angle EGK$，

所以，$\triangle PMN \cong \triangle EGK$，

可见 $\triangle PMN$ 在运动过程中形状、大小不变，其面积等于 $\sqrt{3}$.

$S_{\triangle PMN}=\dfrac{1}{2}PH \cdot MN=\dfrac{1}{2} \times 4 \times \dfrac{\sqrt{3}}{2}=\sqrt{3}$.

**例 10** 在正方形 $ABCD$ 中，$AB=1$，$E$ 是边 $BC$ 上一点，$F$ 是边 $CD$ 上一点，且 $\angle EAF=45°$，试探究当点 $E$ 在边 $BC$ 上运动过程中，$\triangle CEF$ 的周长是否保持不变？

**分析** 设想点 $E$ 运动到点 $B$ 的位置，则 $\triangle CEF$ 压缩成一条线段，它的周长应该等于 $2BC=2$. 因此，如果 $\triangle CEF$ 的周长是定值的话，那么这个定值应该是 2. 于是我们将这个定值问题转化为证明 $\triangle CEF$ 的周长等于 2.

为证 $\triangle CEF$ 的周长 $EC+CF+EF=2BC$，即证等于 $BC+CD$. 而 $EC$、$CF$ 分别是边 $BC$、$CD$ 的一部分，于是只要证明 $EF=DF+BE$ 即可. 为此，显然应该把 $DF$、$BE$ "拼接" 起来.

**解** 如图 2-18-12，延长 $CB$ 至点 $G$，使得 $GB=DF$，联结 $AG$.

易证 $\triangle ADF \cong \triangle ABG$

继而可得 $\angle GAE=\angle EAF=45°$，

由此可以证明 $\triangle AGE \cong \triangle AFE$，

得到 $EF=GE=GB+BE=DF+BE$，

$\triangle CEF$ 的周长 $=CE+CF+EF$

$\qquad =CE+CF+(DF+BE)$

$\qquad =(BE+EC)+(CF+DF)$

$\qquad =2CB=2$.

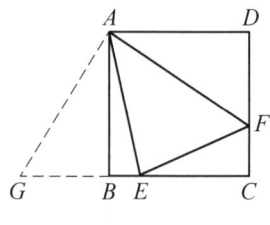

图 2-18-12

**例 11** 在 Rt$\triangle ABC$ 中，$\angle ACB=90°$，$AC=BC$，$AB=8$，$CD \perp AB$ 于点 $D$. $M$ 为边 $AD$ 上任意一点，点 $N$ 在 $CB$ 上（点 $N$

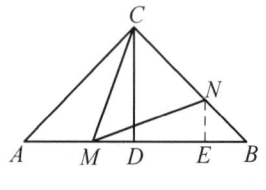

图 2-18-13

与点 $C$ 不重合),且 $MC=MN$. 如果作 $NE\perp AB$ 于 $E$. 当点 $M$ 在边 $AD$ 上移动时,试判断线段 $ME$ 的长是否会改变？请说明你的理由.

**分析** 设想 $M$ 点与 $D$ 点重合,则 $N$、$B$、$E$ 三点重合,$ME=DB=4$. 如果 $ME$ 是不变量的话,那么它应该等于 $DB=4$. 于是我们设法证明 $ME=DB$. 由于 $DB=CD$,所以可以设法证明 $ME=CD$.

**解** ∵ $AC=BC, \angle ACB=90°$, ∴ $\angle A=\angle B=45°$.

又∵ $AC=BC, CD\perp AB, AB=8$,

∴ $CD=BD=4$. $\angle BCD=45°$.

在 Rt△$MCD$、△$MNE$ 中,

∵ $MC=MN$,

∴ $\angle MCN=\angle MNC, \angle MCD=\angle MCN-45°$,

$\angle NME=\angle CNM-\angle B=\angle CNM-45°$.

∴ $\angle MCD=\angle NME$.

∴ △$MCD\cong$△$MNE$.

∴ $ME=CD=4$.

---

**讲评** 证明不变量的**第四个思考方法:探究法**.

探究法的逻辑依据是,假如在动点变动的情况下,某量是定值 $k$ 的话,那么动点在某个特定的位置时,该量也应该等于 $k$. 据此,如果某量确是个定值的话,则该定值应该等于 $k$.

这样做的好处是,原先抽象的"定值",目的变得具体了. 但是,探究得到 $k$,仅仅是第一步,并不说明它真的是定值了. 这点务必明白.

具体做法是：

第一步,设想将动点运动到某个特殊位置,这时,目标量等于某个常数 $k$(或等于某定线段长等).

第二步,证明目标量等于常数 $k$.

---

**小结**

本文给出了几何不变量问题的四种解题思路：

(1) 寻找目标量和已知条件中的不变量的关系；

(2) **双设法**；

(3) **参数法**；

(4) **探究法**.

四种思路各有千秋. 教师进行教学时,不要急于解题,建议先"品味"一下：

(1) 找找已知条件下的不变量,还要找"隐蔽"的不变量,这其实是审题的延续.

(2) 探究定值可能是什么值. 有时定值探究出来之后,未必对解题有帮助,但让学生估计一下,是很有益的.

········· 练  习 ·········

1. 如图 2-18-14，半径为 6，圆心角为 90°的扇形 OAB 的 $\overarc{AB}$ 上，有一个动点 P，PH⊥OA，垂足为 H，△OPH 的重心为 G. 当点 P 运动时，线段 GO、GP、GH 中，有无长度保持不变的线段？如果有，请指出这样的线段，并求出其相应的长度．

2. 如图 2-18-15，A、B、C、D 四点在一直线上，且 AB＝BC＝CD，P 点是该直线外一动点，满足∠BPC＝90°，当点 P 在直线外运动时，tan∠APB·tan∠CPD 的值是否会变化？如果不变，求出这个定值；如果改变，请说明理由．

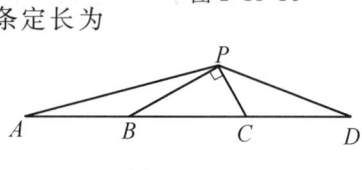

图 2-18-14

3. 如图 2-18-16，已知⊙O 的直径 AB＝15cm，有一条定长为 9cm 的动弦 CD 在 $\overarc{AmB}$ 上滑动（点 C 与点 A、点 D 与点 B 不重合）且 CE⊥CD 交 AB 于点 E，DF⊥CD 交 AB 于点 F，在动弦 CD 滑动过程中，四边形 CDFE 的面积是否为定值？若是定值，请给出证明并求出这个定值；若不是，请说明理由．

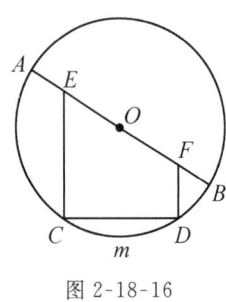

图 2-18-16

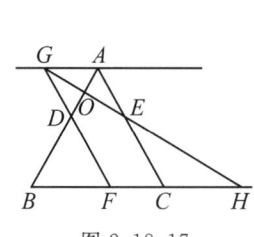

图 2-18-17

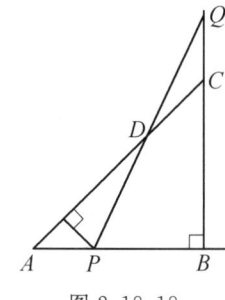

图 2-18-18

4. 如图 2-18-17，等边△ABC 的边长为 6，点 D、E 分别在边 AB、AC 上，且 AD＝AE＝2. 若点 F 从点 B 开始以每秒 1 个单位长度的速度沿射线 BC 方向运动，设点 F 运动的时间为 t 秒，当 t＞0 时，直线 FD 与过点 A 且平行于 BC 的直线相交于点 G，GE 的延长线与 BC 的延长线交于点 H，AB 与 GH 相交于点 O. 问：△GFH 的面积是否为定值？并说明理由．

5. 如图 2-18-18，已知等腰△ABC 的直角边 AB＝BC＝10cm，点 P、Q 分别从 A、C 两点同时出发，均以 1cm/s 的相同速度作直线运动．已知 P 沿射线 AB 运动，Q 沿边 BC 的延长线运动，PQ 与直线 AC 相交与点 D. 设 P 点运动时间为 t，△PCQ 的面积为 S. 作 PE⊥AC 于点 E，当点 P、Q 运动时，线段 DE 的长度是否改变？证明你的结论．

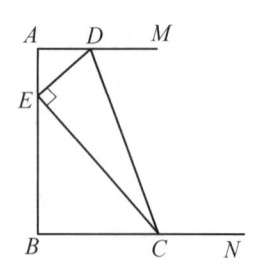

图 2-18-19

6. 如图 2-18-19，已知 AM∥BN，∠A＝∠B＝90°，AB＝4，点

$D$ 是射线 $AM$ 上的一个动点(点 $D$ 与点 $A$ 不重合),点 $E$ 是线段 $AB$ 上的一个动点(点 $E$ 与点 $A$、$B$ 不重合),联结 $DE$,过点 $E$ 作 $DE$ 的垂线,交射线 $BN$ 于点 $C$,联结 $DC$. 设 $AE=x$,$BC=y$. 如果动点 $D$、$E$ 在运动时,始终满足条件 $AD+DE=AB$,那么请探究:△$BCE$ 的周长是否随着动点 $D$、$E$ 的运动而发生变化? 请说明理由.

7. 如图 2-18-20,已知 $AB \perp MN$,垂足为 $B$,$P$ 是射线 $BN$ 上的一个动点,$AC \perp AP$,$\angle ACP = \angle BAP$,$AB=4$,$BP=x$,$CP=y$,点 $C$ 到 $MN$ 的距离为线段 $CD$ 的长. 在点 $P$ 的运动过程中,点 $C$ 到 $MN$ 的距离是否会发生变化? 如果发生变化,请用 $x$ 的代数式表示这段距离;如果不发生变化,请求出这段距离.

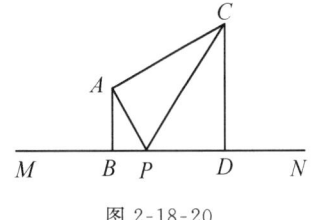

图 2-18-20

8. 如图 2-18-21,点 $P$ 是反比例函数 $y=\dfrac{1}{2x}$ 图像上在第一象限内的一个动点,一个一次函数 $y=-x+1$ 的图像与 $x$ 轴、$y$ 轴交于 $A$、$B$ 两点,过点 $P$ 作 $PM \perp x$ 轴、$PN \perp y$ 轴,垂足为 $M$、$N$,且分别与直线 $AB$ 交于点 $C$、$D$,当点 $P$ 在反比例函数图像上运动时,点 $M$、$N$、$C$、$D$ 随之移动,若点 $P$ 的坐标为 $(a,b)$.

(1) 用含 $a$ 的代数式表示 $C$ 点的坐标,用含 $b$ 的代数式表示点 $D$ 的坐标;

(2) 试探究△$OAD$ 与△$OBC$ 之间的关系,并加以证明;

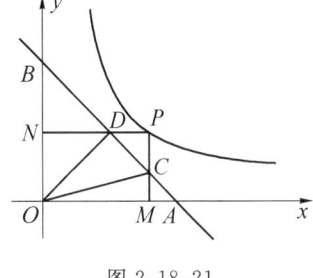

图 2-18-21

(3) 试探究△$OCD$ 中是否存在大小始终保持不变的角? 若存在,要加以证明,并指出这个角的大小;若不存在,请说明理由.

### 答　案

1. $GH$ 长度保持不变,$GH=2$   2. 不会变化,值为 $\dfrac{1}{4}$

3. $S_{\text{梯形}ECDF}=54$   4. $9\sqrt{3}$   5. 线段 $DE$ 的长度不会改变

6. △$BCE$ 的周长不变   7. 不会发生变化,$CD=8$

8. (1) $C(a,1-a)$,$D(1-b,b)$   (2) 相似,证明略

(3) $\angle COD$ 的大小不变,为 $45°$

# 三、综　合

 **1. 回归本源：求点的坐标**[①]

**主编的话：**

　　本文作者在众多的习题中，"从厚到薄"，总结出求点的坐标两个基本方法，使人眼睛一亮．在"线段法"背后，其实就是直接法，在"方程法"背后其实就是间接法．解数学题，说到底，就是直接、间接两个思路．这样教学，比较大气，让复杂问题回到最基本的地方，对发展学生思维大有益．

　　在坐标系背景下的几何问题中，最基本的问题是如何求点的坐标．因为构成图形的最基本元素是点，求得点的坐标，才能继而得到线段长、三角比、曲线的方程、数量间关系、图形间关系等一系列结论．因此，研究求点的坐标的方法，是解决该类问题的重要切入点．

　　**例 1**　如图 3-1-1，$P$ 是坐标系中第二象限内的一点，且点 $P$ 到 $x$ 轴、$y$ 轴的距离分别是 2、3，求点 $P$ 的坐标．

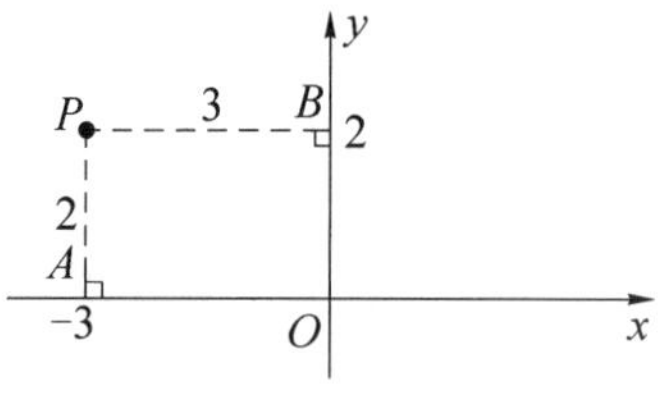

　　**解**　过点 $P$ 分别作 $x$ 轴、$y$ 轴的垂线段 $PA$、$PB$，由题意有 $PA=2,PB=3$．
　　在矩形 $PAOB$ 中，$OA=3,OB=2$，
　　因为，点 $P$ 在第二象限，
　　所以，点 $P$ 的坐标为 $(-3,2)$．

图 3-1-1

　　◆有同学认为点 $P$ 到 $x$ 轴、$y$ 轴的距离分别是 2、3，所以点 $P$ 坐标为 $(-2,3)$，对吗？
　　答：不对，点 $P$ 到 $x$ 轴的距离应为点 $P$ 纵坐标的绝对值，点 $P$ 到 $y$ 轴的距离反而应

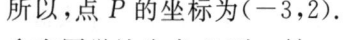

[①]　本文执笔：徐迪斐（上海市西南位育中学）

该是横坐标的绝对值.这里的回答将横、纵坐标颠倒了.

◆如果点 $P$ 在第四象限,其他条件不变,点 $P$ 坐标会有何变化?如果不已知点 $P$ 所在象限,点 $P$ 的坐标有几种情况?

答:如果点 $P$ 在第四象限,点 $P$ 的坐标为 $(3,-2)$;如果不已知点 $P$ 所在象限,点 $P$ 的坐标共有四种情况: $(3,2),(3,-2),(-3,2),(-3,-2)$.

> **讲评** 这是求点的坐标的"**线段法**"."线段法"是指通过点的坐标的意义以及矩形对边相等的性质,将求点的坐标问题化归为求线段长的问题,继而借助几何手段求解问题的解题策略."线段法"的具体步骤是:
> (1) 过点作坐标轴的垂线段;
> (2) 通过几何手段求出两条垂线段的长;
> (3) 根据象限写出点的坐标.
> 使用"线段法"的易错点是将线段长转化为坐标时,忽略点所在象限引起的坐标符号变化.
>
> 线段长 —根据象限添加符号→ 坐标

**例2** 如图 3-1-2,点 $P$ 是直线 $y=\dfrac{1}{2}x+1$ 上的一个动点,且点 $P$ 到两条坐标轴的距离相等,求点 $P$ 坐标.

**解** 方法一:因为点 $P$ 是直线 $y=\dfrac{1}{2}x+1$ 上的一个动点,

设 $P\left(x,\dfrac{1}{2}x+1\right)$,

则点 $P$ 到两坐标轴的距离 $PA=\left|\dfrac{1}{2}x+1\right|$,$PB=|x|$.

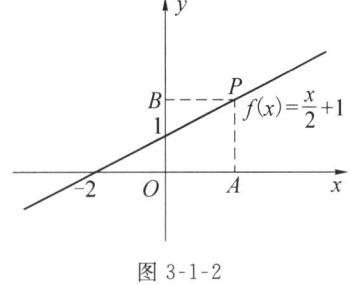

图 3-1-2

因为点 $P$ 到两条坐标轴的距离相等,

所以 $\left|\dfrac{1}{2}x+1\right|=|x|$,解得 $x=2$ 或 $-\dfrac{2}{3}$,

所以点 $P$ 坐标为 $P\left(-\dfrac{2}{3},\dfrac{2}{3}\right)$ 或 $P(2,2)$.

◆有同学认为点 $P$ 坐标为 $P\left(x,\dfrac{1}{2}x+1\right)$,因此 $PA=\dfrac{1}{2}x+1$,$PB=x$,对吗?

答:不对,坐标可能是负数.因此将坐标转化为点到坐标轴的距离时,如果无法判断坐标符号,必须加上绝对值号.

方法二:因为点 $P$ 到两条坐标轴的距离相等,

故设 $P(x,x)$ 或 $P(x,-x)$.

因为点 $P$ 是直线 $y=\dfrac{1}{2}x+1$ 上的一个动点,

可将点 $P$ 代入直线解析式,得 $x=\frac{1}{2}x+1$ 或 $-x=\frac{1}{2}x+1$,

解得 $x=2$ 或 $-\frac{2}{3}$,

所以点 $P$ 坐标为 $P\left(-\frac{2}{3},\frac{2}{3}\right)$ 或 $P(2,2)$.

◆有同学认为点 $P$ 到两条坐标轴的距离相等,即为点 $P$ 的横、纵坐标相等,应将点 $P$ 设为 $P(x,x)$,对吗?

答:不对,点 $P$ 到两条坐标轴的距离相等意味着点 $P$ 的横、纵坐标的绝对值相等. 即:若 $P(x,y)$,则应有 $|y|=|x|$,得 $y=\pm x$,所以应将点 $P$ 设为 $P(x,x)$ 或 $P(x,-x)$.

方法三:设 $P(x,y)$,

由题意有 $\begin{cases} y=\frac{1}{2}x+1, \\ |y|=|x|, \end{cases}$ 解得 $\begin{cases} x=-\frac{2}{3}, \\ y=\frac{2}{3} \end{cases}$ 或 $\begin{cases} x=2, \\ y=2, \end{cases}$

所以点 $P$ 坐标为 $P\left(-\frac{2}{3},\frac{2}{3}\right)$ 或 $P(2,2)$.

---

**讲评** 这是求点的坐标的第二种方法:"方程法"."方程法"是指将点的坐标用未知数表示,根据已知条件列出方程或方程组,继而通过代数手段(解方程或方程组)求解问题的解题策略."方程法"的具体步骤是:

(1) 根据问题中的某一条件设出点的坐标;

(2) 根据另一条件列出关于未知数的方程;

(3) 解方程并检验作答.

由于点的坐标含有横、纵坐标两个未知数,因此仅需两个独立条件就可解出点的坐标. 通常情况下,列一元方程是较好的选择(方法一、二),可以根据"点在曲线 $y=f(x)$ 上"设出点的坐标为 $(x,f(x))$(方法一),也可以根据图形条件设出点的坐标(方法二),特殊情况下也可以直接设点的坐标为 $(x,y)$,然后列方程组解决问题(方法三).

"方程法"的易错点是将坐标转化为线段长时遗漏绝对值号.

---

**例3** 如图 3-1-3,在正方形 $OABC$ 中,点 $O$ 是坐标原点,点 $A(2,1)$. (1)求点 $C$ 的坐标;(2)求点 $B$ 的坐标.

**解** 方法一(线段法):如图 3-1-4,过点 $A$、$C$ 分别作 $x$ 轴的垂线段 $AH$、$CG$,则 $AH=1,HO=2$.

易证 $\triangle AOH$ 与 $\triangle OCG$ 全等,因此 $CG=2,GO=1$,

因为点 $C$ 在第二象限,所以点 $C$ 坐标为 $(-1,2)$

三、综合

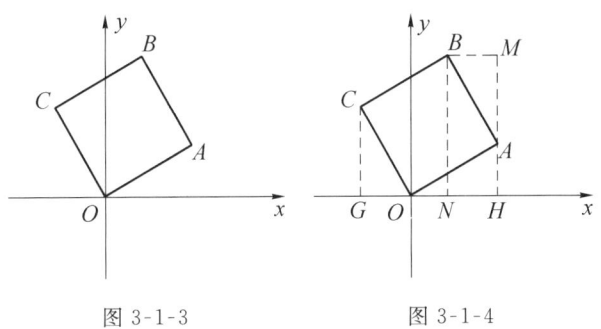

图 3-1-3　　　　图 3-1-4

例 1 中过未知点分别作了 $x$、$y$ 轴的垂线段,本题中为什么可以仅作 $x$ 轴的垂线段?能否仅作 $y$ 轴的垂线段?

过点 $B$ 分别作 $AH$ 和 $x$ 轴的垂线段 $BM$、$BN$,
易证 $\triangle AOH$ 与 $\triangle BAM$ 全等,且四边形 $BNHM$ 是矩形,
可得 $BN=1+2=3$,$ON=2-1=1$.
因为点 $B$ 在第一象限,所以点 $B$ 坐标为 $(1,3)$.

方法二(方程法,并使用直线垂直的等价条件):易求直线 $OA$ 解析式为 $y=\dfrac{1}{2}x$.

由直线垂直的等价条件,得直线 $OC$ 的斜率为 $-2$.
因为直线 $OC$ 经过原点 $O$,易得直线 $OC$ 的解析式为 $y=-2x$.
设点 $C$ 坐标为 $(x,-2x)$,
因为 $CO=OA=\sqrt{5}$,所以 $\sqrt{x^2+(-2x)^2}=\sqrt{5}$,解得 $x=\pm 1$.

经检验,$x=-1$,所以点 $C$ 坐标为 $(-1,2)$.

为什么会有两解?$x=1$ 有什么意义?

同理,直线 $BC$ 与直线 $OA$ 平行,因此直线 $BC$ 的斜率为 $\dfrac{1}{2}$.

因为直线 $BC$ 经过点 $C(-1,2)$,易求得直线 $BC$ 的解析式为 $y=\dfrac{1}{2}x+\dfrac{5}{2}$.

设点 $B$ 坐标为 $\left(x,\dfrac{1}{2}x+\dfrac{5}{2}\right)$,

因为 $BC=OA=\sqrt{5}$,所以 $\sqrt{(x+1)^2+\left(\dfrac{1}{2}x+\dfrac{5}{2}-2\right)^2}=\sqrt{5}$,解得 $x=1$ 或 $x=-3$.

经检验,$x=1$,所以点 $B$ 坐标为 $(1,3)$.
或者也可以这样解:
根据直线 $AB$ 斜率为 $-2$,以及直线 $AB$ 经过点 $A$,再求得直线 $AB$ 的解析式为 $y=-2x+5$.

设点 $B$ 坐标为 $(x,y)$,联立直线 $AB$、$BC$ 解析式:
$\begin{cases} y=\dfrac{1}{2}x+\dfrac{5}{2}, \\ y=-2x+5, \end{cases}$ 解得 $\begin{cases} x=1 \\ y=3 \end{cases}$,所以点 $B$ 坐标为 $(1,3)$.

方法三(方程法,并使用中点坐标公式):如图 3-1-5,联结 $BO$、$AC$ 交于点 $D$

因为 $A(2,1)$,$C(-1,2)$,由中点坐标公式得 $AC$ 中点 $D$ 的坐标为 $\left(\dfrac{2+(-1)}{2},\dfrac{1+2}{2}\right)$,即 $D\left(\dfrac{1}{2},\dfrac{3}{2}\right)$.

设点 $B$ 坐标为 $(x,y)$，则 $\begin{cases} \dfrac{x+0}{2}=\dfrac{1}{2}, \\ \dfrac{y+0}{2}=\dfrac{3}{2}, \end{cases}$ 解得 $\begin{cases} x=1, \\ y=3, \end{cases}$ 所以点

$B$ 坐标为 $(1,3)$.

方法四（方程法，并使用向量的坐标表示及向量相等的等价条件）：

设点 $B$ 坐标为 $(x,y)$，因为 $C(-1,2)$，所以 $\overrightarrow{CB}=(x+1,y-2)$.

又 $\overrightarrow{OA}=(2,1)$，且 $\overrightarrow{OA}=\overrightarrow{CB}$，

所以 $\begin{cases} x+1=2, \\ y-2=1, \end{cases}$ 解得 $\begin{cases} x=1, \\ y=3, \end{cases}$ 所以点 $B$ 坐标为 $(1,3)$.

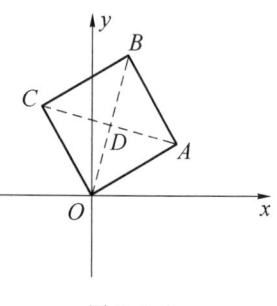

图 3-1-5

**链接** 1. 直线垂直的等价条件：设 $l_1:y=k_1x+b_1$，$l_2:y=k_2x+b_2$，则 $l_1 \perp l_2 \Leftrightarrow k_1 \cdot k_2 = -1$.

2. 中点坐标公式：若 $A(x_1,y_1)$，$B(x_2,y_2)$，则 $AB$ 中点 $M$ 的坐标为 $M\left(\dfrac{x_1+x_2}{2},\dfrac{y_1+y_2}{2}\right)$.

3. 向量的坐标表示：设 $P(x_1,y_1)$、$Q(x_2,y_2)$，则 $\overrightarrow{PQ}=(x_2-x_1,y_2-y_1)$.

4. 向量相等的等价条件：设 $\vec{a}=(x_1,y_1)$，$\vec{b}=(x_2,y_2)$，则 $\vec{a}=\vec{b} \Leftrightarrow x_1=x_2$，且 $y_1=y_2$.

**讲评** 方法一是"线段法"，思路是先过点作坐标轴的垂线段，将求点的坐标的问题转化为求两条线段长的问题．然后借助几何手段（本题是全等三角形的判定和性质）求得线段长，继而求得点的坐标．其他问题还可能借助勾股定理、相似三角形、三角比等几何手段求线段长．

方法二是"方程法"，但本题的特殊之处在于方程的解有不符合题意的情形，需要通过检验舍去．因此，使用"方程法"时，检验成了必须含有的步骤，否则会得到多余的错误结果．

在方法二至方法四中，我们还使用了并未出现在初中课本中的知识点：

(1) 两直线垂直的等价条件；

(2) 中点坐标公式；

(3) 向量的坐标表示；

这些知识点对于初中生而言虽然是选学内容，但是在求点的坐标问题中如果使用得当能够大大简便思考过程和解题过程，尤其是方法三和方法四不仅适用于正方形，还可求解"已知平行四边形三个顶点坐标，求第四个顶点坐标"的问题．而且，在中考中这些知识点只要使用正确依然能够得满分．所以推荐同学们做一些了解．

三、综合

**例 4** 在平面直角坐标系中,点 $B$ 在 $x$ 轴上,以 3 为半径的 $\odot B$ 与 $y$ 轴相切,直线 $l: y = \dfrac{3}{4}x + \dfrac{3}{2}$ 过点 $A(-2, 0)$,且和 $\odot B$ 相切,与 $y$ 轴相交于点 $C$. 若点 $E$ 在直线 $l$ 上,且以 $A$ 为圆心、$AE$ 为半径的圆与 $\odot B$ 相切,求点 $E$ 的坐标.

**解** 因为以 $A$ 为圆心、$AE$ 为半径的圆与 $\odot B$ 相切
且 $d = AB = 5, r_B = 3$,
所以 $r_A + 3 = 5$ 或 $|r_A - 3| = 5$,解得 $r_A = 2$ 或 8,
所以 $AE = 2$ 或 8.

方法一(线段法):
如图 3-1-6,过点 $E$ 作 $x$ 轴的垂线段 $EH$.

当 $AE = 8$ 时,因为 $\tan\angle EAH = \tan\angle CAO = \dfrac{CO}{OA} = \dfrac{\frac{3}{2}}{2} = \dfrac{3}{4}$,

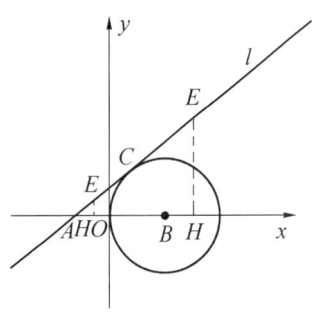

图 3-1-6

所以 $EH = AE \cdot \sin\angle EAH = 8 \cdot \dfrac{3}{5} = \dfrac{24}{5}, AH = AE \cdot \cos\angle EAH = 8 \cdot \dfrac{4}{5} = \dfrac{32}{5}$,

所以 $OH = AH - OA = \dfrac{32}{5} - 2 = \dfrac{22}{5}$,所以点 $E$ 坐标为 $\left(\dfrac{22}{5}, \dfrac{24}{5}\right)$.

同理,当 $AE = 2$ 时,因为 $\tan\angle EAH = \tan\angle CAO = \dfrac{CO}{OA} = \dfrac{\frac{3}{2}}{2} = \dfrac{3}{4}$,

所以 $EH = AE \cdot \sin\angle EAH = 2 \cdot \dfrac{3}{5} = \dfrac{6}{5}, AH = AE \cdot \cos\angle EAH = 2 \cdot \dfrac{4}{5} = \dfrac{8}{5}$,

所以 $OH = OA - AH = 2 - \dfrac{8}{5} = \dfrac{2}{5}$,所以点 $E$ 坐标为 $\left(-\dfrac{2}{5}, \dfrac{6}{5}\right)$,

所以点 $E$ 坐标为 $\left(\dfrac{22}{5}, \dfrac{24}{5}\right)$ 或 $\left(-\dfrac{2}{5}, \dfrac{6}{5}\right)$.

> 为什么这里反而是 $OA - AH$?
> 点 $E$ 坐标为什么含有负号?

◆这个解法错了!错在哪里?
还有两解!如图 3-1-7,在 $x$ 轴下方的直线上还有符合题意的两解!

> 怎样才能避免漏解?

用同样的方法可以求得:
当两圆外切时,$AE = 2$,$E\left(-\dfrac{2}{5}, \dfrac{6}{5}\right)$, $E\left(-\dfrac{18}{5}, -\dfrac{6}{5}\right)$;
当两圆内切时,$AE = 8$,$E\left(\dfrac{22}{5}, \dfrac{24}{5}\right)$, $E\left(-\dfrac{42}{5}, -\dfrac{24}{5}\right)$.

方法二(方程法):
设点 $E$ 坐标为 $\left(x, \dfrac{3}{4}x + \dfrac{3}{2}\right)$,由 $AE = 2$ 或 8 可列方程:

$\sqrt{(x+2)^2 + \left(\dfrac{3}{4}x + \dfrac{3}{2}\right)^2} = 2$ 或 $\sqrt{(x+2)^2 + \left(\dfrac{3}{4}x + \dfrac{3}{2}\right)^2} = 8$,

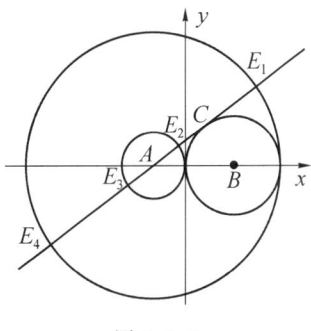

图 3-1-7

整理得 $25x^2+100x+36=0$ 或 $25x^2+100x-924=0$.

◆天哪！难道要用求根公式?!

其实这两个方程可以用十字相乘法因式分解：

$(5x+2)(5x+36)=0$ 或 $(5x-22)(5x+42)=0$，

> 这样的分解方法是怎么想到的？从哪里可以获得因式分解的提示？

解得 $x=-\dfrac{2}{5},-\dfrac{36}{5},\dfrac{22}{5},-\dfrac{42}{5}$.

所以点 $E$ 坐标为：$E\left(-\dfrac{2}{5},\dfrac{6}{5}\right)$、$E\left(-\dfrac{18}{5},-\dfrac{6}{5}\right)$、$E\left(\dfrac{22}{5},\dfrac{24}{5}\right)$、$E\left(-\dfrac{42}{5},-\dfrac{24}{5}\right)$.

还可以这样做：

由 $\sqrt{(x+2)^2+\left(\dfrac{3}{4}x+\dfrac{3}{2}\right)^2}=2$ 或 $\sqrt{(x+2)^2+\left(\dfrac{3}{4}x+\dfrac{3}{2}\right)^2}=8$，得 $(x+2)^2+\dfrac{9}{16}(x+2)^2=4$ 或 $64$，

$\dfrac{25}{16}(x+2)^2=4$ 或 $64$，所以 $(x+2)^2=\dfrac{64}{25}$ 或 $\dfrac{1024}{25}$，继而用开平方法求解.

**讲评** 通过比较这两种解法，我们发现：

"线段法"有着难能可贵的优势——计算简便！也有着显而易见的劣势——思路较繁、容易漏解.当作了垂线段之后，你可能需要一定的观察力和几何推理的经验才能发现相似三角形或者通过三角比求得垂线段的长，而且，许多学生很可能遗漏 $x$ 轴下方的两解.

"方程法"有着互补的优势——不容易漏解、思路简便！一旦解出方程，所得到的解只会多不会少（可通过检验舍去多余的解）.但是，"方程法"也有劣势——计算繁琐.很有可能遇到列对了方程，但无法解出的情况.

我们可以将两种方法的优劣势总结为以下表格：

"线段法"和"方程法"的优劣比较

|  | 思路 | 计算 | 漏解性 | 易错点 |
| --- | --- | --- | --- | --- |
| 线段法 | 繁 | 简 | 易漏解 | 象限符号 |
| 方程法 | 简 | 繁 | 不易漏解 | 绝对值 |

其实，这也是一切几何方法（形）和代数方法（数）的优劣势，既然"线段法"和"方程法"有各自的优势和劣势且能够互补，为什么我们不同时学习和使用这两种方法，做到"数形结合"呢？

请看，当"线段法"求得两解的时候，如果你再用"方程法"列出两个一元二次方程，虽然你暂时无法解出方程，但你已经可以知道你漏解了.因为两个一元二次方程均有实数根，理应四解！

而当"方程法"无法因式分解时，如果你已经通过"线段法"解得了两个解 $\left(\dfrac{22}{5},\dfrac{24}{5}\right)$ 和 $\left(-\dfrac{2}{5},\dfrac{6}{5}\right)$，那你已经可以知道，"方程法"中的两个方程必定分别含有 $5x+2$ 和 $5x-22$ 的因式，因式分解便获得了提示！

1. 求点的坐标的常用解题策略有"线段法"和"方程法",此外应用一些选学知识将使解题过程更简便;

2. "线段法"的解题步骤:

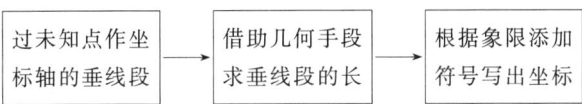

3. "方程法"的解题步骤:

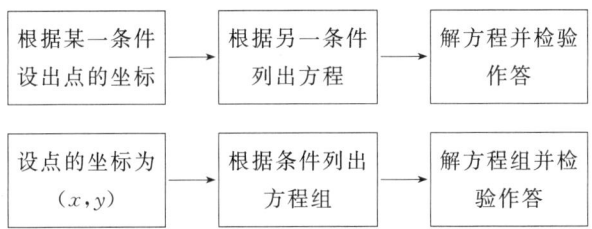

4. "线段法"和"方程法"的注意点:

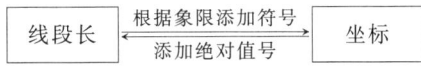

· · · · · · · · 练　习 · · · · · · · ·

1. 如图 3-1-8,二次函数 $y=ax^2+bx+2$ 的图像与 $x$ 轴、$y$ 轴的交点分别为 $A$、$B$,点 $C$ 在这个二次函数的图像上,且 $\angle ABC=90°$,$\angle CAB=\angle BAO$,$\tan\angle BAO=\dfrac{1}{2}$.

（1）求点 $A$ 的坐标;

（2）求这个二次函数的解析式.

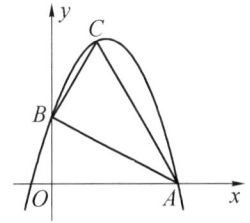

图 3-1-8

2. 如图 3-1-9,在平面直角坐标系中,已知矩形 $OABC$ 的顶点 $A(3,0)$、$C(0,1)$.将矩形 $OABC$ 绕原点逆时针旋转 $90°$,得到矩形 $OA'B'C'$.设直线 $BB'$ 与 $x$ 轴交于点 $M$,与 $y$ 轴交于点 $N$,抛物线 $y=ax^2+bx+c$ 的图像经过点 $C'$、$M$、$N$,

（1）求出该抛物线所表示的函数解析式;

（2）将△$MON$ 沿直线 $BB'$ 翻折,点 $O$ 落在点 $P$ 处,请你判断点 $P$ 是否在该抛物线上,并请说明理由;

（3）将该抛物线进行一次平移(沿上下或左右方向),使它恰好经过原点 $O$,求出所有符合要求的新抛物线的解析式.

3. 如图 3-1-10,正方形 $ABCD$、正方形 $A_1B_1C_1D_1$、正方

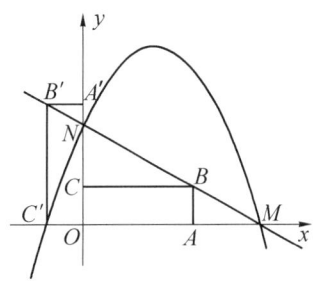

图 3-1-9

形 $A_2B_2C_2D_2$ 均位于第一象限内,它们的边平行于 $x$ 轴或 $y$ 轴,其中点 $A$、$A_1$、$A_2$ 在直线 $OM$ 上,点 $C$、$C_1$、$C_2$ 在直线 $ON$ 上,$O$ 为坐标原点,已知点 $A$ 的坐标为 $(3,3)$,正方形 $ABCD$ 的边长为 1.

(1) 求直线 $ON$ 的表达式;

(2) 若点 $C_1$ 的横坐标为 4,求正方形 $A_1B_1C_1D_1$ 的边长;

(3) 若正方形 $A_2B_2C_2D_2$ 的边长为 $a$,则点 $B_2$ 的坐标为(　　).

(A) $(a,2a)$

(B) $(2a,3a)$

(C) $(3a,4a)$

(D) $(4a,5a)$

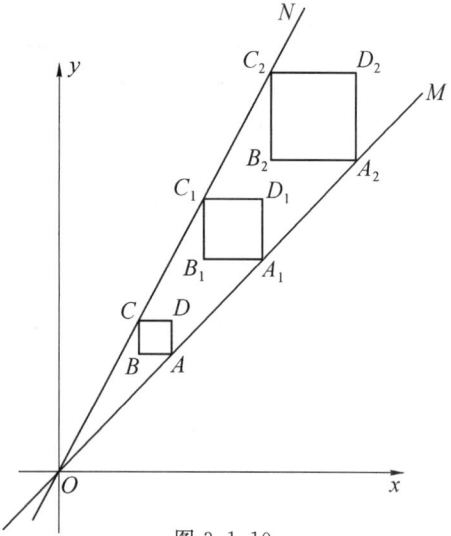

图 3-1-10

4. 如图 3-1-11,已知△$ABC$ 为直角三角形,∠$ACB$=90°,$AC=BC$,点 $A$、$C$ 在 $x$ 轴上,点 $B$ 坐标为 $(3,m)$($m>0$),线段 $AB$ 与 $y$ 轴相交于点 $D$,以 $P(1,0)$ 为顶点的二次函数图像经过点 $B$、$D$.

(1) 用 $m$ 表示点 $A$、$D$ 的坐标;

(2) 求这个二次函数的解析式;

(3) 点 $Q$ 为二次函数图像上点 $P$ 至点 $B$ 之间的一点,且点 $Q$ 到△$ABC$ 边 $BC$、$AC$ 的距离相等,联结 $PQ$、$BQ$,求四边形 $ABQP$ 的面积.

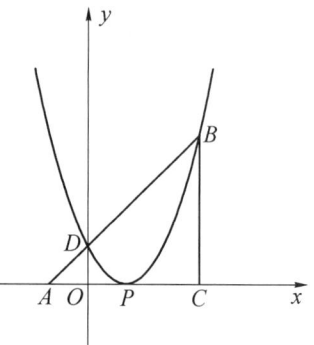

图 3-1-11

### 答　案

1. (1) $(4,0)$　(2) $y=-\dfrac{5}{6}x^2+\dfrac{17}{6}x+2$　2. (1) $y=-\dfrac{1}{2}x^2+2x+\dfrac{5}{2}$　(2) 点 $P$ 不在该抛物线上　(3) $y=-\dfrac{1}{2}(x-2)^2+\dfrac{9}{2}-\dfrac{5}{2}=-\dfrac{1}{2}x^2+2x$ 或 $y=-\dfrac{1}{2}(x-2-1)^2+\dfrac{9}{2}=-\dfrac{1}{2}x^2+3x$ 或 $y=-\dfrac{1}{2}(x-2+5)^2+\dfrac{9}{2}=-\dfrac{1}{2}x^2-3x$　3. (1) $y=2x$　(2) 2　(3) B

4. (1) $A(3-m,0)$,$D(0,m-3)$　(2) $y=x^2-2x+1$　(3) 5

# 三、综合

## 2. 函数背景下的等腰三角形问题[①]

中考命题人员对此类问题往往特别的青睐,第一个原因是等腰三角形和函数及其图像结合到一起,体现了数形结合.第二是这类题的答案往往不唯一,而学生解答时常会出现漏解现象,可以考查学生的分类思想.第三,这类题常常还可以延伸为运动问题,探究题(如例4、例6),存在性问题(如例5),因此教学中应该作为重点.本文分别选取了反比例函数、一次函数、二次函数背景下的等腰三角形的分类讨论问题,从代数法和几何法两种角度结合分析,总结出有章可循的解法.从分类讨论的角度看,几何背景下的等腰三角形和函数背景下的等腰三角形的分类讨论,思维方向是一致的,只是函数背景下的讨论,是在坐标系中,涉及函数曲线.

**例1** 在直角坐标系中,已知点 $A(2,1)$,试在 $x$ 轴上确定一点 $P$,使 $\triangle AOP$ 为等腰三角形,求符合要求的点 $P$ 共有几个.

**分析** 由于 $OA$ 既可以作为等腰 $\triangle AOP$ 的腰,又可以作为底边,因而此题应该分情况讨论.以 $OA$ 为腰或底分别讨论.

**解** 方法一:

(1) $OA$ 为底边时,即 $PO=PA$,$P$ 是 $OA$ 的中垂线与 $x$ 轴的交点(如图3-2-1),有1个符合要求.

(2) 若 $AO$ 作为腰时,有两种情况:

① 当 $A$ 是顶角顶点时,即 $AP=AO$,$P$ 是以 $A$ 为圆心、$OA$ 为半径的圆与 $x$ 轴的交点(如图3-2-2),有1个符合要求.

② 当 $O$ 是顶角顶点时,即 $OP=OA$,$P$ 是以 $O$ 为圆心、$OA$ 为半径的圆与 $x$ 轴的交点(如图3-2-3),有2个符合要求.

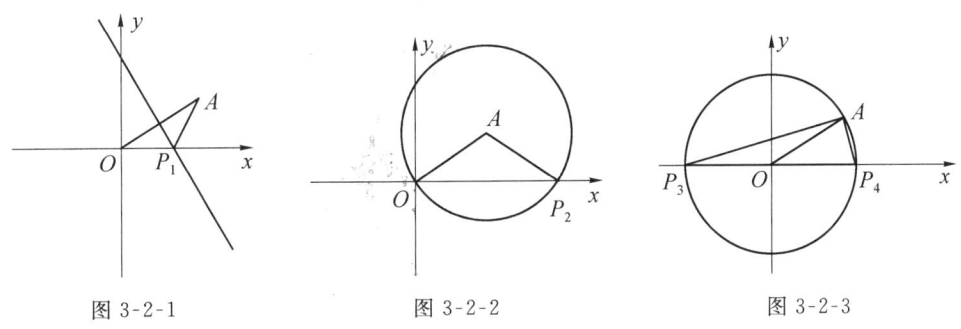

图 3-2-1　　　　　　图 3-2-2　　　　　　图 3-2-3

---

[①] 本文执笔:曹永娥(上海市西南位育中学)

以上 4 个交点没有互相重合的,故符合条件的点共有 4 个.

方法二:

因为点 $P$ 在 $x$ 轴上,所以设点 $P$ 坐标为 $(x,0)$,则 $OP=|x|$,$OA=\sqrt{5}$,$PA=\sqrt{(x-2)^2+1^2}=\sqrt{x^2-4x+5}$.

(1) 当 $PA=PO$ 时,$\sqrt{x^2-4x+5}=|x|$,解得 $x=\dfrac{5}{4}$,∴ $P_1\left(\dfrac{5}{4},0\right)$;

(2) 当 $AP=AO$ 时,$\sqrt{x^2-4x+5}=\sqrt{5}$,解得,$x_1=0$(舍),$x_2=4$,∴ $p_2(4,0)$

(3) 当 $OP=OA$ 时,$|x|=\sqrt{5}$,解得,$x_1=\sqrt{5}$,$x_2=-\sqrt{5}$,$P_3(\sqrt{5},0)$ $P_4(-\sqrt{5},0)$

∴ 符合条件的点共有 4 个.

---

**讲评** 1. 函数背景下等腰三角形分类讨论问题大致有两类:

**一是已知两点**,即已知等腰三角形一条边(如例 1 的 $OA$),求另一个顶点 $P$,使之构成等腰三角形.一般会给出所求点在某一曲线或直线上(本书称为第一轨迹,如例 1 的 $x$ 轴);

**二是已知一个内角**,即已知等腰三角形一个内角顶点,求另两个顶点,使之构成一个等腰三角形.一般能够用含某一字母的代数式表示夹已知角的两边.

例 1 属于前者,例 4 属于后者.

2. 函数背景下等腰三角形分类讨论问题的解法大致有两条思路:

(和几何背景下的情形相似,函数背景下情形只是在坐标系里讨论问题而已.)

**一是几何法**.它的本质是几何作图,并且就是交轨法作图.如例 1,点 $P$ 已经在第一轨迹 $x$ 轴上,只要再认定点 $P$ 在另一条轨迹上,两条轨迹的交点就是所求的点.这种方法,讨论时往往很复杂,譬如已知一边,求另一个顶点,首先有这条已知线段是等腰三角形的腰还是底的问题;如果它是腰,还有这腰的两个端点中哪一个是顶角的顶点,哪一个是底角的顶点的问题;所求的另一个点的位置在该线段的左侧还是右侧的问题……稍一不慎,就会漏解,但借助图形性质,容易求出点的坐标.

**二是代数法**.通过设点的坐标,借助两点之间的距离公式,可以列出表示三条边的长度的式子,其中有两条边相等,建立关于 $x$ 的方程,通过解方程,获得解.用这方法,三条边中两两相等不过三种情况.讨论时比较简洁,但有时运算量颇大.

两种方法并不孤立,根据题目特征,常常结合使用.

---

**例 2** 如图 3-2-4,反比例函数 $y=\dfrac{k}{x}$ 的图像与一次函数 $y=mx+b$ 的图像交于 $A(1,3)$、$B(n,-1)$ 两点.

(1) 求反比例函数与一次函数的解析式;

(2) 在反比例函数的图像上找点 $P$,使 $\triangle AOP$ 是以 $OP$ 为腰的等腰三角形,求出满足条件的点 $P$ 的坐标.

**分析** 虽然明确了以 $OP$ 为腰,但由于点 $P$、$O$ 都可以作为等腰三角形的顶角的顶点,因而,仍然需要分类讨论.

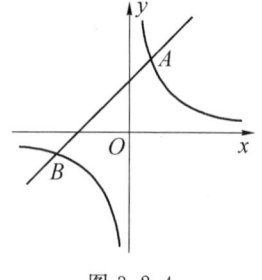

图 3-2-4

**解** (1)把 $A(1,3)$ 代入 $y=\dfrac{k}{x}$,得 $k=3$,

把 $B(n,-1)$ 代入 $y=\dfrac{3}{x}$,得 $n=-3$, ∴ $B(-3,-1)$.

把 $A(1,3)$、$B(-3,-1)$ 代入 $y=mx+b$,得 $m=1,n=2$.

∴ 反比例函数解析式是 $y=\dfrac{3}{x}$,一次函数解析式是 $y=x+2$.

(2) 因为点 $P$ 在反比例函数 $y=\dfrac{3}{x}$ 的图像上,所以设点 $P$ 坐标为 $\left(x,\dfrac{3}{x}\right)$,

则 $OP=\sqrt{x^2+\dfrac{9}{x^2}}$,$OA=\sqrt{10}$,$AP=\sqrt{(x-1)^2+\left(\dfrac{3}{x}-3\right)^2}$.

以 $OP$ 为腰的等腰三角形有两种情况:

① 如图 3-2-5,当 $OP=OA$ 时,

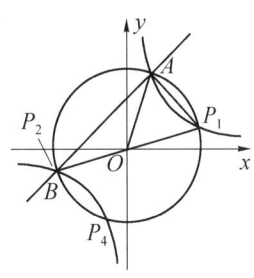

图 3-2-5

$\sqrt{x^2+\dfrac{9}{x^2}}=\sqrt{10}$,$x^4-10x^2+9=0$,

解得 $x_1=3,x_2=-3,x_3=1,x_4=-1$,

∴ $P_1(3,1),P_2(-3,-1)$,

$P_3(1,3)$(舍去),$P_4(-1,-3)$(舍去).

> $P(1,3)$ 与 $A$ 重合了,因而需要舍去,$P(-1,-3)$ 由于与 $O、A$ 两点共线,构不成三角形,因而要舍去.

② 如图 3-2-6,当 $PA=PO$ 时,

方法一:$\sqrt{x^2+\dfrac{9}{x^2}}=\sqrt{(x-1)^2+\left(\dfrac{3}{x}-3\right)^2}$,

$x^2-5x+9=0$, ∵ $\Delta=25-36<0$, ∴ 无解.

方法二:由 $A(1,3)$、$O(0,0)$,得线段 $AO$ 的中点 $E\left(\dfrac{1}{2},\dfrac{3}{2}\right)$,

∴ 设直线 $OA$ 的解析式为 $y=kx$,可得 $y=3x$.

∵ $OA\perp PE$, ∴ 设直线 $PE$ 为 $y=kx+b$,则 $k=-\dfrac{1}{3}$, ∴ $b=\dfrac{5}{3}$,

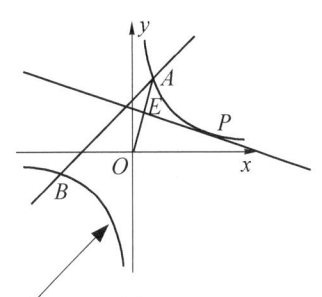

图 3-2-6

> 交点是否存在,不明显.由此,可体会到,代数求解的理性所在.

∴ $\begin{cases} y=-\dfrac{1}{3}x+\dfrac{5}{3}, \\ y=\dfrac{3}{x}, \end{cases}$ 化简得 $x^2-5x+9=0$. ∵ $\Delta=25-36<0$, ∴ 无解.

综上所述,$P_1(3,1),P_2(-3,-1)$.

**例3** 已知一次函数 $y=\dfrac{3}{4}x+3$ 的图像交 $x$ 轴于点 $B$,交 $y$ 轴于点 $A$,点 $C$ 坐标为 $(3,0)$.在直线 $AB$ 上找点 $P$,使 $\triangle BCP$ 为等腰三角形,求出满足条件的点 $P$ 的坐标.

**解** 根据题意,得 $B(-4,0)$.

方法一:代数法求解.

设点 $P$ 坐标为 $\left(x, \dfrac{3}{4}x+3\right)$，则 $BP=\sqrt{(x+4)^2+\left(\dfrac{3}{4}x+3\right)^2}$，

$BC=7$，$PC=\sqrt{(x-3)^2+\left(\dfrac{3}{4}x+3\right)^2}$.

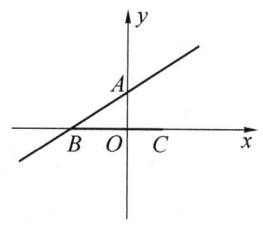

图 3-2-7

(1) 当 $PC=PB$ 时，

$\sqrt{(x+4)^2+\left(\dfrac{3}{4}x+3\right)^2}=\sqrt{(x-3)^2+\left(\dfrac{3}{4}x+3\right)^2}$，

$(x-3)^2=(x+4)^2$，解得 $x=-\dfrac{1}{2}$，$\therefore$ $P_1\left(-\dfrac{1}{2}, \dfrac{21}{8}\right)$. ◀ 将横坐标代入直线 $AB$ 解析式可以求得纵坐标.

(2) 当 $CP=CB$ 时，$\sqrt{(x-3)^2+\left(\dfrac{3}{4}x+3\right)^2}=7$，

$25x^2-24x-506=0$，◀

$(x+4)(25x-124)=0$，

$x_1=-4$（舍去），$x_2=\dfrac{124}{25}$，$\therefore$ $P_2\left(\dfrac{124}{25}, \dfrac{168}{25}\right)$.

此方程系数较大，运用公式法求解运算量较大.而结合图形可知，此方程必有一解为 $x=-4$，因而，可以考虑用因式分解法，解此方程.

(3) 当 $BC=BP$ 时，$\sqrt{(x+4)^2+\left(\dfrac{3}{4}x+3\right)^2}=7$，

$\sqrt{(x+4)^2+\dfrac{9}{16}(x+4)^2}=7$，$\therefore$ $\sqrt{\dfrac{25}{16}(x+4)^2}=7$，◀

$\dfrac{5}{4}|x+4|=7$，$\therefore$ $x_1=-\dfrac{48}{5}$，$x_2=\dfrac{8}{5}$，

$\therefore$ $P_3\left(-\dfrac{48}{5}, -\dfrac{21}{25}\right)$，$P_4\left(\dfrac{8}{5}, \dfrac{21}{25}\right)$.

此方程运用无理方程的通解，两边平方之后化为整式方程再化简求解比较麻烦，观察发现根式内部分可以先合并.

$\therefore$ $P_1\left(-\dfrac{1}{2}, \dfrac{21}{8}\right)$，$P_2\left(\dfrac{124}{25}, \dfrac{168}{25}\right)$，$P_3\left(-\dfrac{48}{5}, -\dfrac{21}{25}\right)$，

$P_4\left(\dfrac{8}{5}, \dfrac{21}{25}\right)$.

方法二：代数几何相结合.

(1) 当 $PB=PC$ 时，如图 3-2-8，$P$ 是 $BC$ 的中垂线与直线 $AB$ 的交点，运用 $BC$ 中点公式，可得 $x_p=-\dfrac{1}{2}$，将横坐标代入直线 $AB$ 解析式可以求得点 $P$ 的纵坐标为 $\dfrac{21}{8}$，

$\therefore$ $P_1\left(-\dfrac{1}{2}, \dfrac{21}{8}\right)$.

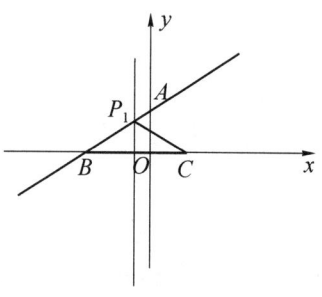

图 3-2-8

(2) 当 $BP=BC$ 时，如图 3-2-9，$BP=7$，作 $P_2H\perp x$ 轴，作 $P_3G\perp x$ 轴，

在 Rt$\triangle ABO$ 中，得 $\sin\angle ABO=\dfrac{3}{5}$，$\cos\angle ABO=\dfrac{4}{5}$.

在 Rt$\triangle P_2BH$ 中，$P_2H=P_2B\cdot\sin\angle P_2BH=7\times\dfrac{3}{5}=\dfrac{21}{5}$，$y_{P_2}=\dfrac{21}{5}$.

三、综合

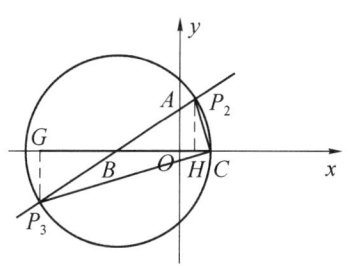

图 3-2-9

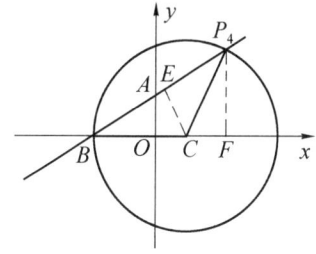

$P$ 是以 $B$ 为圆心、$BC$ 为半径的圆与直线 $AB$ 的交点,有两个点.

图 3-2-10

在 $\text{Rt}\triangle P_3BG$ 中,$P_3G = P_3B \cdot \sin\angle P_3BG = 7 \times \dfrac{3}{5} = \dfrac{21}{5}$,$y_{P_3} = -\dfrac{21}{5}$.

∴ $P_3\left(-\dfrac{48}{5}, -\dfrac{21}{25}\right)$,$P_2\left(\dfrac{8}{5}, \dfrac{21}{25}\right)$.

(3) 当 $CB = CP$ 时,如图 3-2-10.

作 $CE \perp AB$ 于点 $E$,作 $P_4F \perp x$ 轴.

在 $\text{Rt}\triangle BEC$ 中,$BE = BC \cdot \sin\angle EBC = 7 \times \dfrac{4}{5} = \dfrac{28}{5}$,

∴ $BP_4 = 2BE = \dfrac{56}{5}$.

在 $\text{Rt}\triangle BP_4F$ 中,$P_4F = BP_4 \cdot \sin\angle P_4BF = \dfrac{56}{5} \times \dfrac{3}{5} = \dfrac{168}{25}$,$y_{P_4} = \dfrac{168}{25}$,

∴ $P_4\left(\dfrac{124}{25}, \dfrac{168}{25}\right)$. 将纵坐标代入直线 $AB$ 解析式可以求得横坐标.

∴ $P_1\left(-\dfrac{1}{2}, \dfrac{21}{8}\right)$,$P_2\left(\dfrac{124}{25}, \dfrac{168}{25}\right)$,$P_3\left(-\dfrac{48}{5}, -\dfrac{21}{25}\right)$,$P_4\left(\dfrac{8}{5}, \dfrac{21}{25}\right)$.

**讲评** 用代数法解等腰三角形分类讨论题,在操作时还有两种做法:

**第一种**,如例 1,用 $x$ 的代数式表示三边,然后用三条线段两两相等建立方程后求解.这是通法,如前所说,有时运算量大,这种方法应用的前提条件三边可以被表示.

**第二种**,如例 3,分别做出符合条件的图形,利用等腰三角形的性质和题目中的条件进行合理的转化后,作底边上的高(这是常用的策略),借助勾股定理或三角比求解,这种方法的前提是有一个角的三角比已知或可求出.这种解法实际上是代数法与几何法相结合.

**例 4** 已知直线 $l_1$ 的解析式为 $y = 3x + 6$,直线 $l_1$ 与 $x$ 轴、$y$ 轴分别相交于 $A$、$B$ 两点,直线 $l_2$ 经过 $B$、$C$ 两点,点 $C$ 的坐标为 $(8, 0)$,又已知点 $P$ 在 $x$ 轴上从点 $A$ 向点 $C$ 移动,点 $Q$ 在直线 $l_2$ 从点 $C$ 向点 $B$ 移动.点 $P$、$Q$ 同时出发,且移动的速度都为每秒 1 个单位长度,设移动时间为 $t$ 秒($1 < t < 10$).

(1) 求直线 $l_2$ 的解析式;

(2) 试探究：当 $t$ 为何值时，△PCQ 为等腰三角形？

**分析** 本题中 $PC$、$QC$ 两条边长都方便用含有 $t$ 的代数式表示，而 $PQ$ 不易表示，当 $CP=CQ$ 时，可以直接建立关于 $t$ 的方程求解，而当 $QP=QC$ 和 $PC=PQ$ 时，可以添加底边上的高转化为直角三角形，再用锐角三角比和相似三角形的方法求解。

**解** (1) 由题意，得 $B(0,6)$，$C(8,0)$，$\cos C=\dfrac{4}{5}$，

设直线 $l_2$ 的解析式为 $y=kx+b$，

则 $\begin{cases}8k+b=0,\\ b=6,\end{cases}$ 解得 $\begin{cases}k=-\dfrac{3}{4},\\ b=6,\end{cases}$

∴ 直线 $l_2$ 的解析式为 $y=-\dfrac{3}{4}x+6$.

(2) $PC=10-t$，$CQ=t$，

① 当 $CP=CQ$ 时，$10-t=t$，得 $t=5$；

② 当 $QC=QP$ 时，过点 $Q$ 作 $QH\perp PC$ 于点 $H$，如图 3-2-11.

$\cos C=\dfrac{HC}{QC}=\dfrac{4}{5}$，即 $\dfrac{4}{5}t=\dfrac{1}{2}(10-t)$，解得 $t=\dfrac{50}{13}$；

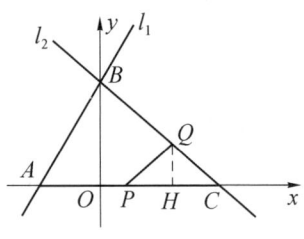

图 3-2-11

③ 当 $PC=PQ$ 时，如图 3-2-12，同理可得 $\dfrac{4}{5}(10-t)=\dfrac{1}{2}t$，解得 $t=\dfrac{80}{13}$.

所以，$t=5$ 或 $t=\dfrac{80}{13}$ 或 $t=\dfrac{50}{13}$.

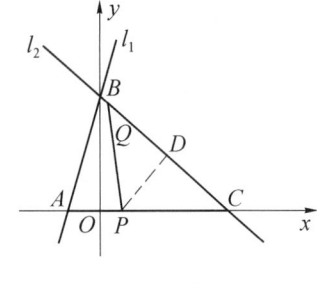

图 3-2-12

**例5** 如图 3-2-13，直线 $y=3x+3$ 交 $x$ 轴于点 $A$，交 $y$ 轴于点 $B$，过 $A$、$B$ 两点的抛物线交 $x$ 轴于另一点 $C(3,0)$.

(1) 求抛物线的解析式；

(2) 在抛物线的对称轴上是否存在点 $Q$，使△ABQ 是等腰三角形？若存在，求出符合条件的 $Q$ 点坐标；若不存在，请说明理由.

**分析** 本题的背景是二次函数，但二次函数仅仅是"背景"，所求点的动点 $Q$ 在对称轴上，定点 $A$、$B$ 已知，因而可以隐去抛物线研究本题.

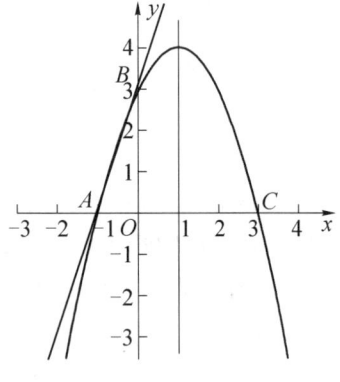

图 3-2-13

**解** (1) 根据题意得 $A(-1,0)$、$B(0,3)$、$C(3,0)$，设抛物线的解析式为 $y=ax^2+bx+c$，

则 $\begin{cases}a-b+c=0,\\ c=3,\\ 9a+3b+c=0,\end{cases}$ 解得 $\begin{cases}a=-1,\\ c=3,\\ b=2,\end{cases}$

∴ $y=-x^2+2x+3$.

(2) ∵ $y=-x^2+2x+3=-(x-1)^2+4$,

∴ 该抛物线的对称轴为 $x=1$.

设点 $Q$ 坐标为 $(1,m)$,

则 $AQ=\sqrt{4+m^2}$,$BQ=\sqrt{1+(3-m)^2}$,$AB=\sqrt{10}$.

当 $AB=AQ$ 时(如图 3-2-14),$\sqrt{4+m^2}=\sqrt{10}$,解得 $m=\pm\sqrt{6}$,

∴ $Q_1(1,\sqrt{6})$、$Q_2(1,-\sqrt{6})$.

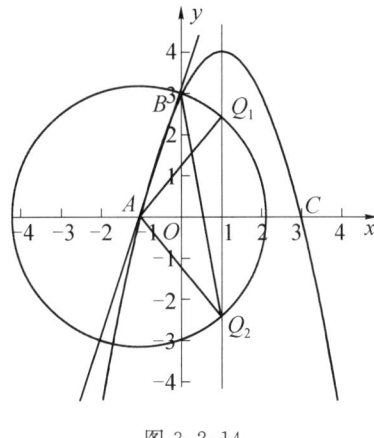

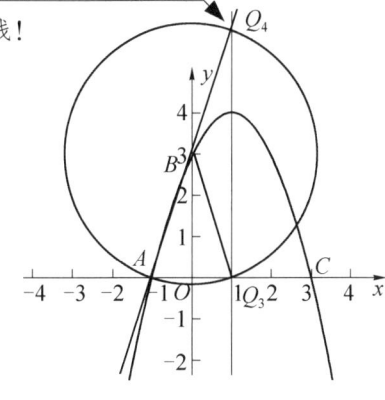

点 $A$、$B$、$Q_4$ 共线!

图 3-2-14

图 3-2-15

当 $BA=BQ$ 时(如图 3-2-15),$\sqrt{10}=\sqrt{1+(3-m)^2}$,

解得 $m_1=0,m_2=6$,

∴ 点 $Q$ 坐标为 $(1,0)$ 或 $(1,6)$.

又∵ 点 $Q_4(1,6)$ 在直线 $y=3x+3$ 上,

∴ 点 $A$、$B$、$Q$ 在同一直线,不成立,∴ $Q_3(1,0)$.

当 $AQ=BQ$ 时(如图 3-2-16),$\sqrt{4+m^2}=\sqrt{1+(3-m)^2}$,

解得 $m=1$,

∴ 点 $Q_5$ 坐标为 $(1,1)$.

∴ 抛物线的对称轴上存在着点 $Q_1(1,\sqrt{6})$,$Q_2(1,-\sqrt{6})$

$Q_3(1,0)$、$Q_5(1,1)$,使△$ABQ$ 是等腰三角形.

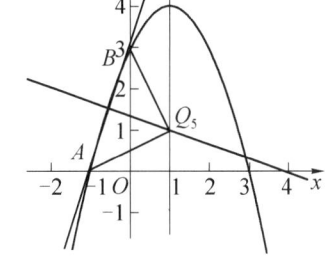

图 3-2-16

**讲评** 本题通过直观作图基本确定出满足条件的所有的点,再用代数法建立方程求出符合必要条件的点坐标,再根据直观图舍去"必要但不充分"的点,进而准确解答本题.本题是代数几何法结合的典型,充分体现了数形结合思想.

**例 6** 已知二次函数 $y=ax^2+bx+c$ 的图像经过原点 $O$ 和 $x$ 轴上的另一点 $A$,它的对称轴直线 $x=2$ 与 $x$ 轴交于点 $C$,直线 $y=2x+1$ 经过抛物线上一点 $B(-2,m)$,且与 $y$ 轴、直线 $x=2$ 分别交于点 $D$、$E$.

(1) 求这个二次函数的解析式;

(2) 若点 $P(x,y)$ 是抛物线上的一个动点,是否存在这样的点 $P$,使得 $\triangle PBE$ 是以 $PE$ 为腰的等腰三角形? 若存在,请直接写出符合条件的点 $P$ 的坐标;若不存在,请说明理由.

**解** (1) 根据题意,得 $B(-2,-3), D(0,1), E(2,3)$

∵ 抛物线经过原点 $O$ 和 $x$ 轴上的另一点 $A$,且对称轴为直线 $x=2$, ∴ $A(4,0)$.

∴ $\begin{cases} c=0, \\ 16a+4b+c=0, \\ 4a-2b+c=-3, \end{cases}$ 解得 $\begin{cases} a=\dfrac{1}{4}, \\ b=1, \\ c=0, \end{cases}$

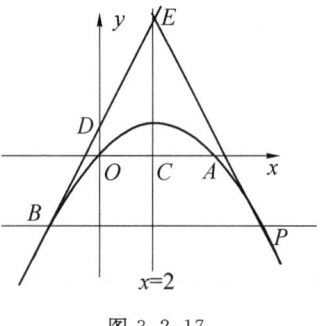

图 3-2-17

∴ 二次函数的解析式为 $y=-\dfrac{1}{4}x^2+x$.

(2) ① 当 $EP=EB$ 时(如图 3-2-17),点 $B$ 与点 $P$ 关于对称轴对称, ∴ $P_1(6,-2)$;

② 当 $PE=PB$ 时(如图 3-2-18),$P$ 是 $BE$ 的垂直平分线与抛物线的交点.

∵ $D$ 为线段 $BE$ 的中点,

∴ 设直线 $PD$ 为 $y=kx+b$,则 $k=-\dfrac{1}{2}, b=1$,

所以直线 $PD$ 为 $y=-\dfrac{1}{2}x+1$,

∴ $\begin{cases} y=-\dfrac{1}{2}x+1, \\ y=-\dfrac{1}{4}x^2+x, \end{cases}$

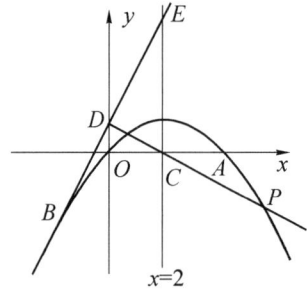

图 3-2-18

化简得 $x^2-6x+4=0$,解得 $x=3\pm\sqrt{5}$,

∴ $P\left(3+\sqrt{5}, \dfrac{-\sqrt{5}-1}{2}\right)$ 或 $\left(3-\sqrt{5}, \dfrac{\sqrt{5}-1}{2}\right)$.

∴ $P\left(3+\sqrt{5}, \dfrac{-\sqrt{5}-1}{2}\right)$ 或 $\left(3-\sqrt{5}, \dfrac{\sqrt{5}-1}{2}\right)$ 或 $P(6,-2)$.

◆本题的解法看上去技巧性很强,是因为通法无法完成.因为点 $P$ 在抛物线上,若设 $P$ 点坐标为 $P\left(x, -\dfrac{1}{4}x^2+x\right)$,

则 $BP=\sqrt{(x+2)^2+\left(-\dfrac{1}{4}x^2+x+3\right)^2}, EP=\sqrt{(x-2)^2+\left(-\dfrac{1}{4}x^2+x-5\right)^2}, EB=4\sqrt{5}$,

然后借助两点之间的距离公式,用点的坐标表示等腰三角形的三边,即用 $x$ 的代数式表示三边,后用三条线段依次相等建立方程后求解,所列方程求解非常复杂,并且有的方程初中生无法求解.因此,命题者常常会将二次函数仅仅作为"背景",不制造大运算量的计算,这也是笔者的研究体会.

三、综合

·········· 练　习 ··········

1. 如图 3-2-19,一次函数 $y=ax+b$ 的图像与反比例函数 $y=\dfrac{k}{x}$ 的图像交于 $M$、$N$ 两点.

(1) 利用图中的条件,求这两个函数的解析式;

(2) 在 $x$ 轴上求点 $P$,使 $\triangle MOP$ 为等腰三角形.

2. 如图 3-2-20,在直角坐标平面中,$O$ 为坐标原点,一次函数 $y=kx-3$ 的图像与 $y$ 负半轴交于点 $A$,与 $x$ 轴正半交于点 $B$,且 $\triangle OAB$ 的面积为 6.

(1) 求直线的解析式;

(2) 在 $x$ 轴上求点 $P$,使 $\triangle COP$ 为等腰三角形.

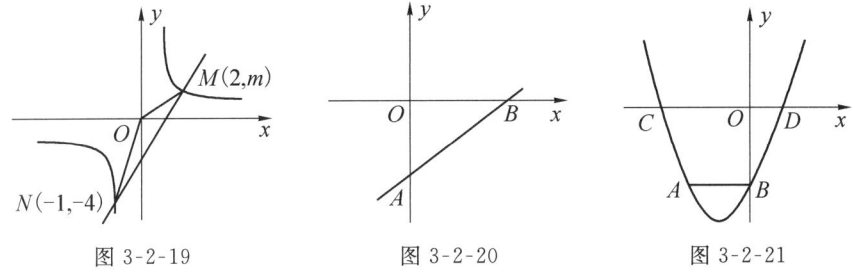

图 3-2-19　　　　图 3-2-20　　　　图 3-2-21

3. 如图 3-2-21,已知二次函数 $y=x^2+bx+c(c\neq 0)$ 的图像经过点 $A(-2,m)(m<0)$,与 $y$ 轴交于点 $B$,$AB\parallel x$ 轴,且 $3AB=2OB$.

(1) 求二次函数的解析式;

(2) 若二次函数图像与 $x$ 轴交于 $C$、$D$ 两点,在线段 $BC$ 上,求点 $P$,使 $\triangle COP$ 为等腰三角形.

·········· 答　案 ··········

**1.** (1) $y=2x-2$,$y=\dfrac{4}{x}$　(2) $P_1(2\sqrt{2},0)$,$P_2(-2\sqrt{2},0)$,$P_3(4,0)$,$P_4(2,0)$　**2.** (1) $y=\dfrac{3}{4}x-3$　(2) $P_1(-4,0)$,$P_2(-1,0)$,$P_3\left(\dfrac{25}{8},0\right)$,$P_4(9,0)$　**3.** (1) $y=x^2+2x-3$　(2) $P_1\left(-\dfrac{3}{2},-\dfrac{3}{2}\right)$,$P_2(0,-3)$,$P_3\left(-3+\dfrac{3}{2}\sqrt{2},-\dfrac{3}{2}\sqrt{2}\right)$

## 3. 函数背景下的四边形问题

以函数为载体的四边形"存在性"问题,综合应用要求较高,常需要根据四边形的特殊性质,将问题分类讨论,逐类解决.

本讲中我们将在同一个二次函数背景中,通过一组四边形变式题解,共同探寻分类策略及解析过程,供大家参考.

**例 1** 如图 3-3-1,平面直角坐标系中(点 $O$ 为原点),抛物线 $y=x^2-2x-3$ 与 $y$ 轴交于点 $C$,顶点为 $D$. 在平面内求出点 $P$,使点 $O$、$C$、$D$、$P$ 是一个平行四边形的四个顶点.

**分析** 由已知条件可确定三个定点:$O(0,0)$、$C(0,-3)$、$D(1,-4)$,寻找与其三点构成平行四边形的第四顶点 $P$. 三个定点继而确定三条定线段:$OC$、$OD$、$CD$,作为平行四边形的构成要素,这三条定线段可以是分别为边也可以分别为对角线. 从这一视角可以展开如下两种解法.

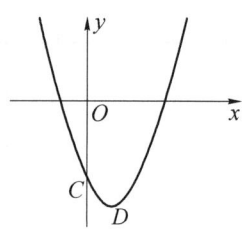

图 3-3-1

**解** 方法一:

(1) $DP // OC$,如图 3-3-2.

∵ $DP=OC=3$, ∴ $P_1(1,-1)$,$P_2(1,-7)$.

(2) $CP // OD$,如图 3-3-3.

$l_{OD}: y=-4x$,$l_{CP}: y=-4x-3$. 设 $P(x,-4x-3)$,

∵ $CP=OD$,$\sqrt{x^2+16x^2}=\sqrt{17}$,$x^2=1$, ∴ $x=\pm 1$,

∴ $P_3(-1,1)$,$P_4(1,-7)$ 与 $P_2$ 重合.

(3) $OP // CD$,如图 3-3-4.

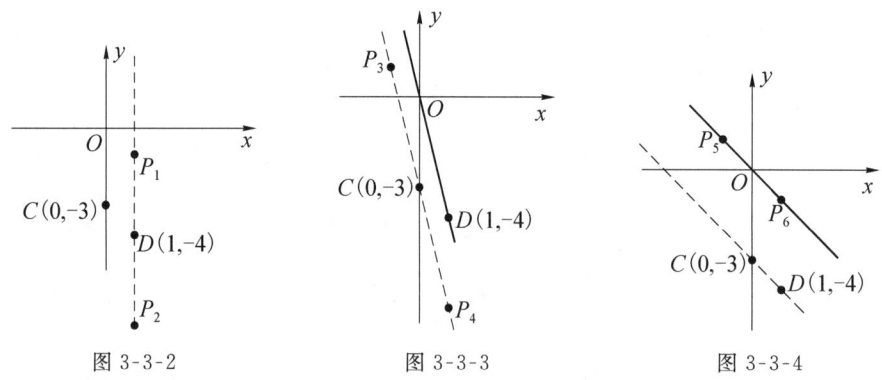

图 3-3-2      图 3-3-3      图 3-3-4

---

① 本文执笔:刘辰(上海市西南位育中学)

$l_{CD}: y=-x-3, l_{OP}: y=-x.$

设 $P(x,-x)$,

$\sqrt{x^2+x^2}=\sqrt{2}, x^2=1,$

∴ $x=\pm 1$.

$P_5(-1,1)$ 与 $P_3$ 重合,$P_6(1,-1)$ 与 $P_1$ 重合.

∴ 综上所述,$P_1(1,-1), P_2(1,-7), P_3(-1,1)$.

方法二:

(1) $OC$ 为对角线,如图 3-3-5.

$OC$ 的中点 $E\left(0,-\dfrac{3}{2}\right)$.

∵ $D(1,-4)$,$E$ 为 $DP_1$ 中点,

∴ $P_1(-1,1)$.

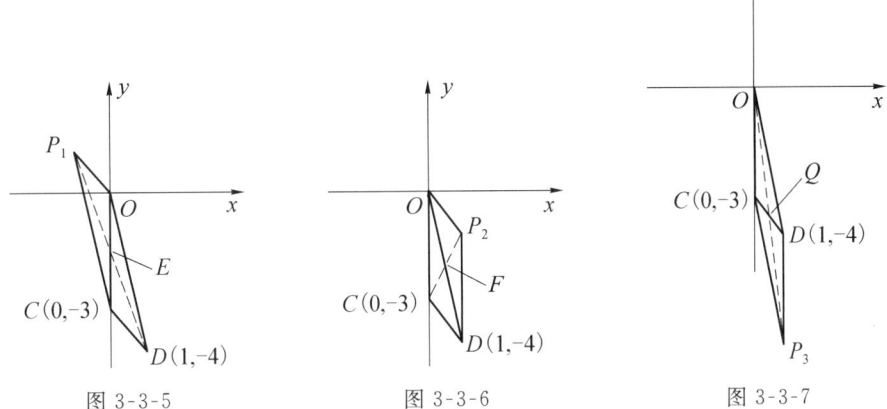

图 3-3-5　　　　图 3-3-6　　　　图 3-3-7

(2) $OD$ 为对角线,如图 3-3-6.

$OD$ 的中点 $F\left(\dfrac{1}{2},-2\right)$.

∵ $C(0,-3)$,$F$ 为 $CP_2$ 中点,

∴ $P_2(1,-1)$.

(3) $CD$ 为对角线,如图 3-3-7.

$CD$ 中点 $Q\left(\dfrac{1}{2},-\dfrac{7}{2}\right)$,

∵ $O(0,0)$,$Q$ 为 $OP_3$ 中点,

∴ $P_3(1,-7)$.

综上所述,$P_1(-1,1), P_2(1,-1), P_3(1,-7)$.

再分析:由已知条件确定的三条定线段:$OC$、$OD$、$CD$ 两两相交,故也可以选择其中两条相交线段展开分类研究.

方法三:

(1) $OC$,$OD$ 均为边,如图 3-3-8.

(2) $OC$ 为边,$OD$ 为对角线,如图 3-3-9.

(3) $OC$ 为对角线,$OD$ 为边,如图 3-3-10.

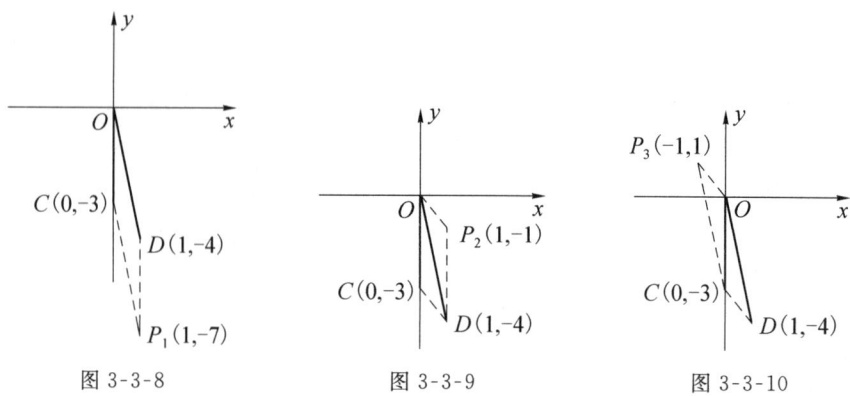

图 3-3-8　　　　　　图 3-3-9　　　　　　图 3-3-10

综上所述,$P_1(1,-7)$,$P_2(1,-1)$,$P_3(-1,1)$.

> **讲评**　方法一中,认定三条定线段均为平行四边形的边,利用对边平行实施分类,对边相等列式求解.解题中要注意舍去重复的点.
>
> 方法二中,逐一认定三条定线段为对角线,实施分类.并利用平行四边形对角线互相平分的性质,使用中点公式列式求解.
>
> 方法三中,选择具有公共端点的两条定线段 $OC$、$OD$,依次展开均为边;一边一对角线的分类,继而在数形结合下求解.(细心的同学不妨问问自己,为什么这两条线段,不能均为对角线呢?)
>
> 抓住了平行四边形的特有属性,不同的分类标准下,以上三种解法可谓殊途同归,获得正解.然而,我们也看到,第二、第三种分类方法下,更清晰地指导作图,相对解题较容易,不再带有重复取点.挖掘图形本质,自成一体地合理分类,才能指导有序解题.

**例2**　在平面直角坐标系中(点 $O$ 为原点),抛物线 $y=x^2-2x-3$ 与 $y$ 轴交于点 $C$,顶点为 $D$.在平面内求点 $P$,使 $O$、$C$、$D$、$P$ 是一个等腰梯形的四个顶点.

**分析**　确定三个定点:$O(0,0)$、$C(0,-3)$、$D(1,-4)$,本题中欲寻找与其构成等腰梯形的第四顶点 $P$.三个定点确定三条定线段:$OC$、$OD$、$CD$,但如何实施合理分类指导解题呢? 让我们从本讲例1的三种方法中寻找启发.

◆会从对角线着手分类吗?

答:暂缓,因为等腰梯形对角线不具备互相平分的特性,指导性不强.

◆会从选择具有公共端点的两条定线段 $OC$、$OD$ 着手分类吗?

答:暂缓,因为线段在梯形中的身份会有三种:底边、腰、对角线,要考虑分类的线索太多,不易理清思路.

◆会从选择互相平行的底边着手分类吗?

答:可以一试.分别选定 $OC$、$OD$、$CD$ 作为该等腰梯形的底边实施分类.

**解** (1) 若 $OC$ 为底边,即 $DP\!/\!/OC$.如图 3-3-11.

若 $CD$ 为腰,则 $OP$ 也为腰,得 $OP=CD$(等腰梯形两腰相等);

若 $CD$ 为对角线,则 $OP$ 也为对角线,得 $OP=CD$(等腰梯形两对角线相等),

∴ $OP=CD$.

设 $P(1,y)$,∴ $\sqrt{(1-0)^2+(y-0)^2}=\sqrt{2}$,

∴ $y^2=1,y=\pm 1$,

∴ $P_1(1,1),P(1,-1)$.

经检验,∵ $PD=3=OC$,

又∵ $PD\!/\!/OC$,

∴ 四边形 $PDCO$ 为平行四边形,不符题意舍去.

∵ $P_1D=5\ne OC$,∴ $P_1(1,1)$.

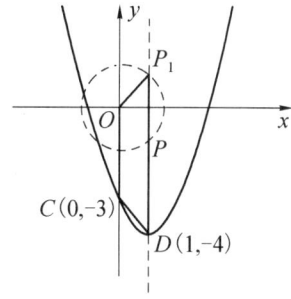

图 3-3-11

(2) 若 $OD$ 为底边,即 $CP\!/\!/OD$,如图 3-3-12.

则 $OP=CD$.

∵ $l_{CP}:y=-4x-3$,

设 $P(x,-4x-3)$,

$\sqrt{x^2+(4x+3)^2}=\sqrt{2}$,

$17x^2+24x+7=0$,

解得 $x_1=-1,x_2=-\dfrac{7}{17}$,

∴ $P(-1,1)$(舍),$P_2\left(-\dfrac{7}{17},-\dfrac{23}{17}\right)$.

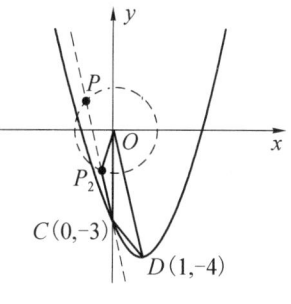

图 3-3-12

(3) 若 $CD$ 为底边,即 $OP\!/\!/CD$,如图 3-3-13,

则 $DP=OC$.

设 $P(x,-x)$,$\sqrt{(1-x)^2+(-4+x)^2}=3$,

得 $x^2-5x+4=0,x_1=1,x_2=4$,

∴ $P(1,-1),P_3(4,-4)$.

当 $x=1$ 时,$CD=OP=\sqrt{2}$,四边形 $OCDP$ 为平行四边形,故舍;当 $x=4$ 时,$CD\ne OP_3$.

∴ $P(1,-1)$(舍),$P_3(4,-4)$.

综上所述,符合条件的点有

$P_1(1,1)$、$P_2\left(-\dfrac{7}{17},-\dfrac{23}{17}\right)$、$P_3(4,-4)$

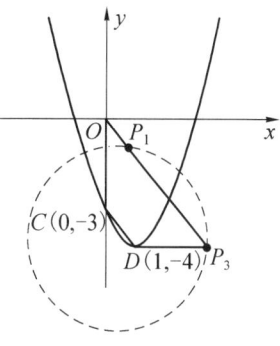

图 3-3-13

**讲评** 当题设确定下三个顶点,试寻找与其构成等腰梯形的第四顶点 $P$.建议以三条定线段依次成底边,实施分类指导解题.

**链接** 在例2第三种分类标准下,由于$OP/\!/CD$,可得$l_{OP}:y=-x$,即为二四象限的角平分线.由此特殊性,可以另解如下.

方法二:(3)若$CD$为底边,即$OP/\!/CD$.如图3-3-14.
$l_{CD}:y=-x-3$,得$l_{OP}:y=-x$,则$\angle BOP=\angle COP$.
又$\because$ 四边形$OCDP$为等腰梯形,
$\therefore \angle DPO=\angle COP$.
$\therefore \angle DPO=\angle BOP$,
$\therefore DP/\!/x$轴,得$P(4,-4)$.

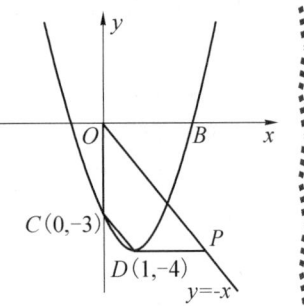

图 3-3-14

**例3** 在平面直角坐标系中(点$O$为原点),抛物线$y=x^2-2x-3$与$y$轴交于点$C$,顶点为$D$.在抛物线求点$P$,在$x$轴上求点$Q$,使点$O$、$C$、$P$、$Q$是一个平行四边形的四个顶点.

**分析** 根据题设,确定下两个定点:$O(0,0)$、$C(0,-3)$,以及一条定线型即$OQ$所在直线$x$轴,去寻找与其构成平行四边形的另外两个顶点$P$、$Q$.由于定线段$OC$与定直线$OQ$所在直线交于同一点.不妨尝试使用本讲例1中的方法三,以具有公共端点的两条定线段,依次展开均为边;一边一对角线的分类,继而在数形结合下求解.

**解** (1)若$OC$、$OQ$均为边,如图3-3-15.
作$CP/\!/OQ$,得抛物线上点$P(2,-3)$,
作$PQ/\!/OC$,得$x$轴上点$Q(2,0)$.

(2)若$OC$为边,$OQ$为对角线,如图3-3-16.
$\therefore OC \underline{/\!/} PQ$.设$Q(x,0)$,则$P(x,x^2-2x-3)$,
$\therefore 3=x^2-2x-3$,得$x^2-2x-6=0$,$x_{1,2}=1\pm\sqrt{7}$,
得$P(1+\sqrt{7},3)$,$Q(1+\sqrt{7},0)$或$P(1-\sqrt{7},3)$,$Q(1-\sqrt{7},0)$.

(3)若$OC$为对角线,$OQ$为边,如图3-3-17.
作$CP/\!/OQ$,得抛物线上点$P(2,-3)$.
$\because OQ=CP=2$,$\therefore x_Q=-2$,$Q(-2,0)$.

综上所述,符合条件的点有$P_1(2,-3)$、$Q_1(2,0)$;$P_2(1+\sqrt{7},3)$、$Q_2(1+\sqrt{7},0)$;$P_3(1-\sqrt{7},3)$、$Q_3(1-\sqrt{7},0)$;$P_4(2,-3)$、$Q_4(-2,0)$.

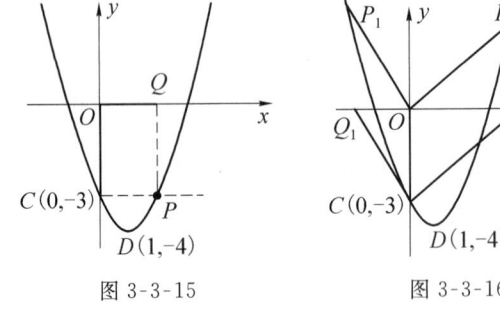 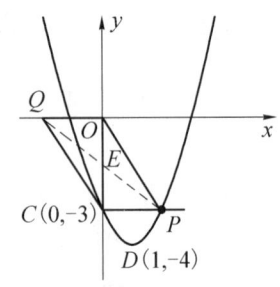

图 3-3-15    图 3-3-16    图 3-3-17

## 三、综合

**讲评** 当题设确定下一条定线段与一条定直线（其交点为平行四边形的一个顶点），试寻找与之构成平行四边形的其余两个顶点．建议以相邻两线依次均为边；分为一边一对角线的标准，实施分类在先．继而根据四边形性质，作出图形，数形结合指导解题．

**例 4** 在平面直角坐标系中（点 $O$ 为原点），抛物线 $y=x^2-2x-3$ 与 $y$ 轴交于点 $C$，顶点为 $D$．在平面内求点 $P$，在直线 $y=-2x$ 上求点 $Q$，使点 $O$、$C$、$P$、$Q$ 是一个菱形的四个顶点．

**分析** 根据题设，确定下两个定点：$O(0,0)$、$C(0,-3)$，以及一条定直线即 $OQ$ 所在直线 $y=-2x$，去寻找与其构成菱形的另外两个顶点 $P$、$Q$．

**解** (1) $OC$、$OQ$ 均为边，如图 3-3-18．

过点 $C$ 作 $CM \parallel OQ$．

∵ $OC=OQ$，

以 $O$ 为圆心、$OC$ 为半径作圆，交 $y=-2x$ 于点 $Q_1$、$Q_2$．

$y_P=y_Q-3$．

设 $Q$ 为 $(x,-2x)$，则 $P$ 为 $(x,-2x-3)$．

∵ $OC=OQ=3$, ∴ $3=\sqrt{x^2+4x^2}$,

$x^2=\dfrac{9}{5}$, ∴ $x=\pm\dfrac{3}{5}\sqrt{5}$,

∴ $Q_1\left(\dfrac{3}{5}\sqrt{5},-\dfrac{6}{5}\sqrt{5}\right)$, $P_1\left(\dfrac{3}{5}\sqrt{5},-\dfrac{6}{5}\sqrt{5}-3\right)$,

$Q_2\left(-\dfrac{3}{5}\sqrt{5},\dfrac{6}{5}\sqrt{5}\right)$, $P_2\left(-\dfrac{3}{5}\sqrt{5},\dfrac{6}{5}\sqrt{5}-3\right)$．

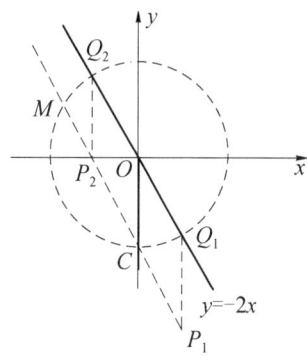

图 3-3-18

(2) $OC$ 为边，$OQ$ 为对角线，如图 3-3-19．

∵ 菱形对角线相互平分且垂直，

作 $CM \perp OQ$，垂足为 $H$，

作 $HQ=OH$，

作 $QP \parallel OC$ 交 $CM$ 于点 $P$．

设 $Q$ 为 $(x,-2x)$，则 $P$ 为 $(x,-2x+3)$，

∵ $OC=OP=3$,

∴ $3=\sqrt{x^2+(-2x+3)^2}$,

$5x^2-12x=0$, 解得 $x_1=0$（舍），$x_2=\dfrac{12}{5}$,

∴ $Q_3\left(\dfrac{12}{5},-\dfrac{24}{5}\right)$, $P_3\left(\dfrac{12}{5},-\dfrac{9}{5}\right)$．

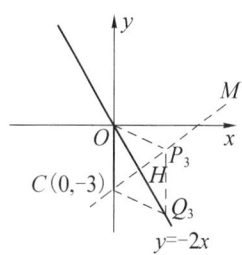

图 3-3-19

(3) $OC$ 为对角线，$OQ$ 为边，如图 3-3-20．

作 $OC$ 中垂线交直线 $y=-2x$ 于点 $Q$，交 $y$ 轴于点 $H$．

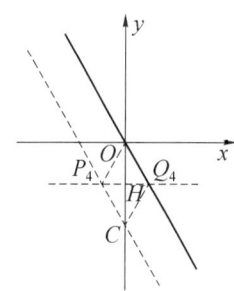

图 3-3-20

作 $CP // OQ$ 交直线 $HQ$ 于点 $P$.

根据中点公式有 $H\left(0, -\dfrac{3}{2}\right)$, 设 $Q$ 为 $(x, -2x)$, 则 $P$ 为 $(-x, -2x)$.

∵ $H$ 为 $PQ$ 中点, ∴ $-2x = -\dfrac{3}{2}$, ∴ $x = \dfrac{3}{4}$,

∴ $Q_4\left(\dfrac{3}{4}, -\dfrac{3}{2}\right)$, $P_4\left(-\dfrac{3}{4}, -\dfrac{3}{2}\right)$.

**讲评** 借助分类标准,利用菱形特性,作出图像,数形结合下完成题解.

本讲中,我们通过同一函数背景下的一组变式题,借助特殊四边形的图形性质、数量关系,确定点的位置继而求解.同时也获得了解决四边形分类问题中的小策略.

在**平行四边形**问题中,

(1) 当已知三个定点求第四顶点时,建议优先使用三条定线段分别为对角线展开分类,继而用中点公式帮助求解.(如例1)

(2) 当已知一条定线段和一条定直线,且交点为所求平行四边形的一个顶点时,建议依次展开均为边;各为一边一对角线的分类,继而利用图形特性、数量关系配合求解.(如例3、例4)

在**梯形**问题中,

建议牢牢抓住只有一组对边平行的特性,按照底边实施分类.(如例2)

由图形固有属性展开的逐类分类,可以帮助同学们把握方向,有序思考.然而策略并不是一成不变的,遇题还需灵活使用,稳中求变.

········ 练 习 ········

1. 如图 3-3-21, 平面直角坐标系中(点 $O$ 为原点), 抛物线 $y = x^2 - 2x - 3$ 与 $y$ 轴交于点 $C$, 顶点为 $D$.

(1) 在平面内求点 $P$, 使四边形 $OCDP$ 为平行四边形;

(2) 在直线 $y = -x$ 上求点 $P$, 使点 $O$、$C$、$D$、$P$ 是一个等腰梯形的四个顶点;

(3) 在抛物线上找一点 $P$, 点 $Q$ 在 $y = -x$ 上, 使以点 $O$、$C$、$P$、$Q$ 为顶点组成的四边形为平行四边形. 求出点 $P$、点 $Q$ 坐标.

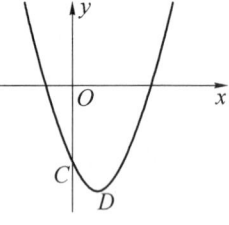

图 3-3-21

2. 一次函数 $y = \dfrac{1}{3}x + b$ 的图像与 $x$ 轴交于点 $A(6, 0)$, 与 $y$ 轴交于点 $B$, 点 $C$ 在 $y$ 轴的正半轴上, $BC = 5$.

(1) 求一次函数的解析式和点 $B$ 点 $C$ 的坐标.

(2) 如果四边形 $ABCD$ 是等腰梯形,求点 $D$ 坐标.

(3) 如果以 $A$、$B$、$C$、$D$ 为顶点的四边形是等腰梯形,求点 $D$ 坐标.

3. 如图 3-3-22,已知直角坐标平面内有点 $A(-1,2)$,过原点 $O$ 的直线 $l\perp OA$,且与过点 $A$、$O$ 的抛物线相交于第一象限的点 $B$,若 $OB=2OA$.

(1) 求抛物线的解析式;

(2) 作 $BC\perp x$ 轴于点 $C$,设有直线 $x=m(m>0)$ 交直线 $l$ 于 $P$,交抛物线于点 $Q$,若 $B$、$C$、$P$、$Q$ 组成的四边形是平行四边形,求 $m$ 的值.

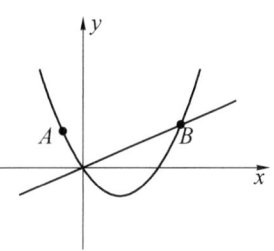

图 3-3-22

4. 如图 3-3-23,在直角梯形 $OABC$ 中,$CB\parallel OA$,$\angle COA=90°$,$CB=3$,$OA=6$,$BA=3\sqrt{5}$. 分别以 $OA$、$OC$ 边所在直线为 $x$ 轴、$y$ 轴建立平面直角坐标系.

(1) 求点 $B$ 的坐标;

(2) 已知点 $D$、$E$ 分别为线段 $OC$、$OB$ 上的点,$OD=5$,$OE=2EB$,直线 $DE$ 交 $x$ 轴于点 $F$,求直线 $DE$ 解析式.

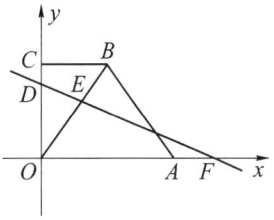

图 3-3-23

(3) $M$ 是(2)中直线 $DE$ 上的一个动点,在 $x$ 轴上方的平面内是否存在另一个点 $N$,使以点 $O$、$D$、$M$、$N$ 为顶点的四边形是菱形?请求出点 $N$ 坐标.

## 答 案

**1.** (1) $P(1,-1)$ (2) $P(4,-4)$ (3) $P_1(1,-4)$, $Q_1(1,-1)$; $P_2(-2,5)$, $Q_2(-2,2)$; $P_3(3,0)$, $Q_3(3,-3)$; $P_4(1,-4)$, $Q_4(-1,1)$ **2.** (1) $y=\frac{1}{3}x-2$, $B(0,-2)$, $C(0,3)$ (2) $D_1(3,4)$, $D_2(6,1)$ (3) $D_1(3,4)$, $D_2(6,1)$, $D_3(2,-3)$ **3.** (1) $y=\frac{1}{2}x^2-\frac{3}{2}x$ (2) 2 或 $2+2\sqrt{2}$ **4.** (1) $B(3,6)$ (2) $y=-\frac{1}{2}x+5$ (3) $N_1(-2\sqrt{5},\sqrt{5})$, $N_2(4,8)$, $N_3\left(-5,\frac{5}{2}\right)$

## 4. 非因果关系的联想："以形助数"问题[①]

**主编的话：**

在拙作《数学习题教学研究》中，提出了命题联想系统，这些联想是建立在因果关系基础上的，除此以外还有非因果关系的联想．非因果关系的联想很难找出一般规律．华罗庚教授说"天才在于积累"，"积累"十分重要．积累多了，对联想是有益的．

数形结合思想，就是通过数与形之间的对应和转化来解决数学问题，它包含"以形助数"和"以数解形"两个方面．在初中阶段，"以数解形"，可能主要就是方程法、三角法、参数法等，相对来说比较常规，而"以形助数"，比较灵活．本节主要研究后者．而一般而言，以形助数，需要进行数与形之间的合理联想，构造恰当模型．

**例1** 已知 $x>y>0$，试比较 $\sqrt{x}-\sqrt{y}$ 与 $\sqrt{x-y}$ 的大小，并证明你的判断．

> 问的是两非负数之差与另一非负数之间的大小关系，和"三角形两边差小于第三边"有点相像

**分析** 结论问的是两非负数之差与另一非负数之间的大小关系，可发现此与"三角形两边差小于第三边"这一定理有着某种"切合"，那 $\sqrt{x}$、$\sqrt{y}$ 和 $\sqrt{x-y}$ 能否成为一个三角形的三条边呢？

**解** 注意到 $(\sqrt{y})^2+(\sqrt{x-y})^2=(\sqrt{x})^2$，发现 $\sqrt{y}$ 和 $\sqrt{x-y}$ 为直角边的直角三角形的斜边恰为 $\sqrt{x}$，这样可得一直角三角形如图 3-4-1，从而有：$\sqrt{x}-\sqrt{y}<\sqrt{x-y}$．

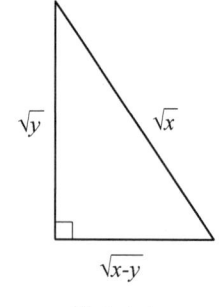

图 3-4-1

**讲评** 本题利用勾股定理构造直角三角形，最后利用几何原理：三角形两边之差小于第三边解决问题．在面对式子的不等关系时，这个几何原理常常有效．

**例2** 代数式 $\sqrt{x^2+4}+\sqrt{(12-x)^2+9}$ 的最小值为 _____．

> 这两个根式，被开方数都是"平方和"的形式，和勾股定理会不会有联系？

---

[①] 本文执笔：黄喆（上海市民办张江集团学校）

**分析** 由题设表达式的形式特征,联想勾股定理,将$\sqrt{x^2+4}$、$\sqrt{(12-x)^2+9}$分别视为以"$x$"、"2"和以"$x-12$"、"3"为直角边的直角三角形的斜边,进而可以构造两个直角三角形试试.

**解** 方法一:如图 3-4-2,作 $AB=12$,$CA\perp AB$,$DB\perp AB$,$AC=2$,$BD=3$.

对于 $AB$ 上任一点 $P$,令 $AP=x$,则 $PB=12-x$,$PC=\sqrt{x^2+4}$,$PD=\sqrt{(12-x)^2+9}$,

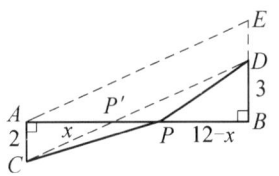

图 3-4-2

于是,所求问题转化为在直线 $AB$ 上求一点 $P$,使 $PC+PD$ 最小.

联结 $CD$,与 $AB$ 交于点 $P'$,显然,当点 $P$ 与 $P'$ 重合时,$PC+PD$ 最小.作 $AE\parallel CD$,与 $BD$ 的延长线交于点 $E$,则 $P'C+P'D=AE=\sqrt{12^2+5^2}=13$.

因此,所求代数式的最小值为 13.

方法二:把 $\sqrt{x^2+4}$ 看成点 $(0,-2)$ 到点 $(x,0)$ 的距离、把 $\sqrt{(12-x)^2+9}$ 看成点 $(x,0)$ 到 $(12,3)$,据此建立直角坐标并标示相关点(如图 3-4-3 所示).

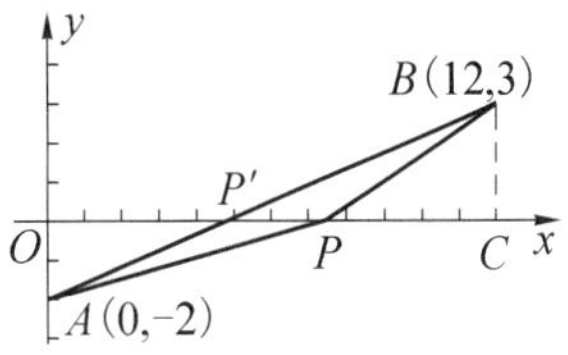

于是所求问题即转化为在 $x$ 轴上找一点 $P$,使得 $|PA|+|PB|$ 最短,根据"两点之间距离线段最短"显然使得 $|PA|+|PB|$ 最短的点 $P$ 就是线段 $AB$ 与 $x$ 轴的交点,而 $\sqrt{x^2+4}+\sqrt{(12-x)^2+9}$ 的最小值即为点 $(0,-2)$ 与 $(12,3)$ 之间距离:

$$\sqrt{(12-0)^2+(3-(-2))^2}=13.$$

图 3-4-3

**讲评** 本题利用勾股定理构造直角三角形,最后利用几何原理:两点间直线段为最短解决问题.在研究式子的最值时,这个几何原理常常有效.

**例 3** 已知 $a$、$b$、$c$、$r$ 均为正数,且 $a^2+b^2=c^2$,$c\sqrt{a^2-r^2}=a^2$,求 $\dfrac{3ab}{2rc}$ 的值.

> 看到第一个条件,可以构造一个直角三角形.看到第二个条件,你能想到什么?

**分析** 看到 $mn=k^2$ 这样的式子,可以认为是比例式转化来的,于是,应该想到或许和相似三角形(而且这对相似三角形有相等的边)有关.由条件 $a^2+b^2=c^2$ 可以构造直角三角形,因此要在这个直角三角形中找相似关系.

**解** 由题设特征,可构造如图 3-4-4 所示的 $Rt\triangle ABC$,使 $AB=c$、$AC=b$、$BC=a$.

作 $CD\perp AB$,垂足为 $D$.由 $\triangle CBD\backsim\triangle ABC$,得 $BC^2=BD\cdot AB$,

即 $c\sqrt{a^2-CD^2}=a^2$,与已知条件 $c\sqrt{a^2-r^2}=a^2$ 比较,得 $CD=r$.

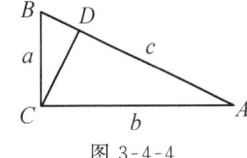

图 3-4-4

因为 $S_{\triangle ABC} = \frac{1}{2} \cdot ab = \frac{1}{2} \cdot cr$,

所以 $ab = cr$, 即 $\frac{3ab}{2rc} = \frac{3}{2}$.

**讲评** 由 $a^2 + b^2 = c^2$ 联想到构造直角三角形,由 $mn = k^2$,应该联想到该式可以转化为比例式,由比例式,应该联想到相似三角形(而且这对相似三角形有相等的边)对应边成比例,特别地,联系到直角三角形,应该联想到射影定理. $c\sqrt{a^2 - r^2} = a^2$ 得到 $CD = r$,是解决本例的关键.

**例4** 设 $a$、$b$、$c$、$d$、$x$、$y$、$z$、$m$ 均为正实数,且满足 $a + x = b + y = c + z = d + m = 1$. 求证: $am + bx + cy + dz < 2$.

> 四个式子相等,并都等于1,可以联想到什么?

**分析** 由"$a + x = b + y = c + z = d + m = 1$"联想到一个边长为1的正方形,并且,每条边被分成两段.如图 3-4-5 所示,如果能搭配好各数之间的位置,那么 $am$、$bx$、$cy$、$dz$ 是不是也可联想为三角形的面积呢?

**解** 由题设,构造边长为1的正方形 $ABCD$,并在边 $AB$、$BC$、$CD$、$DA$ 上分别取点 $E$、$F$、$G$、$H$,使 $AE = a$、$BF = b$、$CG = c$、$DH = d$ (如图 3-4-5). 则 $EB = x$, $FC = y$, $GD = z$, $HA = m$.

联结 $EF$、$FG$、$GH$、$HE$.

所求问题可转化为比较正方形 $ABCD$ 的面积与 $\triangle AEH$、$\triangle BEF$、$\triangle CFG$、$\triangle DGH$ 面积之和的大小关系.

显然,$S_{\triangle AEH} + S_{\triangle BEF} + S_{\triangle CFG} + S_{\triangle DGH} < S_{正方形ABCD} = 1$.

即 $\frac{1}{2}am + \frac{1}{2}dz + \frac{1}{2}cy + \frac{1}{2}bx < 1$,

所以 $am + bx + cy + dz < 2$.

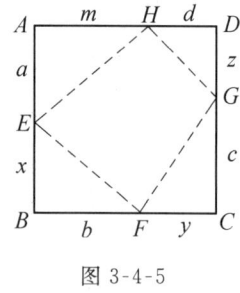

图 3-4-5

**讲评** 此题由四个连等式联想到构造正方形、由两字母乘积 $am$, $bx$ 等,联想到面积,继而利用部分小于全体的原理,从而使问题得以简化.

**例5** 若方程 $ax^2 - 2x + 1 = 0 (a > 0)$ 的两根满足: $x_1 < 1, 1 < x_2 < 3$,求 $a$ 的取值范围.

**分析** 由一元二次方程与二次函数之间的特殊关系,一元二次方程的根的问题很容易联想到二次函数与 $x$ 轴的交点问题,所以本题可理解为开口向上的抛物线 $y = ax^2 - 2x + 1$ 与 $x$ 轴的两个交点,其中一个交点在 $(1, 0)$ 左侧,另一个交点在 $(1, 0)$ 和 $(3, 0)$ 之间.

**解** 画出与方程对应的二次函数 $y=ax^2-2x+1(a>0)$ 的草图,如图 3-4-6.

当 $x=1$ 时,$y<0$;当 $x=3$ 时,$y>0$.

即:
$$\begin{cases} a-2+1<0, \\ 9a-6+1>0, \end{cases}$$ 解得 $\frac{5}{9}<a<1$.

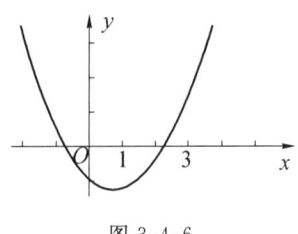

图 3-4-6

**例 6** 若关于 $x$ 的不等式 $0 \leqslant x^2+mx+2 \leqslant 1$ 的解集仅有一个元素,求 $m$ 的值.

**解** 如图 3-4-7,在同一坐标系内,作出 $y=1$ 与 $y=x^2+mx+2$ 的图像.

题设条件等价于抛物线 $y=x^2+mx+2$ 在直线 $y=0$ 与 $y=1$ 之间的带状区域仅有一个交点,且抛物线开口向上.

由图形的直观性质可知:这个交点只能在直线 $y=1$ 上,即方程组 $\begin{cases} y=1, \\ y=x^2+mx+2, \end{cases}$

仅有一组解.

∴ $\Delta=m^2-4=0,m=\pm 2$.

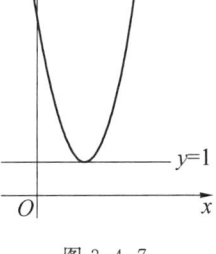

图 3-4-7

**讲评** 对于含参数方程(不等式),可将其与对应的函数(图像)联系起来,运用数形结合思想,去揭示问题中所蕴含的几何背景,往往能为解题提供清晰的思路.

1. **"以数助形"联想的几个主要几何模型**.

可运用"以数助形"联想与构造的题目门类繁多,很难在此列举完整,但有几个主要几何模型是需要注意的.

(1) **抛物线模型**. 一般与一元二次方程或不等式相关. 相对来说,这比较有章可循.

(2) 看到**类似勾股定理的式子**,应该想到构造直角三角形模型,这一般与二次代数式或二次根式相关.

(3) 看到**三个或更多的式子连等**,如 $a=b=c$,应该想到构造正三角形或正多边形模型,$a$、$b$、$c$ 是其边.

(4) 看到**乘积式 $ab$**,应该想到构造三角形或平行四边形,乘积 $ab$ 和其面积相关.

(5) 看到**式子 $ab=c^2$**,应该想到有一边相等的相似三角形,特别是想到射影定理.

2. **小经验**.

从本节所举的几个例子看,以下小经验也值得注意:

**证明不等关系**,可利用:

三角形两边之和(差)大于(小于)第三边;

部分小于全部.

**研究最值问题,可利用:**

**两点之间直线段距离最短.**

几何中的其他不等关系,和其他关于最短的定理,不一一列举,读者可以自行总结.

••••••• 练 习 •••••••

1. 设 $x$ 是实数,$y=|x-1|+|x+1|$,下面四个结论中,正确的是( ).
 (A) $y$ 没有最小值
 (B) 只有一个 $x$ 使 $y$ 取最小值
 (C) 有无限个 $x$ 使 $y$ 取最小值
 (D) 有有限个 $x$ 使 $y$ 取最小值.

2. 方程 $\frac{1}{x}-2=x^2-2x$ 实根的情况是( ).
 (A) 有三个实根　(B) 只有两个实根　(C) 只有一个实根　(D) 无实根

3. 当 $a$ 在什么范围内取值时,方程 $|x^2-5x|=a$ 有且只有两个实数根?

4. 使 $\sqrt{x^2+4}+\sqrt{x^2-16x+80}$ 取最小值的实数 $x$ 的值为_____.

5. 已知 $a>0,b>0$.求以 $\sqrt{a^2+b^2}$、$\sqrt{a^2+4b^2}$、$\sqrt{4a^2+b^2}$ 为三边长的三角形的面积.

6. 已知 $a$、$b$ 均为正数,且 $a+b=2$,求 $\sqrt{a^2+4}+\sqrt{b^2+1}$ 的最小值.

••••••• 答　案 •••••••

**1.** C　**2.** C　**3.** $a>\frac{25}{4}$ 或 $a=0$　**4.** $\frac{8}{3}$　**5.** $\frac{3}{2}ab$　**6.** $\sqrt{13}$

# 三、综合

## 5. 数学方法:特殊化[①]

**主编的话:**

在解题时,特别是解选择题时,有些学生的做法是"小题大做",其实有时只要代一个特殊值就可以轻松地解决.特殊化思想解题常常出其不意,大题小做,魅力无穷.特殊化思想常常用,但是其逻辑依据是什么?并不是每位老师都清楚的,因此有时用对,有时没有用,或者用错了.本文重点探讨**特殊值法的逻辑依据和几种应用**.特别是逻辑依据,让大家对这个问题的认识提高到一个新高度.

解选择题时常常可以使用特殊值法.定值问题是几何问题中,让学生最感头痛的问题,题目只定性不定量,因而解这类问题时往往希望猜出定值,使问题"明朗化",便于有的放矢,寻找证明思路.而特殊化思想可以帮助我们迅速解题.

**例1** 如图 3-5-1 所示,在 $\triangle ABC$ 中,已知 $AB=9, AC=6, AD \perp BC$ 于点 $D$, $M$ 为 $AD$ 上任一点,则 $MB^2 - MC^2$ 的值为( ).

(A) 9  (B) 35  (C) 45  (D) 55

**分析** 方法一:用"一般化"法,在 $\text{Rt}\triangle BMD$ 中,$BM^2 = MD^2 + BD^2$,同理,在 $\text{Rt}\triangle CMD$ 中,$CM^2 = MD^2 + CD^2$;

在 $\text{Rt}\triangle ABD$ 中,$AB^2 = AD^2 + BD^2$;

在 $\text{Rt}\triangle ACD$ 中,$AC^2 = AD^2 + CD^2$;

所以,$MB^2 - MC^2 = BD^2 - CD^2 = AB^2 - AC^2 = 45$.

共需要四次使用勾股定理,关系显得复杂;方法二:用"特殊化"法,只需要求出点 $M$ 与点 $A$ 重合时的解即可,即,$MB^2 - MC^2 = AB^2 - AC^2 = 45$,所以选 C.

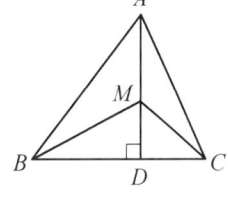

图 3-5-1

**链接** 本题默认了 $MB^2 - MC^2$ 是定值,即存在一个数 $k$,不管 $M$ 在什么位置(当然要在线段 $AD$ 上),$MB^2 - MC^2$ 总等于 $k$.这样的命题在逻辑上叫"一致性命题".对于一致性命题,常可用特殊值法处理:既然不管 $M$ 在什么位置(当然要在线段 $AD$ 上),$MB^2 - MC^2$ 总等于 $k$,那么对于某个特殊位置,$MB^2 - MC^2$ 也应该等于 $k$.于是就可以用特殊值代入求出 $k$ 来.这是特殊值法的逻辑依据,一致性命题是它的前提.

---

[①] 本文执笔:曹永娥(上海市西南位育中学)

**例2** 已知 $a$、$b$ 在数轴上位置如图 3-5-2 所示,则下列结论中正确的是(　　).

(A) $a<-a<b$

(B) $|a|>b>-a$

(C) $-a>|a|>b$

(D) $|a|>|-1|>|b|$

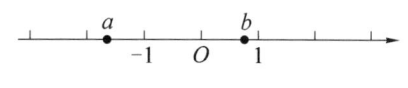

图 3-5-2

**分析** 本题可以运用不等式的性质,根据图像中提供的 $a<-1$、$0<b<1$ 两个不等式,一一进行判断,但因为是单项选择题,运用特殊值法更简单.

**解** 由图知 $a<-1,0<b<1$,不妨令 $a=-1.5,b=0.5$,

则 $-a=1.5,|a|=1.5,|b|=0.5$.

代入 A 得 $-1.5<1.5<0.5$,错.因而对于全体符合要求的 $a$、$b$ 的值 $a<-a<b$ 不可能成立.

代入 B 得 $1.5>0.5>1.5$,错.因而对于全体符合要求的 $a$、$b$ 的值 $|a|>b>-a$ 不可能成立.

代入 C 得 $1.5>1.5>0.5$,错.因而对于全体符合要求的 $a$、$b$ 的值 $-a>|a|>b$ 不可能成立.再利用逻辑上的另一种方法——排除法,只有 D 正确了.选 D.

---

**链接** 本题运用的是反例思想.如果命题对全体 $x$ 都成立(逻辑上称为"全称命题".在逻辑里,全称命题的形式化表示为:$\forall x, P(x)$,意思是对任意的 $x$,命题 $P(x)$ 都成立.),那么对其中的特殊的 $x_0$ 也成立.反之,如果命题对 $x_0$ 不成立,那么该命题不可能对全体 $x$ 都成立.即欲证一个全称命题为真,必须证明它对每一个 $x$ 都成立;而欲证一个全称命题为假,只要举一个反例就够了.

在逻辑里一致性命题的形式化表示为:$\exists k, \forall x, 有 P(x)=k$,意思是存在一个数 $k$,对任意的 $x$,命题 $P(x)=k$ 都成立.[①]

---

**讲评** 特殊化思想的逻辑根据主要有三条,这里先讲两条:

一是**反例思想**.找到一个反例,就可以证明一个全称命题为假.

二是**一致性命题**.如果存在一个数 $k$,不管 $x$ 是什么数,命题 $P(X)=k$ 成立,那么对特殊的 $x_0$,$P(X_0)=k$ 成立(我们把 $k$ 叫做"一致值"),于是 $k$ 可求出.

说通俗些,我们常说"一滴水可以看大海",就是由特殊来确定全体的性质.但是这里有个假定,即存在了一种味道,所有的海水都是这种味道.于是取一滴海水,尝尝它的味道是咸的,于是可以断言,大海里所有的水都是咸的.

**例3** $a$、$b$、$c$ 是直角三角形的两条直角边和斜边,下列结论一定成立的是(　　).

(A) $a^3+b^3>c^3$　　(B) $a^3+b^3<c^3$　　(C) $a^3+b^3=c^3$　　(D) $a^3+b^3\geqslant c^3$

---

① 参见陈永明名师工作室,数学教学中的逻辑问题,上海科技教育出版社

三、综合

**分析** 这道题目想用普通的解法很难直接判断哪个结论是正确的,因为没有一个直角三角形的定理和边的立方有关的.但如果用特殊值法,就很简单.

**解** 令 $a=3, b=4, c=5$,此时, $a^3+b^3=27+64=91, c^3=125$.

可以否定四个选项 A、C、D 三个,运用排除法,只有 B 正确,因而选 B.

——运用反例思想.

**例4** 不等式组 $\begin{cases} 2x-6<6-2x, \\ 2x+1>\dfrac{3+x}{2} \end{cases}$ 的整数解是( ).

(A) 1,2   (B) 1,2,3   (C) $\dfrac{1}{3}<x<3$   (D) 0、1、2

**分析** 本题可以直接求解,但依题意知,题目求的是"整数解",而 C 选项含分数,先排除;对比选项 A、B、D 发现,它们的公共部分是"1 和 2",而不同的是"0 和 3",因而只需验证"特值",就可获解.

**解** $x=0$,不满足不等式,$2x+1>\dfrac{3+x}{2}$,D 选项排除;

$x=3$,不满足不等式,$2x-6>6-2x$,B 选项排除;

故本题选 A.

——还是运用反例思想.

**讲评** 特殊化思想在初中数学中的应用之一:**巧解含参数选择题.方法常常是举反例和排除法;有时也用一致性命题.**

**例5** 设 $a+b+c=0, abc>0$,则 $\dfrac{b+c}{|a|}+\dfrac{a+c}{|b|}+\dfrac{a+b}{|c|}$ 的值是( ).

(A) $-3$   (B) 1   (C) 3 或 $-1$   (D) $-3$ 或 $-1$

**分析** 本题涉及的实际上是个一致性命题:存在一个数 $k$(只是目前不知道),只要 $a、b、c$ 满足条件 $a+b+c=0, abc>0$,必有 $\dfrac{b+c}{|a|}+\dfrac{a+c}{|b|}+\dfrac{a+b}{|c|}=k$.于是找一组符合条件的 $a、b、c$ 的数,代入即可求得 $k$.

——条件求值题都默认了一致性命题,对以选择题、填空题形式出现的条件求值题,都可以用特殊值法解.本文例1也是这样解的.但是其他场合一般不允许这样解.

**解** 以 $a=2, b=c=-1$ 代入,得 1,所以选 B.

**例6** 如图 3-5-3,在等边 $\triangle ABC$ 的边 $BC$ 上任意取一点 $D$,又在边 $AB$ 上任意取一点 $E$,且 $BD=AE$,$AD$、$EC$ 相交于点 $O$.求证:$\angle COD$ 为定值.

——定值问题都涉及一致性命题,一般都可以用特殊值法探究这个定值是什么.

**分析** "特殊化"可以这样进行,既然对 $AB$ 和 $BC$ 上任意符合 $BD=AE$ 的点都适

257

合,那么特殊化的 $D$、$E$ 两点也适合.不妨取 $BC$ 的中点 $D$,同时取 $AB$ 的中点 $E$,那么 $AD$ 与 $CE$ 为 $\triangle ABC$ 的高和中线,这时 $\angle COE=60°$,可见 $\angle COE$ 的定值是 $60°$.这一点,只要在一般情况下证明 $\angle COE=60°$ 就是了.

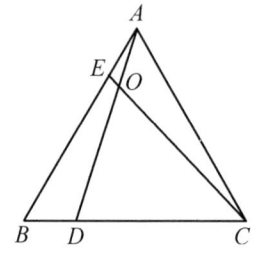

图 3-5-3

**证明** ∵ $\triangle ABC$ 是等边三角形,

∴ $AB=AC$,$\angle ABC=\angle CAE=60°$,

在 $\triangle ABD$ 和 $\triangle CAE$ 中,

∵ $AB=AC$,$\angle ABC=\angle CAE=60°$,$BD=AE$,

∴ $\triangle ABD \cong \triangle CAE$,

∴ $\angle BAD=\angle ACE$.

又 ∵ $\angle BAD+\angle DAC=60°$,

∴ $\angle COD=\angle ACE+\angle DAC=60°$,即 $\angle COD$ 为定值.

**例 7** 已知 $P$ 为定角 $\angle XOY$ 的角平分线上的一个定点,过 $O$、$P$ 两点任作一圆与角的两边分别交于 $A$、$B$ 两点.设 $\angle XOY$ 的度数为 $\alpha$,定长 $OP=m$.求证:$OA+OB$ 是定值并用含 $\alpha$ 和 $m$ 的式子表示.

**分析** "特殊化"可以这样进行,以 $OP$ 为直径作圆,探求定值真面目.若 $OP$ 为直径,则有 $\angle OAP=\angle OBP=90°$,$\angle AOP=\angle BOP=\dfrac{\alpha}{2}$,则 $OA+OB=2m\cos\dfrac{\alpha}{2}$,可见定值为 $OP$ 在 $\angle XOY$ 上的射影之和.于是考虑作垂线.

**证明** 如图 3-5-4,联结 $AP$、$BP$,作 $PE \perp OA$ 于点 $E$,$PF \perp OB$ 于点 $F$.

∴ $\angle PEA=\angle PFB=90°$.

∵ $\angle AOP=\angle BOP$,∴ $PE=PF$.

在圆 $G$ 中,

∵ 圆周角 $\angle AOP=\angle BOP$,∴ 弦 $AP=PB$,

∴ $Rt\triangle PEA \cong Rt\triangle PFB$,∴ $AE=BF$,

∴ $OA+OB=OE+AE+OF-BF=OE+OF=2m\cos\dfrac{\alpha}{2}$,

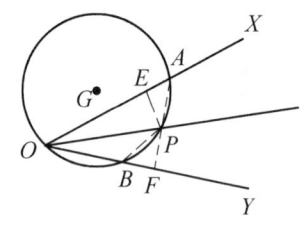

图 3-5-4

∴ $OA+OB$ 为定值,且可以表示为 $2m\cos\dfrac{\alpha}{2}$.

---

**讲评** 特殊化思想在初中数学中的应用之二:**探求定值问题**.

对于以选择题、填空题形式出现的定值问题,都可以直接用特殊值法求出答案;对于其他形式出现的定值问题,有多种解法,其中一种是"特殊探值,一般证明"的方法.在几何的定值问题中,往往将题中的变动元素变动到特殊位置(如动点取在定线段的中点,动点取在三角形高、中线、角平分线上等,有时动点可取临界位置)或用特殊图形代替一般图形,以便探求定值.求出定值后,明确了目标,就可以不失一般地在一般位置上证明,这时的证明就转化成了普通的证明题."先探值后证明"的方法也可以用在代数的定值问题上,对解题方向的把握有一定的好处.

三、综合

**例8** 已知直线 $(3+2m)x+(2-m)y-5-m=0$,求证:无论 $m$ 取何值,该直线恒过一个定点.

> 这实际上不是一条,而是个直线系.

**分析** 可以先用特殊值进行试验,例如取 $m=0$ 与 $m=1$ 时,求出相应的直线方程,通过解方程组确定"恒过的定点"再将所求得的点,代入验证即可.

**解** 分别令 $m=0$ 与 $m=1$,得
$$\begin{cases} 3x+2y=5, \\ 5x+y=6, \end{cases} \text{解得} \begin{cases} x=1, \\ y=1, \end{cases} \text{所以定点为}(1,1).$$

> 特殊不能代替一般,需要一般化证明!

**证明** 把 $x=1,y=1$ 代入原直线方程,
等式左边 $=(3+2m)\cdot 1+(2-m)\cdot 1-5-m$
$=3+2m+2-m-5-m=0$,
等式右边 $=0$,所以,左边 $=$ 右边,因此原直线横过定点 $(1,1)$.

**例9** 已知抛物线 $y=x^2+(a+1)x+\dfrac{1}{2}a+\dfrac{1}{4}$.证明:无论 $a$ 取任何实数值时,该抛物线恒过一个定点.

**解** 分别令 $a=0$ 与 $a=-1$,得
$$\begin{cases} y=x^2+x+\dfrac{1}{4}, \\ y=x^2-\dfrac{1}{2}+\dfrac{1}{4}, \end{cases} \text{解得} \begin{cases} x=-\dfrac{1}{2}, \\ y=0, \end{cases} \text{所以定点为}\left(-\dfrac{1}{2},0\right).$$

**证明** 略.

**例10** 已知抛物线 $y=x^2+2(a+1)x+a^2-2$,求证:无论 $a$ 取何值,该抛物线的顶点都在某一直线上.

**分析** 方法一:用特殊值法.

取 $a=-1$,得 $y=x^2-1$,顶点 $A(0,-1)$.

取 $a=0$,得 $y=x^2+2x-2$,顶点 $B(-1,-3)$.

所以,直线 $AB$ 所在直线为 $y=2x-1$.

**证明** 方法一:将 $y=x^2+2(a+1)x+a^2-2$ 配方得 $y=(x+a+1)^2-2a-3$,

所以顶点为 $(-a-1,-2a-3)$,

代入分析中求得的直线解析式 $y=2x-1$,等式左边 $=-2a-3$,等式右边 $=2(-a-1)-1$,∴ 左边 $=$ 右边,顶点在直线 $y=2x-1$ 上.

方法二:配方得顶点为 $(-a-1,-2a-3)$,设 $x=-a-1,y=-2a-3$,消去 $a$ 得 $y=2x-1$.

---

**讲评** 特殊化思想在初中数学中的应用之三:**解定位问题**.

定位问题主要有两类.一类是求证曲线系过定点;一类是证明动点在一曲线上.定位问题也有多种解法,如例8与例9都可以用主元法求解,详解见本书《数学方法:主元法》一文,也可以参看本书《动态几何中的不变量》,特殊值法只是其中的一种,其思想还是利用一致性命题的特性,"先探究后证明".

对于"曲线系过定点"问题,如例8,例9,就是默认了:存在一个点$A$,不论曲线系里的参数取什么值,即不论曲线怎么变动,这些曲线都经过$A$点. 于是可以适当选取两个参数值,即选取了两条曲线,它们的交点,就是每条曲线都应该经过的点. 探究得到了这个点,然后加以一般的证明. 这样证明时,方向明确,有时更可以帮助探寻证题的思路.

对于"动点在定曲线(在初中阶段通常是直线)上"问题,如例10,也是默认了:存在一条曲线$l$,不论点怎么动,这些点都一定在一条曲线上. 于是可以适当选取两个参数值,得到两个动点,经过这两个点作直线,就是我们探究得到的直线$l$,然后加以一般的证明. 同样地,这样证明时,方向明确,有时更可以帮助探寻证题的思路.

**例 11** 对于任何自然数$n$总可以找到一个整数$m$,能使$n \cdot m + 1$刚好是完全平方数.

**分析** 本题如果不用"特殊化"手法,则是一个大难题,$m$是多少呢?

"特殊化"探究

当$n = 1$时,$1 \cdot 3 + 1 = 4 = 2^2$(往后找$m$),$1 \cdot (-1) + 1 = 0 = 0^2$(往前找$m$),

当$n = 2$时,$2 \cdot 4 + 1 = 9 = 3^2$,$2 \cdot 0 + 1 = 1 = 1^2$,

$\cdots$,至此,已经找到规律$m = n \pm 2$.

> 这是从特殊到一般研究问题经常用的方法. 很有科学研究的味道.

**证明** (1) $n \cdot m + 1 = n(n+2) + 1 = n^2 + 2n + 1 = (n+1)^2$;

(2) $n \cdot m + 1 = n(n+2) + 1 = n^2 + 2n + 1 = (n+1)^2$.

**例 12** 有一段楼梯有10级台阶,规定每一步只能跨一级或两级,要登上第10级台阶有几种不同的走法?

**分析** 从第1级开始递推,脚落到第1级只有从地上开始1种走法;登上第2级有两种可能,从地上跨两级上去或从第1级迈上第2级,共两种方法;登上第3级,分两类,要么从第1级迈上来,要么从第2级迈上来,所以方法数是前两级的方法数和,即如果用$n$表示台阶的级数,$a_n$表示某人走到第$n$级台阶时,所有可能不同的走法,运用不完全归纳法,从特殊到一般容易得到:

① 当$n = 1$时,显然只有1种上法,即$a_1 = 1$.

② 当$n = 2$时,可以一步一级跨,也可以一步跨二级上楼,因此,共有2种不同的跨法,即$a_2 = 2$.

③ 当$n = 3$时,可以一步一级跨;还可以第一步跨一级,第二步跨二级;也可第一步跨二级第二步跨一级上楼,因此,共有3种不同的跨法,即$a_3 = 3$.

④ 当$n = 4$时,分三种情况分别讨论跨法:

如果第一步跨一级台阶,那么还剩下三级台阶,由③可知有$a_3 = 3$(种)跨法.

如果第一步跨二级台阶,那么还剩下二级台阶,由②可知有$a_2 = 2$(种)跨法.

根据加法原理,有$a_4 = a_2 + a_3 = 2 + 3 = 5$.

类推,有$a_5 = a_3 + a_4 = 3 + 5 = 8$.

观察比较提出猜想:$a_n = a_{n-1} + a_{n-2}$.

> 这就是一个斐波那契数列,运用不完全归纳法推得它的递推公式.

**解** 递推:

登上第1级:1种;

登上第 2 级:2 种;

登上第 3 级:1+2=3 种(前一步要么从第 1 级迈上来,要么从第 2 级迈上来);

登上第 4 级:2+3=5 种(前一步要么从第 2 级迈上来,要么从第 3 级迈上来);

登上第 5 级:3+5=8 种;

登上第 6 级:5+8=13 种;

登上第 7 级:8+13=21 种;

登上第 8 级:13+21=34 种;

登上第 9 级:21+34=55 种;

登上第 10 级:34+55=89 种.

答:按此上楼方式,10 级台阶共有 89 种不同走法.

如果将原题改为"一个楼梯共有 10 级台阶,规定每步可以迈一级台阶或二级台阶,最多可以迈三级台阶,从地面上到最上面一级台阶,共有几种迈法"有兴趣的读者可以用例 10 方法进行探究.答案是 274 种.

**讲评** 问题解答完,揭示了编题者的良苦用心:例 11 中原来编题者把公式 $(x±1)^2=x^2±2x+1=x(x±2)+1$ 改编,并令 $x=n$,得到本题.读者也可以模仿编一题,并自己求解.这两例中,研究问题的方法是数学中最常见的方法.我们可以归纳为特殊化应用之三——**探究规律**.其原理是不完全归纳法.

1.特殊化思想的逻辑根据大致有三条:

**第一是反例思想**.如果命题对全体 $x$ 都成立,那么对其中的特殊的 $x_0$ 也成立.反之,如果命题对 $x_0$ 不成立,那么该命题不可能对全体 $x$ 都成立.

**第二是一致性命题**.如果存在一个数 $k$,不管 $x$ 是什么数,命题 $P(x)=k$ 成立,那么对特殊的 $x_0$,$P(x_0)=k$ 成立,于是 $k$ 可求出.

**第三,不完全归纳法**.

| 特殊值法 | 第一种(反例思想) | 第二种(利用一致性命题的特性) | 第三种(不完全归纳法) |
| --- | --- | --- | --- |
| 例子特征 | 举反例 | 举正面的例子 | 举正面的例了 |
| 前提 | 全称命题 | 一致性命题 | 往往和 $n$ 相关 |
| 结果 | 推翻全称命题 | 求得一致值 | 找出变化规律 |
| 适用 | 选择题等 | 定值问题,定位问题,条件求值题 | 求通项 |

2.初中特殊化方法的大致适用于这样几种情况:

(1) **解含参数单选题**:例 1,例 2,例 3,例 4,例 5;

(2) **定值问题**:例 6,例 7;

(3) **定位问题**:例 8,例 9,例 10;

(4) **巧寻和 $n$ 相关问题的规律**:例 11,例 12.

## 练 习

1. 求证:无论 $m$ 取任何非零实数,一次函数 $y=mx-(3m+2)$ 的图像过定点.

2. 下列函数图像中,不可能是一次函数 $y=ax-(a-2)$ 图像的是( ).

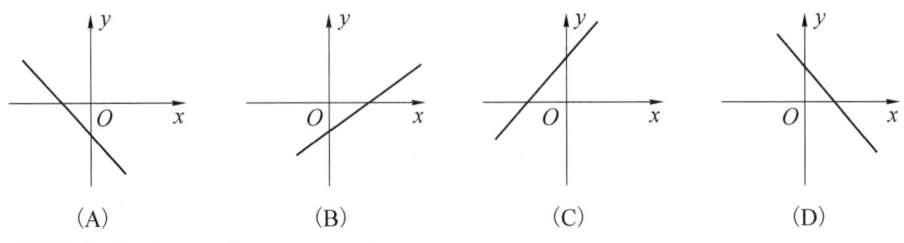

图 3-5-5

3. 如图 3-5-6,已知等边 $\triangle ABC$ 和点 $P$,设点 $P$ 到 $\triangle ABC$ 三边 $AB$、$AC$、$BC$(或其延长线)的距离分别为 $h_1$、$h_2$、$h_3$,$\triangle ABC$ 的高为 $h$.

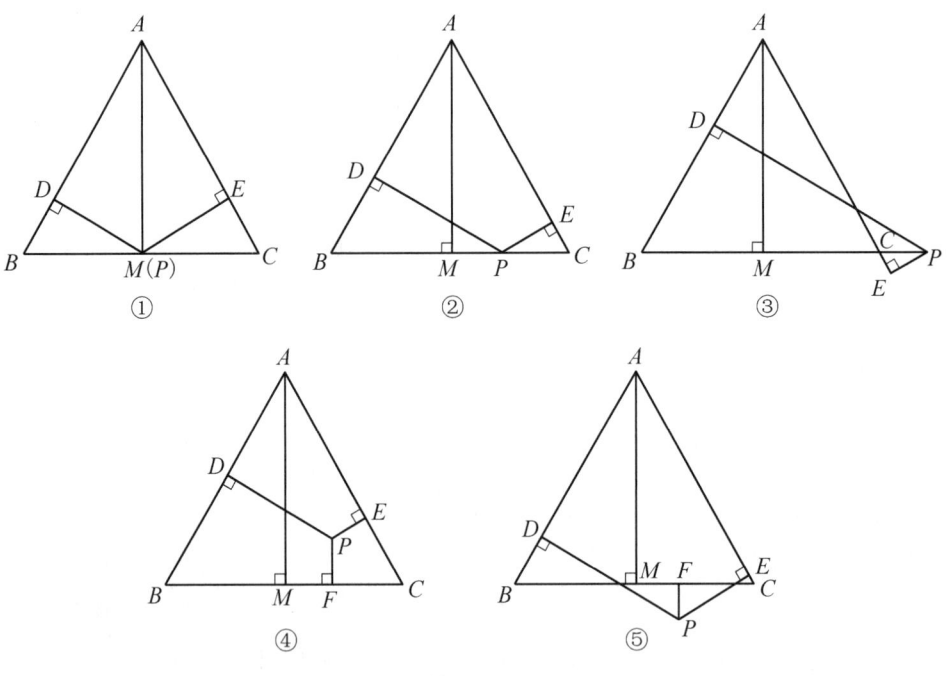

图 3-5-6

在图①中,点 $P$ 是边 $BC$ 的中点,此时 $h_3=0$,可得结论:$h_1+h_2+h_3=h$.

在图②~⑤中,点 $P$ 分别在线段 $MC$ 上、$MC$ 延长线上、$\triangle ABC$ 内、$\triangle ABC$ 外.

(1) 讲探究:图②~⑤中,$h_1$、$h_2$、$h_3$、$h$ 之间的关系;(直接写出结论)

(2) 证明图②所得的结论;

(3) 证明图④所得的结论.

三、综合

　　答　案

**1.** 略　**2.** D　**3.** (1) 利用面积法可得,在图②与④中 $h=h_1+h_2+h_3$,在图③中 $h=h_1-h_2+h_3$,在图⑤中 $h=h_1+h_2-h_3$　(2) 略　(3) 略

## 6. 数学方法：主元法[①]

**主编的话：**

灵活性是数学资优生的思维品质，不要以为灵活性是天生的，灵活性也可以培养．主元法打破了思维的定势，变换思考问题的角度，就是一种灵活性．本文总结了主元的几个选择原则，很精彩．

主元法，即在解含有多个变量的数学问题时，选择其中一个变量为主要元素，而其余各变量看作常量，将原式重新整理成关于这个主元变量字母的按降幂排列的形式，这样能排除各字母间的干扰，简化问题的结构，化陌生问题为我们熟悉的结构形式．在运用主元法解题时，注意体会转化的数学思想，因为我们常要将一个非基本问题化归为一个简单的易于解决的问题．

**例1** 分解因式：$x^3-x^2y-2xy+y^2-1$．

**解** 原式 $= y^2-(x^2+2x)y+x^3-1$
$= y^2-(x^2+2x)y+(x-1)(x^2+x+1)$
$= [y-(x-1)][y-(x^2+x+1)]$
$= (y-x+1)(y-x^2-x-1)$．

本题看作关于 $y$ 的二次三项式，考虑用十字相乘，因而首先对常数项进行分解，运用立方差公式．

**例2** 因式分解：$2x^3-x^2z-4x^2y+2xyz+2xy^2-y^2z$．

**解** 原式 $=(2xy-x^2-y^2)z+(2x^3-4x^2y+2xy^2)$
$=-(x-y)^2z+2x(x^2-2xy+y^2)$
$=-(x-y)^2z+2x(x-y)^2$
$=(2x-z)(x-y)^2$．

变元 $z$ 的次数最低，尝试以 $z$ 为主元．

考虑提取公因式．

**讲评** 在分解含多个字母的代数式时，选取其中一个字母为主元，将其他字母看成是常数，把代数式整理成关于主元的降幂排列（或升幂排列）的多项式，然后再尝试进行因式分解．这种分解因式的方法就是主元法．

这两例都是选取的次数较低的元素作为主元．因为次数越低，越容易观察出特征，容易求解．这一原则就是**低次元为主元原则**．

**例3** 因式分解：$x^2+2y^2+3z^2+3xy+4xz+5yz$．

---

[①] 本文执笔：曹永娥（上海市西南位育中学）

## 三、综合

**分析** 三个变元的次数相同,任选其一为主元都可以顺利求解.

**解** 方法一:原式$=x^2+(3y+4z)x+(2y^2+3z^2+5yz)$   ← $x$ 为主元.
$=x^2+(3y+4z)x+(2y+3z)(y+z)$
$=(x+2y+3z)(x+y+z);$

方法二:原式$=2y^2+(3x+5z)y+(x^2+4xz+3z^2)$   ← $y$ 为主元.
$=2y^2+(3x+5z)y+(x+3z)(x+z)$
$=(2y+x+3z)(y+x+z).$

方法三:原式$=3z^2+(4x+5y)z+(2y^2+3xy+x^2)$   ← $z$ 为主元.
$=3z^2+(4x+5y)z+(2y+x)(y+x)$
$=(3z+2y+x)(z+y+x).$

**例 4** 解方程:$5x^2+6xy+2y^2-14x-8y+10=0.$

**解** 整理得 $5x^2+(6y-14)x+2y^2-8y+10=0,$   ← 以 $x$ 为主元,降幂整理,发现这是关于 $x$ 的一元二次方程,若方程有解,判别式大于等于 $0$,可以约束 $y$ 的范围.
$\Delta=(6y-14)^2-20(2y^2-8y+10)\geqslant 0,$
$\therefore (3y-7)^2-5(2y^2-8y+10)\geqslant 0,$
$\therefore -y^2-2y-1\geqslant 0,$
$\therefore (y+1)^2\leqslant 0,$
$\therefore y=-1.$

把 $y=-1$ 代入原方程得 $x^2-4x+4=0,$ $\therefore x_1=x_2=2.$

所以原方程的解为 $\begin{cases} x=2, \\ y=-1. \end{cases}$

---

**讲评** 比较发现,当各元的次数一样时,也就是各元地位均等时,为了便于研究,可以选择其中一个变量为主元,我们可以称这种方法为,**对称元为主元原则**.

---

**例 5** 如果 $a$、$b$、$c$、$d$ 都是实数,且 $a^2d^2+b^2(d^2+1)+c^2+2b(a+c)d=0.$ 求证:$b^2=ac.$

**分析** 注意到所要求证的式子中不含 $d$,因而 $d$ 是无关元.以 $d$ 为主元,加以整理,得到关于 $d$ 的一元二次方程,进而借助一元二次方程根的判别式可求证.

**证明** 将原等式看作关于 $d$ 的方程可以整理为:
$(a^2+b^2)d^2+2b(a+c)d+(c^2+b^2)=0,(*)$
$\because$ $d$ 为实数,
$\therefore$ 关于 $d$ 的一元二次方程 $(*)$ 必有实数解,
$\therefore [2b(a+c)]^2-4(a^2+b^2)(c^2+b^2)\geqslant 0,$   ← 不等式的左边是关于 $a$、$b$、$c$ 的三元四次式,为方便研究其特征,选 $b$ 为主元,降幂整理后发现可以配方为完全平方式。
$\therefore b^2(a+c)^2-(a^2+b^2)(c^2+b^2)\geqslant 0,$
$\therefore b^2(a+c)^2-a^2c^2-a^2b^2-b^2c^2-b^4\geqslant 0,$
$\therefore b^4+[a^2+c^2-(a+c)^2]b^2+a^2c^2\leqslant 0,$
$\therefore b^4-2acb^2+a^2c^2\leqslant 0,$

265

∴ $(ac-b^2)^2 \leqslant 0$,

∴ $b^2-ac=0$,

即 $b^2=ac$.

**例6** 求证：无论 $m$ 取何值，直线 $(3+2m)x+(2-m)y-5-m=0$ 恒过一个定点.

**分析** 注意到"无论 $m$ 取何值"，$m$ 可以看作是无关元，以 $m$ 为主元，将原式整理为关于 $m$ 的最简方程.

**解** 将 $m$ 看作主元，方程整理为 $(2x-y-1)m=5-3x-2y$，(∗)

由于 $m$ 为任意实数，因而关于 $m$ 的(∗)方程为恒等式，

所以 $\begin{cases} 2x-y-1=0, \\ 5-3x-2y=0, \end{cases}$ 解得 $\begin{cases} x=1, \\ y=1, \end{cases}$ 所以定点为 $(1,1)$.

**例7** 下列图像中，不可能是关于 $x$ 的一次函数 $y=mx-(m-3)$ 的图像的是（　）.

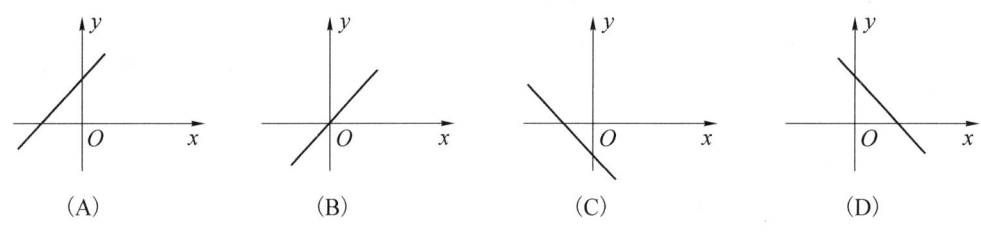

图 3-6-1

**解** 方法一：运用"一般化"策略解题.

原函数的斜率为 $m$，截距是 $(3-m)$，根据图像性质，对四个选项逐一判断：

(A) $\begin{cases} m>0, \\ 3-m>0 \end{cases} \Rightarrow \begin{cases} m>0, \\ m<3 \end{cases} \Rightarrow 0<m<3$，所以 A 是可能的.

(B) $m=3$ 时，图像过原点，所以 B 是可能的.

(C) $\begin{cases} m<0, \\ 3-m<0 \end{cases} \Rightarrow \begin{cases} m<0, \\ m>3, \end{cases}$ 所以 C 是不可能的.

(D) $\begin{cases} m<0, \\ 3-m>0 \end{cases} \Rightarrow \begin{cases} m<0, \\ m<3 \end{cases} \Rightarrow m<0$，所以 D 是可能的.

方法二：运用"主元法"策略解题.

将 $m$ 看作主元，原函数可以整理为

$(x-1)m=y-3$，　　　　　　　　　　关于 $m$ 的最简方程.

∵ 当 $x=1, y=3$ 时，等式恒成立，

∴ 无论 $m$ 取何值，该一次函数图像过点 $(1,3)$.

又∵ 四个选项中，只有 C 选项中图像不可能过点 $(1,3)$，

所以，选 C.

显然，本题可以运用"一般化"策略从题目的选项出发解题，这是这类问题的通法与通解. 比较方法一与方法二，方法二采用主元法，简洁巧妙，体现思维的灵动！方法二的"奇思妙想"是建立在对数学思想方法的归纳总结上获得的.

# 三、综合

**讲评** 1.有些数学问题的结论与某一变量无关,我们不妨称这个变量为"无关元".解题时选择**无关元为主元**,往往能揭示问题中各变元的内在联系.

2.求解含有参数的函数恒过定点问题,由于所含参数无论取何值都不影响定点的位置,因而可以将所含参数看作主元.这种求解的方法可以作为求解这类问题的模型.在初中数学竞赛中十分常用,在高中解析几何中运用更加广泛.当然这类问题也可以用特殊化方法求解.详见本书《数学方法:特殊化》一文.

**例8** 设 $a$ 为实数,试解关于 $x$ 的四次不等式 $x^4-2ax^2+a^2+2a-3>0$.

**分析** 直接从 $x$ 入手,不易寻求解题思路.尝试以 $a$ 为主元进行整理,可以得到关于 $a$ 的二次不等式,从中获得解题思路.

**解** 将 $a$ 看作主元,整理得 $a^2+2(1-x^2)a+x^4-3>0$.

令 $y=a^2+2(1-x^2)a+x^4-3$,则 $y$ 是关于 $a$ 的二次函数,且开口向上,

∴ $y>0$ 等价于 $\Delta<0$, ∴ $\Delta=[2(1-x^2)]^2-4(x^4-3)<0$,

化简得 $x^2>2$,即 $x>\sqrt{2}$ 或 $x<-\sqrt{2}$.

**例9** 若对任意的实数 $x$,不等式 $|x|\geqslant ax$ 恒成立,求实数 $a$ 的取值范围.

**解** 将 $a$ 看作主元,得到关于 $a$ 的不等式,

当 $x>0$ 时,$a\leqslant\dfrac{|x|}{x}=1$,即 $a\leqslant 1$;

当 $x=0$ 时,$0\geqslant a\cdot 0$ 恒成立,即 $a$ 可以取任意实数;

当 $x<0$ 时,$a\geqslant-\dfrac{|x|}{x}=-1$,即 $a\geqslant-1$.

对任意实数 $x$,不等式 $|x|\geqslant ax$ 恒成立,所以 $-1\leqslant a\leqslant 1$.

**例10** 已知方程 $x^2+(m+1)x+2m-1=0$ 的两根都是整数,求 $m$ 的整数值.

**分析** 既然是求 $m$ 的值,可见变元 $m$ 是明显元,不妨以 $m$ 为主元,对原方程进行整理.

**解** 将原方程整理可得 $(x+2)m=1-x-x^2$,

当 $x=-2$ 时,方程无整数解;

当 $x\neq-2$ 时,$m=\dfrac{1-x-x^2}{x+2}=-(x-1)-\dfrac{1}{x+2}$.

因为 $m$、$x$ 均为整数,所以 $x+2=\pm 1$

即 $x=-1$ 或 $x=-3$,$m=1$ 或 $m=5$,

经检验均满足题意.

**讲评** 通常,总把 $x$ 看做变元,而 $a$、$m$ 等看做常量或参数,其实这两者的位置是可以变换的."反客为主"**以常量(参数)作为主元**,突出矛盾,促成问题解决.这就是以常量为主元原则.

**例 11** 不等式 $(1+x)(1-|x|)>0$ 的解集是( ).

(A) $0 \leqslant x < 1$  (B) $x < 0$ 且 $x \neq -1$

(C) $-1 < x < 1$  (D) $x < 1$ 且 $x \neq -1$

**分析** 这是一道选择题,有两种基本方法:特殊值代入检验或分类讨论求解.也可尝试根据主元思想,变更主元,将"1"看作主元求解,很有趣.

**解** 原不等式可以变形为 $[1-(-x)](1-|x|)>0$.

∴ $\begin{cases}1-(-x)>0, \\ 1-|x|>0,\end{cases}$ 或 $\begin{cases}1-(-x)<0, \\ 1-|x|<0,\end{cases}$

∴ $\begin{cases}1>-x, \\ 1>|x|,\end{cases}$ 或 $\begin{cases}1<-x, \\ 1<|x|.\end{cases}$

将"1"看作主元,利用不等式的性质,将二次不等式,化为关于"1"的一次不等式组.

∵ 对于任意实数,必有 $|x| \geqslant -x$,

∴ $1>|x|$ 或 $1<-x$, ∴ $-1<x<1$ 或 $x<-1$, ∴ $x<1$ 且 $x \neq -1$,所以本题选 D.

**例 12** 解方程:$x^3+3x^2-4=0$.

**分析** 面对一个高次方程,难以下手,根据常数特征,以 2 为主元,则原方程可以化为以 2 为主元的一元二次方程,将高次转化为低次.

**解** 设 $t=2$,则原方程可化为:

$t^2-x^2 \cdot t-(x^2+x^3)=0$,

$t^2-x^2 \cdot t-x(x^2+x)=0$,

$[t-(x^2+x)](t+x)=0$,

关于 $t$ 的二次三项式,尝试十字相乘.也可以运用求根公式直接求 $t$.

∴ $t-(x^2+x)=0$ 或 $t+x=0$.

∴ $x^2+x-2=0$ 或 $x=-2$,

∴ $x_1=x_2=-2, x_3=1$.

**讲评** 将常数看作主元,确实是一种巧妙的解法,一个静止的常数,在这里却"动感十足",成为矛盾的主要方面.这两例是**将常数看作主元**.

**小结**

1. 主元法的核心是变换思考问题的角度,变配角为主角,其中充满了辩证思想.常适用于含多个字母的问题中,初中阶段选择主元大致有以下几个原则:

(1) **以低次元为主元**.如例 1、例 2.

(2) **以对称元为主元**.如例 3、例 4.

(3) **以无关元为主元**.如例 5、例 6、例 7.

(4) **以常量作为主元**.如例 8、例 9、例 10.

(5) **以常数作为主元**.如例 11、例 12.

2. 什么时候可以用主元法进行尝试?

(1) 高次的多项式的运算和证明(包括因式分解),解高次方程甚至不等式.

（2）多元的多项式的运算和证明（包括因式分解）．

（3）恒成立问题．

························ 练　习 ························

1. 分解因式：$a^3-a^2b-2ab+b^2-1$．

2. 已知对于任意有理数 $a$、$b$，关于 $x$、$y$ 的方程 $(a-b)x-(a+b)y=5a+b$ 都有一组公共解，试求这组公共解．

3. 已知 $x$、$y$、$z$ 均为实数，$a>0$，且满足关系 $\begin{cases} x+y+z=a, \\ x^2+y^2+z^2=\dfrac{1}{2}a^2, \end{cases}$ 求证：$0 \leqslant x、y、z \leqslant \dfrac{2}{3}a$．

4. 求函数 $y=\dfrac{x^2-2x-3}{x^2}$ 的值域．

5. 证明：无论 $a$ 取任何实数值时，抛物线 $y=x^2+(a+1)x+\dfrac{1}{2}a+\dfrac{1}{4}$ 是通过一个定点．

·········· 答　案 ··········

1. $(b-a+1)(b-a^2-a-1)$　2. $\begin{cases} x=2 \\ y=-3 \end{cases}$　3. 提示：分别以 $x$、$y$、$z$ 为主元　4. $y \leqslant \dfrac{4}{3}$ 且 $y \neq 1$　5. 恒过点 $\left(-\dfrac{1}{2}, 0\right)$

## 7. 反应块：拆项添项法和割补法[①]

**主编的话：**

华南师大教授傅学顺提出了"**反应块**"理论，他认为有些知识点，要做到"**一看到……就想到……**"，这样的反应"块"积累多了，你的反应就"快"了．割补法是一种数学思想方法，用途甚广，难以归纳，这时，把一些零星的经验作为反应块加以记忆，是有益的．

拆项和割补是初中数学学习中常见的一种解题方法．它指的是有意识地把代数式中的某项化成两项或多项的和，或者是将图形截割拼补后，灵活应用，使问题获得巧妙、迅捷的解答．

**例1** 计算：$\dfrac{1}{15}+\dfrac{1}{35}+\dfrac{1}{63}+\dfrac{1}{99}+\dfrac{1}{143}$．

**分析** 这五个分数的分子都是1，而分母是两个相差为2的整数的乘积，于是可以使用拆项法求值如下．

**解** 原式 $=\dfrac{1}{3\times 5}+\dfrac{1}{5\times 7}+\dfrac{1}{7\times 9}+\dfrac{1}{9\times 11}+\dfrac{1}{11\times 13}$

$=\dfrac{1}{2}\left(\dfrac{1}{3}-\dfrac{1}{5}\right)+\dfrac{1}{2}\left(\dfrac{1}{5}-\dfrac{1}{7}\right)+\dfrac{1}{2}\left(\dfrac{1}{7}-\dfrac{1}{9}\right)+\dfrac{1}{2}\left(\dfrac{1}{9}-\dfrac{1}{11}\right)+\dfrac{1}{2}\left(\dfrac{1}{11}-\dfrac{1}{13}\right)$

$=\dfrac{1}{2}\left(\dfrac{1}{3}-\dfrac{1}{5}+\dfrac{1}{5}-\dfrac{1}{7}+\dfrac{1}{7}-\dfrac{1}{9}+\dfrac{1}{9}-\dfrac{1}{11}+\dfrac{1}{11}-\dfrac{1}{13}\right)$

$=\dfrac{1}{2}\times\left(\dfrac{1}{3}-\dfrac{1}{13}\right)=\dfrac{1}{2}\times\dfrac{10}{39}=\dfrac{5}{39}$．

**例2** 计算：$\dfrac{1}{1\times 2\times 3}+\dfrac{1}{2\times 3\times 4}+\cdots+\dfrac{1}{19\times 20\times 21}$．

**分析** $\dfrac{1}{1\times 2\times 3}=\dfrac{3-1}{1\times 2\times 3}\times\dfrac{1}{2}=\left(\dfrac{1}{1\times 2}-\dfrac{1}{2\times 3}\right)\times\dfrac{1}{2}$，

$\dfrac{1}{2\times 3\times 4}=\dfrac{4-2}{2\times 3\times 4}\times\dfrac{1}{2}=\left(\dfrac{1}{2\times 3}-\dfrac{1}{3\times 4}\right)\times\dfrac{1}{2}$，

$\dfrac{1}{3\times 4\times 5}=\dfrac{5-3}{3\times 4\times 5}\times\dfrac{1}{2}=\left(\dfrac{1}{3\times 4}-\dfrac{1}{4\times 5}\right)\times\dfrac{1}{2}$，

$\dfrac{1}{19\times 20\times 21}=\dfrac{21-19}{19\times 20\times 21}\times\dfrac{1}{2}=\left(\dfrac{1}{19\times 20}-\dfrac{1}{20\times 21}\right)\times\dfrac{1}{2}$．

**解** 原式 $=\left(\dfrac{1}{1\times 2}-\dfrac{1}{2\times 3}\right)\times\dfrac{1}{2}+\left(\dfrac{1}{2\times 3}-\dfrac{1}{3\times 4}\right)\times\dfrac{1}{2}$

---

[①] 本文执笔：刘辰（上海市西南位育中学）

三、综合

$$+\cdots+\left(\frac{1}{19\times 20}-\frac{1}{20\times 21}\right)\times\frac{1}{2}$$
$$=\left(\frac{1}{1\times 2}-\frac{1}{2\times 3}+\frac{1}{2\times 3}-\frac{1}{3\times 4}+\cdots+\frac{1}{19\times 20}-\frac{1}{20\times 21}\right)\times\frac{1}{2}$$
$$=\left(\frac{1}{1\times 2}-\frac{1}{20\times 21}\right)\times\frac{1}{2}=\left(\frac{1}{2}-\frac{1}{420}\right)\times\frac{1}{2}=\frac{209}{840}.$$

**讲评** 这是分数计算中经常使用的拆项法.看到分数的分母可以分解成两整数的积,就想到将分数分拆成两分数的和差.

小经验:常见公式有

$$\frac{1}{n(n+1)}=\frac{1}{n}-\frac{1}{n+1},$$
$$\frac{1}{n(n+a)}=\frac{1}{a}\left(\frac{1}{n}-\frac{1}{n+a}\right),$$
$$\frac{1}{(n-1)(n+1)}=\frac{1}{2}\left(\frac{1}{n-1}-\frac{1}{n+1}\right),$$
$$\frac{1}{n(n+1)(n+2)}=\frac{1}{2}\left(\frac{1}{n(n+1)}-\frac{1}{(n+1)(n+2)}\right).$$

值得提出的是,在学习异分母分数加减法,即进行通分时,就应该有意识训练将一个分数拆成两个分数之差,这就是本书主编提出的"下游命题"的思想.

**例3** 计算:$\overbrace{999\cdots 9}^{100\uparrow 9}\times\overbrace{999\cdots 9}^{100\uparrow 9}+1\overbrace{999\cdots 9}^{100\uparrow 9}$ 后,所得的结果末尾有几个连续的零?

这么多个999…9,你会联想到什么?

**解** 原式$=(\overbrace{1000\cdots 0}^{100\uparrow 0}-1)\times(\overbrace{1000\cdots 0}^{100\uparrow 0}-1)+2\overbrace{000\cdots 0}^{100\uparrow 0}-1$
$=(10^{100}-1)(10^{100}-1)+2\times 10^{100}-1$
$=10^{200}-2\times 10^{100}+1+2\times 10^{100}-1$
$=10^{200},$

于是,所得结果的末尾有200个零.

**讲评** 小经验:一看到 $\overbrace{999\cdots 9}^{100\uparrow 9}$,就想到 $\overbrace{999\cdots 9}^{100\uparrow 9}=\overbrace{1000\cdots 0}^{100\uparrow 0}-1.$

**例4** 计算:$(2+1)(2^2+1)(2^4+1)(2^8+1)(2^{16}+1)(2^{32}+1).$

假如乘(2-1),会有连环效应出现

**解** 原式$=(2-1)(2+1)(2^2+1)(2^4+1)(2^8+1)(2^{16}+1)(2^{32}+1)$
$=(2^2-1)(2^2+1)(2^4+1)(2^8+1)(2^{16}+1)(2^{32}+1)$

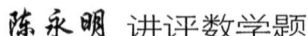

$$= (2^4-1)(2^4+1)(2^8+1)(2^{16}+1)(2^{32}+1)$$
$$= \cdots$$
$$= (2^{32}-1)(2^{32}+1)$$
$$= 2^{64}-1.$$

**讲评** 小经验：一看到 $(n+1)(n^2+1)(n^4+1)(n^8+1)\cdots$ 就想到乘以 $(n-1)$，再除以 $(n-1)$. 类似的题目在高中的三角函数里常会遇见.

**例5** 化简：$\dfrac{2\sqrt{6}}{\sqrt{2}+\sqrt{3}+\sqrt{5}}$.

**分析** 由于 $(\sqrt{2}+\sqrt{3})^2 = 5+2\sqrt{6}$，就把 $\sqrt{2}$、$\sqrt{3}$ 和 $\sqrt{6}$ 联系起来了.

**解** 原式 $= \dfrac{2\sqrt{6}+5-5}{\sqrt{2}+\sqrt{3}+\sqrt{5}}$

$= \dfrac{(\sqrt{2}+\sqrt{3})^2 - \sqrt{5}^2}{\sqrt{2}+\sqrt{3}+\sqrt{5}}$

$= \dfrac{(\sqrt{2}+\sqrt{3}+\sqrt{5})(\sqrt{2}+\sqrt{3}-\sqrt{5})}{\sqrt{2}+\sqrt{3}+\sqrt{5}}$

$= \sqrt{2}+\sqrt{3}-\sqrt{5}.$

**讲评** 一看到题目中同时出现 $\sqrt{m}$、$\sqrt{n}$、$\sqrt{mn}$，就想到与 $(\sqrt{m}+\sqrt{n})^2$ 和 $\sqrt{mn}$ 有关.

**例6** 分解因式：$x^3-9x+8$.

**解** 方法一：将常数项 8 拆成 $-1+9$.

原式 $= x^3-9x-1+9$

$= (x^3-1)-9x+9$

$= (x-1)(x^2+x+1)-9(x-1)$

$= (x-1)(x^2+x-8).$

方法二：将一次项 $-9x$ 拆成 $-x-8x$.

原式 $= x^3-x-8x+8$

$= (x^3-x)+(-8x+8)$

$= x(x+1)(x-1)-8(x-1)$

$= (x-1)(x^2+x-8).$

方法三：将三次项 $x^3$ 拆成 $9x^3-8x^3$.

原式 $= 9x^3-8x^3-9x+8$

$= (9x^3-9x)+(-8x^3+8)$

$= 9x(x+1)(x-1)-8(x-1)(x^2+x+1)$

$$=(x-1)(x^2+x-8).$$

方法四：添加两项$-x^2+x^2$.

原式$=x^3-9x+8$
$$=x^3-x^2+x^2-9x+8$$
$$=x^2(x-1)+(x-8)(x-1)$$
$$=(x-1)(x^2+x-8).$$

**讲评** 这是分解因式的拆项法，是因式分解中技巧性较强的一种方法.

**例7** 设$x$、$y$、$z$满足关系式$x-1=y+1=\dfrac{z-2}{2}$，请求出$x^2+y^2+z^2$的最小值.

**分析** 将等量关系式转为方程组的形式.

**解** 联立方程组：
$$\begin{cases} x-1=y+1, \\ y+1=\dfrac{z-2}{2}, \end{cases}$$

得$x=y+2,z=2y+4$，代入$x^2+y^2+z^2$，得$6y^2+20y+20$.

$$6y^2+20y+20=6\left(y^2+\dfrac{10}{3}y\right)+20$$
$$=6\left[y^2+\dfrac{10}{3}y+\left(\dfrac{5}{3}\right)^2-\dfrac{25}{9}\right]+20$$
$$=6\left(y+\dfrac{5}{3}\right)^2-\dfrac{50}{3}+20$$
$$=6\left(y+\dfrac{5}{3}\right)^2+\dfrac{10}{3},$$

$\therefore$ $x^2+y^2+z^2$的最小值为$\dfrac{10}{3}$.

**讲评** 这是常用的配方法，也是拆项添项法的一种. 配方法是针对二次三项式$ax^2+bx+c$的，可以将它转化为$a(x+m)^2+k$的形式.

步骤为：

一提，将二次项系数$a$提取出来， $ax^2+bx+c=a\left(x^2+\dfrac{b}{a}x\right)+c$；

二加减，加一次项系数一半的平方，即$\left(\dfrac{b}{2a}\right)^2$，再减$\left(\dfrac{b}{2a}\right)^2$，此时，$a\left(x^2+\dfrac{b}{a}x\right)+c$
$=a\left[x^2+\dfrac{b}{a}x+\left(\dfrac{b}{2a}\right)^2-\left(\dfrac{b}{2a}\right)^2\right]+c$；

三配，将前三项表示为平方式：$x^2+\dfrac{b}{a}x+\left(\dfrac{b}{2a}\right)^2=\left(x+\dfrac{b}{2a}\right)^2$；

四整理，原式$=a\left(x+\dfrac{b}{2a}\right)^2+\dfrac{4ac-b^2}{4a}$.

**例8** 不使用计算器求出 $\tan 75°$ 的值.

**分析** 如图 3-7-1 所示，构造 $\text{Rt}\triangle DBC$，使 $\angle C = 90°$，$\angle DBC = 30°$，延长 $CB$ 至点 $A$，使 $AB = BD$，利用外角定理，割补出 $\angle BDA = 15°$，$\angle ADC = 75°$，继而在 $\text{Rt}\triangle DAC$ 中求值.

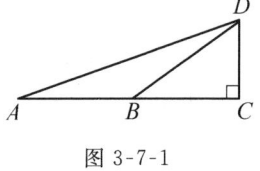

图 3-7-1

**解** ∵ $AB = BD$，

∴ $\angle A = \angle ADB$.

∵ $\angle DBC = 30° = 2\angle A$，

∴ $\angle A = 15°$，$\angle ADC = 75°$.

设 $CD = x$，

在 $\text{Rt}\triangle BCD$，$BD = 2x$，$BC = \sqrt{3}x$，

∴ $AC = AB + BC = (2+\sqrt{3})x$.

在 $\text{Rt}\triangle ACD$ 中，$\tan\angle ADC = \dfrac{AC}{CD} = \dfrac{(2+\sqrt{3})x}{x} = 2+\sqrt{3}$，

∴ $\tan 75° = 2+\sqrt{3}$.

**讲评** 这是角的割补.

小经验：三角形外角定理可以用来割补角度.

**例9** 有一段防洪大堤，其横截面为梯形 $ABCD$，$AD \parallel BC$，坝顶、坝高均为 6 米.迎水坡 $CD$ 的坡比为 $1:1$，背水坡 $AB$ 的坡比为 $1:2$.若将坝顶加宽 2 米（即 $AF = 2$ 米），斜坡 $EF$ 的坡比为 $i = 1:2.5$，求加宽坝底 $BE$ 的长.

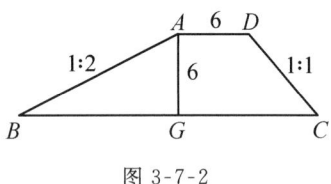

图 3-7-2

**分析** 堤坝加宽，坝高不变.故构作 $FH \perp EC$，垂足为 $H$.题设中的条件无法直接求出 $BE$ 的长，但经观察后，由图中可解的直角三角形中，挖掘出线段 $BE$ 的重组：$BE = EG - BG = (EH + HG) - BG$，其后获解.

**解** 如图 3-7-3，作 $FH \perp BC$.

在 $\text{Rt}\triangle ABG$ 中，

∵ $AG = 6$，$AB$ 坡比为 $1:2$，

∴ $BG = 12$.

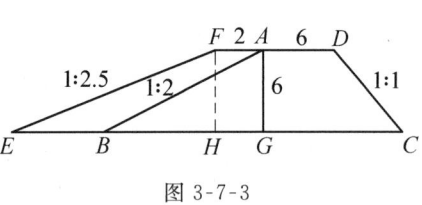

图 3-7-3

在 $\text{Rt}\triangle EFH$ 中，

∵ $FH = 6$，$EF$ 坡比为 $1:2.5$，

∴ $EH = 15$.

∵ $BE = EG - BG = (EH + HG) - BG$，

$HG = AF = 2$，

∴ $BE = (15+2) - 12 = 5$.

答:坝底长 5 米.

> **讲评** 这是线段的割补,特别在证明线段的和差倍分问题中常用到.

**例 10** 在直角坐标系中,函数 $y=\dfrac{k}{x}$ 的图像经过点 $A(1,2)$、$B(3,n)$.

(1) 求 $k$ 的值与点 $B$ 的坐标;(2) 求 $S_{\triangle OAB}$ 的值.

**解** (1) 把 $x=1,y=2$ 代入,得 $k=2$.

将 $x=3$ 代入 $y=\dfrac{2}{x}$ 得 $n=\dfrac{2}{3}$,∴ $B\left(3,\dfrac{2}{3}\right)$.

(2) 方法一:如图 3-7-4,

$$S_{\triangle OAB}=S_{\text{长方形}OEGF}-S_{\triangle OEA}-S_{\triangle OBF}-S_{\triangle GAB}$$
$$=OF\times OE-\dfrac{1}{2}OE\times AE-\dfrac{1}{2}OF\times BF-\dfrac{1}{2}GA\times GB$$
$$=3\times 2-\dfrac{1}{2}\times 2\times 1-\dfrac{1}{2}\times 3\times \dfrac{2}{3}-\dfrac{1}{2}\times 2\times \dfrac{4}{3}=\dfrac{8}{3}.$$

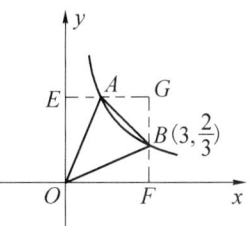

图 3-7-4

方法二:如图 3-7-5,$S_{\triangle OAB}=S_{\triangle OEA}+S_{\text{梯形}AEFB}-S_{\triangle OBF}$.

∵ $S_{\triangle OEA}=S_{\triangle OBF}=\dfrac{|k|}{1}=2$ 注: 实为 $\dfrac{1}{2}|k|\cdot 2=|k|=2$,

∴ $S_{\triangle OAB}=S_{\text{梯形}AEFB}=\dfrac{1}{2}(BF+AE)\times EF=\dfrac{8}{3}.$

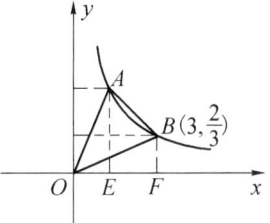

图 3-7-5

> **讲评** 这是面积的割补,变不规则未知图形为规则可求图形,在面积题中常用到.

····· 练 习 ·····

1. 计算:

(1) $\dfrac{1}{1\times 4}+\dfrac{1}{4\times 7}+\dfrac{1}{7\times 10}+\cdots+\dfrac{1}{49\times 52}$;

(2) $\dfrac{1}{1\times 3\times 5}+\dfrac{1}{3\times 5\times 7}+\dfrac{1}{5\times 7\times 9}+\cdots+\dfrac{1}{19\times 21\times 23}.$

2. 因式分解:

(1) $(m^2-1)(n^2-1)+4mn$;

(2) $(x+1)^4+(x^2-1)^2+(x-1)^4.$

3. 设 $x$、$y$、$z$ 为实数,若 $x+y+z=2\sqrt{x+1}+4\sqrt{y+1}+6\sqrt{z-2}-14$,求 $x(y+z)+y(z+x)+z(x+y)$ 的值.

4. 如图 3-7-6 所示,张大爷有一块四边形的耕地中间有一条折线小路 MPN,现分别将折线小路改直而不影响道路两旁的耕地面积,应如何改道?请说明理由,并画出改道的图形.

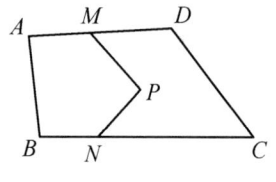

图 3-7-6

5. 如图 3-7-7,已知直线 $y=\dfrac{1}{2}x$ 与双曲线 $y=\dfrac{k}{x}(k>0)$ 交于 $A$、$B$ 两点,且点 $A$ 的横坐标为 4. 过原点 $O$ 的另一条直线 $l$ 交双曲线 $y=\dfrac{k}{x}(k>0)$ 于 $P$、$Q$ 两点(点 $P$ 在第一象限). 若由点 $A$、$P$、$B$、$Q$ 为顶点顺次围成的四边形面积为 24,求点 $P$ 的坐标.

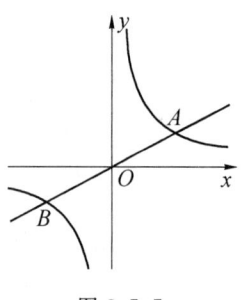

图 3-7-7

### 答　案

**1.** (1) $\dfrac{17}{52}$ (2) $\dfrac{40}{483}$ **2.** (1) $(mn+m-n+1)(mn-m+n+1)$ (2) $(3x^2+1)(x^2+3)$ **3.** 66 **4.** 如图 3-7-8,$NQ(MH)$ 为所建直道 **5.** $P(2,4)$ 或 $(8,1)$

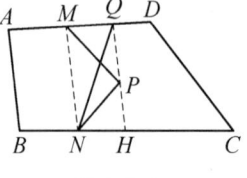

图 3-7-8

三、综合

## 8. 数学方法：整体思维[①]

**主编的话：**

常规的解题步骤往往是求出一个个细节问题，然后解决总的问题．但是有时一个个求出细节问题很繁琐，甚至还不可能解，这时，换种思路，先从整体考虑，常常会柳暗花明，这就是整体思想．既要规范的算法，又要突破常规思维方式，这是数学教育的重要课题．

整体思想，就是从问题的整体性质出发，突出对问题的整体结构的分析和构造，在代数式的化简与求值、解方程（组）、几何解题证题以及求解应用题等方面都有广泛的应用，整体代换、整体运算、整体设元、整体思考、几何中的补形等都是整体思想方法在解数学问题中的具体运用．

**例1** 家住农村的亮亮放学回家，在距家门 480 米处，妹妹小丽和家里的小狗一起向他跑来，亮亮和小丽的速度都是每分钟 60 米，小狗的速度是每分钟 220 米，小狗遇到亮亮后以同样的速度不停地往返于他俩之间，当亮亮和小丽相遇时，求小狗一共跑了多少米？

**分析** 初拿到题目往往会考虑先求小狗第一次遇到亮亮所走的路程，再求小狗返回遇到妹妹走的路程，如此下去，非常复杂，并且不可求，而若从整体考虑，因为小狗的速度是恒定的，所以只要计算出小狗跑了多长时间就行．小狗跑的时间就等于亮亮和小丽从相距 480 米到相遇时用的时间，这样问题就可以解决了．

**解** 亮亮和小丽从相距 480 米到相遇时用的时间：
$480 \div (60+60) = 480 \div 120 = 4$（分），所以，小狗跑的路程：$220 \times 4 = 880$（米）．

答：小狗一共跑了 880 米．

**例2** 有人在如图 3-8-1 所示的小路上行走，当他从 $A$ 处走到 $B$ 处时，共走了多少米？（假设小路宽度都是 1 米）

**分析** 考虑把如图所示的小路全部拉直．行走的距离乘以小路的宽度即为图中长方形的面积．

**解** $8 \times 16 \div 1 = 128$（米）．

答：从 $A$ 处走到 $B$ 处时，共走了 128 米．

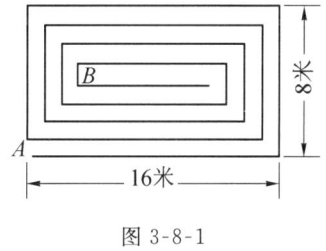

图 3-8-1

**例3** 从 $A$ 地到 $B$ 地，前一段是上坡路，后一段是下坡路．某邮递员骑自行车从 $A$ 地到 $B$ 地需要 2 小时 40 分，从 $B$ 返回 $A$ 需要 2 小时 20 分．已知 $A$ 到 $B$ 的总路程是 36 千米，邮递员骑车上坡的速度比骑车下坡的速度慢 6 千

---

[①] 本文执笔：曹永娥（上海市西南位育中学）

米/时,求从 $A$ 到 $B$ 的上坡和下坡的路程各有多少千米.

**分析** 按常规解法,设邮递员上坡的速度为 $x$ 千米/时,则下坡的速度为 $(x+6)$ 千米/时.设 $A$ 到 $B$ 的上坡路程为 $y$ 千米,则下坡路程为 $(36-y)$ 千米,根据题意列方程组,

得 $\begin{cases} \dfrac{y}{x}+\dfrac{36-y}{x+6}=2\dfrac{2}{3}, \\ \dfrac{36-y}{x}+\dfrac{y}{x+6}=2\dfrac{1}{3}, \end{cases}$ 解方程即可以求得答案.

显然这样求解比较麻烦,如果从整体考虑,邮递员从 $A$ 到 $B$ 的上坡路段,而返回时这段路是下坡,因而在往返一个来回中,上坡共行 36 千米,下坡共行 36 千米,这样整体考虑求解简单很多.

**解** 设邮递员上坡的速度为 $x$ 千米/时,则下坡的速度为 $(x+6)$ 千米/时.

根据题意列方程,得 $\dfrac{36}{x}+\dfrac{36}{x+6}=2\dfrac{2}{3}+2\dfrac{1}{3}$,解得 $x=12$.

设 $A$ 到 $B$ 的上坡路程为 $y$ 千米,则下坡路程为 $(36-y)$ 千米,根据题意列方程,得 $\dfrac{y}{12}+\dfrac{36-y}{12+6}=2\dfrac{2}{3}$,解得 $y=24$.

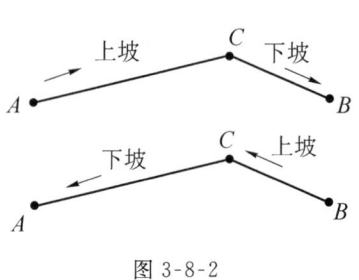

图 3-8-2

答:从 $A$ 到 $B$ 的上坡路程为 24 千米,下坡路程为 12 千米.

**讲评** 值得注意的是,在这三个实际问题解决中,我们没有先考虑细节,而是跳过细节,从整体上认识问题,思考问题,使问题变得十分简单.我们把整体思想的这种应用归纳为应用之一——**整体思考**.

**例4** 当 $a<0$、$b>0$ 时,直线 $y_1=ax+b$ 与 $y_2=bx+a$ 在同一坐标系内的大致图像是( ).

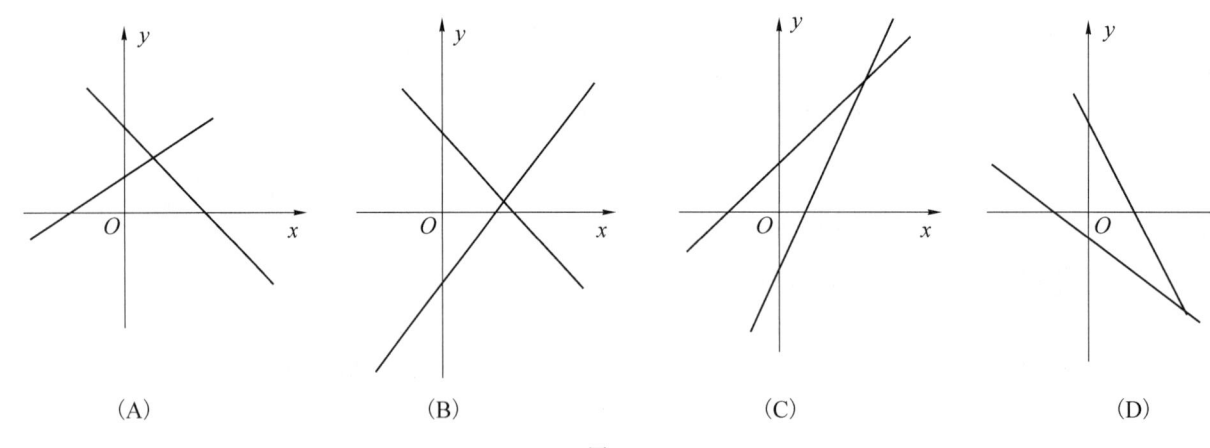

(A)　　　　　　(B)　　　　　　(C)　　　　　　(D)

图 3-8-3

三、综合

**分析** 从整体角度考虑:方法一,从解析式看,每一个函数的截距与斜率都异号,因而从图像看,出现截距与斜率同号的选项一定是错的,因而选 B;方法二,两个函数联立在一起看,两个函数的截距 $b$ 与 $a$ 是异号的,排除 A 选项,而斜率 $a$ 与 $b$ 也是异号的,排除 C 与 D,因而选 B.

**例 5** 求证:下列两个一元二次方程 $x^2-x-2a-1=0$,(*)$x^2+ax+a=0$,(**) 中至少有一个方程有两个不相等的实数根.

**分析** 设方程(*)的判别式为 $\Delta_1$,设方程(**)的判别式为 $\Delta_2$,要证两个方程中至少有一个方程有两个不相等的实数根,只要证明 $\Delta_1$、$\Delta_2$ 中至少有一个大于 0.

**解** $\Delta_1+\Delta_2=[1-4\cdot(-2a-1)]+a^2-4a$ $=(5+8a)+a^2-4a=a^2+2a+5=(a+1)^2+4>0$,

所以 $\Delta_1$、$\Delta_2$ 中至少有一个大于零,即两个方程中至少有一个方程有两个不相等的实数根.

◆本题将两个方程的判别式作为一个整体考虑,使问题容易求解.

当然本题也可将 $\Delta_1=5+8a$ 与 $\Delta_2=a^2-4a$ 看作 $\Delta_1$、$\Delta_2$ 关于 $a$ 的函数,如图 3-8-4,运用图像的性质说明至少有一个大于零;也可运用分类讨论的方法进行证明.但都不如运用整体思想的方法简洁明了.

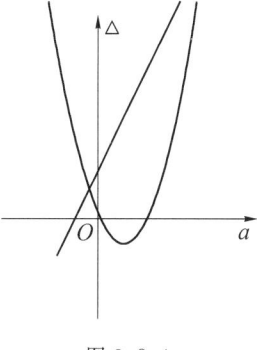

图 3-8-4

**例 6** 如图 3-8-5①,某小区规划在一个长为 40 米、宽为 26 米的矩形场地上修建三条同样宽 2 米的通道,使其中的两条与长平行,另一条与宽平行,其余部分种草,求草坪的总面积是多少平方米.

**分析** 由于草地没有平均分,无法为分别求出面积再求总和,但可以从整体角度考虑,直接求六块面积总和.如图②,小路靠边移,六块草地面积拼在一起,直接用矩形面积公式求解!

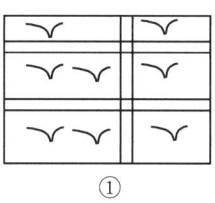

**解** $S=(40-2)\times(26-2\times2)=836$(平方米).
答:草坪的总面积是 836 平方米.

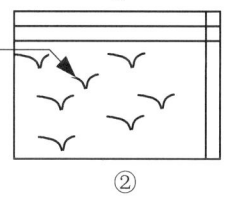

合六为一.

**例 7** 如图 3-8-6,⊙$A$、⊙$B$、⊙$C$ 两两不相交,且半径都是 0.5cm,求图中的三个扇形(即阴影部分的面积)之和.

图 3-8-5

**分析** 虽然不知道三个扇形的圆心角分别是多少,但是扇形的三个圆心角是△$ABC$ 的三个内角,三角形三个内角的和是 180 度,三个扇形的半径相同,所以拼在一起是一个半圆,于是问题便迎刃而解.

**解** 如图 3-8-7,因为三个圆的半径相同,所以三个扇形的面积和就是半圆的面积.

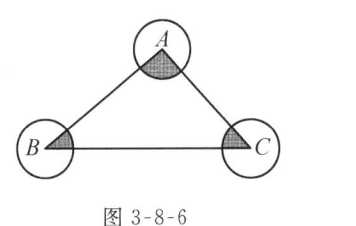

图 3-8-6

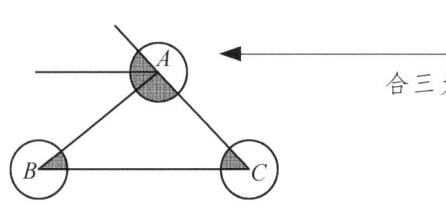

图 3-8-7

合三为一.

$$S_{阴} = \frac{1}{2} S_{圆} = \frac{1}{2} \pi \cdot 0.5^2 = \frac{1}{8} \pi (\text{cm}^2).$$

**例8** 如图3-8-8,面积为 $S$ 的正方形 $SPQR$ 内接于 $\triangle ABC$,如果 $\triangle ASR$、$\triangle SBP$、$\triangle RQC$ 的面积分别记为 $S_1$、$S_2$、$S_3$,试用含 $S_1$、$S_2$、$S_3$ 的式子表示 $S$.

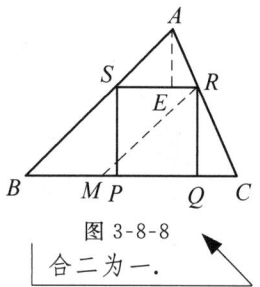

图3-8-8

合二为一.

**分析** 本题的图形十分熟悉,很自然会想到过点 $A$ 作 $BC$ 边的高,运用相似三角形对应高之比等于相似比求解,但计算比较繁难;如果过点 $R$,作 $RM // AB$ 将 $\triangle SBP$ 与 $\triangle RQC$ 拼接,再利用相似三角形的性质求解将会容易很多.

**解** 过点 $R$,作 $RM // AB$ 交 $BC$ 于点 $M$,过点 $A$ 作 $AE \perp SR$ 于点 $E$,

∴ $\angle B = \angle RMC$.

∵ 正方形 $SPQR$ 内接于 $\triangle ABC$,

∴ $SR // BC$,$SP = QR$,$\angle SPB = \angle RQM = 90°$,∴ $\triangle ASR \sim \triangle ABC$,

∴ 四边形 $SRMB$ 为平行四边形,$\triangle RMC \sim \triangle ABC$, ∴ $SB = RM$,

∴ $\triangle SBP \cong \triangle RMQ$.

∴ $S_{\triangle RMC} = S_2 + S_3$,$\triangle ASR \sim \triangle RMC$,

∴ $\dfrac{S_{\triangle ASR}}{S_{\triangle RMC}} = \left(\dfrac{AE}{RQ}\right)^2 = \dfrac{S_1}{S_2 + S_3}$,

∴ $\dfrac{AE}{RQ} = \sqrt{\dfrac{S_1}{S_2 + S_3}}$.

设正方形边长为 $x$,则 $AE = \sqrt{\dfrac{S_1}{S_2 + S_3}} \cdot x$,

又∵ $AE = \dfrac{2S_1}{RS} = \dfrac{2S_1}{x}$,∴ $\sqrt{\dfrac{S_1}{S_2 + S_3}} \cdot x = \dfrac{2S_1}{x}$,

∴ $x^2 = 2S_1 \sqrt{\dfrac{S_2 + S_3}{S_1}} = 2\sqrt{S_1(S_2 + S_3)}$,

∴ $S = 2\sqrt{S_1(S_2 + S_3)}$.

**例9** 如图3-8-9,若有一长80米、宽60米的广场,要按图中位置修筑一条路宽度均匀的折线形的观光小路,要使其余空地面积为4640平方米,求路宽是多少米.

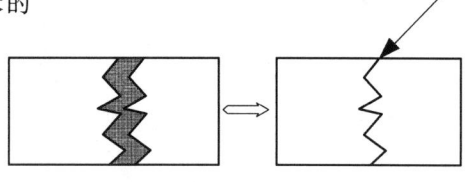

图3-8-9

合二为一,减少的面积即为小路面积.

**分析** 从图上看,小路是不规则图形,难以直接求出,而从整体考虑,由于小路是均匀宽度的设为 $x$ 米,设想把小路左边的图形向右平移后,可以得到一个完整的矩形,此矩形的宽为原来的宽,长减少了 $x$ 米,根据矩形的面积公式即可列出方程,进而求得路宽.

**解** 设小路的宽为 $x$ 米,根据题意列出方程得:

$(80 - x) \cdot 60 = 4640$,解得 $x = 2$.

答:小路的宽为 $2$ 米.

280

三、综合

> **讲评** 有时单个对象难以求出,合并起来倒反容易求了.这种情况在求面积时更为普遍,割补法在面积的求解中很常见,如何恰当割补,需要整体从图形特征考虑,有时为求几个图形面积之和,而不方便分别求或者分别求求不出时,可以运用整体思想,合理拼接求解.我们将此归纳为整体思想应用之二——**合并聚集**.

**例 10** 已知 $x=\dfrac{\sqrt{3}+\sqrt{2}}{\sqrt{3}-\sqrt{2}}$,$y=\dfrac{\sqrt{3}-\sqrt{2}}{\sqrt{3}+\sqrt{2}}$,求代数式 $\dfrac{x^3-xy^2}{x^4y+2x^3y^2+x^2y^3}$ 的值.

**分析** 本题虽然已知 $x$、$y$ 的值,但由于对 $x$、$y$ 分别化简后仍发现表达不简洁,若直接代入,运算量较大,因而根据目标代数式特征,考虑运用整体代入法.

**解** $x=\dfrac{\sqrt{3}+\sqrt{2}}{\sqrt{3}-\sqrt{2}}=\dfrac{(\sqrt{3}+\sqrt{2})^2}{3-2}=5+2\sqrt{6}$,

$y=\dfrac{\sqrt{3}-\sqrt{2}}{\sqrt{3}+\sqrt{2}}=\dfrac{(\sqrt{3}-\sqrt{2})^2}{3-2}=5-2\sqrt{6}$,

∴ $x\cdot y=1, x+y=10, x-y=4\sqrt{6}$.

原式 $=\dfrac{x^3-xy^2}{x^4y+2x^3y^2+x^2y^3}=\dfrac{x(x^2-y^2)}{x^2y(x^2+2xy+y^2)}$

$=\dfrac{x(x-y)(x+y)}{x^2y(x+y)^2}=\dfrac{(x-y)}{xy(x+y)}$.

> 直接代入运算会比较麻烦!$x$ 与 $y$ 的特征不错:(1)互为倒数;(2)和是有理数.

> 由此想到还要求出 $x-y$ 的值.

把 $x\cdot y=1, x+y=10, x-y=4\sqrt{6}$ 代入,原式 $=\dfrac{4\sqrt{6}}{10}=\dfrac{2\sqrt{6}}{5}$.

**例 11** 已知实数 $a$ 是方程 $x^2-3x+1=0$ 的根,试求下列代数式的值:
(1) $a^2+\dfrac{1}{a^2}$; (2) $\dfrac{2a^5-5a^4+2a^3-8a^2}{a^2+1}$.

**分析** 求解此题可以先解出方程 $x^2-3x+1=0$ 的根得到 $a$ 的值,再代入代数式求值.但显然运算量较大,不是合理的方法.根据题目条件和目标代数式特征,可以选用整体代入法.由于第(1)小题的目标式是关于 $a$ 和 $\dfrac{1}{a}$ 的对称式,联想到先求 $a+\dfrac{1}{a}$ 的值,再利用完全平方公式求解.第(2)小题目标式中含 $a^2+1$,联想到求 $a^2+1$ 的表达式.由于目标式是高次的,考虑降幂,联想到求 $a^2$ 的表达式.

**解** ∵ 实数 $a$ 是方程 $x^2-3x+1=0$ 的根,

∴ $a^2-3a+1=0$, ∴ $a^2+1=3a, a^2=3a-1$. (∗)

(1) ∵ $a\neq 0$, ∴ $a+\dfrac{1}{a}=3$, ∴ $\left(a+\dfrac{1}{a}\right)^2=3^2$, ∴ $a^2+\dfrac{1}{a^2}=7$;

(2) 原式 $=\dfrac{2a^5-5a^4+2a^3-8a^2}{a^2+1}$

> 两边平方构造,目标式 $a^2+\dfrac{1}{a^2}$.

$$=\frac{2a^3(a^2-3a+1)+a^4-8a^2}{a^2+1}$$

为了析出 * 式,"不择手段",
(1) 因式分解;
(2) 裂项.

$$=\frac{2a^3(a^2-3a+1)+a^2(a^2-8)}{a^2+1}.$$

不能再"化",不能再"约",考虑中途代入,希望有意外收获,出现可合并、可约掉项.

把 $a^2-3a+1=0$、$a^2+1=3a$、$a^2=3a-1$ 代入,得

原式 $=\dfrac{2a^3\cdot 0+a^2(3a-1-8)}{3a}=\dfrac{a^2(3a-9)}{3a}$

由于分母上有 $a$,因而这个 $a^2$ 项别急着替换掉!全面考虑问题,也是整体思想的体现!

$=a(a-3)=a^2-3a=1.$

**例12** 已知 $3x+7y+z=315$,$4x+10y+z=420$,求 $x+y+z$ 的值.

**分析** 按照常规思路,分别求出三个未知数 $x$、$y$、$z$ 的值,再相加求和,而本题给出的条件联立而成的是两个普通的三元一次方程组,是解不出 $x$、$y$、$z$ 的值的,怎么办?若把 $x+y+z$ 看作一个整体,问题就容易解决.

**解** 将方程组变形为

$$\begin{cases}2(x+3y)+(x+y+z)=315,\\3(x+3y)+(x+y+z)=420,\end{cases}$$

分别将 $x+3y$、$x+y+z$ 看作一个整体,看起来很平常,但起到了大作用.

用加减消元法消去 $x+3y$,得 $x+y+z=105$.

**例13** 计算:$\left(\dfrac{1}{2}+\dfrac{1}{3}+\dfrac{1}{4}+\cdots+\dfrac{1}{2008}\right)\left(1+\dfrac{1}{2}+\dfrac{1}{3}+\dfrac{1}{4}+\cdots+\dfrac{1}{2007}\right)-\left(1+\dfrac{1}{2}+\dfrac{1}{3}+\dfrac{1}{4}+\cdots+\dfrac{1}{2008}\right)\left(\dfrac{1}{2}+\dfrac{1}{3}+\dfrac{1}{4}+\cdots+\dfrac{1}{2007}\right).$

**分析** 如果直接计算,运算量非常大,观察括号内的算式的特征.考虑用"整体替换".

**解** 设 $\dfrac{1}{2}+\dfrac{1}{3}+\dfrac{1}{4}+\cdots+\dfrac{1}{2008}=a$,$\dfrac{1}{2}+\dfrac{1}{3}+\dfrac{1}{4}+\cdots+\dfrac{1}{2007}=b$,

则原式 $=a(1+b)-(1+a)b=a-b=\dfrac{1}{2008}.$

**讲评** 这三题都是整体思想在代数方面的数、式运算问题中的应用.在代数式求值问题中,有时可将某个"字母组合"式子看作一个整体 *,通过运算,获得 * 的值,再将目标式通过某种手段析出 * 来,这样目标代数式的值就可以求出.我们将这种应用归纳为整体思想的应之三——**整体代入**.从另一个角度看,这也是换元法的一种.

**例14** 已知六边形 $ABCDEF$,它的六个内角都是 $120°$,且 $AB=1$,$BC=3$,$CD=3$,$DE=2$,求这个六边形的周长.

**分析** 不难发现有两种方法可以尝试,一是,延长 $CB$、$FA$、$FE$、$CD$ 构成平行四边形;二是双向延长 $AB$、$EF$、$CD$ 构成等边三角形.

**解** 方法一:如图 3-8-10,延长 CB、FA 相交于点 P,延长 FE、CD 相交于点 Q.

∵ ∠FAB=∠ABC=120°,∠F=∠C=120°,

∴ ∠PAB=∠PBC=60°,

∴ △PAB 为等边三角形,

∴ ∠P=60°,PA=PB=AB=1.

同理可证,∠Q=∠P=60°,DQ=EQ=DE=2.

∴ 四边形 PCFQ 为平行四边形,

∴ PF=CQ=5,FQ=PC=4,

∴ AF=4,EF=2,所以六边形 ABCDEF 的周长是 15.

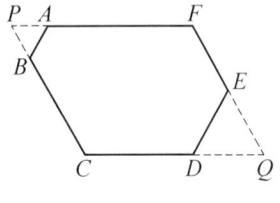

图 3-8-10

方法二:(略证)如图 3-8-11,双向延长 AB、EF、CD,它们分别交于 P、Q、R 三点,易证 △PEF、△QAB、△CDR、△PQR 都是等边三角形,易求 AF=4,EF=2,所以六边形 ABCDEF 的周长是 15.

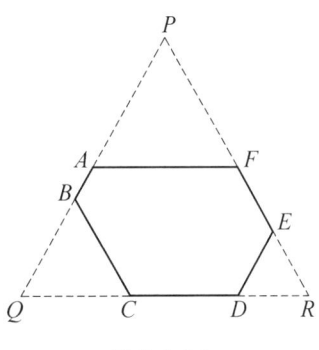

图 3-8-11

**例 15** 已知 AO 是 △ABC 的 ∠A 的平分线,BD 垂直于 AO 并交 AO 的延长线于点 D,E 是 BC 的中点,求证:$DE=\frac{1}{2}(AB-AC)$.

**分析** 由 DB 为 ∠A 的平分线 AO 的垂线,易想到构造等腰三角形.

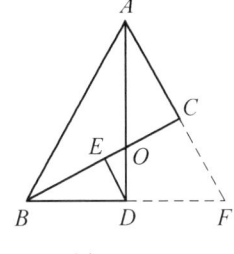

**证明** 如图 3-8-12,延长 BD、AC 相交于点 F,

∵ AD 平分 ∠BAF,DB⊥AD,

∴ ∠BAD=∠FAD, ∠ADB=∠ADF=90°.

又∵ AD=AD, ∴ △ADB≌△ADF,

∴ AB=AF,BD=DF.

又∵ E 是 BC 的中点, ∴ DE 为 △BCF 的中位线,

∴ $DE=\frac{1}{2}CF=\frac{1}{2}(AF-AC)=\frac{1}{2}(AB-AC)$.

图 3-8-12

**讲评** 在几何添辅助线时,通过对问题中图形的补全使之成为一个熟悉的图形,达到条件或结论集中的目的,从而释放隐含条件,优化解题策略.从整体角度考虑添辅助线,是添辅助线思考的角度之一,称为补全图形法.我们可以总结为整体思想应用之四——**整体构造**.

**小结** 运用整体的思想方法解题,使复杂繁琐计算简单化,不可直接求解问题,间接求得,运用整体思想化难为易;整体思想是一种技巧,也是一种重要的思想方

法.它的核心是顾全大局,全方位考虑问题,本文总结了四个方面的应用.

应用之一——**整体思考**,应用之二——**整体代入**,

应用之三——**合并聚集**,应用之四——**整体构造**.

## 练 习

1. 已知方程组 $\begin{cases} 4x+5y=5 \\ 5x+4y=7 \end{cases}$,求代数式 $x+y$ 的值等于多少.

2. 若 $a$、$b$ 为互不相等的实数,且 $a^2-3a+1=0$,$b^2-3b+1=0$,求 $\dfrac{1}{1+a^2}+\dfrac{1}{1+b^2}$ 的值.

3. 已知 $x^2+3x+5=7$,求代数式 $16x^2+48x-15$ 的值.

4. 已知 $\dfrac{1}{4}+4\left(\dfrac{1}{1999}+\dfrac{1}{x}\right)=1\dfrac{3}{4}$,求 $1872+48\left(\dfrac{1999x}{1999+x}\right)$ 的值.

5. 已知直角三角形的周长是 $2+\sqrt{6}$,斜边长 2,求它的面积.

6. 公元前约 400 年,古希腊的希波克拉底研究了他自己所画的图形,如图 3-8-13 所示,他得出了两个月牙形(图中阴影部分)的面积之和的一个结论.如果你能解决下面这个问题,那说明你也知道希波克拉底得出的结论了.这个图形是以 Rt$\triangle ACB$ 的三条边为直径作半圆得到的,若直角边 $AB=5$,$AC=3$,求图中两个月牙形(图中阴影部分)的面积之和.

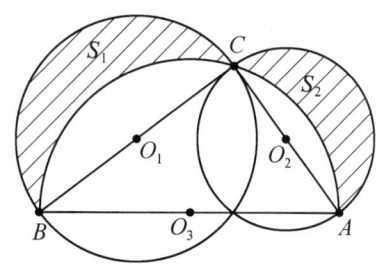

图 3-8-13

## 答 案

1. $\dfrac{4}{3}$  2. 1  3. 17  4. 2000  5. $\dfrac{1}{2}$  6. 6

# 9. 探索题解法研究[①]

**主编的话：**

引进探索题，是为了跳出"已知求证"这样的封闭题的框框，打开思路，其教育意义重大．探索题没有固定的套路，但根据"中巧说"的精神，还是要尽量总结些经验．探索题有时可以用传统的推理方法一步步推出来，但是笔者强调，探索题的教育意义在于探索，即使可以用传统逻辑推演方法求出结果，也建议先"试一试、猜一猜，然后再证一证"．试的过程，猜的过程就是波利亚说的合情推理的过程．

**例1** 如图 3-9-1，点 $C$、$D$ 在线段 $AB$ 上，$\triangle PCD$ 是等腰三角形，且 $PC=PD$，$PA>PB$．若 $\triangle ACP$ 和 $\triangle PDB$ 相似，令 $\angle APB=y$，$\angle CPD=x$，请写出一组符合题意的 $x$、$y$ 的数值．

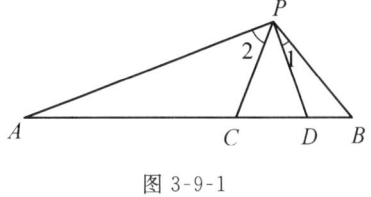

图 3-9-1

**解** 在 $\triangle ACP$ 与 $\triangle PDB$ 中，$\angle ACP=\angle PDB$，且已知 $\triangle ACP$ 与 $\triangle PDB$ 相似，

∵ $PA>PB$，
∴ $\angle A<\angle B$，
∴ $\angle A=\angle 1$．
∵ $\angle 1+\angle 2=\angle APB-\angle CPD=y-x$，
又∵ $\angle 1+\angle 2=\angle A+\angle 2=\angle PCD=\dfrac{180°-\angle CPD}{2}=\dfrac{180°-x}{2}$，
∴ $\dfrac{180°-x}{2}=y-x$，
∴ $y=90°+\dfrac{1}{2}x\,(0°<x<180°)$，

∴ 若 $\triangle ACP$ 和 $\triangle PDB$ 相似，$x$、$y$ 满足 $y=90°+\dfrac{1}{2}x\,(0°<x<180°)$．有无数组答案，如 $x=30°$、$y=105°$ 等等．

**讲评** 从命题的结构分类，本例属于**结论探索型问题**．有时可用传统的方法，即**由因导果**，进行推断、归纳出结论，有时要分情况逐一讨论，并加以论证．

---

[①] 本文执笔：刘辰（上海市西南位育中学）

**例.2** 如图 3-9-2，在 Rt△ABC 中，∠C=90°，沿过点 B 的直线 BE 折叠这个三角形，不再添加辅助线的情况下，请增加一个条件，使点 C 恰好与 AB 的中点 D 重合.

**解** 要使 D 成为 AB 的中点，可从角、边、三角形等多个不同角度思考，由直接条件入手，再挖间接的、隐含的条件着手研究，继而添加下列条件之一.（证明略）

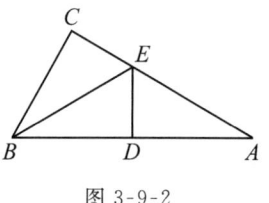

图 3-9-2

角的关系：
(1) ∠BED=∠DEA；(2) ∠EBA=∠A；
(3) ∠AED=∠CEB；(4) ∠A=∠EBC；
(5) ∠CEB=60°；(6) ∠DEB=60°；
(7) ∠DEA=60°；(8) ∠BEA=120°；
(9) ∠EBC=30°；(10) ∠EBA=30°；
(11) ∠A=30°；(12) ∠CBA=60°.

边的关系：
(13) BE=AE；(14) AB=2BC；
(15) $AC=\sqrt{3}BC$；(16) $2AC=\sqrt{3}AB$.

三角形间的关系：(17) △BEC≌△AED.

**例3** 已知 AB=1，BC=2.

(1) 添加一条关于 AC 的信息_____，使 AB、BC、AC 能形成三角形.

(2) 添加一条关于 AC 的信息_____，使△ABC 为直角三角形.

(3) 求出当△ABC 为钝角三角形时，AC 的取值范围.

**解** (1) 根据构成三角形的三边关系：两边之差小于第三边，两边之和大于第三边，可得 2−1<AC<2+1，即添加条件满足 1<AC<3 即可. 如：可填写 AC=2……（答案不唯一）

(2) 当 AC 为斜边时，$AC=\sqrt{5}$；当 BC 为斜边时，$AC=\sqrt{3}$. 以上两解任选其一作答即可.

(3) 从特殊研究一般，找到满足△ABC 为直角三角形时 $AC=\sqrt{3}$ 或 $\sqrt{5}$. 再借助以下图形模型实施研究. 如图 3-9-3 所示，固定 BC 位置并记作 BC=2，因为 AB=1 已知，所

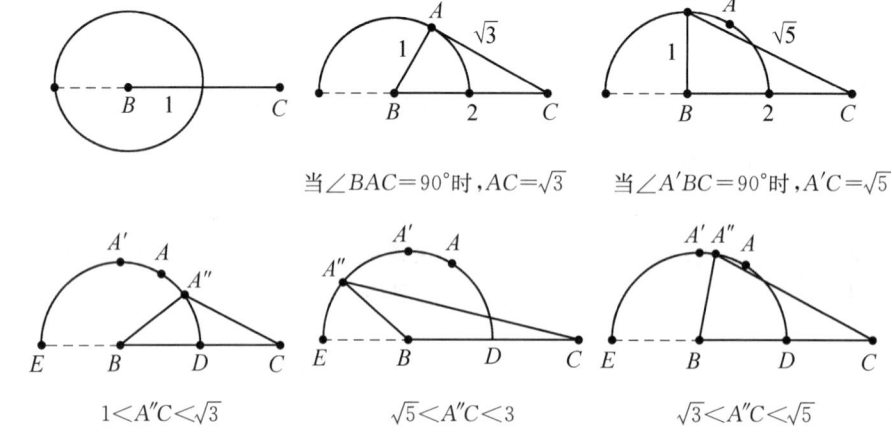

当∠BAC=90°时，$AC=\sqrt{3}$    当∠A'BC=90°时，$A'C=\sqrt{5}$

$1<A''C<\sqrt{3}$    $\sqrt{5}<A''C<3$    $\sqrt{3}<A''C<\sqrt{5}$

图 3-9-3

以点 $A$ 在以点 $B$ 为圆心、$1$ 为半径的半圆上. 并考虑到构成 $\triangle ABC$ 的先决条件：$1<AC<3$，当 $\triangle ABC$ 为钝角三角形时，$AC$ 的取值范围为 $1<AC<\sqrt{3}$ 或 $\sqrt{5}<AC<3$.

> **讲评** 从命题的结构分类，例 2 和例 3 属于**条件探索型问题**. 有时可用**假设存在（成立）法**，即**由果索因，逆推**，设想出合乎要求的一些条件，逐一筛选，从而寻找出满足结论成立的适当条件，并加以证明.
>
> 假设存在（成立）法，主要用于指向较明确的情形（如例 3 第（1）小题，明确了"$A$、$B$、$C$ 构成一个三角形"）. 假设存在（成立）法的步骤为：
>
> 第一步，假定所问的结果存在（或成立）（如例 3 第（1）小题，就是先假设"$A$、$B$、$C$ 构成一个三角形"成立）. 注意：假设存在（成立）就是一种探索.
>
> 第二步，在第一步的前提下，加上原有条件（例 3 第（1）小题就是再加上原有条件"$AB=1, BC=2$"）进行推演.
>
> 第三步，找出使结果成立的可能情形.

**例 4** 如图 3-9-4，$\triangle ABC$ 是等边三角形，$D$、$F$ 分别是 $BC$、$AB$ 上的点，且 $CD=BF$，以 $AD$ 为边作等边 $\triangle ADE$.

(1) 四边形 $CDEF$ 是什么形状？

(2) 点 $D$ 在线段 $BC$ 上的何处时，$\angle DEF=15°$？并请证明.（已知 $\tan 75°=\sqrt{3}+2$）

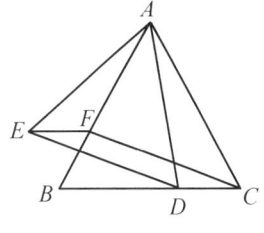

图 3-9-4

**分析及解** （1）

◆设想点 $D$ 处于某个特殊位置——$BC$ 的中点处. 如图 3-9-5.

那么由于 $BF=CD$，点 $F$ 也处于 $AB$ 的中点处. 于是 $AD$、$CF$ 都是等边三角形 $ABC$ 的高，所以 $CF=AD$，

因为 $\triangle ADE$ 是等边三角形，所以 $AD=DE$，于是，$CF=DE$，

又因为 $\angle BCF=30°$，$\angle BDE=\angle BDA-\angle ADE=30°$，

所以，$\angle BCF=\angle BDE$，$DE\parallel CF$，

于是，四边形 $CDEF$ 是平行四边形.

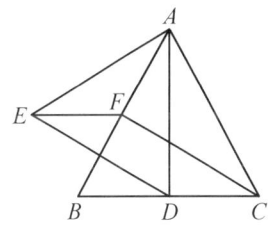

图 3-9-5

◆形成猜想：或许一般情况下，四边形 $CDEF$ 也是平行四边形.

◆证明猜想：

∵ $\triangle ABC$ 和 $\triangle ADE$ 均为正三角形，

∴ $AC=BC$，$\angle ACD=\angle CBF=60°$.

∵ $CD=BF$，∴ $\triangle ACD\cong\triangle CBF$，

∴ $AD=CF$，∴ $\angle DAC=\angle FCB$.

∵ $\triangle ADE$ 是正三角形，

∴ $DE=AD$，

∴ $DE=CF$.

又∵ ∠EDB+∠EDA=∠DAC+∠ACB, 即∠EDB+60°=∠DAC+60°,

∴ ∠EDB=∠DAC,

∴ ∠EDB=∠FCB, ∴ DE∥CF,

∴ 四边形 CDEF 是平行四边形.

> 指向较明确的情形(问"四边形 CDEF 是不是矩形?"用假设成立法.)

◆再思考:四边形 CDEF 可能是更加特殊的平行四边形,譬如是矩形吗?

假定四边形 CDEF 是矩形,那么∠FCD=90°,

∵ 点 F 在线段 AB 上 ∴ ∠FCD≤60°,所以这是不可能的.

◆再思考:四边形 CDEF 可能是菱形吗?

> 指向较明确的情形(问"四边形 CDEF 是不是菱形?"用假设成立法.)

如果四边形 CDEF 是菱形,那么 CD=DE=AD,

即 CD=AD,则点 D 在线段 AC 的中垂线上.

又因为△ABC 是正三角形,所以此时点 D 与点 B 重合.

即四边形 CDEF 只有当点 D 和点 B 重合时,形成菱形.

(2) 假定∠DEF=15°,那么∠DCF=15°.

作 $AM \perp BC$,可证∠ADM=75°,

设 $BC=1, CD=x$,

在 Rt△AMD 中,$MD=\frac{1}{2}-x, AM=\frac{\sqrt{3}}{2}, AM=MD \times \tan 75°$,

得 $CD=2-\sqrt{3}$.

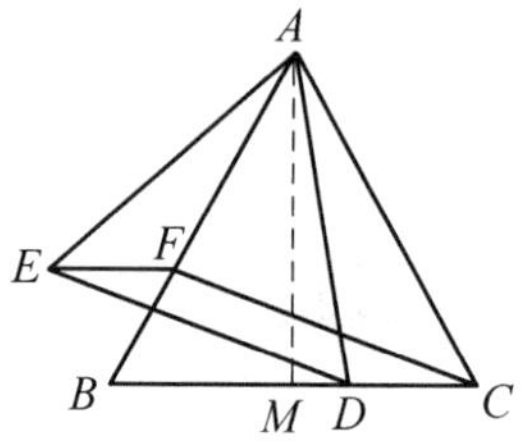

证明:当 $\frac{CD}{BC}=2-\sqrt{3}$ 时,∠DCF=15°.

设 $BC=1$,

则 $CD=2-\sqrt{3}, MD=\frac{1}{2}-CD=\sqrt{3}-\frac{3}{2}$,

在 Rt△AMD 中,$AM=\frac{\sqrt{3}}{2}$,

∴ $\tan\angle ADM=\frac{AM}{MD}=\frac{\frac{\sqrt{3}}{2}}{\sqrt{3}-\frac{3}{2}}=\sqrt{3}+2$,

∴ ∠ADM=75°,

∴ ∠ADB=75°-60°=15°,

∴ ∠DEF=15°.

图 3-9-6

> **讲评** 对于指向不明确的条件型探索题(如本例第(1)小题,问四边形 CDEF 是什么形状的四边形?),常用**特殊位置(数值)探究法**.
>
> 第一步:先试一个特殊位置(或特殊数值),看结果如何.
>
> 第二步:形成猜想.
>
> 第三步:证明这个猜想,或否定这个猜想.

**例5** 如图 3-9-7，$EC \perp EB$，$BD \perp DC$，$BD$ 和 $EC$ 相交于点 $O$.

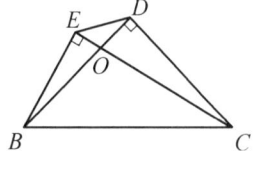

图 3-9-7

(1) 图中共有_____对相似三角形，请证明；

(2) 若 $S_{\triangle EDO}=8$，$S_{\triangle BCO}=16$，$\angle BOC$ 是不是一个定值？请说明理由.

**证明** (1) ∵ $\angle BEO=\angle CDO=90°$，$\angle BOE=\angle COD$，

∴ $\triangle BOE \backsim \triangle COD$，

∴ $\dfrac{EO}{DO}=\dfrac{BO}{CO}$，即 $\dfrac{EO}{BO}=\dfrac{DO}{CO}$.

∵ $\angle EOD=\angle BOC$，

∴ $\triangle EOD \backsim \triangle BOC$.

综上所述，上图中共有 2 对相似三角形，他们是 $\triangle BOE \backsim \triangle COD$、$\triangle EOD \backsim \triangle BOC$.

(2) 方法一：

∵ $EC \perp EB$，$BD \perp DC$，

∴ $\angle BEO=\angle ODC=90°$.

又∵ $\angle BOE=\angle DOC$，

∴ $\triangle BOE \backsim \triangle COD$，

∴ $\dfrac{EO}{DO}=\dfrac{BO}{CO}$，即 $\dfrac{EO}{BO}=\dfrac{DO}{CO}$.

又∵ $\angle EOD=\angle BOC$，

∴ $\triangle EOD \backsim \triangle BOC$.

∴ $\dfrac{EO}{BO}=\sqrt{\dfrac{S_{\triangle EDO}}{S_{\triangle BCO}}}=\sqrt{\dfrac{8}{16}}=\dfrac{\sqrt{2}}{2}=\cos\angle BOE$，

∴ $\angle BOE=45°$，

∴ $\angle BOC=135°$，是一个定值.

> 方法一是用的常规方法，方法二是先探再猜最后证明的方法，即特殊位置（数值）探究法.

方法二：

◆假定 $DE$ 处于特殊位置——$DE \parallel BC$，且 $BD=CE$.

此时，可证 $BO=OC$，$DO=OE$，

且 $DO:OC=\dfrac{\sqrt{8}}{\sqrt{16}}=1:\sqrt{2}=DO:OB$，

设 $DO=x$，则 $BO=\sqrt{2}x$，

而 $\angle CDB=90°$，

于是 $\angle DOB=45°$，$\angle COB=135°$.

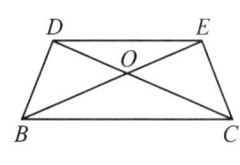

图 3-9-8

◆猜想：当 $S_{\triangle EDO}=8$，$S_{\triangle BCO}=16$，$\angle BOC$ 是一个定值，定值应该是 $135°$.

◆至此，问题转化为：已知 $S_{\triangle EDO}=8$，$S_{\triangle BCO}=16$，求证 $\angle BOC=135°$. 证略.

陈永明 讲评数学题

**讲评** 第(1)小题是开放的,因为这是个基本图形,如果在教学中,对这个基本图形的性质(即**下游命题**,如这个图中有多少对角相等?多少对三角形相似?多少对三角形等积?甚至还有四点共圆问题)进行过充分的讨论,那么在解这类题时就不会感到困难.因为研究下游命题就是个开放联想的过程.所以寻找下游命题对探索是有益的.

1. 探索题的主要类型:**结论探索型问题和条件型探索题**.

2. 探索题解法之一(比较传统的方法):

对于结论探索型问题,**由因导果**,进行推断、归纳出结论.

对于条件型探索题,**假设存在(成立)法**,即**由果索因,逆推**,设想出合乎要求的一些条件,逐一筛选.主要用于指向较明确的情形.

3. 探索题解法二:**特殊位置(数值)探究法**.这个方法最能体现探究的精神,即使不是探索题,也建议教师先让学生试一试,猜一猜,证一证.

4. 寻找下游命题对解探索题是有益的.

······ 练 习 ······

1. 如图 3-9-9,已知在矩形 $ABCD$ 中,$E$ 为 $AD$ 边上的一点,联结 $CE$ 并作 $EF \perp EC$,交 $AB$ 边于点 $F$,联结 $FC$.

(1) 证明:在题设条件下,$\triangle DCE \sim \triangle AEF$;

(2) 当点 $E$ 在 $AD$ 边的什么位置时,$\triangle ECF$ 和 $\triangle AEF$ 相似,并证明你的结论.

(3) 在(2)的条件下,如果 $\triangle BFC$ 和 $\triangle AEF$ 相似,那么两边 $AB$ 与 $BC$ 的比值是否是一个定值?并请加以证明.

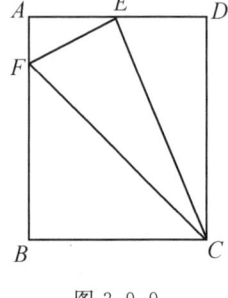

图 3-9-9

2. 如图 3-9-10①所示的长方形纸条 $ABCD$,其中 $AD = BC = 1$,$AB = CD = 5$.然后在纸条上任意画一条截线段 $MN$,将纸片沿 $MN$ 折叠,$MB$ 与 $DN$ 交于点 $K$,得到 $\triangle MNK$. 如图②所示:

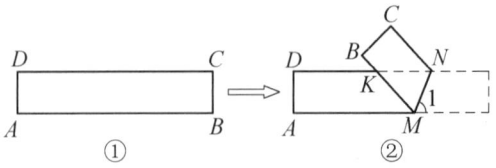

图 3-9-10

(1) 若 $\angle 1 = 70°$,$\angle MKN = $ _____ °;

(2) 改变折痕 $MN$ 位置,$\triangle MNK$ 始终是 _____ 三角形,请说明理由;

(3) 小明在研究△MNK的面积时,发现KN边上的高始终是个不变的值.根据这一发现,他很快研究出△KMN的面积最小值为$\frac{1}{2}$,请求出此时∠1的大小;

(4) 小明继续动手操作,发现了△MNK面积的最大值.请你求出这个最大值.

**答 案**

1. (1) 略  (2) 当点 E 在 AD 边的中点时,△ECF 和 △AEF 相似  (3) AB 与 BC 的比值是定值,为 $\frac{\sqrt{3}}{2}$

2. (1) 40°  (2) 等腰  (3) 45°或135°  (4) 1.3